旅游景区服务与管理

主　编　刘　英　宋立本
副主编　鲍文玉　李婉娜

北京理工大学出版社
BEIJING INSTITUTE OF TECHNOLOGY PRESS

版权专有　侵权必究

图书在版编目（CIP）数据

旅游景区服务与管理/刘英，宋立本主编．—北京：北京理工大学出版社，2020.7
ISBN 978 – 7 – 5682 – 8144 – 7

Ⅰ．①旅…　Ⅱ．①刘…②宋…　Ⅲ．①旅游区 – 商业服务 – 高等学校 – 教材②旅游区 – 经济管理 – 高等学校 – 教材　Ⅳ．①F590.3

中国版本图书馆 CIP 数据核字（2020）第 023450 号

出版发行 / 北京理工大学出版社有限责任公司
社　　址 / 北京市海淀区中关村南大街 5 号
邮　　编 / 100081
电　　话 / （010）68914775（总编室）
　　　　　（010）82562903（教材售后服务热线）
　　　　　（010）68948351（其他图书服务热线）
网　　址 / http：//www.bitpress.com.cn
经　　销 / 全国各地新华书店
印　　刷 / 唐山富达印务有限公司
开　　本 / 787 毫米 × 1092 毫米　1/16
印　　张 / 16
字　　数 / 378 千字
版　　次 / 2020 年 7 月第 1 版　2020 年 7 月第 1 次印刷
定　　价 / 75.00 元

责任编辑 / 李　薇
责任校对 / 周瑞红
责任印制 / 施胜娟

图书出现印装质量问题，请拨打售后服务热线，本社负责调换

前　言

本教材的编写以《高等职业院校专业教学标准（试行）》为依据，以岗位（群）所必需的知识、能力和职业素质要求为出发点，在准确把握本课程在专业教学体系中的性质、地位、作用及本课程的知识点和技能点的基础上，竭力选取能够满足学生就业，密切联系行业动态的基本需求的新知识、新技术、新工艺和新方法。

1. 承载高职教学改革目标，推进课程建设与专业建设

高职教育改革的终极目的是学以致用。旅游业的高速发展，旅游企业需要更多的实用人才，与此同时，旅游企业对学生的实践能力要求越来越高，搭建符合旅游企业用人要求的课程教学体系，编写体例以旅游景区服务流程为主线，基于岗位能力训练为主要内容的《旅游景区服务与管理》教材，是推进课程建设与专业建设的需要。

2. 反映行业动态，切实服务行业发展

本教材搜集大量最新案例，以项目为载体，以任务为节点，注重通过案例分析和项目教学促进学生职业能力的获得和对行业动态的把握，从而切实服务行业发展。

3. 总结课程改革经验，探索改革新思路

总结旅游景区服务与管理类课程教学体会和学生反馈，探索在教学方法和手段、教材建设与使用、考核方式和评价标准等方面的改革新思路。

整套教材在结构体系上大体编排如下：全书分为四个主题情境，每个情境下包含一个任务或多个任务，栏目设计包括：学习目标、任务导入、知识储备、任务训练、通关游戏（练习题部分）、总结评价等几个板块。学习目标板块是对任务承载的知识目标和能力目标进行揭示，让学生明确学习要求。任务导入板块中任务内容的选择，应当是真实可行的工作任务。在知识储备板块，尽量辅以案例、流程图、资料、网站链接、行业扫描、延伸阅读等形式，任务设计者可根据需要选取适当的形式。任务训练板块，要求学生在理解知识储备内容的基础上，结合任务要求，加以运用，解决工作任务。通关游戏板块是对任务内容的回顾，就知识、技能和类似案例进行模拟练习。总结评价板块是对任务要点、学生表现进行总结和过程考核。

  这本书的完成是团队合作的结果。具体说来，分工如下：大连职业技术学院刘英编写了主题二：任务2.1和2.6；主题三：任务3.1和3.3。大连交通大学宋立本编写了主题二：任务2.2、任务2.3、任务2.4、任务2.5；主题三：任务3.2和任务3.5。大连职业技术学院鲍文玉编写了主题一：任务1.1和任务1.2；主题二：任务2.7；主题三：任务3.4。辽宁现代服务职业技术学院李婉娜编写了主题四的任务4.1、任务4.2、任务4.3、任务4.4。刘英拟定编写大纲，并对全书进行统稿和修改。

  由于时间和水平的局限，书中存在的不当之处，恳请各位读者不吝赐教，批评指正。

编　者

目 录

主题一　职业准备 …………………………………………………………（ 1 ）
　任务 1.1　初识旅游景区 …………………………………………………（ 1 ）
　　1.1.1　任务导入 …………………………………………………………（ 1 ）
　　1.1.2　知识储备 …………………………………………………………（ 2 ）
　　1.1.3　任务训练 …………………………………………………………（ 13 ）
　　1.1.4　通关游戏 …………………………………………………………（ 14 ）
　　1.1.5　总结评价 …………………………………………………………（ 14 ）
　任务 1.2　旅游景区的组织运营 …………………………………………（ 15 ）
　　1.2.1　任务导入 …………………………………………………………（ 15 ）
　　1.2.2　知识储备 …………………………………………………………（ 16 ）
　　1.2.3　任务训练 …………………………………………………………（ 29 ）
　　1.2.4　通关游戏 …………………………………………………………（ 29 ）
　　1.2.5　总结评价 …………………………………………………………（ 30 ）

主题二　服务实战 …………………………………………………………（ 31 ）
　任务 2.1　打造旅游景区服务理念 ………………………………………（ 31 ）
　　2.1.1　任务导入 …………………………………………………………（ 31 ）
　　2.1.2　知识储备 …………………………………………………………（ 32 ）
　　2.1.3　任务训练 …………………………………………………………（ 38 ）
　　2.1.4　通关游戏 …………………………………………………………（ 38 ）
　　2.1.5　总结评价 …………………………………………………………（ 39 ）
　任务 2.2　旅游景区票务服务 ……………………………………………（ 39 ）
　　2.2.1　任务导入 …………………………………………………………（ 40 ）
　　2.2.2　知识储备 …………………………………………………………（ 40 ）
　　2.2.3　任务训练 …………………………………………………………（ 48 ）
　　2.2.4　通关游戏 …………………………………………………………（ 48 ）

2.2.5　总结评价 …………………………………………………………………（49）
任务2.3　旅游景区排队服务 ……………………………………………………………（50）
　　2.3.1　任务导入 …………………………………………………………………（50）
　　2.3.2　知识储备 …………………………………………………………………（51）
　　2.3.3　任务训练 …………………………………………………………………（54）
　　2.3.4　通关游戏 …………………………………………………………………（54）
　　2.3.5　总结评价 …………………………………………………………………（55）
任务2.4　旅游景区咨询服务 ……………………………………………………………（56）
　　2.4.1　任务导入 …………………………………………………………………（56）
　　2.4.2　知识储备 …………………………………………………………………（57）
　　2.4.3　任务训练 …………………………………………………………………（62）
　　2.4.4　通关游戏 …………………………………………………………………（63）
　　2.4.5　总结评价 …………………………………………………………………（63）
任务2.5　旅游景区投诉处理 ……………………………………………………………（64）
　　2.5.1　任务导入 …………………………………………………………………（64）
　　2.5.2　知识储备 …………………………………………………………………（65）
　　2.5.3　任务训练 …………………………………………………………………（72）
　　2.5.4　通关游戏 …………………………………………………………………（72）
　　2.5.5　总结评价 …………………………………………………………………（73）
任务2.6　旅游景区解说服务 ……………………………………………………………（74）
　　2.6.1　任务导入 …………………………………………………………………（74）
　　2.6.2　知识储备 …………………………………………………………………（75）
　　2.6.3　任务训练 …………………………………………………………………（84）
　　2.6.4　通关游戏 …………………………………………………………………（85）
　　2.6.5　总结评价 …………………………………………………………………（86）
任务2.7　旅游景区配套服务 ……………………………………………………………（86）
　　2.7.1　任务导入 …………………………………………………………………（87）
　　2.7.2　知识储备 …………………………………………………………………（87）
　　2.7.3　任务训练 …………………………………………………………………（102）
　　2.7.4　通关游戏 …………………………………………………………………（102）
　　2.7.5　总结评价 …………………………………………………………………（103）

主题三　管理实战 …………………………………………………………………（104）

任务3.1　打造旅游景区管理理念 ………………………………………………………（104）
　　3.1.1　任务导入 …………………………………………………………………（104）
　　3.1.2　知识储备 …………………………………………………………………（105）
　　3.1.3　任务训练 …………………………………………………………………（110）
　　3.1.4　通关游戏 …………………………………………………………………（111）
　　3.1.5　总结评价 …………………………………………………………………（112）

任务3.2　旅游景区营销管理 …………………………………………………… (113)
　　3.2.1　任务导入 ………………………………………………………………… (113)
　　3.2.2　知识储备 ………………………………………………………………… (114)
　　3.2.3　任务训练 ………………………………………………………………… (141)
　　3.2.4　通关游戏 ………………………………………………………………… (142)
　　3.2.5　总结评价 ………………………………………………………………… (142)

任务3.3　旅游景区安全保障与管理 ……………………………………………… (143)
　　3.3.1　任务导入 ………………………………………………………………… (143)
　　3.3.2　知识储备 ………………………………………………………………… (144)
　　3.3.3　任务训练 ………………………………………………………………… (166)
　　3.3.4　通关游戏 ………………………………………………………………… (167)
　　3.3.5　总结评价 ………………………………………………………………… (167)

任务3.4　旅游景区服务质量管理 ………………………………………………… (168)
　　3.4.1　任务导入 ………………………………………………………………… (168)
　　3.4.2　知识储备 ………………………………………………………………… (169)
　　3.4.3　任务训练 ………………………………………………………………… (180)
　　3.4.4　通关游戏 ………………………………………………………………… (181)
　　3.4.5　总结评价 ………………………………………………………………… (181)

任务3.5　旅游景区环境管理与可持续发展 ……………………………………… (182)
　　3.5.1　任务导入 ………………………………………………………………… (182)
　　3.5.2　知识储备 ………………………………………………………………… (183)
　　3.5.3　任务训练 ………………………………………………………………… (193)
　　3.5.4　通关游戏 ………………………………………………………………… (193)
　　3.5.5　总结评价 ………………………………………………………………… (195)

主题四　职业拓展 …………………………………………………………………… (197)

任务4.1　旅游景区品牌概述 ……………………………………………………… (197)
　　4.1.1　任务导入 ………………………………………………………………… (197)
　　4.1.2　知识储备 ………………………………………………………………… (198)
　　4.1.3　任务训练 ………………………………………………………………… (203)
　　4.1.4　通关游戏 ………………………………………………………………… (203)
　　4.1.5　总结评价 ………………………………………………………………… (203)

任务4.2　旅游景区品牌设计 ……………………………………………………… (204)
　　4.2.1　任务导入 ………………………………………………………………… (204)
　　4.2.2　知识储备 ………………………………………………………………… (205)
　　4.2.3　任务训练 ………………………………………………………………… (209)
　　4.2.4　通关游戏 ………………………………………………………………… (209)
　　4.2.5　总结评价 ………………………………………………………………… (210)

任务4.3　旅游景区品牌传播 ……………………………………………………… (210)

4.3.1　任务导入 …………………………………………………………（211）
　4.3.2　知识储备 …………………………………………………………（212）
　4.3.3　任务训练 …………………………………………………………（224）
　4.3.4　通关游戏 …………………………………………………………（225）
　4.3.5　总结评价 …………………………………………………………（225）
任务4.4　旅游景区项目策划 ……………………………………………………（226）
　4.4.1　任务导入 …………………………………………………………（226）
　4.4.2　知识储备 …………………………………………………………（227）
　4.4.3　任务训练 …………………………………………………………（245）
　4.4.4　通关游戏 …………………………………………………………（246）
　4.4.5　总结评价 …………………………………………………………（247）
参考文献 ……………………………………………………………………………（248）

主题一

职业准备

任务1.1 初识旅游景区

知识目标

1. 了解旅游景区的含义。
2. 掌握旅游景区的基本特点和基本类型。

技能目标

1. 能够运用旅游景区的基本知识,对各种旅游景区进行类型判定。
2. 能够主动地参与模拟旅游景区的创建,并发挥积极的作用。

1.1.1 任务导入

七彩丹霞景色新——张掖七彩丹霞旅游景区创建5A级旅游景区纪实

2017年1月19日,张掖七彩丹霞旅游景区通过景观质量专家评审,同年2月16日,旅游景区被全国旅游资源规划开发质量评定委员会正式列入国家5A级旅游景区创建名单。张掖市相关县区及七彩丹霞旅游景区统筹联动,积极推进七彩丹霞旅游景区创建国家5A级旅游景区相关工作,旅游景区硬件和软件建设及配套设施得到了进一步完善。

张掖七彩丹霞旅游景区分布在临泽、肃南、甘州三县区,因"色如渥丹,灿若明霞"而得名,具有旅游观赏价值和地质科考价值。2011年被《美国国家地理杂志》评为世界十大神奇地理奇观之一。2015年,旅游景区年接待游客突破100万人次,步入全国百万人次大旅游景区行列。2016年接待游客150万人次,旅游景区累计收益2.8亿元。

(资料来源:https://wemedia.ifeng.com/19042847/wemedia.shtml)

任务思考：
1. 张掖七彩丹霞旅游景区属于哪一类型的旅游景区？
2. 5A级旅游景区的基本评定条件有哪些？

1.1.2 知识储备

一、旅游景区知识

（一）旅游景区的含义

旅游景区相关概念

目前，国内外对于旅游景区的定义存在争议，为了便于理解，本书采用国家质量监督检验检疫总局2003年发布的《旅游景区质量等级的划分与评定》（GB/T 17775—2003）所提出的定义。

旅游景区是指具有参观游览、休闲度假、康乐健身等功能，具备相应旅游服务设施并提供相应旅游服务的独立管理区。旅游景区应有统一的经营管理机构和明确的地域范围。包括风景区、文博院馆、寺庙观堂、旅游度假区、自然保护区、主题公园、森林公园、地质公园、游乐园、动物园、植物园及工业、农业、经贸、科教、军事、体育、文化艺术等各类旅游景区。

旅游景区是以旅游及其相关活动为主要功能或主要功能之一的空间或地域。它可以接待游客，具有观赏游憩、文化娱乐等功能，具备相应旅游服务设施并提供相应旅游服务，且具有相对完整的管理系统的游览区。综上所述，旅游景区定义的内涵可以概括为以下几个方面。

（1）具有统一的管理机构。每个旅游景区有且只有一个主管机构，对旅游景区内的资源开发、经营服务进行统一的管理。

（2）具有明确的地域范围。不管是一单体建筑，还是绵延几十公里的旅游景区，无论其规模大小，每一个旅游景区都有一个明确的空间范围及经营场所，并提供相应的设施和服务。

（3）以吸引游客为目的，为游客提供一种度假、闲暇消费的方式，给游客带来快乐、愉悦和审美的体验。

（4）在可持续发展的基础上，以满足游客的需求，向游客提供高质量的服务为质量管理目标，并持续不断地改进服务质量。

（二）旅游景区的基本特征

1. 空间的地域性

地域性是指任何形式的旅游景区必然受到当地的自然、社会、文化、历史、环境的影响和制约。地域性表现在旅游景区的差异上，一种景观、一种戏曲、一个民族都体现了地域的差异，这种差异形成了不同地域的特色。

2. 可创性

旅游景区并不是一成不变的，一些旅游景区是可以根据人们的意愿和自然的规律进行创造、制作而再生、再现的。可创造性是旅游景区的重要特征。

3. 整体性

旅游资源的整体性就是指一种旅游资源与另一种旅游资源之间，旅游资源与社会自然环境之间，都存在着内在的深刻联系。它们相互依存，相互作用，互为条件，彼此影响，构成了一个有机整体。旅游资源的整体性，决定了旅游景区的整体性。从自然景观类旅游景区角度看，西北地区的黄土高坡、荒漠地形和气候，形成了独特的动植物自然景观，而南方众多的瀑布、河流和葱郁的森林植被、种类繁多的珍稀动物及适宜的气候共存于一体。从人文旅游景区角度看，正是非洲的热带环境氛围培育了热烈奔放的民族气质，形成了雄壮豪迈的自然、人文景观。

4. 服务性

旅游体验对象、旅游服务设施是旅游景区实现其产品价值的载体。即使旅游体验对象的品质再高，如果没有旅游景区经营者建造旅游服务设施，提供优质的管理与服务，营造安全的体验环境，游客也是不可能得到安全满意的体验的。旅游景区与未经旅游开发的天然景观最大的区别在于旅游景区提供了吃、住、行、游、购、娱等相应的旅游服务。

5. 体验性

旅游作为大众接近自然、接近世界的一种方式，说到底就是为了体验不一样的生活。对游客来说，体验主要是指感性体验、认知体验、情感体验。对于旅游景区而言，要提升美誉度和唯一性，就要加强游客的参与度，以期在游览后为游客留下一个美好的印象。

二、旅游景区的基本类型

（一）按资源类型划分

根据主要旅游资源的类型，旅游景区可分为两类，即自然景观类旅游景区、人文景观类旅游景区。

1. 自然景观类旅游景区

旅游资源以自然景观为主的称为自然景观类旅游景区。这类旅游景区就是以名山大川、江河湖海为代表，往往是由多个自然景观类旅游景区组成，并辅以一定人文景观的相对独立的区域。如黄山、九寨沟、张家界和尼亚加拉大瀑布等，它们具有优美的自然景观，是大自然的杰作。自然景观类旅游景区又可以分为山地型自然旅游景区、森林型自然旅游景区、水景型自然旅游景区、洞穴型自然旅游景区及综合型自然旅游景区。稀缺性是自然景观类旅游景区的基本属性，尤其是那些优质的自然旅游资源更是具有不可再生性。

九寨沟

2. 人文景观类旅游景区

人文景观类旅游景区是人类生产、生活活动的艺术成就和文化结晶，是指以社会文化事物为吸引力本源的、主要由建筑物和场所及其中的活动构成的旅游景区。典型的代表如故宫博物院、颐和园、八达岭长城、东方明珠广播电视塔、卢浮宫博物馆等。人文景观类旅游景区又可分为历史文化名城、古代工程建筑、古代宗教、古代园林及综合型人文旅游景区。人

敦煌莫高窟

文景观类旅游景区的神秘感和稀有性可以激发游客求知、求美、求奇的旅游动机和深层次的情感需求,发展后劲较强。

(二) 按旅游功能划分

按照旅游活动的功能不同,结合旅游资源特色,可以把旅游景区分为以下几类。

1. 观光游览类旅游景区

观光游览类旅游景区的依托要素是独特、优美的自然景观,以及根据旅游景区特色规划的人工景观,美学价值丰富。主要景观有山、林、海、江、湖、河、瀑布、岩溶、气候、气象变化等,如四川九寨沟、山东泰山、海南天涯海角等。

2. 历史古迹类旅游景区

历史古迹类旅游景区的依托要素是历史文化旅游资源。历史古迹是人类留下的遗迹和遗物,形象地记录着人类的历史,能引发人们对历史的回顾,是人类宝贵的文化遗产。从美学角度来说,这类旅游景区是旅游审美客体的主要内容,积淀了前人的智慧、情感、理想和愿望,具有强烈的吸引力和感染力。历史古迹种类繁多,如早期人类遗址——周口店北京人遗址、古皇陵——清东陵和清西陵、古园林——苏州园林、古佛塔——崇圣寺三塔、古宗教寺庙——少林寺、古皇城——北京故宫等。

3. 民俗风情类旅游景区

民俗风情类旅游景区的依托要素是民俗风情类旅游资源。这类旅游景区具有体验价值,满足人们休闲旅游的需要。民俗风情类旅游景区指的是民族聚居地、民族独特的生活习惯及生活方式,包括民族服饰、民居建筑、特色饮食、娱乐方式、婚恋习俗、节日节庆、礼仪、生产、交通、丧葬习俗、村落村貌等方面特有的风情、风尚、传统和禁忌,结合当地的自然景观,形成独特的人文景观,如西双版纳的傣族村寨、内蒙古草原的那达慕大会等。

4. 文学艺术类旅游景区

文学艺术类旅游景区的依托要素是文学艺术类旅游资源。该类旅游景区为游客创造了一定的文化氛围,让游客增加学识和艺术修养,具有教育意义,如美国的好莱坞环球影城、中国无锡影视城、中国国家历史博物馆等。

5. 娱乐休闲类旅游景区

娱乐休闲类旅游景区的依托要素是现代时尚的娱乐休闲环境和休闲设施。这类旅游景区主要是以优美的旅游度假环境或以人造景观为背景建设的现代娱乐休闲设施为主的旅游景区,游客在这里可以进行观赏、康体疗养、运动健身、娱乐和休闲等旅游项目,如温泉疗养地——陕西骊山温泉、避暑疗养地——河北北戴河、滑雪运动地——黑龙江亚布力滑雪度假区、娱乐休闲旅游区——迪士尼乐园等。

6. 科考探险类旅游景区

科考探险类旅游景区的依托要素是独特稀缺的自然资源,这类旅游景区科学价值较大,如雅鲁藏布江大峡谷、浙江金华水洞、湖北神农架等。

7. 综合类旅游景区

综合类旅游景区的依托要素具有综合性,包括自然风光、名胜古迹、民俗风情、休闲娱乐及科学考察等,如北京风景名胜区、大理风景名胜区等。

（三）按旅游景区质量等级划分

旅游景区质量等级的划分是根据旅游景区质量等级划分条件确定旅游景区质量等级，按照《服务质量与环境质量评分细则》《景观质量评分细则》的评价得分，并结合《游客意见评分细则》的得分综合进行的。经评定合格的各质量等级旅游景区，由全国旅游景区质量等级评定机构向社会统一公告。

旅游景区质量等级划分为五级，从高到低依次为5A、4A、3A、2A、1A级旅游景区。旅游景区质量等级的标牌、证书由全国旅游景区质量等级评定机构统一规定。旅游景区质量等级实行动态化管理。

（四）按旅游资源开发目的分类

1. 经济开发型旅游景区

经济开发型旅游景区的主要目的是追求经济利益，其开发经营主体来源多样化，既可以是国有企事业单位，也可以是民营企业或外资企业，而且其资金来源也十分广泛。但是，各种经营主体都有一个共同的特点，即基本上都采用了"产权清晰、责权明确、政企分开、管理科学"的现代企业管理模式。主题公园、各类旅游度假区都是典型的经济开发型旅游景区。

（1）主题公园。主题公园是根据某个特定的主题，采用现代科学技术和多层次活动设置方式，集诸多娱乐活动、休闲要素和服务接待设施于一体的现代旅游目的地。我国的主题公园可以追溯到1984年，当时河北正定的一个乡办了"西游记宫"，开创了中国主题公园类旅游景区的先河。

（2）旅游度假区。1991年，我国推出了国家级旅游度假区发展战略，在全国选择了12个地点发展度假旅游，希望推动中国旅游目的地由观光型向观光、度假、商务会议综合型目的地转变。旅游度假区的主要功能是为游客提供度假场所，管理采用的是政府指导下的企业化管理模式，在行政上设立旅游度假区管理委员会，负责规划、基础设施建设与招商。

2. 资源保护型旅游景区

资源保护型旅游景区的管理目标具有多重性，其中保护生态环境、生物多样性、文物遗迹和地质遗存等关乎人类可持续发展的资源是这类旅游景区的首要管理目标。因此，在很大程度上，资源保护型旅游景区属于社会公共产品的范畴，如国家认定的风景名胜区、地质公园、森林公园、自然保护区、文物保护单位、博物馆等。对于这类旅游景区来说，资源具有不可再生性，其旅游业的发展不能违背保护资源、遗迹和文物的宗旨，并能促进社会可持续发展。由于具有公共产品的属性特征，这类旅游景区在经营上具有明显的排他性和垄断性，政府对其干预程度较高。

（1）风景名胜区。风景名胜区是指具有观赏、文化或者科学价值，自然景观、人文景观比较集中，环境优美，可供人们游览或者进行科学、文化活动的区域。风景名胜区是经政府审定命名的风景名胜资源集中的地域。其功能是保护生态、生物多样性与环境，发展旅游事业，丰富文化生活，开展科研与文化教育，促进社会进步，通过合理开发，产生经济效益和社会效益。例如黄山旅游景区、武陵源风景名胜区等。

（2）森林公园。森林公园是指以良好的森林景观和生态环境为主体，融合自然景观与人文景观，利用森林的多种功能，以开展森林旅游为宗旨，为人们提供具有一定规模的游览、度假、休憩、保健疗养、科学教育、文化娱乐的场所。例如黄山国家森林公园等。

（3）自然保护区。自然保护区是指对有代表性的自然生态系统、珍稀濒危野生动植物物种的天然集中分布区，以及具有特殊意义的自然遗迹等保护对象所在的陆地、陆地水体或海域，依法划出一定面积予以特殊保护和管理的区域。自然保护区管理的目标是：保护动植物的栖息地、生态系统和使动植物种群尽可能小地受到外界的侵扰，保持遗传资源的进化演替，保持现有的生态进化过程。

（五）其他分类

1. 文化古迹类旅游景区

文化古迹类旅游景区主要指古代就已经存在，却未因时间原因消逝，至今仍然存在的典型遗迹，以具有一定的文化价值或历史价值的文物古迹为主的区域。文化古迹类旅游景区是人们学习历史、了解历史及教育当代人的良好场所，如北京故宫、八达岭长城、敦煌莫高窟、秦始皇陵兵马俑、曲阜孔庙、苏州园林、福建土楼、凤凰古城等世界文化遗产。

2. 风景名胜类旅游景区

风景名胜类旅游景区是指具有独特的风光、景观及古迹，同时也包括具有独特的人文习俗的旅游景区。风景名胜类旅游景区是人们休闲、学习、放松心情的好去处，如山西北岳恒山、河南云台山、四川峨眉山、山东崂山、辽宁棋盘山等。

3. 自然风光类旅游景区

自然风光类旅游景区是以当地独特、优美的自然环境为主，经当地旅游部门精心开发而成的旅游景区。这类景区适合休闲、养生等，如桂林漓江、四川九寨沟、山西大同土林、湖南张家界等。

4. 红色旅游类旅游景区

红色旅游是把红色人文景观和绿色自然景观结合起来，把革命传统教育与促进旅游产业发展结合起来的一种新型的主题旅游形式，其打造的红色旅游线路和经典旅游景区，既可以观光游览，也可以了解革命历史，增长革命斗争知识，学习革命斗争精神，培育新的时代精神，并使之成为一种文化。

5. 生态旅游类旅游景区

生态旅游由世界自然保护联盟（International Union for Conservation of Nature，IUCN）特别顾问谢贝洛斯·拉斯喀瑞于1983年首次提出。当时，他就生态旅游提出了两个要点：其一是生态旅游的物件是自然景观；其二是生态旅游的物件不应受到损害。1993年，国际生态旅游协会将其定义为：具有保护自然环境和维护当地人民生活双重责任的旅游活动。几十年来，生态旅游的平均年增长率为20%，是旅游产品中增长最快的部分。

（六）特殊类型旅游景区——世界遗产

1. 世界遗产简介

世界遗产是指被联合国教科文组织和世界遗产委员会确认的人类罕见的、目前无法替代的财富,是全人类公认的具有突出意义和普遍价值的文物古迹及自然景观。世界遗产作为一种特殊的遗产资源,是全人类的共同财富。被列入世界遗产的旅游景区对游客有很强的吸引力。

2. 世界遗产的分类

1972年的《保护世界文化与自然遗产公约》(下文简称《世界遗产公约》)将世界遗产确定为文化遗产、自然遗产、文化与自然双重遗产;1992年世界遗产委员会新增加了"文化景观"世界遗产项目;2003年10月联合国教科文组织第32次大会通过了《保护非物质文化遗产国际公约》,建立了"非物质文化遗产",又称"口头或无形遗产"。

世界文化遗产
——天坛

世界遗产的具体分类和评定标准如下。

(1) 世界文化遗产。根据《世界遗产公约》规定,世界文化遗产分为以下3类:

①文物:从历史、艺术或科学角度看,具有突出的普遍价值的建筑物、碑雕和碑画、具有考古性质的成分或结构、铭文、洞穴及其综合体。

②建筑群:从历史、艺术或科学角度看,在建筑式样、分布或与环境景色结合方面具有突出的普遍价值的单立或连接的建筑群。

③遗址:从历史、美学、人种学或人类学角度看,具有突出的普遍价值的人造工程或人与自然的联合工程及考古遗址。

(2) 世界自然遗产。《世界遗产公约》给自然遗产的定义是符合下列规定之一者:

①从美学或科学角度看,具有突出、普遍价值的由地质和生物结构或这类结构群组成的自然面貌。

②从科学或保护角度看,具有突出、普遍价值的地质和自然地理结构及明确规定的濒危动植物物种。

③从科学、保护或自然美角度看,具有突出、普遍价值的天然名胜或明确划定的自然地带。

(3) 世界文化与自然遗产。文化与自然混合遗产简称"混合遗产""复合遗产""双重遗产"。按照《实施保护世界文化与自然遗产公约的操作指南》,只有同时部分满足或完全满足《保护世界文化与自然遗产公约》中关于文化遗产和自然遗产定义的遗产项目才能成为文化与自然混合遗产。

(4) 世界文化景观。一般来说,文化景观有以下类型:

①由人类有意设计和建筑的景观:包括出于美学原因建造的园林和公园景观,它们经常(但并不总是)与宗教或其他概念性建筑物或建筑群有联系。

②有机进化的景观:它产生于最初始的一种社会、经济、行政及宗教需要,并通过与周围自然环境的相联系或相适应而发展到当前的形式。它包括两种类别:一是残遗物(化石)景观,代表一种过去某段时间已经完结的进化过程,不管是突发的或是渐进的。它们之所以具有突出、普遍价值,是因为显著特点依然体现在实物上。二是持续性景观,它在当地与传统生活方式相联系的社会中,保持一种积极的社会作用,而且其自身演变过程仍在进行之中,同时又展示了历史上其演变发展的物证。

③关联性文化景观:这类景观列入《世界遗产名录》,以与自然因素、强烈的宗教、艺

术或文化相联系为特征,而不是以文化物证为特征。

(5) 口述与非物质文化遗产

人类口述和非物质文化遗产(简称非物质文化遗产)又称无形遗产,是相对于有形遗产,即可传承的物质遗产而言的。它是指各族人民世代相承、与群众生活密切相关的各种传统文化表现形式(如民俗活动、表演艺术、传统知识和技能,以及与之相关的器具、实物、手工制品等)和文化空间。

2003 年 10 月 17 日,联合国教科文组织第 32 届大会闭幕前通过了《保护非物质文化遗产国际公约》(下文简称《公约》),对语言、歌曲、手工技艺等非物质文化遗产的保护做出了必要规定。

根据联合国教科文组织的定义,它是指来自某一文化社区的全部创作,这些创作以传统为根据,由某一群体或一些个体所表达,并被认为是符合社会期望的作为其文化和社会特性的表达形式,其准则和价值通过模仿或其他方式口头相传。它包括各种类似的民族传统和民间知识,各种语言,口头文学,风俗习惯,民族民间的音乐、舞蹈、礼仪、手工艺,传统医学,建筑艺术及其他艺术。

《公约》特别要求对各国和各地区现有的非物质文化遗产进行清点,列出急需抢救的重点和有重要代表意义的遗产项目,并要求建立一个由专家和各会员代表组成的非物质文化遗产保护委员会,协调有关工作。

截至 2018 年 7 月,我国共有昆曲、古琴艺术等 39 个项目入选联合国教科文组织《人类非物质文化遗产代表作名录》,羌年、中国木拱桥传统营造技艺等 7 个项目入选《急需保护的非物质文化遗产名录》,成为世界上入选项目最多的国家。

3. 世界遗产在中国

中国作为著名的文明古国,自从 1985 年加入《世界遗产公约》,截至 2019 年 8 月,共有 55 个项目被联合国教科文组织列入《世界遗产名录》,其中文化遗产 32 项、自然遗产 14 项、自然和文化混合遗产 4 项、文化景观遗产 5 项,世界遗产总量位居世界第二,仅次于意大利(见表 1-1-1)。

表 1-1-1 中国的世界遗产

序号	遗产名称	批准时间	遗产类型
1	周口店北京人遗址	1987.12	文化遗产
2	长城	1987.12	文化遗产
3	山东泰山	1987.12	文化与自然双重遗产
4	陕西秦始皇陵及兵马俑	1987.12	文化遗产
5	明清皇宫:北京故宫;沈阳故宫(第二期)	1987.12;2004.07	文化遗产
6	甘肃敦煌莫高窟	1987.12	文化遗产
7	安徽黄山	1990.12	文化与自然双重遗产
8	四川黄龙国家级名胜区	1992.12	自然遗产

续表

序号	遗产名称	批准时间	遗产类型
9	湖南武陵源国家级名胜区	1992.12	自然遗产
10	四川九寨沟国家级名胜区	1992.12	自然遗产
11	湖北武当山古建筑群	1994.12	文化遗产
12	山东曲阜三孔（孔庙、孔府及孔林）	1994.12	文化遗产
13	河北承德避暑山庄及周围寺庙	1994.12	文化遗产
14	西藏布达拉宫； 大昭寺、罗布林卡（第二期）	1994.12； 2001.12	文化遗产
15	四川峨眉山—乐山风景名胜区	1996.12	文化与自然双重遗产
16	江西庐山风景名胜区	1996.12	文化景观
17	苏州古典园林	1997.12	文化遗产
18	山西平遥古城	1997.12	文化遗产
19	云南丽江古城	1997.12	文化遗产
20	北京天坛	1998.11	文化遗产
21	北京颐和园	1998.11	文化遗产
22	福建省武夷山	1999.12	文化与自然双重遗产
23	重庆大足石刻	1999.12	文化遗产
24	安徽古村落：西递、宏村	2000.11	文化遗产
25	明清皇家陵寝：明显陵、清东陵、清西陵（第一期）； 明孝陵、明十三陵（第二期）； 盛京三陵（第三期）	2000.11； 2003.07； 2004.07	文化遗产
26	河南洛阳龙门石窟	2000.11	文化遗产
27	四川青城山和都江堰	2000.11	文化遗产
28	山西大同云冈石窟	2001.12	文化遗产
29	云南"三江并流"自然景观	2003.07	自然遗产
30	吉林高句丽王城、王陵及贵族墓葬	2004.07	文化遗产
31	澳门历史城区	2005.07	文化遗产
32	四川大熊猫栖息地	2006.07	自然遗产
33	河南安阳殷墟	2006.07	文化遗产
34	中国南方喀斯特：云南石林、贵州荔波、重庆武隆（第一期）； 广西桂林、贵州施秉、重庆金佛山和广西环江（第二期）	2007.06； 2014.06	自然遗产

续表

序号	遗产名称	批准时间	遗产类型
35	广东开平碉楼与古村落	2007.06	文化遗产
36	福建土楼	2008.07	文化遗产
37	江西三清山	2008.07	自然遗产
38	山西五台山	2009.06	文化景观
39	河南嵩山"天地之中"古建筑群	2010.07	文化遗产
40	中国丹霞	2010.08	自然遗产
41	杭州西湖文化景观	2011.06	文化景观
42	内蒙古元上都遗址	2012.06	文化遗产
43	云南澄江化石遗址	2012.07	自然遗产
44	新疆天山	2013.06	自然遗产
45	云南红河哈尼梯田	2013.06	文化景观
46	中国大运河	2014.06	文化遗产
47	丝绸之路：长安—天山廊道的路网	2014.06	文化遗产
48	土司遗址	2015.07	文化遗产
49	广西左江花山岩画文化景观	2016.07	文化景观
50	湖北神农架	2016.07	自然遗产
51	青海可可西里	2017.07	自然遗产
52	福建鼓浪屿：历史国际社区	2017.07	文化遗产
53	贵州梵净山	2018.07	自然遗产
54	浙江良渚古城遗址	2019.07	文化遗产
55	江苏黄（渤）海候鸟栖息地	2019.07	自然遗产

三、旅游景区的等级划分与评定

（一）A 级旅游景区的含义

按照《旅游景区质量等级的划分与评定》（GB/T 17775—2003）规定，旅游景区质量等级划分为五级，从高到低依次为 5A、4A、3A、2A、1A 级旅游景区。

五个级别旅游景区的划分与评定主要依据三个标准：一是依据《服务质量与环境质量评分细则》对旅游景区的旅游交通、游览、旅游安全、卫生、邮电、旅游购物、综合管理、资源与环境保护八个方面进行评价；二是依据《景观质量评分细则》对资源吸引力和市场影响力进行评价；三是依据《游客意见评分细则》针对游客对旅游景区的综合满意度进行评价。A级旅游景区就是由旅游景区质量等级评定委员会根据以上三大细则从11个方面，对申报的旅游景区进行考评，根据得分情况设置评定等级。旅游景区符合相关标准后，获得相应等级旅游景区质量等级评定委员会的认可，由相应评定机构颁发证书、标牌，即成为A级旅游景区。截至2017年9月，国家旅游局共评定了249家国家5A级旅游景区。

（二）旅游景区等级评定标准和办法

旅游景区质量等级划分是根据旅游景区质量等级条件确定旅游景区质量等级，按照《服务质量与环境质量评分细则》《景观质量评分细则》的评价得分，并结合《游客意见评分细则》的得分综合进行。经评定合格的各质量等级旅游区，由全国旅游景区质量等级评定机构向社会统一公告。旅游景区质量等级标牌，由全国旅游景区质量等级评定机构统一制定。

《旅游景区质量等级评定与划分》共分为三个部分，主要内容有以下几点。

1. 细则一：服务质量与环境质量评分细则

（1）本细则共计1 000分，共分为8个大项。各大项分值为：旅游交通130分；游览235分；旅游安全80分；卫生140分；邮电服务20分；旅游购物50分；综合管理200分；资源和环境的保护145分。

（2）5A级旅游景区须达到950分，4A级旅游景区须达到850分，3A级旅游景区须达到750分，2A级旅游景区须达到600分，1A级旅游景区须达到500分。

2. 细则二：景观质量评分细则

（1）本细则分为资源要素价值与景观市场价值两大评价项目、九项评价因子，总分100分。其中资源吸引力为65分，市场吸引力为35分。各评价因子分四个评价得分档次。

（2）等级评定时，对评价项目和评价因子由评定组成员分别计分，进行算术平均求总分。

（3）"规模与丰度"评价因子中的"基本类型"参照《旅游资源分类、调查与评价》。

（4）5A级旅游景区须达到90分，4A级旅游景区须达到80分，3A级旅游景区须达到70分，2A级旅游景区须达到60分，1A级旅游景区须达到50分。

3. 细则三：游客意见评分细则

（1）旅游景区质量等级对游客意见的评分，以游客对该旅游景区的综合满意度为依据。

（2）游客综合满意度的考察，主要参考《旅游景区游客意见调查表》的得分情况。

（3）《旅游景区游客意见调查表》由现场评定检查员在景区员工陪同下，直接向游客发放、回收并统计。

（4）在质量等级评定过程中，《旅游景区游客意见调查表》发放规模，应区分旅游景区的规模、范围和申报等级，一般为30～50份，采取即时发放、即时回收、最后汇总统计的方法。回收率不应低于80%。

（5）《旅游景区游客意见调查表》的分发，应采取随机发放方式。原则上，发放对象不能少于三个旅游团体，并注意游客的性别、年龄、职业、消费水平等方面的均衡。

（6）游客综合满意度的计分方法如下：

①游客综合满意度总分为100分。

②计分标准：

a. 总体印象满分为20分。其中很满意为20分，满意为15分，一般为10分，不满意为0分。

b. 其他16项每项满分为5分，总计80分。各项中，很满意为5分，满意为3分，一般为2分，不满意为0分。

③计分办法：先计算出所有《旅游景区游客意见调查表》各单项的算术平均值，再对这17个单项的算术平均值加总，作为本次游客意见评定的综合得分。如果存在某一单项在所有调查表中均未填写的情况，则该项以其他各项（除总体印象项外）的平均值计入总分。

（7）各等级旅游景区必须达到的标准如表1-1-2所示。

表1-1-2 各等级旅游景区必须达到的标准

等级	细则一	细则二	细则三
5A	950分	90分	90分
4A	850分	80分	80分
3A	750分	70分	70分
2A	600分	60分	60分
1A	500分	50分	50分

（三）旅游景区质量等级评定管理办法

为进一步规范A级旅游景区评定程序，严格A级旅游景区质量要求，建立和完善A级旅游景区退出机制和社会监督体系，切实提高旅游景区管理、经营与服务水平，按照科学、合理、规范的原则，国家旅游局将2005年颁布的《旅游景区质量等级评定管理办法》修订为《旅游景区质量等级管理办法》，于2012年4月16日发布，2012年5月1日起实施。主要内容有以下几点。

1. 评定条件

凡在中华人民共和国境内正式开业一年以上的旅游景区，均可申请质量等级。旅游景区质量等级划分为五个等级，从低到高依次为1A、2A、3A、4A、5A。

2. 评定机构

国务院旅游行政主管部门组织设立全国旅游景区质量等级评定委员会，负责全国旅游景区质量等级评定工作的组织和实施，授权并督导省级及以下旅游景区质量等级评定机构开展评定工作。国务院旅游行政主管部门负责旅游景区质量等级评定标准、评定细则等的编制和修订工作，负责对全国旅游景区质量等级评定标准的实施进行管理和监督。

各省、自治区、直辖市人民政府旅游行政主管部门组织设立本地区旅游景区质量等级评定委员会，按照全国旅游景区质量等级评定委员会授权，负责本行政区域内旅游景区质量等级评定工作的组织和实施。各省、自治区、直辖市人民政府旅游行政主管部门负责对本行政区域内旅游景区质量等级评定标准的实施进行管理和监督。

3. 申请与评定

3A 级及以下等级旅游景区由全国旅游景区质量等级评定委员会授权各省级旅游景区质量等级评定委员会负责评定，省级旅游景区评定委员会可向条件成熟的地市级旅游景区评定委员会再授权。4A 级旅游景区由省级旅游景区质量等级评定委员会推荐，全国旅游景区质量等级评定委员会组织评定。5A 级旅游景区从 4A 级旅游景区中产生，被公告为 4A 级 3 年以上的旅游景区可申报 5A 级旅游景区。5A 级旅游景区由省级旅游景区质量等级评定委员会推荐，全国旅游景区质量等级评定委员会组织评定。

4. 5A 级旅游景区的评定程序

全国旅游景区质量等级评定委员会对申报 5A 级旅游景区的评定程序如下。

（1）资料审核。全国旅游景区质量等级评定委员会依据旅游景区评定标准和细则规定，对旅游景区申报资料进行全面审核，审核内容包括旅游景区名称、范围、管理机构、规章制度及发展状况等。通过审核的旅游景区，进入景观评估程序，未通过审核的旅游景区，1 年后方可再次申请重审。

（2）景观价值评价。全国旅游景区质量等级评定委员会组建由相关方面专家组成的评议组，听取申报旅游景区的陈述，采取差额投票方式，对旅游景区的资源吸引力和市场影响力进行评价。评价内容包括旅游景区观赏游憩价值、历史文化科学价值、知名度、美誉度与市场辐射力等。通过景观评价的旅游景区，进入现场检查环节，未通过景观评价的旅游景区，1 年后方可再次申请重审。

（3）现场检查。全国旅游景区质量等级评定委员会组织国家级检查员成立评定小组，采取暗访方式对旅游景区服务质量与环境质量进行现场检查，检查内容包括旅游景区交通等基础服务设施，安全、卫生等公共服务设施，导游导览、购物等游览服务设施，电子商务等网络服务体系，历史文化、自然环境保护状况，引导游客文明旅游等方面。现场检查达标的旅游景区，进入社会公示程序，未达标的旅游景区，1 年后方可再次申请现场检查。

（4）社会公示。全国旅游景区质量等级评定委员会对达到标准的申报旅游景区，在中国旅游网上进行 7 个工作日的社会公示。公示阶段无重大异议或重大投诉的旅游景区通过公示，若出现重大异议或重大投诉的情况，将由全国旅游景区质量等级评定委员会进行核实和调查，作出相应决定。

（5）发布公告。经公示无重大异议或重大投诉的旅游景区，由全国旅游景区质量等级评定委员会发布质量等级认定公告，颁发证书和标牌。

在中国，除国家旅游局的旅游景区质量等级划分之外，还有国家建设主管部门根据《风景名胜区条例》所作的旅游景区等级评定，以及国家文物行政部门根据《中华人民共和国文物保护法》所作的旅游景区的等级评定。

1.1.3 任务训练

实训名称：调研所在城市旅游景区。

实训目的：通过任务训练，学生更好地理解和掌握旅游景区的分类。

实施步骤：以小组为单位，分工合作，完成以下工作。

国家 AAAAA 级旅游景区划分条件（国家标准）

(1) 熟悉本项目所学的旅游景区分类的基本理论。
(2) 通过网络查找，收集所在城市有哪些主要旅游景区，拟定调研方案。
(3) 结合所学旅游景区类型的相关知识，给所在旅游景区分类，并画出分类表。
(4) 小组分析和讨论，并形成书面调查报告上交。

1.1.4 通关游戏

一、知识关

1. 旅游景区是指具有_____、_____、_____等功能，具备相应旅游服务设施并提供相应旅游服务的独立管理区。
2. 旅游景区的基本特征有_____、_____、_____、_____、_____。
3. 根据主要旅游资源的类型，旅游景区可分为（　　）。
   A. 自然景观类旅游景区　　B. 历史古迹类旅游景区　　C. 民俗类旅游景区
   D. 世界遗产　　　　　　　E. 人文类旅游景区

二、能力关

1. 谈谈你对旅游景区含义的理解。
2. 旅游景区的划分与评定会对旅游业的发展产生怎样的影响？

1.1.5 总结评价

1. 总结回顾

旅游景区是以旅游吸引物、设施和服务为主要构成的可以开展参观游览、娱乐休闲、康体健身、科学考察、文化教育等活动的场所，是一个为游客提供以上相应服务的独立管理区。旅游景区的基本特征是空间的地域性、可创性、整体性、体验性、服务性。

旅游景区基本类型的划分，从旅游景区资源属性可分为两类：自然景观类旅游景区和人文景观类旅游景区；从旅游功能角度可分为七类：观光游览类旅游景区、民俗风情类旅游景区、历史古迹类旅游景区、文学艺术类旅游景区、娱乐休闲类旅游景区、科考探险类旅游景区、综合类旅游景区。按旅游景区质量等级可分五级，从高到低依次为 5A、4A、3A、2A、1A 级旅游景区；按资源开发的目的可分为两类：经济开发型旅游景区和资源保护型旅游景区；此外还有特殊类型旅游景区——世界遗产。

2. 自评和小组互评

根据项目任务的学习目标和完成情况，按照表 1-1-3 来完成自评和小组互评。

表 1-1-3 评价考核表

考核项目	考核要求	是否做到	改进措施
初识旅游景区	了解旅游景区的内涵	□是 □否	
	了解旅游景区的特点	□是 □否	
	掌握旅游景区的不同角度分类	□是 □否	
	能够对旅游景区准确分类	□是 □否	
总体评价	检查任务完成情况	完成度 1~5	
	评价任务完成过程的表现	评分 1~5	
	团队合作程度	评分 1~5	

任务1.2　旅游景区的组织运营

知识目标

1. 了解旅游景区制度建设的原则、内容和要点。
2. 熟悉旅游景区组织结构的类型及组织设计的流程。
3. 熟悉旅游景区运营的内涵和基本模式。

技能目标

1. 能够初步设计旅游景区组织机构并制定各部门工作职责。
2. 能够参与旅游景区制度建设工作。
3. 能够识别旅游景区运营的基本模式。

1.2.1　任务导入

转让经营权"凤凰"重生

凤凰是湖南省湘西土家族苗族自治州的一个以苗族为主的多民族县，西邻贵州省松桃县和铜仁市，东与本省泸溪县相连，北与花垣县和吉首市接壤，东南与麻阳县为邻，属多山地区。凤凰县城沱江镇古称镇竿，历史悠久、山川秀丽，至今仍较完整地保留了明清时期的传统格局和历史风貌，素有"中国最美的小城"之誉和"画乡"之称。

凤凰自古就是远近闻名的经济文化中心和旅游胜地。2001年，政府采用招标的方式，从投标者中选择了黄龙洞投资股份有限公司，将凤凰的8个旅游景区50年的经营权进行转让。此后，凤凰的旅游业开始步入发展的快车道，旅游人次连年增长，旅游收入节节攀升，经济效益和政府收入也明显增长。

（资料来源：http://wenku.baidu.com/view/ea011786 71fe910ef12 df86b.html，有删减）

任务思考：
1. 凤凰旅游景区在运营管理上属于哪种运营模式？
2. 凤凰旅游景区实施的转让经营权战略对其旅游业发展起到了哪些作用？

1.2.2 知识储备

一、旅游景区的组织结构

组织结构是表明组织各部分排列顺序、空间位置、聚散状态、联系方式及各要素之间相互关系的一种模式，是整个管理系统的"框架"。

（一）旅游景区组织的基本形式

旅游景区组织结构，是对旅游景区组织框架体系的描述，是帮助旅游景区组织实现其目标的手段。一般而言，它是为了协调组织中不同成员活动而形成的一个框架、机制，即旅游景区的部门划分。每个组织都要分设若干管理层次和管理机构，表明组织内各部分的排列顺序、空间位置、聚散状态、联系方式及各要素之产的相互关系。

1. 直线型

直线型组织结构又称单线型组织结构，在我国较为常见。它以典型的等级原理为基础，是一种集权式组织结构。其基本特点是旅游景区各种机构和部门按照纵向系统直线排列，形成自上而下的指挥系统，上级直接对下级进行综合管理，下级直接从上级那里接受指令。该模式权限呈直线形式，关系明确。此种形式主要适用于纵横不大，人员不多，生产管理比较简单的情况。直线型组织结构如图1-2-1所示。

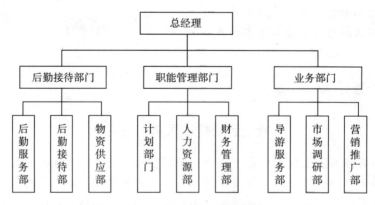

图1-2-1 直线型组织结构

直线型组织结构的优点是：结构比较简单，责任分明，命令统一。缺点是：它要求行政负责人通晓多种知识和技能，亲自处理各种业务。在业务比较复杂、企业规模比较大的情况下，把所有管理职能都集中到最高主管一人身上，这显然是难以胜任的。因此，直线型组结构只适用于规模较小、生产技术比较简单的企业，对生产技术和经营管理比较复杂的企业并不适宜。

2. 职能型

职能型组织结构又称多线型组织结构。职能型组织结构起源于20世纪初"管理过程之父"法国亨利·法约尔（Henry Fayol）在其经营的煤矿公司担任总经理时所建立的组织结构形式，故又称法约尔模型。它按职能对组织部门分工，即从高层到基层，把承担相同职能的管理业务及其人员组合在一起，设置相应的管理部门和管理职务。现代组织中许多业务活动都需要有专门的知识和能力，通过将专业技能紧密联系的业务活动归类组合到一个单位内部，可以更有效地开发和使用技能，提高工作效率。

职能型组织结构的特点是采用按职能分工实行专业化的管理办法来代替直线型的全能管理者，各职能部门在业务范围内直接指挥下属。这种组织结构适用于中小型、产品品种比较单一、外部环境相对稳定、综合平衡能力较强的旅游景区。职能型组织结构如图1-2-2所示。

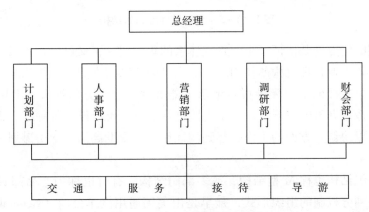

图1-2-2 职能型组织结构

职能型组织结构的优点是能适应现代化工业企业生产技术比较复杂，管理工作比较精细的特点，能充分发挥职能机构的专业管理作用，减轻直线领导人员的工作负担。其缺点也很明显，它妨碍了必要的集中领导和统一指挥，形成了多头领导，不利于建立和健全各级行政负责人和职能科室的责任制，在中间管理层会出现"有功大家抢，有过大家推"的现象。另外，在上级行政领导和职能机构的指导和命令发生矛盾时，下级就无所适从，因此影响工作的正常进行，容易造成纪律松弛，生产管理秩序混乱。由于这种组织结构形式的明显缺陷，现代企业一般都不采用职能型组织结构。

3. 直线职能型

直线职能型组织结构是现代组织中最常见的一种结构形式，特别在大中型组织中尤为普遍。直线职能型组织结构吸收了直线型组织结构和职能型组织结构的优点，设置两套系统，一套是直线指挥系统，另一套是参谋系统。这种组织结构以直线为基础，在各级行政主管之下设置相应的职能部门（如规划、经营、投资、财务等部门）从事专业管理，作为该级行政主管的参谋，实行主管统一指挥与职能部门参谋指导相结合。在直线职能型结构下，下级机构既受上级部门的管理，又受同级职能管理部门的业务指导和监督。各级行政领导人逐级负责，高度集权。因而，这是一种按经营管理职能划分部门，并由最高经营者直接指挥各职能部门的体制。直线职能型组织结构如图1-2-3所示。

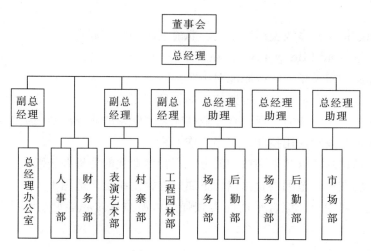

图 1-2-3 直线职能型组织结构

直线职能型的优点是既保证了企业管理体系的集中统一，又可以在各级行政负责人的领导下，充分发挥各专业管理机构的作用。其缺点是职能部门之间的协作和配合性较差，职能部门的许多工作要直接向上层领导报告请示才能处理，这一方面加重了上层领导的工作负担，另一方面也造成办事效率低下。为了克服这些缺点，可以设立各种综合委员会，或建立各种会议制度，以协调各方面的工作，起到沟通作用，帮助高层领导出谋划策。

4. 事业部型

事业部型组织结构也称 M 型结构，或多部门结构，有时也称为产品部式结构或战略经营单位。它是一种分权制的组织形式，最早是由美国通用汽车公司（General Motors Company，GM）第八任总裁艾尔弗雷德·P·斯隆（Alfred P. Sloan）于 1924 年提出的，故有"斯隆模型"之称，有时也称为"联邦分权化"。

事业部型组织结构按产品或地区设立事业部（或大的子公司），每个事业部都有自己比较完整的职能机构。一般做法是总公司成为决策中心。在总公司下按产品或地区分为许多个事业部或分公司，它们在最高决策层的授权下享有一定的投资权限，是单独核算、独立经营、自负盈亏的利润中心，其下级单位则是成本中心。公司总部只保留人事决策、预算控制和监督大权，并通过利润等指标对事业部进行控制。

事业部型组织结构具有集中决策、分散经营的特点。集团最高层（或总部）只掌握重大问题决策权，从日常生产经营活动中解放出来。事业部型组织结构适用于规模庞大、品种繁多、技术复杂的大型企业。近几年我国一些大型旅游企业也引进了这种组织结构形式。事业部型组织结构如图 1-2-4 所示。

5. 矩阵型

矩阵型组织结构形式是在直线职能型垂直形态组织系统的基础上，再增加一种横向的领导系统，它由职能部门和完成某一临时任务而组建的项目小组组成，从而同时实现了事业部型与职能型组织结构特征的组织结构形式。矩阵型组织结构也可以称为非长期固定型组织结构，其特点是具有双道命令系统，两道系统的权力平衡是这一组织结构的关键。但在现实中无法存在绝对的平衡，因而在实际工作中就会存在两条相互结合的划分职权的路线——职能

主题一　职业准备

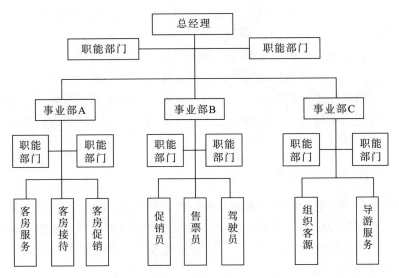

图 1-2-4　事业部型组织结构

与产品；并形成两种深化演化形式——职能式矩阵和项目式矩阵，前者是以职能主管为主要决策人，后者则是以产品项目负责人为主。这种组织结构最为突出的特点就是打破了单一指令系统的概念，而使管理矩阵中的员工同时拥有两个上级。一般中小旅游景区不适于矩阵型管理，大型旅游景区在上下级成员素质较高、能力较强的条件下推行才更有效。矩阵型组织结构如图 1-2-5 所示。

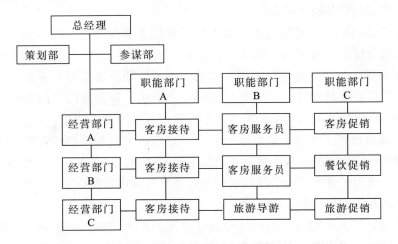

图 1-2-5　矩阵型组织结构

矩阵型组织结构的优点：机动、灵活，可随项目的开发与结束进行组织或解散。由于这种结构是根据项目组织的，任务清楚，目的明确，各方面有专长的人都是有备而来，因此，在新的工作小组里，小组成员能沟通、融合，能把自己的工作同整体工作联系在一起，为攻克难关、解决问题而献计献策；由于从各方面抽调来的人员有信任感、荣誉感，这种结构使他们增加了责任感，激发了工作热情，因此促进了项目的实现；同时还加强了不同部门之间的配合和信息交流，克服了直线型职能结构中各部门互相脱节的现象。

矩阵型组织结构的缺点：项目负责人的责任大于权力。因为参加项目的人员来自不同部门，隶属关系仍在原单位，只是为"会战"而来，所以项目负责人对他们管理困难，这种人员上的双重管理是矩阵结构的先天缺陷；由于项目组成员来自各个职能部门，当任务完成后，仍要回原单位，因而容易产生临时观念，对工作有一定影响。

矩阵型组织结构适用于一些重大攻关项目。企业可用来完成涉及面广、临时性、复杂的重大工程项目或管理改革任务，其特别适用于以开发与实验为主的单位，例如科学研究，尤其是应用型研究单位等。

（二）旅游景区组织机构设置

组织机构设置是通过对组织内资源要素进行整合和优化，确立旅游景区某一阶段的最合理的组织结构，实现组织资源价值最大化和组织绩效最大化的过程。组织设计的实质是对管理人员的管理劳动进行横向和纵向的分工，建立和实施一种特定的管控模式。

1. 组织机构设置的主要内容

组织机构设置的主要内容包括结构设计和过程设计。结构是静态特性，是指部门的划分和协调，具有相对稳定性；而过程是动态特性，包括计划、行为规范（政策、规章及程序）、决策程序三个方面。具体而言，旅游景区组织结构设计的主要内容包括以下几个方面。

（1）职能设置。职能设置是指旅游景区的经营职能和管理职能的设置。旅游景区作为一个经营单位，要根据其战略任务设置经营、管理职能。如果旅游景区的有些职能不合理，那就需要进行调整，对其弱化或取消。

（2）框架设置。框架设置是旅游景区组织设置的主要部分，运用较多。其内容简单来说，就是纵向的分层次、横向的分部门。

（3）协调设置。协调设置是指协调方式的设置。框架设置主要研究分工，有分工就必然要有协作。协调方式的设计就是研究分工的各个层次、各个部门之间如何进行合理的协调、联系和配合，以保证其高效率的配合，发挥管理系统的整体效应。

（4）管理规范设置。确定了组织框架和联系方式后，就需要确定各管理业务的管理工作程序、管理工作应达到的要求和管理人员应采用的管理方法等。这些工作通过管理规范的形式表现出来，成为各管理层次、部门的行为规范。管理规范保证了各个层次、部门和岗位按照统一的要求和标准进行配合和行动。

（5）职务设计和人员配备。组织结构最终表现为职务结构。一般而言，结构设计时先不考虑现有人员的具体情况，而是按照设计时的数量和质量来配备各类人员。必要时对职务设计做部分的调整。按照组织设计的要求，还要进行人员设计，配备相应数量和质量的人员。

（6）运行制度设置。组织结构的正常运行还需要有一套良好的运行制度来保证，进一步的工作包括员工的业绩评价、考核制度和激励制度等。运行制度要既有利于调动员工的积极性，又有利于防止一些不正当和不规范的行为。

2. 组织机构设置的影响因素

（1）组织环境。组织面临的环境特点，对组织结构中职权的划分和组织结构的稳定有较大的影响。如果组织面临的环境复杂多变，有较大的不确定性，就要求在划分权力时给中下层管理人员较多的经营决策权和随机处理权，以增强对环境变动的适应能力。如果面临的环境是稳定的、可把握的，对生产经营的影响不太显著，则可以把管理权较多地集中在领导手里，设计比较稳定的组织结构，实行程序化、规模化管理。

（2）组织规模。一般而言，组织规模小，管理工作量小，为管理服务的组织结构也相应简单；组织规模大，管理工作量大，需要设置的管理机构多，各机构间的关系也相对复杂。可以说，组织结构的规模和复杂性是随着组织规模的扩大而相应增长的。

（3）组织战略目标。战略目标与组织结构之间是作用与反作用的关系，有什么样的战略目标就有什么样的组织结构，同时组织结构又在很大程度上对战略目标和政策产生影响。在进行组织结构设计和调整时，只有对本组织的战略目标及其特点进行深入的了解和分析，才能正确选择组织结构的类型和特征。

（4）信息沟通。它贯穿于管理活动的全过程。组织结构功能的大小，在很大程度上取决于它能否获得信息、能否获得足够的信息及能否及时地利用信息。从总体结构的意义上看，组织只不过是一个职权结构系统，企业正是通过此职权结构来明确业务组合和信息流向的。

总之，组织结构设计必须认真研究上述四个方面的影响因素，并与之保持相互衔接和相互协调，究竟主要应考虑哪个因素，可根据具体情况而定。

3. 组织机构设置程序

（1）确立组织目标。通过收集及分析资料，进行设计前的评估，以确定组织目标。业务范围、行业特点及发展战略是组织机构设置的主要决定因素。在设计组织机构之前，必须明确战略和组织设计要解决的问题，确定关键职能，并以关键职能为主线确定组织的总体框架，确保组织服务于战略。

（2）划分业务工作。关键职能不同，组织结构也会有所不同。确定了关键职能后，就需分解和组合各项基本经营职能及经营业务，初步确定直属部门（子公司）及其包含的二级部门，规定职责权限，确定业务内容。一个组织是由若干部门组成的，根据组织的工作内容和性质，以及工作之间的联系，可将组织活动组合成具体的管理单位，并确定其业务范围和工作量，进行部门的工作划分。

（3）提出组织结构基本框架。分析组织结构的影响因素，按组织设计要求，选择最佳的组织结构模式，决定组织的层次及部门结构，形成层次化的组织管理系统。根据所选的组织结构模式，将组织划分为不同的、相对独立的部门。为各个部门选择合适的部门结构，进行组织机构设置。

（4）确定职责和权限。明确规定各层次、各部门及每一职位的权限、责任。一般用职位说明书或岗位职责等文件形式表达。

（5）设计组织的运作方式。这一步骤主要包括三个方面：第一，联系方式的设计，即设计各部门之间的协调方式和控制手段；第二，管理规范的设计，确定各项管理业务的工作程序、工作标准和管理人员应采用的管理方法等；第三，各类运行制度的设计。

（6）决定人员配备。按职务、岗位及技能要求，选择恰当的管理人员和员工。

（7）形成组织结构。对组织设计进行审查、评价及修改，并确定正式组织结构及组织运作程序，形成特定的管理组织系统，颁布实施。

（8）调整组织结构。根据组织运行情况及内外环境的变化，对组织结构进行调整、完善。

（三）组织结构优化方法

在对旅游景区进行组织结构优化时，通常会分为三部分开展。通过组织结构建设的优化，最终达到旅游景区科学系统化的管理思维模式。

（1）以组织机构的稳定性过渡或稳定性存在为前提，稳定现时的经营生产管理活动。设置的组织机构具有一定时期的稳定性，能将旧的机构平稳过渡到新的机构。人员的岗位调整能顺利平稳过渡到新的部门和岗位，不适应的原有岗位人员能平稳离职，不会因为个别人员的离职而给企业带来负面影响，不会因为个别人的离职带走人员，导致员工对企业产生没有信心的思想变化。

（2）分工清晰，权责到位，以保证部门间考核与协调有效实施。在现有基础上改进不协调的组织关系，预防和避免今后可能存在的摩擦关系。优化的表现结果应该是部门职能清晰、权责到位，能够进行评价和考核，部门间的联系、工作程序协调，企业管理制度能有效实施。

（3）部门、岗位的设置要与培养人才、提供良好发展空间相结合。优化调整部门和岗位时，既要考虑现有人员，又要综合考虑。不能为了照顾人情关系，设立人情部门或岗位。同时，又要综合考虑现有人员的品行、企业发展所需要的能力和潜力等。在对品行有保证、具有风险小的培养价值的前提下，有意识地将部门、岗位和人才培养相结合，"企业是个人的发展平台"的观念通过具体的员工在部门或岗位的就职得到体现。

二、旅游景区制度建设

（一）旅游景区制度建设原则

1. 系统性原则

系统性在制度建设上主要体现在两个层次。第一个层次，制度管理的全面性。它要求各项管理制度及其所包含的规范、规则和程序充分满足正常、有效经营的需要。第二个层次，各项管理内容的完整性。它要求各项管理制度充分满足各专项管理的需要。

系统性原则既要注意全面，又要突出重点。要根据管理需要和轻重缓急突出各阶段建设重点及制度本身重点，注意制度与制度之间的系统性、关联性。

2. 可操作性原则

制度建设是为了解决现实管理过程中出现的各种矛盾的需要，这就要求制度具有实际的可操作性，即要求各个管理环节职责明确，解决问题的程序简洁明了。同时，与之相应的考核奖惩和责任追究程序及标准要科学、合理、规范。制定的制度要有粗有细，粗的地方符合原则性管理要求，细的地方则符合可操作性管理要求。基本管理制度的条款尽量是原则性的，具体管理规定、办法、细则、流程等要细化到可具体操作。同一项制度的条款也可有粗有细，原则性条款尽量概括，可操作性条款在不影响功能及操作的情况下尽量精简。

3. 规范性原则

制度的规范性具体表现在以下3个方面。

（1）行为规范。管理制度本身就是一种规范，是员工在生产经营活动中必须共同遵守的规定和准则。它要求员工在职务行为中按照经营、生产、管理相关的规范与规则来统一行动。

（2）编制规范。管理制度一般由一些与此专业或职能相关的规范性标准、流程、规则性控制、检查、奖惩等组合而成。在管理制度中，属于规范性的有编制目的、编制依据、适用范围、制度构成等；属于程序性的有制度实施环节、实施的具体程序，以及形成、完善或修订制度的过程等。

（3）实施规范。管理制度要得到切实贯彻，必须具备以下环境或条件：首先，编制的制度是规范的，符合企业管理科学原理和企业行为涉及的每一项事物的发展规律；其次，实施制度的全过程是规范的，全员的整体职务行为或工作程序是规范的。

4. 合法性原则

管理制度应具有合法性。制度的起草部门首先应明确制度所依据的法律、法规，确保起草内容的合法性；其次要通过对制度的合法性审查来确保制度内容的合法性，相关部门要定期把现有制度与最新的法律、法规加以对照，识别出与新的法律、法规不相符合之处，做好修改相关制度的工作。

5. 有效执行性原则

制度是一种约束激励规范，其产生的实际效力依赖于被执行、被遵守的程度。即使在拟定制度的时候充分考虑了人性管理的因素，在实际管理中，由于制度制定的目标本身具有缺陷，或者由于对制度执行的效果期望值过高，或者由于在制度执行过程中忽略了制度执行者的具体操作能力，制度也往往不能得到全面有效的遵守和执行。

（二）旅游景区制度建设内容

1. 旅游景区外部行政制度建设

一般而言，旅游景区资源的所有权属于国家或全民，因此，国家和地方政府要对旅游景区实施一定的管辖权。与此同时，旅游景区又是旅游市场中的重要组成部分，其经营管理行为会对市场竞争产生一定影响，因此，行政主管部门也要对旅游景区进行管理。这些诸多的管理系统就综合形成了旅游景区的外部行政管理制度。旅游景区外部管理制度是从政府层面对旅游景区经营行为进行约束与规范的系统。

2. 旅游景区内部经营制度建设

内部经营管理制度以旅游景区利益为出发点，目标在于通过提升旅游景区经营管理效率来增加旅游景区竞争力，为实现旅游景区发展战略目标提供保障。通常包括以下具体内容。

（1）组织分工管理制度。组织分工管理制度是部门权责分明，防止互相扯皮，提高工作效率的基础。

（2）员工招聘管理制度。员工招聘管理制度可细分为员工录用规定、员工聘用规定、聘用人员管理办法、专业技术人员职位任用办法、管理人员录用办法、公关人员录用办法、新进员工任用办法、面试操作规程等。

(3) 考勤考核管理制度。考勤考核制度的目的是使员工融入企业、融入团队之中，从而创造更大的效益。其主要内容包括员工考勤管理制度、员工出勤管理规定、员工打卡管理规定、员工出勤及奖励办法、员工考勤和休假管理办法、请假休假管理细则、员工给假细则、员工加班细则、员工综合考评制度等。

(4) 薪酬福利管理制度。薪酬福利管理制度是最重要的激励措施。科学的薪酬福利管理制度能体现企业里每个员工的贡献和价值，使每个员工都感到劳有所得，自己的工作得到了认可，因而激励他们更加努力工作。

(5) 奖金激励管理制度。奖金激励本质上是一种物质激励，是激励员工的最常用也是最重要的方法。奖金激励管理制度主要包括奖励制度、员工出勤奖金办法、全勤奖金给付办法、员工年终奖金发放办法、员工津贴给付办法、责任奖金的计算及分配暂行办法、经营绩效奖金核发办法、效率奖金核发办法、绩效奖金发给办法等。

(6) 员工培训管理制度。为迎接越来越激烈的市场竞争，员工必须不断进步和提高。要达到这一目的唯一途径就是对员工进行培训，否则就会被市场淘汰。员工培训管理制度主要有员工培训实施办法、新员工培训实施纲要、综合管理人员培训制度等。

(7) 员工管理制度。各项管理最终都体现在对人的管理上，只有建立科学的员工管理制度，才能保证各个部门每个员工各就各位、各守其职，从而实现组织的高效运转。科学的员工管理制度主要包括员工守则、员工女生着装管理规定、员工姓名牌管理办法、员工礼仪守则、临时人员管理办法、人员晋升管理办法、人员调动与降职管理规定、辞退与辞职管理规定、员工离职管理规定等。

(8) 会计出纳工作管理制度。在任何一个组织里，可以没有财务总监，却不可以没有会计和出纳。会计出纳工作管理制度是现代企业最基本的财务管理制度。现代会计出纳工作管理制度主要包括财务部工作准则、财务管理规定、会计管理制度、会计工作细则、出纳作业处理细则、财务分析撰写规则、报表管理规定、内部考核制度、审计管理制度、会计档案管理制度、统计管理办法等。

(9) 资金财产管理制度。在财务管理中，对资金、财产的管理是财务管理的核心内容。任何一项管理不当，都会使财务状况一片混乱并直接导致决策者盲目决策，造成难以估量的后果。资金财产管理制度主要包括资金预算制度、资金管理办法、资金控制制度、资金筹措工作准则、借款和各项费用开支标准及审批程序、现金收支管理办法、传票审核职权划分办法、零用金管理规定、费用开支标准、财产管理办法、固定资产管理规定、财务盘点制度等。

(10) 账款票据管理制度。资金财产管理制度是财务管理的核心内容，账款票据的管理制度是财务管理的基础所在。只有账款票据管理井井有条，资金资产管理才能清晰、明确。账款票据管理制度主要有营业单位会计员账款作业绩效评核条例、应收票据与应收账款处理细则、账款管理细则、收款管理规定、会计员账款回收考核细则、业务员收款守则、应收账款及应收票据管理规定、问题账款处理细则、呆账管理细则等。

(11) 经营计划管理制度。经营计划是实现经营目标的重要手段，也是组织和指导生产有序进行的依据。管理者必须对生产任务进行统筹安排，使人、财、物等各种资源都得到充分利用。经营计划管理制度主要有经营方针目标管理制度、经营计划管理制度等。

(12) 采购管理制度。采购管理制度是现代物流链中的一个基础环节，它对维持正常经营活动至关重要。采购管理制度具体包括采购工作管理目标、采购管理系统、采购管理工作内容、标准采购作业程序、标准采购作业细则、采购规程、采购工作实施办法、采购入库验收管理规定等。

（13）广告宣传管理制度。广告宣传不仅能实现销售目标，还能提高旅游景区知名度和美誉度，提升形象。广告宣传管理制度主要包括广告宣传管理制度、对外宣传细则、广告宣传业务准则、新产品宣传规定、广告策划原则、广告计划编拟要点、自行制作广告作业流程、电视广告影片制作流程等。

（14）市场信息管理制度。市场信息管理制度包括信息管理规章、订单信息处理准则、游客信息管理章程、游客需求信息处理制度、市场调查管理制度、市场调查规程、个人调查操作规程、竞争对手调查操作要点、销售现场动态调查操作规程等。

（15）行政事务管理制度。行政事务管理制度是整个管理制度的缩影。它主要包括印信管理规定、总台值班管理制度、机密电脑室管理规定、计算机安全管理制度、网络系统管理制度、电子邮件系统管理条例、来宾接待规定、图书管理办法、保险库管理办法、保密制度、员工出差管理规定、员工出差实施细则、出差手续及出差费支付规定等。

（16）会议管理制度。会议是处理重要事务、实现科学决策的重要途径，也是有效进行信息沟通，协调各方面关系的重要手段。会议管理制度主要包括会议管理制度、会议程序与规范、部门经理会议规程、会议工作细节审核项目及内容、提案管理规定、提案制度实施条例、会议提案改善方案、提案建议效益奖管理办法、员工建议改善条例等。

（17）文书档案管理制度。文书档案管理制度主要包括文印室管理规定、文件收发规定、报刊邮件函电收发制度、文件管理规定、文书管理制度、文书制作制度、文书收发制度、文书处理制度、文书收发作业规范、重要文件保管处理规定、文书档案立卷归档制度、档案管理办法、档案管理制度、档案借阅规定等。

（18）安全管理制度。安全管理是保证旅游景区正常运转、减少浪费和损失的必要手段。安全管理制度主要包括警卫人员值勤准则、值班管理制度、值班室管理制度、出入管理条例、防盗工作管理制度、消防管理规定、防火安全制度、关于工作服和其他劳保用品发放的规定、文具用品管理办法、车辆管理规定、司机管理规定、员工食堂管理办法等。

张家界坠石事故折射景区安全管理漏洞

（三）旅游景区制度建设存在的问题

1. 制度与法律、政策相抵触

有些旅游景区只考虑自身利益，有些制度与国家的法律、法规及政策相违背。有些旅游景区没有依据新颁布的法律、法规和政策及时修订完善制度。

2. 制度间矛盾，缺乏系统性

许多旅游景区成立之后，制定了各类制度，内容面面俱到。但由于条款多、规定多、程序多、执行比较繁杂、制度之间缺乏关联性甚至相互矛盾，从而导致制度的执行相当困难，严重损害了制度的严肃性、严谨性、系统性。

3. 与现实脱节，缺乏可操作性

有的旅游景区的制度过于超前，完全不切合实际。也有的旅游景区的制度虽然出台了，但由于宣传不到位,却没有真正得到贯彻落实,使制度沦为一纸空文。

4. 制度远离旅游景区目标

建章立制的根本目的是为经营目标服务。但有些制度从起草时就是为制度而制定,缺乏针对性和有效性,这样就失去了应有的价值。

5. 制度与程序相脱节

制度建设的目的是通过制度规范管理,执行管理决策,因此,每一种制度的本身就应该包含操作流程。但现实中,经常会出现有制度、无流程,或制度少、流程多的现象,从而导致推诿扯皮现象时有发生。

6. 制度与执行脱节

这是在整个制度建设体系里面暴露出来的最严重、最普遍的问题,其表象是执行不力,深层次原因则是虽有制度,但缺少执行制度的制度,谁来干、干什么、干到什么程度、干好了怎么奖、干不好怎么罚、由谁来罚、由谁来监督等保证制度执行的制度没有形成体系。

7. 制度与企业文化脱节

这具体表现为制度和企业文化是两个个体,制度高高在上,而企业文化却冷眼旁观,事不关己,制度和企业文化没有相互融合、相互促进、形成合力。

三、旅游景区的运营模式

(一) 常见旅游景区管理运营模式

1. 整体租赁经营模式

其经营主体是民营企业或民营资本占绝对主导的股份制企业。其代表性旅游景区是四川碧峰峡旅游景区、重庆芙蓉洞旅游景区及桂林阳朔世外桃源旅游景区。在这一模式中,旅游景区的所有权与经营权分离,开发权与保护权统一。旅游景区的所有权代表是当地政府,民营企业以整体租赁的形式获得旅游景区30年至50年的独家经营权。旅游景区经营企业在其租赁经营期内,既负责旅游景区资源开发,又对旅游景区资源与环境的保护负有绝对责任。

2. 上市公司经营模式

其经营主体是股份制上市公司。其代表性旅游景区是黄山旅游景区和峨眉山旅游景区。这一模式中,旅游景区的所有权与经营权、资源开发权与保护权完全分离。地方政府设立旅游景区管理委员会,作为政府的派出机构,负责旅游景区统一管理。旅游景区的所有权代表是旅游景区管理委员会,经营权通过交缴旅游景区专营权费,由旅游景区管理委员会直接委托给上市公司。旅游景区管理委员会负责旅游保护,上市公司负责资源开发利用。

3. 非上市股份制企业经营模式

其经营主体是未上市的股份制企业,它既可以是国有股份制企业,也可以是国有与非国有参与的混合股份制企业。其代表性旅游景区有青岛琅琊台旅游景区、浙江柯岩旅游景区及曲阜孔府、孔林、孔庙旅游景区。在这一模式中,旅游景区的所有权与经营权分离,但资源开发权与保护权统一。旅游景区的所有权代表是作为政府派出机构的旅游景区管理委员会等,旅游景区经营由政府委托给股份制企业。旅游景区经营企业既负责旅游景区资源的开发,又负责旅游景区资源的保护。

4. 隶属企业集团的整合开发经营模式

其经营主体是国有全资企业，但隶属于当地政府的国有公司。其代表性旅游景区有陕西华清池、华山等旅游景区，这些旅游景区均由国有的旅游景区公司负责经营，隶属于陕西旅游集团公司。这一模式中，旅游景区的所有权与经营权分离，但资源开发权与保护权统一。旅游景区的所有权代表是政府，旅游经营由国有全资的旅游景区经营企业掌管。旅游景区经营企业既负责旅游景区资源的开发，又负责旅游景区资源的保护。这一模式的优势是能够按照旅游市场的需求，全面结合各旅游景区的资源，通过整合开发，全面促进当地旅游景区的发展。

5. 隶属地方政府的国有企业经营模式

其经营主体是国有全资企业，且直接隶属于当地政府。其代表性旅游景区有浙江乌镇和江苏周庄，它们均由国有的旅游开发公司直接经营，分别隶属于当地县人民政府和镇人民政府。这一模式中，旅游景区的所有权与经营权分离，但资源开发权与保护权统一。旅游景区的所有权代表是政府，旅游经营由国有全资的旅游景区经营企业掌管。旅游景区经营企业既负责旅游景区资源的开发，又负责旅游景区资源的保护。

6. 隶属政府部门的国有企业经营模式

其经营主体是国有全资企业，它隶属于当地政府的有关部门，而不是直接隶属政府。其代表性旅游景区有南宁的青秀山旅游景区，由国有的旅游景区经营公司直接经营，分别隶属于当地国有资产管理局和当地旅游局。在这一模式中，旅游景区的所有权与经营权分离，但资源开发权与保护权统一。旅游景区的所有权代表是政府，旅游经营由国有全资的旅游景区经营企业掌管。旅游景区经营企业既负责旅游景区资源的开发，又负责旅游景区资源的保护。

7. 兼具旅游行政管理的网络复合治理模式

其经营主体为旅游景区管理机构，它不仅要负责经营管理，还具有当地旅游市场管理的行政职责。这一模式中，所有权与经营权、开发权与保护权对外统一，对内分离。管理机构既是所有权代表，又是经营主体，既负责资源开发，又负责资源与环境保护。但在内部，管理职能与经营职能、开发职能与保护职能由不同的部门或机构承担。其代表性旅游景区是长春净月潭、江西龙虎山、山东蓬莱阁等，这些旅游景区的管理机构都与当地旅游局合并为一套班子、两块牌子，在承担经营管理职责时，还负责当地旅游业的管理，对促进当地旅游业发展负有重要责任。这一模式是近年各地旅游景区体制改革与机制创新的成功实践，具有较强的发展优势和良好的发展前景。

8. 兼具资源行政管理的复合治理模式

其经营主体为当地政府派出机构的旅游景区管理委员会或管理局。这一模式中，所有权与经营权、开发权与保护权对外统一，对内分离。管理机构既是所有权代表，又是经营主体，既负责资源开发，又负责资源与环境保护。但在内部，管理职能与经营职能、开发职能与保护职能由不同的部门或机构承担。其代表性旅游景区是泰山，泰山旅游景区管理委员会与泰安市文化局合并成一套人马，在负责泰山的保护、开发、经营和管理的同时，对泰安市文化事业和文化市场进行管理。目前，这一模式在旅游景区经营中逐步退缩。

9. 隶属旅游主管部门的自主开发模式

其经营主体是旅游景区管理机构，但管理机构隶属于当地旅游局。这一模式中，所有权与经营权、开发权与保护权互不分离。管理机构既是所有权代表，又是经营主体，既负责资源开发,又负责资源与环境保护。这一模式也是近年各地为理顺旅游管理体制而进行的改革与创新。在这一模式中,旅游景区的经营总体上以市场为导向,以谋求旅游景区的发展为主要目标。其代表性旅游景区有河北野三坡、重庆四面山等。

10. 隶属资源主管部门的自主开发模式

这是一种传统的旅游景区经营模式。经营主体是旅游景区管理机构,并且隶属于当地建设的园林、文物等旅游资源主管部门。这一模式中,所有权与经营权、开发权与保护权互不分离。管理机构既是所有权代表,又是经营主体,既负责资源开发,又负责资源与环境保护。这一经营模式主要集中于传统的大型文物类旅游景区,如北京故宫、颐和园、八达岭长城等。

(二) 旅游景区运营管理体系

在旅游景区的日常运营管理中,其管理体系、产品体系和服务体系等内容构成核心的三大体系,是旅游景区得以可持续发展的重要因素。

1. 管理体系是旅游景区运营管理的保障

管理体系是旅游景区运营管理的保障,由管理机制及架构、管理制度和制度执行三个层面组成。

(1) 管理机制及架构。理顺整个旅游景区的管理机制,实施所有权、管理权和经营权的三权分离,按照现代企业制度建立运营管理团队,适应市场化的需求,尽量减少行政上的过多干预,是实现旅游景区科学管理的首要条件。同时,旅游景区应根据自身资源、工作开展等需要,设立合理的、精简高效的管理架构和内设部门,并尽量实现管理架构的扁平化,这有利于管理制度的及时传达及执行。

(2) 管理制度。"没有规矩,不成方圆",完善的旅游景区管理制度,明晰的奖惩条例和措施,有利于规范员工的言谈举止,充分调动员工的积极性,实现旅游景区的规范化、精细化管理。制定制度时,应征求员工意见,增强制度的科学性、合理性,确保制度不脱离旅游景区的实际情况,以制度管人、管事。同时,制度不能朝令夕改,要保持一定的稳定性。

(3) 制度执行。如果只是具备完善的制度,没有强有力的执行,同样达不到良好的管理效果。在日常管理工作中,应把制度的执行作为一项重要的常规内容,将员工对制度的熟悉、落实程度作为对员工考核的内容之一,激励员工自觉遵守,定期通报制度执行情况,以违规案例进行警示教育,让制度有威严、有约束力。

2. 产品体系是旅游景区运营管理的核心

旅游产品是整个旅游景区赖以生存发展的根本,同时也是旅游景区运营管理的核心,包括旅游产品的定位、产品多元化开发、旅游景区品牌的树立和宣传营销等三个方面的内容。

(1) 旅游景区产品定位。随着旅游产业的发展,新的旅游景区不断涌现,旅游景区同质化现象越发突出,游客的可选择性也不断增加。唯有准确的旅游景区产品定位,方能突出自身的差异化,为旅游景区可持续发展奠定坚实的基础。这就要求在做旅游景区前期规划、策划时,要充分论证,分析自身所拥有的资源特色,突出与周边现有旅游资源的差异性,并能结合游客的市场需求,才能给出准确的产品定位。

(2) 旅游景区产品多元化开发。事实证明,"门票经济"已经不能适应当今旅游行业新形势下的发展要求，越来越多的旅游景区管理者正逐步探索免门票的经营方式，通过免门票，增加游客量后，再通过二次消费，实现旅游景区更多的收益。例如，杭州西湖通过免除门票，吸引了更多的游客前往，从而拉动了整个城市餐饮、住宿、娱乐、购物等二次消费，产生了更大的经济效益与社会效益，成为国内免费开放模式的成功典范。

（3）旅游景区宣传营销和品牌意识。在旅游产品不断同质化和当今信息量暴增的环境下，宣传营销是提高旅游景区知名度、激发游客前往出游的重要手段。在实施宣传营销中，要注意创新营销方式，注重从传统营销方式到新媒体和体验营销的转变，更要重视旅游产品到旅游品牌的转变，不断提升旅游景区的市场影响力。

3. 服务体系是旅游景区运营管理的基础

优质的服务水平能提高旅游景区的美誉度，是旅游景区运营管理的基本所在。一般而言，服务体系包含旅游景区安全、旅游景区基础设施的完善和员工服务水平等内容。

1.2.3 任务训练

实训名称：模拟组建旅游景区组织结构。

实训目的：通过任务训练，学生更好地理解和掌握旅游景区组织设计的相关理论。

实施步骤：以小组为单位，分工合作，完成以下工作。

（1）熟练掌握组织结构的基本类型、组织设计的流程等知识点。

（2）通过网络查找、收集相关资料（如类似的案例资料、相关论文和文摘等）。

（3）展开讨论，根据市场环境和企业状况等构思和策划虚拟旅游景区的组织结构，制定部门职能，设计业务流程，形成书面方案上交。

1.2.4 通关游戏

一、知识关

1. 组织结构类型有_____、_____、_____、_____、_____。
2. 组织结构设计的影响因素由四方面决定，即_____、_____、_____、_____。
3. 以下属于旅游景区制度建设的原则有（   ）。
   A. 可操作性原则   B. 时效执行性原则   C. 系统性原则
   D. 合法性原则   E. 规范性原则

二、能力关

"互联网+旅游商圈"黄山与阿里巴巴联合打造旅游综合体

2017年6月20日上午，黄山旅游发展股份有限公司、阿里巴巴口碑网联合在屯溪举行发布会，标志着黄山旅游综合体正式成立。黄山旅游将实现从当前单一景点旅游景区建设管理向综合目的地服务，从门票经济向产业复合经济，从粗放低效管理方式向精细高效管理方式，从封闭的旅游自循环向开放的"旅游+"转变。

在此背景下，黄山旅游发展股份有限公司和阿里巴巴口碑网携手，利用双方各自优势资源,共同以旅游景区资源出发,以支付宝的支付能力、口碑网的旅游商圈营销能力及口碑网旅游版的宣传能力,共同打造"互联网+旅游商圈"为主题的新型示范项目,组成黄山旅游综合体。近3年来黄山旅游官方旗舰店开展了未来旅游景区、信用住、双十一全球狂欢节、双十二等阿里知名品牌的活动。2016年9月黄山旅游景区门票缆车率先打通支付宝支付通道,2017年5月黄山旅游景区完成了微信支付、支付宝支付的全山经营单位覆盖。目前,黄山旅游景区已经实现了"现金—信用卡—移动支付"的完美跨越,支付宝、微信在提高旅游景区工作效率、缩短游客等候时间、增强游客旅游体验的同时,也极大地提升了黄山旅游景区的智慧旅游形象,受到了广泛好评。

（资料来源：http：//www.newshs.com/t/a/2017-6-21/1498004742683.shtml，有删减）

讨论分析：
1. 你认为黄山和阿里巴巴联合打造的综合体在旅游景区运营模式上最大的优势是什么？
2. 新形势下一些旅游景区落后的经营体制该如何突破自我局限,实现长足发展？

1.2.5 总结评价

1. 总结回顾

组织结构类型有直线型组织结构、职能型组织结构、直线职能型组织结构、事业部型组织结构、矩阵型组织结构。组织设计的影响因素由四方面决定：即旅游景区环境、旅游景区规模、旅游景区战略目标、信息沟通。组织结构的优化方法有三种：一是以组织机构的稳定性过渡或稳定性存在为前提稳定现时的经营生产管理活动；二是分工清晰,权责到位,以保证部门间考核与协调有效实施；三是部门、岗位的设置要与培养人才、提供良好发展空间相结合。旅游景区制度建设类型主要有外部制度建设和内部制度建设两种。旅游景区管理运营模式分为10种。

2. 自评和小组互评

请根据项目任务的学习目标和完成情况,按照表1-2-1来完成自评和小组互评。

表1-2-1 评价考核表

考核项目	考核要求	是否做到	改进措施
旅游景区的组织运营	了解旅游景区制度建设的原则、内容和要点	□是□否	
	熟悉旅游景区组织结构的类型及组织设计的流程	□是□否	
	熟悉旅游景区运营的内涵和经营管理模式	□是□否	
	旅游景区组织结构的设计流程	□是□否	
总体评价	检查任务完成情况	完成度1~5	
	评价任务完成过程的表现	评分1~5	
	团队合作程度	评分1~5	

主题二

服务实战

任务 2.1 打造旅游景区服务理念

知识目标

1. 了解服务的内涵与特点。
2. 了解游客满意理论和旅游体验理论。
3. 了解旅游服务标准化内涵和服务内容。

技能目标

1. 能够树立现代旅游景区服务意识。
2. 能够提出服务创新方案。

2.1.1 任务导入

武陵源努力深化旅游服务内涵

进入十一黄金周，风景如画的武陵源旅游景区车流如潮，游客如织。面对较大的旅游服务接待工作压力，武陵源区以游客为本，坚持"安全、秩序、质量、效益"四统一的原则，各级各单位领导纷纷深入旅游景区景点、酒店，为游客排忧解难。

相关领导每天都要到张家界国家森林公园、黄龙洞、宝峰湖等旅游景区景点巡查，督促检查旅游服务接待工作，实地解决游客遇到的困难和问题。为缓解旅游服务接待压力，要求各旅游景区景点增设验票窗口、延长开放时间、增加旅游服务接待设施。另外，还组织广大青年团员在各交通要道、旅游景区景点和城区设立旅游服务咨询台，给自助游客提供义务咨询服务，义务疏导吴家峪口、天子山、黄龙洞、百龙天梯等热点旅游景区景点的游客，保证了各旅游景区景点、城区良好的旅游服务接待秩序。

在得知有6个团队200多名游客准备晚上七点左右出发，从森林公园经金鞭溪赶到武陵源区后，主管单位迅速安排8名工作人员带着手电筒随同游客上路，并与武陵源旅游景区环保车队取得联系，安排环保车在水绕四门接送，直到当晚10点左右，将游客安全送到目的地。各旅游景区景点从每一个服务细节着手，设身处地为游客考虑。如百龙天梯公司在天梯内安装播放张家界风光片的电视设备，增添了游客兴趣；紫霞观在每个景点都免费为游客提供饮用水，确保游客高兴而来，尽兴而归。

（资料来源：张家界日报 http://zijrb.rednet.com,cn, 2005-10-06, 有删减）

任务思考：

1. 作为旅游景区工作人员，应该具备哪些服务理念？
2. 在传统服务理念基础上，旅游景区可以围绕什么主题创新服务理念？

2.1.2 知识储备

一、什么是服务

（一）服务的概念与内涵

世界互联网大会将为旅游业带来新的理念和发展机遇

国际标准化组织（International Standardization Organization，ISO）颁布的 ISO 9004-2《质量管理和质量体系要素第2部分：服务指南》（Quality Management and Quality System Element-part 2：Guidelines for Service）认为，服务是为满足顾客的需要，供方与顾客接触活动和供方内部活动所产生的结果。并将服务内容概括为：设施、能力、人员的数目和材料的数量；等待时间、提供时间和过程时间；卫生、安全性、可靠性和保密性；应答能力、方便程度、礼貌、舒适、环境美化、胜任程度、可信性、准确性、完整性、技艺水平、信用和有效的沟通联络。管理学家对于服务有一系列的界定。代表性观点有以下几种。

营销大师菲利普·科特勒（Philip Kotler，1982）对服务作了如下定义：任何组织或个体以一定行为方式满足其他组织或个体的某种无形需求的活动，其过程不必依赖于有形的工具。管理学家格罗鲁斯（Gronroos）认为，服务是由一系列或多或少具有无形特性的活动所构成的一种过程，这种过程是在顾客与员工有形资源的互动关系中进行的，这些有形资源（有形产品或有形系统）是作为顾客问题的解决方案而提供给顾客的。

结合旅游景区的实际，可以这样定义：旅游景区服务是指旅游景区管理者和员工为满足游客需要，借助旅游资源或环境、旅游设施，通过多种手段向游客提供各种直接和间接方便的过程和结果。

（二）服务的特性

服务同有形产品存在着根本差异，具体表现在以下几个方面。

1. 无形性

服务的组成元素及其特质多数情况下都是无形无质，服务是实实在在存在的产品，但其存在的形态是无形的。由于服务的无形性，游客难以感知和判断其效果和质量。无形的服务借助有形的人或物得以展现。

2. 不稳定性

人是服务的主体，也是服务的客体。员工提供的服务是对接游客眼中的服务。由于员工的素质、态度、技能差异、服务当时心理生理状态差异、不同游客的个体差异等诸多因素都对服务有影响，即使是同一员工在不同的时间、地点和环境，所提供的服务质量也往往不同，因此，服务具有不稳定性。

3. 生产和消费同时性

服务的生产过程与消费过程同时进行，员工向游客提供服务的过程，也正是游客消费服务的过程。游客在一定程度上参与生产过程。服务的生产过程中，游客之间也会有相互作用，因而会影响彼此的体验。

4. 不可储存性

服务是不可储存，也是不能运输的。服务资源如果不能当天变成产品提供给游客，并被游客消费，那么这个资源所产生的机会成本就被消耗掉了。

（三）旅游景区服务内容

旅游景区提供或生产的服务具有综合性，由多种服务内容组成，包括：旅游硬件设施、旅游活动服务；入门接待服务（售票服务、验票服务、排队引导服务）；游览服务（解说服务、导览服务等）；客户服务（咨询服务、投诉处理、大客户服务等）；配套服务（娱乐服务、餐饮服务、住宿服务、停车服务、纪念品销售、儿童车租赁、医疗急救等）；安全服务；送客服务等。具体的服务内容我们将在后续章节中陆续展开。

二、旅游景区服务相关理论

（一）游客满意理论

随着社会经济的发展和经济环境的变化，游客满意度成为评价旅游景区服务质量的重要因素，受到社会、旅游景区和游客的普遍关注。一些旅游网站上的游客评价和旅游"达人"的攻略成为游客选择旅游目的地时重要的参考依据。

游客满意度（Tourist Satisfaction Degree）是游客的一种心理满足状态，通过游客在消费旅游产品或服务后的实际感受和其期望的差异程度来反映。游客满意度是建立在消费前游客对产品的预期与消费后对产品质量的认识上的，以两者之间的差距来表示满意或者不满意。当产品质量未达到预期时就会产生不满意，而当产品质量超过预期时则产生满意。因此，游客满意度是一种结合感知与情感因素的综合评价。

游客满意度作为游客的一种心理感受，具有以下特性。

（1）客观性。游客对某类产品或服务的满意度是游客在一定的社会实践活动（包括与其他游客、群体、组织的互动交流活动）特别是在对该类产品或服务的消费实践活动中逐步形成的。它的存在及它对旅游景区产生的作用都是客观的，不以提供产品或服务的旅游景区的主观意愿而转移。

（2）主观性。游客满意度建立在其对产品和服务的使用体验上，感受的对象是客观的，结论却是主观的。对于每一个游客而言,关于满意与否及满意的程度如何评价又建立在各自不同的个体消费经历的基础上,它与游客自身条件如知识、经验、收入状况、生活习惯、价值观念等有关。因此,不同游客对同一产品或服务的满意度评价完全有可能不同。

(3) 层次性。美国心理学家亚伯拉罕·马斯洛(Abraham H. Maslow)指出人的需要有5个层次,即生理需要、安全需要、社交需要、尊重需要、自我实现需要,并指出处于不同需求层次的人对产品和服务的评价标准会有所不同。因此,不同地区、不同阶层的人或同一个人在不同条件下对某个产品或某项服务的评价可能不尽相同。

(4) 可变性。尽管特定的游客对某类产品或服务的满意度具有相对的稳定性,但由于各类产品或服务提供水平存在的不稳定性,以及市场环境、科技发展和社会生活的变化,会导致游客对原有的满意度认知的修正。因此,即使特定产品或服务的水平是稳定不变的,但其对应的游客满意度仍然会发生动态的变化。

(二) 旅游体验理论

1. 旅游体验的本质与层次体系

从本质上讲,旅游体验就是人们离开常住地到异地去寻求某种愉悦。这种愉悦是一种以超功利性体验为主的综合性体验。旅游体验可以分为3个层次:处于初级层次的世俗愉悦,表现为对感官的刺激和对肉欲的追求;处于高级层次的审美愉悦,表现为心灵的超越与升华;处于终极层次的最高境界,表现为物我两忘、身心和谐。

重庆口碑开始下滑,游客满意度直线下降

2. 旅游景区体验服务特性及影响因素

(1) 旅游景区体验服务特性。旅游景区向游客提供的是一种共享的使用权。游客只享有旅游景区产品的暂时使用权。游客必须前往旅游景区才能消费产品。因此,交通方式也是旅游过程中一个不可分割的部分。

(2) 旅游景区体验服务的影响因素。一是旅游景区的有形部分。有形部分包括旅游景区的建筑、文化遗址、商店、餐厅等,这些会给游客视觉的感受,是营销的基础。二是提供体验服务的要素,这些要素包括员工的仪表仪容、态度、行为和能力。如果旅游景区是体验的剧场,工作人员就是剧场的演员,工作人员的表现将给游客直接的体验。所以必须使工作人员融入旅游景区的氛围,形成与游客互动的演职人员,共同创造令游客难忘的美好体验。三是游客的期望、行为和态度。游客通过各种途径,了解到旅游景区的主要背景,对旅游主题有自己的期望。而游客的游览活动、旅游景区的参与活动,都将形成一种体验,而这种体验是否能够让游客留下难忘的印象,都会形成一种旅游景区体验。四是不可抗的客观因素。不可抗的客观因素是指旅游景区管理机构和游客都无法控制的一些因素,如在某一特定时间游览旅游景区的游客构成,到旅游景区来的交通状况、天气状况等。

服务创新

湖南:旅游景区能为老年旅游做什么?

沙迦灯节突出游客体验

2015年国家旅游局在全国旅游工作会议上提出,要对老年人旅游给予优惠,要完善老年人旅游服务规划，推出一批适合老年人的养生度假产品。湖南作为旅游大省，旅游景区该如何应对老年游的发展趋势，推出了哪些旅游产品？

张家界天门山旅游景区打出"服务牌"，开辟专门的老年人通道、老年人购票窗口，无论是购票还是坐缆车，老年人优先通过。同时抽调专人在手扶电梯处服务，保障老年人安全畅通地游览参观。另外，旅游景区还购置了轮椅、配备老人常用药品，为行动不便和有需要的老人免费提供服务。

凤凰旅游景区从老年人休闲养生入手，着手规划一批具有可推广性的休闲养生旅游度假产品，比如老家寨休闲养生游景区、青山溪休闲养生度假区等，充分利用当地优质的生态条件及浓郁的乡土风情为老年游客打造一个放松心灵的绝佳旅游地。凤凰2014年接待国内外游客956.18万人次，其中老年游客达62.03万人次，同比增长15.2%。

坐红色旅游专列，看红色旅游大戏。针对中老年人群体，韶山推出了"火车向着韶山跑"——激情岁月怀旧之旅，开通了长沙—韶山的红色旅游专列，让广大中老年人坐着火车到韶山故地重游，重温经典，找寻青春的记忆。同时，韶山精心打造大型室外情景剧《中国出了个毛泽东》，全国各地的老年游客慕名而来。

作为五岳之一的衡山，道教与佛教融于一山，衡山旅游景区以节庆活动为契机，定期举办祈福、养生等活动，吸引了众多老年信徒和游客。近期衡山举办的"祭茶思祖、造福百姓"祭茶大典在南岳大庙隆重举行，来自南岳、衡山、衡东、衡南、耒阳、常宁、祁东等地的新茶由佛、道教大师开光加持。三湘茶人与游客齐聚衡山祭祀茶祖、茶神、茶圣，祈求丰年。这些祈福、祭祀的活动，迎合了老年人休闲养生的追求，颇受市场欢迎。

〔资料来源：蔡良良，高慧．湖南：旅游景区能为老年旅游做什么？[N]．中国旅游报，2015-05-11（5），有删减〕

案例启示：

随着经济水平的提高，生活观念的改变，越来越多的老年人愿意走出去看看外面的风景，《国务院关于促进旅游业改革发展的若干意见》（国发〔2014〕31号），提出要大力发展老年旅游。旅游景区应主动响应市场需求，结合养老服务业、健康服务业发展，积极开发多层次、多样化的老年人休闲养生度假产品；加强老年旅游服务设施建设，严格执行无障碍环境建设标准，适当配备老年人、残疾人出行辅助器具；针对老年旅游推出经济实惠的旅游产品和优惠措施；制定老年旅游服务规范，推动形成专业化的老年服务品牌。

三、旅游景区服务标准化

（一）旅游景区服务标准化内涵

服务标准化（Services Standardization）是以服务活动作为标准化对象，通过对服务标准的制定和实施，以及对标准化原则和方法的运用，以达到服务质量目标化、服务方法规范化、服务过程程序化，从而获得优质服务的过程。

服务的标准化可以从不同的角度和侧面细化进行。首先是服务流程层面，即服务的递送系统，向游客提供满足其需求的各个有序服务步骤。服务流程标准的建立，要求对适合这种流程服务标准的目标游客提供相同步骤的服务。其次是提供的具体服务层面，即在各个服务环节中人性的一面，在一项服务接触或"真实的瞬间"中，员工所展现出来的仪表、语言、态度和行为等。

旅游景区服务生产与消费的同步性，意味着较高的游客参与度，如果能够提供标准化服务，对旅游景区来说是提升服务质量的保障和亮点。

（二）旅游景区服务标准化的内容

1. 服务流程标准化

服务流程标准化着眼于整体的服务，采用系统的方法，通过改善服务体系内的分工和合作方式，提高服务的效率，寻求服务质量的保证。游客在接受服务的过程中，一方面希望获得专业化的服务，另一方面也希望得到极大的便利，减少等候的时间，方便结算。所以在进行服务流程标准化的设计过程中，要以向游客提供便利为原则，而不是为了旅游景区内部实施方便。

2. 员工语言标准化

员工语言标准，首先应该包括一些基本的礼貌语言标准，员工的语言标准还要根据行业情况进一步细化，即将产品或服务的属性转化为功能或情感利益。

3. 员工动作标准化

对服务接触过程中员工的动作进行标准化，可以实现高效率，更重要的是以游客所期望的动作标准来为其服务，可以在游客心目中建立一个良好的服务形象。通过对员工工作时动作的观察和分析，将那些会引起游客不满或误解的动作去掉，使剩余动作都成为必要的、良好的、游客不会反感的规范动作。例如，在游客中心接待游客，要站立服务，两手交叉在体前或交叉在背后，两脚成 V 字形或与肩同宽，身体正直平稳，游客光临时向游客鞠躬或点头问候。

4. 员工态度标准化

服务态度是员工对游客的思想情感及行为举止的综合表现，包括对游客的主动热情程度、敬重和礼貌程度，服务态度是衡量服务质量的一项重要标准和内容。对员工态度标准的制定、实施和监督不能像对语言和动作标准化那么容易可行，但一定要具备统一性、可追溯性和可检验性。

（三）旅游景区服务指南

国家旅游局于 2011 年 1 月 14 日发布《旅游景区服务指南》（GB/T 26355—2010），2011 年 6 月 1 日开始实施。这是继《旅游景区质量等级的划分与评定》（GB/T 17775—2003）后发布实施的第二个旅游景区类标准。《旅游景区质量等级的划分与评定》虽然也涉及了服务质量要求，但考虑到等级评定的可量化和可操作性，主要侧重对旅游资源和旅游设施进行标准化和等级划分。《旅游景区服务指南》更多的是对服务质量和服务规范提出要求和建议。

1. 标准制定的背景

我国旅游景区经过 30 多年的发展，已经开始走向成熟，特别是国家标准《旅游景区质量等级的划分与评定》的发布实施，有力地促进了旅游景区的资源开发和基础设施建设。但旅游景区的类型多样、成分复杂，主管部门又大多是各级各类行政管理部门，一些旅游景区仍是事业单位，企业化和市场化程度较低，服务意识不强，特别是旅游高峰时期，为获取更多经济效益而片面追求接待规模，忽视服务质量的例子屡见不鲜，如何提高服务质量，一直是困扰管理部门的难题。在这种背景下，国家旅游局提出制定并实施《旅游景区服务指南》国家标准，来提升服务意识，规范服务流程，达到提升服务质量的目的。

2. 标准制定的意义

标准是为了在一定的范围内获得最佳秩序，经协商一致而制定并由公认机构批准，共同使用和重复使用的一种规范性文件。服务标准则是规定服务应满足的要求以确保其适用性的标准。服务标准的主要目的和意义在于通过规定标准化的服务流程，提高服务质量和服务效率。《旅游景区服务指南》主要从游客的角度，针对游客在游览过程中经常遇见的服务质量问题，规范了员工的仪表、服务态度、服务时效和服务流程，引导其提供更优质的服务，从而提高服务质量，维护旅游景区和游客的合法权益，全面提升旅游景区的服务水平，引导旅游景区服务业的健康发展。

3. 《旅游景区服务指南》要点

（1）总体要求。《旅游景区服务指南》规定了旅游景区服务的基本内容、构成要素和质量要求。它是对所有运营和提供服务的旅游景区提出的最基本的要求和建议。通过制定服务质量标准，完成对游客的服务质量承诺，提升服务品质，完善服务体系。在服务标准化的基础上，加强激励机制和监督机制的建设。通过组织有效的服务质量激励和培训来提升员工的服务质量意识，为可持续、游客满意的服务提供保证。

（2）标准化对象。《旅游景区服务指南》以游客的游览流程为顺序，针对游客游览过程中经常遇见的问题，主要从以下4个方面进行标准化。

①从进入旅游景区开始到游览结束所需要的人员服务，包括停车场服务、售检票服务、入口服务、导游讲解服务、交通服务、餐饮服务、购物服务、卫生保洁服务、咨询服务等。

②对提供服务的设施的基本要求和管理要求，包括停车场、售检票、游步道、标识指引、游览和活动项目、餐饮、购物、卫生等设施设置和管理。

③游客在游览过程中的安全管理，包括安全管理体系要求、特种设备安全、旅游景区治安、医疗救援等。

④游客投诉处理和管理，包括投诉制度的建立、人员的配备、投诉处理等。

（3）标准核心：细化服务质量。现代化的服务是在提供标准化服务的基础上体现标准核心的个性化服务，细化服务标准。如麦当劳制定了一系列的服务标准，其核心标准就是QSCV（Quality 优质、Service 服务、Cleanliness 洁净、Value 价值），正是这一系列标准的有效实施，保证了麦当劳高效优质的服务。所以，旅游景区要提升软实力，就要在服务态度、服务仪表、服务时效、服务技巧、服务规范流程等方面进行标准化建设，形成标准化的服务体系，全面提升服务质量。

①在提出全体员工的总体质量管理和基本服务要求的基础上，细化了一线员工的服务职责、程序和规范。以停车场服务为例。第一强调职责：负责车辆的疏导、检查和看管，指挥车辆合理停放，保证场内道路畅通。第二强调基本要求：明示收费标准，并提供相应的服务

和管理。余下的是工作程序和规范：提醒司机关好车辆门窗，勿将贵重物品留在车内；若发现车身有损伤痕迹，应及时向司机说明和确认，并做好登记工作；做好巡视检查工作，提高防火、防盗意识，确保场内车辆和公共设施的安全；发生车辆碰撞、刮蹭、损坏和丢失等情况，应立即报告有关部门，按相关程序处理。

②细分了不同岗位员工的具体服务要求，如导游讲解员与其他工作人员的服务区分。作为最低标准，给出了各个岗位服务工作人员所需要达到的最低要求。

③细分了一线服务质量要求与设施服务管理要求。一线员工需借助一定的设施才能提供服务，但设施设备的管理职责并不必然和一线服务质量要求联系，细分一线服务质量要求和设施服务质量管理要求，能够明确地区分各自的服务职责范围，能有效地促进服务质量的改进。

④与《旅游景区质量等级的划分与评定》对比，《旅游景区服务指南》主要从资源和设施的质量来进行旅游景区质量等级的划分。它考虑到各个旅游景区拥有资源和硬件设施的差别，淡化了对硬件设施的要求，强调在旅游服务质量和游客管理等方面的提升，引导旅游景区在服务质量上多下功夫，增强旅游景区竞争的软实力。

2.1.3 任务训练

实训名称：旅游景区服务创新调研。

实训目的：通过任务训练，学生更好地理解和掌握旅游景区服务的基本理论。

实施步骤：以小组为单位，分工合作，完成以下工作。

（1）熟悉本项目所学的旅游景区服务基本理论。

（2）通过网络查找，收集本实训的相关资料。

（3）就近选择一个旅游景区，拟定调研方案。

（4）到本地目标旅游景区实地调查研究，了解其在服务中的创新经验。

（5）小组分析和讨论，并形成书面调查报告上交。

（6）以小组为单位在课堂上进行简要陈述和答辩。

2.1.4 通关游戏

一、知识关

1. 任何体验服务都由四个要素构成，即_____、_____、_____、_____。

2. 中国国家旅游局于 2011 年 1 月 14 日发布_____。这是继《旅游景区质量等级的划分与评定》后，发布实施的第二个旅游景区类标准。

3. 即使特定产品或服务的水平是稳定不变的，但其对应的游客满意度仍然会发生动态的变化。这反映了游客满意度的（　　）。

　　A. 客观性　　　　B. 主观性　　　　C. 层次性　　　　D. 可变性

4. （　　）着眼于整体的服务，采用系统的方法，通过改善整个服务体系内的分工和合作方式，提高服务的效率，寻求服务质量的保证。

　　A. 员工语言标准化　B. 员工动作标准化　C. 服务流程标准化　D. 员工态度标准化

5. 名词解释：游客满意度

二、能力关

1. 谈谈你对旅游景区服务的认识。
2. 旅游景区服务应具备哪些意识？

2.1.5 总结评价

1. 总结回顾

服务具有无形性、不可储存性、不可转移性、生产与消费同时性等特性。体验服务是让游客对产品或旅游景区全面体验的过程。任何体验服务都由四个要素构成：服务员工、服务设施、服务游客、服务过程。旅游体验分为3个层次：处于初级层次的世俗愉悦；处于高级层次的审美愉悦；处于终极层次的最高境界。

游客满意度具有客观性、主观性、层次性、可变性。游客满意经营战略是指旅游景区以用户满意为最高战略目标的一种经营战略。

旅游景区服务标准化的内容包括服务流程标准化、员工语言标准化、员工动作标准化、员工态度标准化。

2. 自评和小组互评

请根据项目任务的学习目标和完成情况，按照表2-1-1来完成自评和小组互评。

表2-1-1 评价考核表

考核项目	考核要求	是否做到	改进措施
旅游景区服务理念	了解旅游景区服务的内涵与特点	□是 □否	
	了解游客满意理论和旅游体验理论	□是 □否	
	了解旅游服务标准化内涵和服务内容	□是 □否	
	能够树立现代旅游景区服务意识	□是 □否	
总体评价	检查任务完成情况	完成度1~5	
	评价任务完成过程的表现	评分1~5	
	团队合作程度	评分1~5	

任务2.2 旅游景区票务服务

> **知识目标**
>
> 1. 了解旅游景区门票的基本常识。
> 2. 了解旅游景区门票定价的相关原理。
> 3. 了解旅游景区订票、售票、验票的工作流程。

技能目标

1. 能够掌握作为一名旅游景区售票及验票人员的工作职责和工作标准。
2. 能够胜任旅游景区的订票、售票和验票的工作,具有解决突发问题的能力。

2.2.1 任务导入

二维码已被使用

电子门票尽管比纸质门票更便捷,偶尔也会出现无效的情况。南宁市民赵先生在电信信息广场售票点购买了4张展会二维码电子门票,共支付240元费用。第二日当他携家人一同到展会举办地参观展览过安检时被告知,这4张电子门票有3张已被使用。买了电子门票却不能入内,赵先生感到疑惑,随后打110报警。他出示了自己在南宁电信信息广场购买门票的发票。有关负责人排除非法人员通过技术手段复制和盗用了电子门票的可能性,因为每张二维码电子门票都有唯一的一个数字识别码,经过二重加密,二维码的数据系统是封闭的,不和外网连接,也不存在被黑客黑掉的可能,除非是有人买通了工作人员。

据分析,买到的票不能使用,很有可能是从非官方购买了已使用过的电子门票或假电子门票。比如,观众持门票过安检时,先刷条形码,然后打孔。有时候观众一拥而进,可能有些票只刷了条形码,而漏掉打孔。不排除有些人将这些没有打过孔的门票再倒卖给别人。普通市民的识别能力不强,有可能购买到这种失效的门票。此外,还有的人在票贩子手里买到了假票。到底是门票的条形码被复制,还是条形码被泄露,目前仍不得而知。

(资料来源:网易新闻 http://news.163.com/12/1017/08/8E0MV1HU00014AED.html, 2012-10-17)

任务思考:
1. 分析出现上述情况的原因。旅游景区可以从哪些方面入手避免这类情况的出现?
2. 作为游客到旅游景区观光游览,你都采用过哪些订票方式?
3. 试分析纸质门票和电子门票的异同和优缺点。

2.2.2 知识储备

景区票务服务

一、票价制定

门票是旅游景区经营与管理和参与市场竞争的重要工具,旅游景区定价应该从市场的供求关系出发,使价格与价值对等,供给与需求协调,并使三大关系兼顾,在此基础上进一步优化旅游景区价格制定模式。

(一)旅游景区价格制定的关注焦点

1. 旅游景区开发和管理成本

补偿旅游景区开发和管理成本是维持旅游景区正常运营的保障。

2. 价格与价值对等

价格与价值对等是旅游景区门票制定最根本的原则，但是旅游景区价值的主观性和复杂性使得价值量的确定十分困难。旅游景区价值的主观性在于旅游景区服务之于游客的满意度依靠个人评价，旅游景区价值的复杂性在于旅游景区价值构成要素的复杂性和旅游景区价值类型的多样性。旅游景区的价值一般可以细分为体验价值、资源价值、衍生价值3个向量。

从本质上看，旅游景区价格是游客为了获得旅游景区服务而付出的成本。此时，旅游景区价值在于满足游客求新求异及追求舒适生活的需求，是一种体验价值。因此，旅游景区的价格要与其为游客提供的服务质量挂钩，只有物有所值和物超所值才能得到游客的认可。不少旅游景区在涨价浪潮中，不注重自身服务质量的提升，一味打资源保护的牌子提升旅游景区价格，必然不能获得长久发展。

旅游景区中的旅游资源有的源自大自然的恩赐，如九寨沟、黄山、张家界等；有的源于人类历史长河的积淀，如长城、故宫等；还有的是人工营造的结果，如横店影视城、欢乐谷等。总体看来，旅游景区价格应该与蕴含的价值量相一致。

3. 供给与需求相结合

旅游景区供给主要是指区域中同类旅游景区的竞争、可替代性旅游景区的竞争、旅游景区市场营销效果及旅游景区游客接待水平等。其中前两个因素属于外生不可控变量，与旅游景区价格负相关。后两个因素为内生可控性变量，与旅游景区价格正相关。因此，旅游景区价格水平要获得市场认可，应注重放大旅游景区的卖点，同时应该注重提升自己产品的供给质量并借助各种渠道将有效信息传递给游客。

旅游景区的需求因素主要来自游客。旅游景区在制定价格时要考虑市场竞争的因素，否则游客会以其他低价格的同类旅游景区代替。

4. 三大功能协调兼顾

旅游景区除具备为游客提供旅游服务的功能之外，往往还具有其他社会文化、经济发展或生态保护的功能。如故宫除了一般观光功能还具有培养爱国精神、知识学习、文物保护等功能，各种生态旅游景区肩负了推动地方生态环境优化和经济发展的任务。对保护性开发的重要文物古迹，大型博物馆等，门票价格应该按照有利于旅游景区保护和适度开发进行核定。因此，旅游景区的价格应该以不妨碍旅游景区功能的实现为原则。

5. 价格要合理补偿环境建设价值

我国旅游业开发与发展属于政府主导型的模式，在这一模式下，政府需要进行大量的投资来改善交通、电力、通信条件，加强旅游资源和环境的保护。因此，旅游景区门票价格构成中可适当包含政府投资回报构成。

行业广角

为旅游景区门票定价更要给旅游算账

近期，一些旅游景区门票对本地人和外地人价格有差别的问题，引发讨论。一张小小的门票，背后折射出旅游景区开发建设、定价经营、发展策略等诸多现实课题。

一些旅游景区针对不同人群收取差别化票价，比如给予本地人一定优惠，首先是为了让旅游景区资源惠及本地人，实现和谐发展。同时，旅游景区采取更加灵活多样的定价方式，也是为了吸引更多目标人群、增加游客流量，以释放消费潜力、扩大消费需求，使旅游资源得到充分利用。

当然，实现旅游业持续健康发展，最根本的在于拿出过硬的旅游产品，形成持久的吸引力。如果旅游产品单一、旅游体验欠佳，价格营销也只能带来"一轮游"，并非长久之计。只有让门票价格回归更加合理的区间，从服务质量、卫生环境、文化特色等方面多下功夫，才能打造出有看头、有玩头、能回头的旅游胜地。

各种乡村游、特色游、生态游等"免票"的旅游新业态层出不穷，反映出旅游业由门票经济向产业经济、小众旅游向大众旅游、景点旅游向全域旅游转型升级的趋势。这场旅游业的"供给侧改革"，对旅游景区而言既是挑战，也是机遇。完善门票价格形成机制，努力摆脱"门票依赖症"，推动旅游资源整合，做长旅游产业链条，方能在转型进程中掌握主动权。

旅游景区门票"因人而异"，同旅游景区性质、区位、经营状况乃至当地对旅游业的战略定位、规划等多种因素关联，不能简单归结为一个城市对外地游客不友好，需要具体问题具体分析。总之，旅游市场是一个综合体，各种要素既相互依存又彼此竞争。只有兼顾各方从业者的权益，通过税收优惠、财政补贴、价格杠杆等措施，引导市场有序竞争，才能让旅游惠民落到实处。既要算自身经营这本小账，也要算共同做大蛋糕、共享蛋糕这本大账，要明白大河有水小河满的道理，做到经济效益和社会效益、个体利益和整体利益的有机统一。

（资料来源：人民日报 http://www.gscn.com.cn/tourism/system/2018/10/15/012033758.shtml，2018-10-15，有删减）

（二）旅游景区价格的定价模式

旅游景区定价模式是指对旅游景区开发时价格制定行为和经营过程中价格调整行为进行描述的总体框架。目前我国旅游景区定价行为大致归为三类，即主体效益导向模式、功能管理导向模式和营销策略导向模式。按照定价模式的灵活性可以将旅游景区定价模式依次分为刚性定价、中性定价和柔性定价。

1. 主体效益导向定价模式

该定价模式指旅游景区价格的制定和调整完全从自身的经济利益出发，通过经营成本、经营收入及旅游景区效益目标来确定价格，用公式可以简单地表示为"价格收入－经营成本＝旅游景区效益"。

采用主体效益导向定价模式的旅游景区大多收入来源较为单一，或处于发展的早期阶段，旅游景区产品层次较低、类型较少、规模较小。在我国，以自然资源为主的观光型旅游景区，内部资源没有充分盘活，因此，收入来源十分单一，这些旅游景区中门票收入占据了旅游景区收入的绝大部分，是其实现经济效益的主要渠道。此时，游客进入旅游景区的消费额度也就仅限于购买门票。

随着旅游景区的发展，其经营成本也在上升，最终会推动旅游景区价格的不断上扬。因此，主体效益导向定价模式具有向上的价格刚性，即采用这种模式的旅游景区价格只能上升不会下降，所以也称为刚性定价模式。

2. 功能管理导向定价模式

旅游景区在为游客提供旅游服务的同时还具有特殊的社会、经济和生态功能，因此，那些特殊功能占主导地位的旅游景区在制定价格上通常采用功能管理导向定价模式。该模式是指旅游景区价格制定要以特殊功能的实现为依据，而不是简单地从旅游景区的经济效益出发。

如博物馆类旅游景区肩负着知识传递的社会责任，因此，其在制定价格的时候要考虑能让大多数人有能力支付，所以国内外通行的做法是规定博物馆免费参观。我国城市公园也是免费对市民开放。对那些肩负保持区域生态环境责任的旅游景区，如水乡周庄、九寨沟、神农架等，为了限制游客过多地干扰旅游景区生态环境，在价格制定上可以将生态保护成本转移到游客身上，通过高价实现对旅游景区的保护。

3. 营销策略导向定价模式

该定价模式具有变通性和灵活性，为国外大多数旅游景区采用。它是以旅游景区的市场竞争策略和发展战略为依据来制定价格，价格成为旅游景区参与市场竞争和进行市场营销活动的有力工具，旅游景区将因时因地因人采取不同的策略，通常也称为柔性定价。在这种模式下，旅游景区价格表现为不同的形态，如为了平衡旅游景区经营淡旺季而制定的时间和季节差价，针对不同客源市场设计的区域差价，为旅游景区内部产品整体促销而制定的套餐价，为促使游客关注而制定的"眼球价"，为吸引儿童家庭设计的"儿童免费、家长半价"等，这些定价方式与旅游景区的营销和经营目标结合，是旅游景区参与市场竞争的结果。随着我国旅游景区市场化运作方式的日趋成熟，我国旅游景区的营销策略导向定价模式也逐渐凸显出来。

二、售票服务

（一）订票服务

订票工作是旅游景区实现收入的预先环节。近年来随着旅游客源的丰富，我国特有的自然气候和公休制度造成的旅游旺季的存在，预订旅游景区门票已经被纳入票务服务管理的范围之内。

1. 订票范围

旅游景区订票范围一般包括两类。

（1）旅游景区的门票，这在旅游景区订票中占了绝大多数。

（2）与旅游景区相配套的其他服务票，如旅游景区观光车票、酒店住宿、餐饮、旅游纪念品的预订及其他预订功能。

2. 订票渠道

（1）网上预订。网上预订程序一般为：首先填写预订人信息，以便及时确认订单，一般需要提前 1 天或数天以上进行预订；预订的有效证件指的是身份证、学生证、老年证、士兵证、护照等，有效证件号码是预订人到达旅游景区购买门票的唯一凭证；预订人到达旅游景区售票处后，告知售票人员是通过何种订票方式预订的，就可以购买到相应门票。网上预订门票的票价视各订

黄龙景区实现电子票务功能

票机构而定，有些是全价票，有些是优惠折扣票，有些网站收取订票费用，有些网站不收取任何费用。

（2）电话订票。电话售票为各旅游景区经常使用的订票方式。办公电话可设置在售票处，但一般由游客中心咨询处受理电话订票事务。电话订票一般不接受少量票的预订，例如香港迪士尼乐园有专门的订票热线，但只是针对100名以上的团队游客服务。电话预订程序和网上预订相似，首先电话询问、填写预订人信息，也需要提前预订，需要有效证件作为取票凭证，并确定和落实取票方式和地点。

（3）代理点订票。在各大城市中，代理点售票逐渐成为最为普遍的方式。这是迎合散客越来越多的旅游趋势的。

①旅行社代理点。游客可以通过客源地的当地旅行社或者目的地旅行社了解旅游景区景点的相关信息，并实现预订功能。

②酒店代理点。不少旅游景区和其所在城市的各大酒店合作，游客可以通过其住宿的宾馆，在其住宿期间预订旅游景区门票。

③商场代理点。在城市最繁华的商场密集区和大型超市集中地，往往设立有旅游景区的门票预订代售窗口。

3. 订票流程

不管采用以上何种方式，其基本的预订售票流程是相似的。

（1）填写预订日期。打入订票电话热线或成功登录电子商务网站后，首先选择预订旅游景区，再选择预订日期。

（2）选择要订购的票务类型和数量。票务类型指团队票或散客票、成人票或儿童票、普通票或优惠票等分类，同种类票价因情况不同而有所不同。数量指订票人实际需要预订的票的张数。

（3）填写领票人信息。领票人是订票过程中最重要的直接联系人，需要将其确切信息详细记录备案，订票是否确立及何时何地来领票都需要凭此信息进行传递。

（4）确认订单。订票是否成功，自订票开始到信息反馈的时间跨度，要视具体情况而定。有些网站预订时，可以即时查阅是否预订成功的信息，但也有一些网上订票或现场订票需要一定的等待时间，尤其是在旅游旺季等特殊时期。

（5）网上或现场支付。如选择网上支付，在支付银行右边点击"在线支付"，将进入银行的在线支付系统。如支付成功，将提示您"交易成功"，订单状态从"未支付"改变为"已支付"。操作完成后，未获得上述提示，则说明预订支付不成功，需要直接登录该银行的网上银行操作界面，查看该订单是否支付成功，或者与网站系统管理人员联系。

（6）现场取票。当订单支付成功后，订单状态为"已支付"，即可以在规定时间内由取票人到指定的取票点取票。取票时取票人必须提供订单号和订单上所注明取票人的有效证件。

尤其需要注意，旅游景区门票有一个阶段的预订时间，最早只能提前15天左右，同时预订时间与出票时间一般不得少于1小时，到出票口取票时间视不同旅游景区而定。

（二）售票工作

1. 售票准备工作

（1）工作人员仪容要求：

①面部：员工在工作中应该面容整洁，充满活力，女性员工应化淡妆，男性员工应该经常修面，不要留有胡须和大鬓角。

②头发：最好是短发，整洁干净，发型得体。女性员工如留长发，工作时要将长发扎起。男性员工头发前不过眉、侧不过耳、后不过领。

③手部：保持清洁，不留长指甲。

④个人卫生：注意保持头发、皮肤、牙齿、手指的清洁。工作前不吃有异味的食物（生葱、大蒜、韭菜等），注意保持口腔的清新。不要使用有刺鼻气味的香水。

总之，在工作之前要认真检查自己的外表，做到没有任何疏漏，但是切记不要在游客面前化妆或者梳头，整理仪容应该到化妆间或者更衣室进行。

(2) 仪表要求：

①服饰：工作制服是岗位和职责的标志，要求保持干净、整齐。

②佩戴：工作牌和首饰。工作牌需要由旅游景区统一印制，并佩戴在规定的部位（常规为左胸前）。除婚戒外，不要佩戴其他首饰。

2. 售票

(1) 当游客走进售票窗口时，第一时间送上温馨的微笑和礼貌的问候，询问游客需要购买的门票数量。

(2) 售票员根据旅游景区相关规定向游客出售门票。热情对待游客，耐心回答游客提出的问题，不允许与游客发生争执。

微笑服务标准

(3) 售票过程中，出现问题或错误时，及时向上级部门报告，寻求解决办法。

(4) 即将关闭旅游景区前1小时，要向到来的游客提醒游园时间。

(5) 交接班中，认真核对单据票款。

3. 售票服务工作中的注意事项

(1) 假钞"狡猾"，慧眼识辨。售票工作中，收到假钞的现象时有发生。按照旅游景区的规定，售票员一旦收到假钞，需由该名员工进行赔偿。因此，售票人员应具备识别货币真伪的知识，以避免收到假钞。旅游景区应为每一个售票岗位购置功能齐全、准确的验钞机。同时，旅游景区应有计划地请专业人员来为员工做这方面的讲座和培训，以提高其辨认假钞的能力。

相关链接

如何鉴别假币？一看、二摸、三听、四测

目前，"一看、二摸、三听、四测"是人民银行教给普通消费者，帮其鉴别假币的简单有效办法。

一看：就是靠肉眼仔细观察钞票的颜色、图案、花纹等外观情况。看钞票的水印是否清晰，有无层次感和立体效果。看有无安全线，真币的安全线是在造纸时采用专门工艺夹在纸张中制成的，迎光清晰可见，有的上面还有缩微文字，假币的安全线一般是用特殊油墨描绘在纸张表面，平视可见，迎光看则模糊不清。看专用油墨印刷图案，如第五套人民币上的隐

形面额数字、光变油墨面额数字用眼就很容易进行鉴别。看主景、人像图案层次是否分明清晰、逼真，真币的人像表情传神，富有立体感，颜色协调，色调柔和而明亮。看色彩过渡是否自然、准确，整张票面图案颜色是否统一。看底纹线，真币底纹各种线条粗细均匀，直线、斜线、波纹线明晰、光洁，假币有的没有底纹线，或图纹线条粗糙，呈点状结构，机制假币的底纹线是由不连续的多色小点构成的虚线条，复印假币的底纹线周边均有不同程度的毛边。看对印图案，人民币对印制版印刷技术要求精确度很高，所以假币容易出现正背面图景错位现象。看冠字号码字体大小是否一致且排列整齐，是否有重号现象等。

二摸：就是指依靠手指触摸钞票的感觉来分辨人民币的真假。人民币纸张手感光洁、厚薄均匀、坚挺有韧性。假人民币用普通商业用纸制造，厚薄不一，手感粗糙、松软、挺度差，还有的表面涂有蜡状物，手摸发滑。第四套人民币五元以上券别和第五套人民币均采用了凹版印刷，触摸票面上行名、水印、盲文、国徽、主景图案等凹印部位，凹凸感较明显，俗称"打手"。而假币一般是平版印刷或复印，手感平滑。

三听：就是指根据抖动钞票发出的声音来判别人民币的真伪。人民币是专用特制纸张制成的，具有挺韧、耐折、不易撕裂的特点，手持钞票用力凌空抖动，手指轻弹，或用两手一张一弛轻轻对称拉动钞票，均能发出清脆响亮的声音。而假币声音发闷，且易撕断。鉴别时要注意用力均匀及钞票的新旧程度，对于纸质较软发旧的钞票，不适合使用这种方法。

四测：对制作手法比较高明、伪造质量较好的假钞，仅靠以上方法是不能够准确鉴别的，需要利用专用工具进行检测。在对钞票进行真伪鉴别时，一般可用5倍以上放大镜仔细观察票面的平印隔色、套色、对印是否准确，尤其是平凹接线技术是否一致，看票面上的胶印缩微文字是否清晰等。可用特定波长的紫外光灯检测无色荧光图案，看票面是否有无色荧光纤维，看钞纸是否有荧光反应。可用磁性检测仪测磁性印记。可用尺子来测量钞票的纸幅大小。还可把薄页纸敷在钞票水印位置上用铅笔轻拓，纸上会出现清晰的水印轮廓图等。

前三种方法称为直观比较法，凭经验将可疑币与真币进行比较，从而判别人民币的真伪。第四种鉴别方法需要借助仪器或简单工具，并需要掌握一定的技术，称之为仪器鉴别法。

（资料来源：百度生活百科 https：//baijiahao.baidu.com/s？id＝1570594299088369&wfr＝spider&for＝pc，2017－06－19，有删减）

（2）钱物交接，清晰准确。工作当中，必须保管好自己的钱箱。钱一定要当面点清，出现差错过后将无法说清。但在实际的工作过程中，特别是旅游旺季，难免会发生顶替上岗或请人代换零钞等情况，这时候有些工作人员可能会因嫌麻烦或者面子问题而省略了当面交接这个程序，事后一旦发生差错往往后悔莫及、有口难辩。因此，每一位售票员都应树立这样的观念，即"钱在人在，交接清楚"。这不仅是保护自身利益，同时也是尊重对方、保护对方利益的表现。

当发现收进的钱有可能存在假钞问题时

（3）坚持立场，机动灵活。各地旅游景区都会对不同人群实行差别定价，例如有些旅游景区对于小孩身高在1.1m至1.3m之间执半票入场，而在1.1m以下的则免票，对于学生出售半价票，对于特定人群在特定时间段出售半价票（如一些旅游景区在教师节期间对教师免票或者半票）。对于售票员来说也会经常遇到游客假借学生身份或者在孩子身高的问题上纠结不清的状况，对此售票员不应该躲避退让，应该积极面对，采用灵活多样的方式极力解决好问题。

三、验票服务

1. 准备工作

（1）参加例会，按照规定进行着装，佩戴工作牌，仪容整洁，化妆得体。

（2）工作前查看验票口机器、话筒等设备是否正常。

（3）做好验票口卫生，保障闸口通畅。

（4）调整好自己的情绪，进入工作角色。

2. 验票过程

（1）开园时，验票员站在检票位置，精神饱满，面带微笑，礼貌应对游客。

（2）游客入闸时，验票员认真检查游客门票，须一人一票。对于设有自动检票机的旅游景区，验票员要协助游客通过检票系统，避免漏票、逃票、无票放人的情况。

（3）维持闸口秩序，避免出现混乱现象。

（4）熟悉旅游团队入园的验票方法及相应的优惠入园规定，详细登记相关信息。

（5）老弱病残游客入园，验票员应该热情帮助。

（6）遇到无礼和无理游客应该礼貌制止、耐心劝服，有必要时请上级部门或公安部门处理。旅游景区服务工作中很容易遇到游客对于工作不支持不配合的情况，有时还会遇到得理不让人甚至是无理取闹的游客，这个时候，不仅仅是售票、验票人员，每一个旅游景区的工作人员都需要耐心解释，冷静处理，把正确让渡给游客。如果寻求不到合适的解决方法，一定及时向上级部门汇报，必要时请求公安部门处理。

（7）统计工作：

①结束营业之后，将当日统计结果上报旅游景区财务部门。

②填报工作日志。

③搞好卫生，切断电源，下班。

3. 验票工作重点

（1）无票入园几乎是每位验票员都会遭遇的问题。在传统的人工检票下更容易出现这种情况。这给旅游景区带来的不仅是经济的损失，同时也有损旅游景区的形象，所以旅游景区须予以重视。这给验票员提出了更高的要求，就是真正做到公私分明。首先做到以身作则，拒绝自己为亲友开绿灯，当发现其他员工有此类情况时，应该积极地予以劝说，维护旅游景区形象。

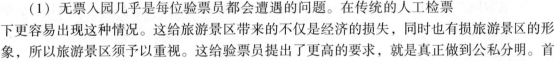

情景模拟

（2）人工验票与机器验票的差别。电子门票管理系统并非简单的售票管理系统，而是集智能卡工程、信息安全工程、软件工程、网络工程及机械工程为一体的智能化系统。强大的智能化功能，克服了人工验票模式固有的速度慢、财务漏洞多、出错率高、劳动强度大等缺点，为旅游景区的科学管理提供了技术支持。但是，在使用智能验票工作流程后，需要考虑诸如旅游景区规模、客流量和成本费用等相关问题。

景区票务管理系统必不可少

2.2.3 任务训练

实训名称：旅游景区票务管理。

实训目的：熟悉旅游景区工作人员售票和验票的基本要求，按照售票和验票的工作程序对实际问题进行处理。

实施步骤：小组分工合作，完成以下工作。

（1）熟悉本环节所学的旅游景区票务管理的基本知识。

（2）就近选择多个旅游景区，拟定调研方案。

（3）到本地目标旅游景区实地调查研究，了解其在票务服务管理方面的实际情况。

（4）小组分析和讨论，并形成书面调查报告上交。以学生的调研报告为基础，在班级展开共同讨论和分析，然后学生以小组的方式角色扮演，最后教师予以评价。

2.2.4 通关游戏

一、知识关

1. 我国旅游景区定价行为大致归为三类，即主体效益导向模式、_____导向模式和_____导向模式。

2. 旅游景区订票渠道一般有三类：网上预订、_____和_____。

3. 以下哪两个因素与旅游景区价格负相关？（　　）

  A. 同类旅游景区的竞争   B. 可替代性旅游景区的竞争

  C. 旅游景区市场营销效果   D. 旅游景区游客接待水平

4. 名词解释：旅游景区定价模式

5. 现有一家6口人，一对夫妻带着父母和两个孩子，欲前往北京故宫博物院参观游览，请你用两种以上方法为他们订票。

二、能力关

1. 通过网络、电话等途径进行实战模拟，完成订票任务，注意订票流程的运用和练习。

2. 选取所在城市有待提升的一处旅游景区，针对其资源特征进行相关项目设计和价格制定，交流结论。

3. 情景模拟。

（1）VIP团队。不产生旅游费用，由旅游景区免费提供服务，例如政府接待、同行踩点。

（2）海外侨胞。寻根问祖，民族感情需求浓烈，中文不流畅。

（3）夕阳红团。男60周岁，女50周岁，持身份证或老年证。

问题：

（1）将全班同学按5个人一组分成若干组，设计团队售票服务场景，拿出方案。

（2）小组人员进行分工，分角色扮演售票人员和团队导游，模拟场景。

> **行业扫描**
>
> **谨宏科技：互联网＋智慧旅游景区二维码检票闸机**
>
> 随着"互联网＋智慧旅游景区"运营模式的深入发展，旅游景区闸机二维码检票、扫描二维码检票这种便捷、快速、炫酷的入园方式，已经在多处旅游景区实现。旅游景区新的票务系统，对接微信公众号构建电子票务在线分销平台，实现与"互联网＋智慧旅游景区"的无缝对接。而门禁设备方面，采用嵌入二维条码扫描模块的智能检票闸机，以实现游客自助扫码入园。此外，新系统兼容明信片纸质门票、微信门票等入园方式，具备多项高科技功能，旨在打造一流旅游景区票务门禁系统，对旅游景区的旅游体验、管理模式等带来质的提升。对手机自主微信购票的游客而言，扫码旅游景区闸机通行仅需三秒，不仅减少排队购票、等候入园时间，还可以全程体验"互联网＋智慧旅游景区"所带来的全新体验，同时实现线上线下信息互动。二维码电子门票系统由电子票证（电子门票）、票证发售、票务管理系统、通道验票验证、通道验证监控系统及后台管理系统、数据服务等六部分组成。
>
> （资料来源：http：//www.afzhan.com/company-news/detail/253270.html，2017-12-19，有删减）

2.2.5 总结评价

1. 总结回顾

票务服务是游客接触旅游景区的第一环节，也是旅游景区留给游客第一印象的关键环节。票务服务有订票、售票、检票这三个环节，其规范化、细致化的程度渗透出旅游景区服务质量的水平。本项目主要介绍了旅游景区票务服务的相关内容、工作流程和工作重点。

订票工作是旅游景区实现收入的预先环节，根据西方旅游区的管理经验，旅游景区预售门票必将成为一种趋势。订票渠道包括：网上预订、电话预订、代理点订票。游客需要按照旅游景区官方给出的订票程序进行订票。售票工作是旅游景区实现收入的直接环节，职责重大，要求售票人员在售票前注意自己的仪容仪表，在具体工作流程中严格遵守旅游景区的相关服务管理细则，注意培养工作责任心、认真仔细的工作态度，拥有良好的职业道德，避免出现错误。验票工作关系着旅游景区经济效益能否真正实现，同时它也担负着维持旅游景区良好秩序的重要职责。不管旅游景区使用何种验票方式，都需要工作人员提供公正、规范的服务。

2. 自评和小组互评

请根据项目任务的学习目标和完成情况，按照表2-2-1来完成自评和小组互评。

表 2-2-1　评价考核表

考核项目	考核要求	是否做到	改进措施
旅游景区服务理念	了解旅游景区门票的基本常识	□是 □否	
	了解旅游景区门票定价的相关原则	□是 □否	
	了解旅游景区订票、售票、验票的工作流程	□是 □否	
总体评价	检查任务完成情况	完成度 1~5	
	评价任务完成过程的表现	评分 1~5	
	团队合作程度	评分 1~5	

任务2.3　旅游景区排队服务

知识目标

1. 了解旅游景区常见的排队队形。
2. 了解游客排队等候时的心理。
3. 了解旅游景区排队管理的原则。

技能目标

1. 能够理解游客在旅游景区排队过程中的心理变化。
2. 能够提出旅游景区排队创新方案。

2.3.1　任务导入

排队是个"大"问题

在旅游旺季，旅游景区的接待量急剧增加，这给旅游景区秩序的稳定带来了挑战。特别是在排队购票或者等候某个娱乐项目时，一些不文明的游客往往无视其他游客的利益，借机插队，游客之间往往会发生很多不愉快的事情。

某天，一游客插队，旁边的游客看不过眼就与其争执起来，说话间就有大打出手的架势。这时其他的游客看到旅游景区管理人员走了过来，就对这位管理人员说："管理员，你看看啊，有人插队啊，那边快打起来了！"

旅游景区管理人员看了一眼，完全没有当作一回事，"唉，这样的事情总发生，我要是管也管不过来啊，大家自觉就好，自觉就好啊！"部分游客听得直摇头。

（资料来源：王昆欣. 旅游景区服务与管理案例［M］. 北京：旅游教育出版社，2008.）

任务思考：

1. 为什么在排队等候过程当中容易发生纠纷？

2. 针对排队中容易出现的纠纷，旅游景区工作人员应如何应对？

2.3.2 知识储备

一、设计合理的队列结构

（一）队列结构在设计时要注意的问题

（1）根据排队游客的人数，以及游览、娱乐活动的特殊要求，灵活运用单通道、多通道、混合通道等多种队列通道设计模式。

（2）注意队列的流动性和队列方向的变化，给游客以队伍在不断前进的感觉，并以四周的景色来分散游客等待时的焦急心情。

（3）以必要的隔离设施对队列结构进行固定，避免队列秩序的混乱。

（二）常见的排队队形

1. 单列单人形

特点：一名服务员。优点：成本低。缺点：等候时间难以确定。游客进入旅游景区的视觉有障碍。改进措施：设置座位或者护栏，标明等候时间。

2. 单列多人形

特点：多个服务员。优点：接待速度快，较为适用于游客集中的场合。缺点：人工成本增加，列队后面的游客仍然感到视觉效果不好。改进措施：设置座位或者护栏，列队从纵向改为横向。例如丽江玉龙雪山索道、乐山大佛通过九曲栈道到大佛脚下的排队区，由于索道和九曲栈道瞬时容量的限制、排队游客较多等原因，采用的就是这种形式。

3. 多列多人形

特点：多个服务员。优点：接待速度快，视觉进入感缓和，适用于游客量较大的旅游景区。缺点：人工成本增加，列队速度可能不一。改进措施：不设置护栏可改善游客的视觉进入感。例如昆明世博园入口采用的就是这种形式，队列多达12条。

4. 多列单人形

特点：一个服务员。优点：视觉进入感缓和，人工成本低，游客可以选择的机会增多。缺点：队首是否排好是关键，栏杆多，成本增加。改进措施：外部队列可以从纵向改为横向。

5. 主题或者综合队列

特点：队列迂回曲折，一般为单列队，超过两名服务员。优点：视觉和时间改善，有信息展示，排队硬件舒适。缺点：硬件投入成本增加。改进措施：单列变双列。

二、提供科学的排队服务

（一）游客等待的心理分析

"排队等待"是人们接受服务过程当中所经历的一个特有现象，它

旅游景区排队服务

在生活当中经常出现，非常普遍，几乎不可避免。

游客在排队等候中一般来说首先是充满憧憬，充满期待，即使看着前面长长的队伍也是愉快的接受。随着时间的流逝，游客开始感到烦躁和焦虑。接下来，游客会觉得异常无聊并且心情开始急剧下降，尤其是看到前方如果有其他游客违规插队的情况时，常常会很恼火，甚至暴跳如雷。游客在此阶段时会产生不必要的恼怒，在游玩时会变成一个挑剔、难缠的消费者。

（二）排队管理的原则

1. 让游客知道他们一直被关注

派一名员工与等待的游客接触，使游客明白旅游景区知道他正在等待。如旅游景区可以仿效某些餐饮场所的办法，由领位员发号，按到达的顺序排号就餐。

顾客等待心理
十条原则

2. 让游客知道公平一直伴随左右

针对排队等候过程中出现的各种不道德的行为，旅游景区应该从制度和宣传上积极主动促进公平文明，不能够茫然服从，听之任之。如果破坏了游客心中的公平感，无疑会损伤旅游景区形象品牌的树立。

3. 让游客觉得规则合情合理，真实可信

公正对于每一位参加排队的游客来说都是非常重要的，旅游景区必须制定出一系列的排队规则，并严格加以执行，以维护排队中的公正性。一般排队等待要遵循以下几个优先。

（1）预订者优先。预订游客已提前确定了服务消费需求，应该实行优先服务。

（2）先到者优先。对先到达的游客提供优先服务，杜绝强行插队的不良现象。

（3）团队优先。考虑到团队的规模消费、服务所需时间相对较短，更为重要的是团队是与旅游景区有长远利益关系的中介机构发送的，因此，只要不和其他原则发生明显冲突，旅游景区可以对其实行服务优先，如团队餐的预订，旅游景区应优先照顾。

（4）特殊人群优先。对老人、幼儿、残疾人、军人等社会特殊人群，在排队优先中都应该有不同程度的体现。

（三）建立旅游景区排队事故预防机制

制定相应的排队管理战略，缩短游客等待的时间。建立旅游景区排队事故预防机制，不仅是企业经营的潮流，同时也是一个企业市场竞争的优势，也是旅游景区营运人员的基本职责。

1. 设立旅游景区安全管理机构

旅游景区所有管理机构（部门）都负有安全管理的责任，全体员工均应在其工作岗位上做好旅游景区安全工作。根据旅游景区具体情况设立专门性的旅游景区安全管理机构，针对旅游景区游客排队环节，可以在票务部设立直线部门和专兼职工作人员，对高峰期的排队游客进行有力的疏导和管理。

2. 完善旅游景区安全管理制度

旅游景区安全管理制度是在国家相关法规条例指导下，为保证旅游景区员工和游客人身及财产安全所指定的符合旅游景区安全管理实际情况的章程、程序和措施的总称,是员工做好安全工作所必须遵守的规范和准则。

3. 培养服务人员的敬业精神

当服务需求大于服务供给时,服务人员的工作态度、敬业精神成为游客更为关注的对象,它不但能提高服务效率,更为重要的是在安慰游客方面起到重聚作用。试想游客在焦急的等待之中,而服务人员还在聊天或做一些与工作无关的事情,当然会引起游客的极大不满。

当然,长时间尽职尽责的服务容易使服务人员产生疲劳感,但不能在游客面前有所流露,更不能借此发泄自己的不满与牢骚。作为主管要尽量安排好服务人员的休息,保证服务人员在提供服务时有一个良好的精神面貌。

4. 提供"等待服务"

在游客排队等待时,旅游景区应该提供一些必要的"等待服务"。

(1)提供良好的排队环境。良好的排队环境包括舒适的座椅、具有吸引力的可视画面、优美的音乐、丰富的阅读材料、电视录像等,让游客在不知不觉中度过等待时间。国内外很多主题型旅游景区,因为过山车是游客都很热衷的旅游项目,排队的人很多,所以很多旅游景区都会设计曲折幽暗的隧道,利用声光电技术渲染神秘情境,使游客对即将到来的旅游活动充满期待。

(2)等候区的设置。每天都有人排队的餐饮场所常会专设等候区,放置一些舒适、小巧的座椅,或附设一个小酒吧,既便于客人聊天,又可提供开胃酒、饮料,增加餐厅的收入。旅游景区有其特殊性,大多数旅游景区的等候区设在室外,因此,在设置等候区时应充分发挥室外宽敞、自如的优势,用鲜亮的色彩、抒情的音乐,使环境令人心情舒畅。同时旅游景区还可展示新项目;提供当天的报纸及企业的宣传册等供游客阅读;设置定期更换的企业宣传栏,公布游客来信、张贴优秀员工的照片和事迹、发布促销活动通知等。

(3)采用关怀服务。冬天送热饮,夏天送冷饮,为老人搬椅子,为小孩提供手偶玩具,使游客清楚旅游景区知道他正在等待,并尽所能安排其顺利游玩。享用了旅游景区提供免费服务的游客,基本没有中途离去的。

(4)提前开始服务,使游客尽早进入旅游景区。游客精神上的等待时间往往比实际的等待时间更重要。因此,应该关注游客对服务时间的期望与感知。乏味的等待会让游客感觉烦躁、无聊与厌烦,因此,提前让游客进入服务的程序可以缓解游客的不满。例如,纽约的奥姆尼公园中心酒店,当排队超过6人时,经理助理就会跑到酒店餐厅拿来橙汁和葡萄汁送给排队的游客。总经理飞利浦·乔治说:"我们努力使得游客感到,我们知道你在排队。"

(5)与游客经常性沟通。当游客的等待时间超出了心理期望值后,如果没有合理的解释,游客的抱怨就会大幅度上升。因此,保证让游客享有"知情权",给他们一个合理的解释,将有效缓解游客的不满情绪。旅游景区工作人员应当及时与游客沟通信息,告知真实情况,并鼓励游客去游玩其他景点,避开旅游高峰时段,或延长票证的使用时间,让游客改天再来。

(6)为游客提供等待时的人员服务。组织做一些小游戏,讲一些故事或笑话,猜一些谜语，分散游客注意力，消除游客焦虑情绪。例如，迪士尼乐园在游客排队等候的过程中，工作人员会身着米老鼠、唐老鸭等童话角色的服装在人群中"穿梭"，与游客们进行游戏互动，拉着小孩子的手蹦蹦跳跳并与其合影留念等，这样的形式使游客在排队等候当中也仿佛提前进入童话般的梦境，缓解了游客排队等候的烦躁情绪。

（7）维护排队秩序，避免插队现象的发生。旅游景区工作人员应该在排队现场进行督导和管理工作，避免插队现象的发生。一旦出现这种现象，会增加其他游客的烦躁情绪，也会把对插队人员的"愤慨"转嫁到旅游景区的监管上，最后影响的还是旅游景区的形象。

2.3.3 任务训练

实训名称：旅游景区排队管理调研。

实训目的：通过任务训练，学生更好地理解和掌握旅游景区排队管理的理念和方法。

这样的等待恍如梦境

实施步骤：小组分工合作，完成以下工作。

1. 熟悉本项目所学的旅游景区服务基本理论。
2. 到本地目标旅游景区实地调查研究，观察所在城市主要旅游景区在排队管理中存在的现象。小组分析和讨论，并形成书面调查报告上交。
3. 以小组为单位在课堂上进行简要陈述。
4. 教师组织学生以理论知识为基础，结合调研实际给出旅游景区排队管理的有效方法。

2.3.4 通关游戏

一、知识关

1. 旅游景区排队等待管理中要遵循（　　）优先。
   A. 预订者优先　　　　　　　　B. 先到者优先
   C. 团队优先　　　　　　　　　D. 特殊人群优先
2. 下列属于主题或者综合队列缺点的是（　　）。
   A. 队首是否排好是关键；栏杆多，成本增加
   B. 硬件投入成本增加
   C. 等候时间难以确定；游客进入旅游景区的视觉有障碍
   D. 人工成本增加；队列速度可能不一
3. 下列属于单列多人形优点的是（　　）。
   A. 成本低
   B. 接待速度快；较为适用于游客集中的场合
   C. 接待速度快；视觉进入感缓和；适用于游客量较大的旅游景区
   D. 视觉和时间改善；有信息展示；排队硬件舒适

二、能力关

1. 谈谈你对旅游景区排队管理的认识。

2. 根据自己的旅游经历，分析游客在排队等候时的心理特征。换位思考，你作为一名旅游景区工作人员可以从哪些方面入手进行服务和管理。

行业扫描

侏罗纪公园的排队难题

作为一家人气爆棚的主题公园，侏罗纪公园也有着所有主题公园的通病——排队。排队问题应该算是旅游景区最影响游客体验的问题之一，处理不好更容易造成安全隐患。现在旅游景区的排队主要可分为游前排队和游时排队两个问题。智能门禁采用网上预约、对接互联网支付手段等方式已基本解决了游前购票排队的问题，但涉及具体景点的承载能力时，依然没有合适的解决方案。

如果能将排队信息直观地推送到游客端，效果将大大提升。在智能手机普及的今天，通过移动互联网的方式让游客收到排队分流的提示，并且让游客根据现时的排队情况动态预约下一个景点的游玩，可大大优化游客体验和排队引流的效率。另外也可以从游玩开始时的推荐路线就将游客错峰排开。不同路线的设计尽量科学排布，避免不同路线的人群在同一时间参观同一景点造成拥挤。

当然由于旅游景区淡旺季的客观存在，超量载客带来的景点排队问题也只能被减轻而无法完全避免。在排队难题客观存在的前提下，旅游景区应把经营改善的重点放到提升游客排队时的体验上。比如很多旅游景区会在高峰时期通过增加表演和活动项目来让游客分散排队时的注意力，还有些国外旅游景区会在游客排队时播放3D视频排解游客的枯燥。

换个角度看，景点排队虽然为旅游景区带来负担，但也可以成为旅游景区提升用户体验的机会。在游客排队等待时提前播放场景对话和搭建室内环境使游客进入主题角色，把排队本身作为游玩体验的一部分。当然环境搭建往往耗资巨大且容易受各种外界条件制约，旅游景区更实用的选择是通过移动终端虚拟出游艺场景辅以问答游戏将游客带入氛围，消解排队疲乏。排队对游客体验的影响主要是由于对游客在空间和时间上的约束，如果旅游景区能以更大的想象力，将游客的排队时间进行时空置换，则可以让游客在几乎同样的等待时间内解脱空间上的约束，游客不是在无聊的等待中度过，而是可以参与其他游乐项目。要实现以上愿景，旅游景区需要做到两点：一是保证有合理的排队分配机制；二是能提供容量巨大的游乐项目。

（资料来源：旅游圈 http：//www.dotour.cn/article/15120.html，2015-07-16，有删减）

2.3.5 总结评价

1. 总结回顾

旅游景区售票口、景点入口、热点旅游项目的等待处、特色景点摄影处和旅游景区内餐饮场所、卫生间，在旅游旺季时容易出现排队现象。排队队形有单列单人形、单列多人形、多列多人形、多列单人形、主题或者综合队列。

旅游景区处理游客排队时，需要遵循相应的原则：让游客知道他们一直被关注；让游客知道公平一直伴随左右；让游客觉得规则合情合理，真实可信。排队等待要遵循以下几个优先：预订者优先、先到者优先、团队优先、特殊人群优先。对老人、幼儿、残疾人、军人等社会特殊人群，在排队优先中都应该有不同程度的体现。

2. 自评和小组互评

请根据项目任务的学习目标和完成情况，按照表2-3-1来完成自评和小组互评。

表2-3-1 评价考核表

考核项目	考核要求	是否做到	改进措施
旅游景区服务理念	了解旅游景区常见的排队队形	□是 □否	
	了解游客排队等候时的心理	□是 □否	
	了解旅游景区排队管理的原则	□是 □否	
	了解旅游景区排队事故预防机制的建立	□是 □否	
总体评价	检查任务完成情况	完成度1~5	
	评价任务完成过程的表现	评分1~5	
	团队合作程度	评分1~5	

任务2.4 旅游景区咨询服务

知识目标

1. 了解旅游景区咨询服务的内容。
2. 了解旅游景区咨询服务的形式。
3. 了解游客服务中心的概念及功能。

技能目标

1. 能够掌握旅游景区不同咨询服务的方法和流程。
2. 能够树立旅游景区服务意识，提出旅游景区咨询服务的创新方案。

2.4.1 任务导入

旅游景区的咨询工作

小刘是某旅游景区游客服务中心的咨询员，不但负责当面处理游客的咨询和投诉，而且也负责游客服务中心的电话咨询工作。小刘对待工作认真负责，勤勤恳恳，对待游客态度真诚、乐于助人，在对众多的游客服务过程中，都能够较为完美地完成游客的咨询工作，在游客意见簿中，很多游客为她写下了感激的话语。特别是在电话咨询中，小刘更表现出了过硬的服务技能，她对旅游景区的游乐设施和服务项目，所在城市的交通、餐饮及其他主要城市的相关信息等都对答如流，而且总是耐心倾听游客提出的各种问题并尽力解决。相同的岗位，刚刚离开的小张总是嫌弃工作职能简单，觉得这项工作就是接听电话，游客发牢骚的时候忍着不作声，做一做记录而已，这项工作没做多长时间就漏洞百出，遭到游客多次投诉，最后被旅游景区管理部门辞退。

任务思考：
1. 旅游景区的咨询工作主要有哪些内容？
2. 旅游景区咨询工作的工作程序是什么？

电话咨询服务流程

2.4.2 知识储备

一、旅游景区咨询服务的内容

咨询服务是旅游景区产品销售的配套服务，是一种免费的服务。向游客提供咨询服务是旅游景区每一个员工应尽的职责，旅游景区应该将游客的每一次咨询都看作是一次产品推销，增加旅游景区收入的机会，而不能将其视为一种麻烦。有时候游客也会问及旅游景区之外的一些情况，员工都应该详细解答。咨询服务主要有以下内容。

（1）向游客宣传介绍风景资源。
（2）提供本旅游景区游程安排、游览线路、客流量变化信息、游览项目预告等信息或资料。
（3）做好游客的参谋，回答游客疑问，能为游客旅游活动提供好的建议。
（4）向游客宣传有关科普知识和安全防范知识。
（5）收集并向上级反馈游客意见。
（6）为游客提供便民信息，如医疗、交通、住宿等。

二、旅游景区咨询服务的形式

（一）当面咨询

1. 咨询服务人员的工作要求

（1）统一着装。工作制服有一种心理暗示的作用，那就是现在已经是工作时间，所有与工作无关的事情要放下，在外面的所有不愉快也要忘记，要全身心地投入工作中来。一个管理规范严格的旅游景区从入门到旅游景区内的每一个景点、公共通道及卫生间，所有的员工都应该有着统一的制服，这既是在展示旅游景区整齐划一的形象，也便于旅游景区的经营管理。

（2）学会微笑。学会微笑，关键在于真正理解微笑的意义、作用和内涵。微笑是一种高超的社交技巧，一种文明的表现，是社会和谐的重要象征。微笑在心，心动笑发。微笑在诚，诚动笑出。善于微笑，离成功不远。在旅游景区中，工作人员的微笑是在告诉游客，他们来对了地方，并处在友好的环境里。因此，所有的工作人员在面对游客的时候始终牢记要保持微笑。

（3）保持良好的礼仪形象。工作人员在岗位上应该保持良好的礼仪形象，因为一个人的外在形象是人的思想感情和文化修养的外在表现，同时也反映着对工作的态度。因此，工作人员保持良好形象的第一步就是穿着得体。除微笑以外，一定要有正确的坐姿和典雅的站姿。坐得姿态端正，以坐满座位的 1/3 至 2/3 为好，上身要挺直。站着为顾客服务时，身体正对着游客，腰身挺直，双腿不可抖动，最好与顾客保持 1.5～3m 之间的交际距离。在服务时配上适当的手势指引。

（4）工作态度认真。接受游客问询时，应双目平视对方，全神贯注，集中精力，以示尊重与诚意，不可三心二意。本着"游客至上"的原则，认真地对待每一位顾客，准确、仔细地回答每一位顾客提出的问题。工作时不要与其他工作人员闲聊或大声说话，私人电话不应聊得时间太长。

（5）懂得语言技巧。无论电话咨询服务、当面咨询服务还是投诉处理服务，都需要与游客进行沟通和交流，这一过程中语言得体、应对大方可以给游客留下良好的印象，也可以缓解矛盾冲突，提高服务质量。因此，合理地运用语言艺术是沟通和交流成功的重要保障，其中最重要的是礼貌用语的广泛使用，如"请""您""谢谢""对不起"等敬语，"您过奖了，这是我应该做的"等谦语及雅语的使用。

（6）熟记旅游景区内的情况并了解旅游景区周围的情况。旅游景区内的工作人员应该对本旅游景区内所有的旅游项目、游览路线及旅游景区内的基础设施都详细掌握，还应该对近期或当天旅游景区内开展活动的内容、时间和参加办法等完全熟悉，以便及时向游客提供相关信息。咨询工作简单却也异常繁杂，工作人员应该尽量多地掌握旅游景区周围基础设施、公共设施、旅游交通、主要电话号码等信息，为需要的游客提供优质服务。

情景模拟

所以，旅游景区内部应当定期对工作人员进行培训，让其了解该旅游景区的现状和旅游景区周围的情况，以便对所有的咨询都能流利解答。

（7）学会记录和总结。旅游景区管理人员应该积极引导工作人员对游客提出的问题进行认真的记录和总结。

2. 咨询工作流程

（1）主动问候。在岗的工作人员当遇到满脸疑问、迷茫或正准备走向自己的游客时，应该主动迎上前去问询，"您好，请问有什么需要我帮助吗？"这样会给处在困难中的游客以温暖的感觉，并留下亲切、热情的好印象。

（2）专心倾听。首先，对于游客提出的问题应该认真倾听，应该以点头或"嗯"等形式有所反馈，让对方知道你听明白了刚刚的阐述。其次，要有优雅的姿态。在游客提问的时候不可以三心二意，不可以有左顾右盼、手指挠来挠去的表情和动作。要始终保持典雅的站姿、正确的坐姿和优美的步态，以及适当的手势。

（3）有问必答。对于游客的问询，要做到有问必答、用词得当、简洁明了，不能说"也许""大概"之类没有把握、含混不清的话，自己能回答的问题要随问随答，决不推诿。对不清楚的事情，不要不懂装懂，随意回答，更不能轻率地说"我不知道"。经过努力确实无法回答，要向游客表示歉意，说"对不起，这个问题我现在无法回答，让我先了解一下好吗"？此时应该通过电话或向旁边的工作人员咨询的形式来解决游客提出的问题。若离开现场去别的地方问询，问清楚以后应马上回来告答，不能一去不复返。

（4）首问负责制。旅游景区工作人员在进行咨询服务过程当中，凡是第一个接受游客咨询或者投诉的人就是"首问责任者"，首问责任者必须尽自己的所能给游客提供满意的服务，直至问题最后解决或给予明确的答复。首问责任者的主要职责是接受并且尽可能快速、圆满地解决游客提出的问题，处理好游客的合理要求。但是有时游客的问题很多很复杂，有些工作人员觉得尺度难以衡量，这时，一定不要逃避面对的问题，互相推诿，将游客置于下一个环节，尽量要将问题在第一个工作人员处解决，这也体现了"优质、高效"的服务理念。

Barrels stop here

（5）愉快的再见。对待游客的咨询，应当直到其满意为止。当游客满意地准备离开时应主动向游客道别，并祝其玩得愉快。可以说"再见，祝您玩得愉快"！

3. 当面咨询服务的难点问题

（1）多人询问。如果多人同时问询，应先问先答，急问急答，注意游客的情绪，避免急慢，使不同问询的游客都能得到适当的接待和满意的答复。如果正在回答前面游客的问题，这个时候需要对后面问询的游客点头致意，并说"请稍候"。当碰到有的游客非常着急想要插队到前面来问询时，需要征得下一位游客的同意。

（2）对方固执己见。在为游客服务时经常会碰到一些固执己见的游客，此时服务人员应该尽量地说服。如果顾客提出的要求在不违反岗位原则和部门规定的前提下，尽量满足顾客，但是如果是在部门规定之外的，那就应该坚持原则不退让。

（3）对方态度恶劣。工作人员在服务过程当中会遇到少部分游客"得理不让人"或者"无理也不让人"，甚至在投诉过程当中情绪化相当严重，对工作人员指手画脚，有很不友好的语言和行为举动，这个时候是最考验旅游景区工作人员的。工作人员需要以旅游景区的大局为重，尽量控制自己的情感和情绪，采取各种方法平息游客的愤怒。切勿与游客硬碰硬，为自己的工作平添不必要的麻烦，切勿将投诉处理带入僵局，影响旅游景区形象。

行业广角

常规人际距离

就服务人员来说，在自己的工作岗位上需要与服务对象保持常规人际距离，它可分为5种。

服务距离，是服务人员与服务对象之间所保持的一种最常规的距离。主要适用于服务人员应服务对象的要求，为对方直接提供服务之时。一般情况下，服务距离以 0.5～1.5m 为宜。具体的服务距离还应根据服务的具体情况而定。

展示距离，实际是服务距离的一种较为特殊的情况。即服务人员需要在服务对象面前进行操作示范，以便使后者对于服务项目有更直观、更充分、更细致的了解。展示距离以 1～3m 为宜。

引导距离，是指服务人员为服务对象带路时双方之间的距离。据惯例，服务人员行进在服务对象左前方1.5m左右最合适。

待命距离，特指服务人员在服务对象尚未传唤自己、要求自己提供服务时，所需与对方自觉保持的距离。正常情况下，应当在3m以外，只要服务对象视线所及即可。

信任距离，是服务人员为了表示自己对服务对象的信任，同时也是为了使对方对服务的浏览、斟酌、选择或体验更为专心而采取的一种距离。即离开对方而去，在对方的视线中消失。但采取这种距离时，应注意两点：一是不要躲在附近，似乎在暗中监视；二是不要去而不返，令服务对象在需要服务时找不到人。

（资料来源：求学网 https：//fanwen.7139.com/737/15/103523.html，2017-09-08）

（二）电话咨询

旅游景区作为服务行业，电话咨询服务也是一项很重要的内容，它是旅游景区内外沟通联络的枢纽，是旅游景区和游客之间进行信息交流、沟通情感的桥梁，也是为游客提供服务的工具，在很大程度上也是树立旅游景区形象的窗口性质的工作。

服务人员
接听电话技巧

1. 电话咨询工作人员的基本要求

（1）口齿清楚，态度端正，语言准确，给人亲切感。表达和吐字要清楚，话与话之间要有轻微的停顿。即使每天要说上百次这样的话，也不要说话懒洋洋的，或用机械的、不友好的态度重复问候语。记住，即使有些话已经说了许多次，但听话的对方还是第一次听到，所以咨询人员的问候要给人以清新而真诚的感觉。

（2）听写迅速，反应灵敏。最好具有较强的外语听说能力。

（3）工作态度认真负责，记忆力好。

2. 电话咨询工作程序

（1）为了提供准确、快捷的服务，咨询人员应该熟悉旅游景区内主要工作部门的电话号码，熟悉旅游景区各个职能部门的职责范围。

（2）电话铃响3声必须提机，要先报名旅游景区名称和工作岗位，并向对方问好。

（3）仔细聆听游客的要求，如需等待则对游客说"请您稍候"，轻轻放下电话。若发现没有听清楚游客的意图，要礼貌地要求游客重复一遍。

（4）随时准备处理来电并迅速作答。在工作中，电话旁边要常备记录用的办公用品，如纸和笔，确保在自己的工作区域内能够很方便地使用电话。

（5）说话自然而愉快。我们每一个人都有切身体会，带着真诚情感和美丽笑容的通话效果最佳，就好像对朋友打电话那样，要语气友好，应答自然。即使没有专业播音员的嗓音，仍可以让咨询人员的声音引起听者的兴趣，关键是声音要有变化。

（6）愉快而准确地记录留言。要积极帮助别人留言，把记下的信息读一遍给对方听，确保信息的准确性，并向对方保证把留言传到。也可以设计留言单，提高效率。

（7）通话完毕，温馨道别。在确认工作结束后，要礼貌地向咨询者道别，并在等待咨询者的电话已经挂断后，再放下自己手中的听筒。

三、游客服务中心

(一) 游客服务中心的概念

游客服务中心,又称"游客接待中心"或"游客中心",是旅游景区设立的为游客提供信息、咨询、游程安排、讲解、教育、休息等旅游设施和服务功能的专门场所,也是一个旅游景区的接待中心、服务中心、展示中心和通信中心。

(二) 游客服务中心的功能

1. 引导功能

游客服务中心一般位于旅游中心或出口处,起着窗口的作用。通过这个窗口,游客可以了解整个旅游景区内环境、景物和旅游景区各组成要素的分布、组合及存在的问题。

2. 服务功能

游客服务中心可以为游客提供住宿、休息、餐饮、交通、娱乐、购物等服务,以便游客满意,顺利完成本景区的旅游计划。

3. 游憩功能

游客服务中心距离旅游景区较近,本身也有部分特殊的自然风光,或景观建筑或民俗风情或直接是旅游景区的一部分,使游客在逗留时间内可安排部分时间进行游览,起到游憩功能。

4. 集散功能

游客服务中心是游览区与大城市之间的交通连接点,对来往游客具有集散作用。

5. 解说功能

这是游客服务中心最为重要的功能之一。解说、传授和住处服务作为基本的交流手段,可以让游客清楚明白关于自然和文化资源的意义和价值。

6. 其他功能

失物招领、物品寄存、医疗服务、邮政服务、残疾人服务设施服务等。

(三) 游客服务中心在规划设计中应考虑的问题

1. 布局和选址

游客服务中心布局和选址至关重要,需综合考虑多方因素。首先,要与旅游景区的规划布局相一致。游客中心建设的布局和选址会对旅游景区总体规划的实施产生直接影响。根据旅游景区规模大小及资源分布情况,游客中心可以单独设置,也可分级布置。其次,受旅游景区游客容量布局影响。游客中心按容量布局可以使游客量相对分散或集中,使游客合理地分布在旅游景区内,实现游客中心控制和引导的功能。游客相对集中的地点一般在旅游景区主入口处和内部交通换乘处及重要节点处,所以游客服务中心一般会设于旅游景区前端或重要节点。再次,还应考虑水、电、能源、环保、抗灾等基础工程条件,以及位置的自然环境、交通情况及地势等。

2. 功能性设施

游客服务中心的建设应以最小的环境影响为代价,功能性设施的建设符合旅游景区实际需求即可，避免重复、多余建设。游客服务中心的功能设施可分为服务设施、管理设施、交通设施及基础设施四大类，其中的服务设施最为重要，包括接待、信息、餐饮、住宿、购物、娱乐、医疗卫生和其他辅助设施。

3. 建筑外观

游客服务中心建筑外观除具备醒目标识外，还应与周围环境相协调。边际建筑理论认为，游客服务中心具有典型的边际特征，其建筑色彩、体量、风格等应巧妙地融入自然环境中，保持与自然景观的协调一致性。同时，建筑形式要充分体现本土人文特色并与地域文化氛围相融合。

4. 游客活动方式的多样性和灵活性

游客服务中心内部功能的多样化及游客活动模式的灵活性能帮助游客保持持久的兴趣。因此，交互式和静态展示都是游客服务中心青睐的展示方式。另外，休息区、教育区、儿童区、意见反馈区都能为游客提供多样、灵活的活动方式。

5. 当地信息

为游客提供当地旅游信息，包括地方天气预报信息等。

6. 游客疲劳

通过增加座位、减少过度刺激、提供安静空间、引入多样化的游览方式、添加有效而富有创新性的交流方式等手段，尽量降低游客疲劳度。

7. 社区参与

要使游客服务中心所提供的信息全面、真实、可传承，那么当地社区的参与必不可少。游客服务中心在设计之初及后续阶段的完善过程中，都应从社区听取各类意见。

8. 安全、保险及可进入性

游客服务中心是游客集散的重要区域，因此，必须考虑游客安全和可进入性，要保证游客进得来、散得开、出得去。

2.4.3 任务训练

实训名称：游客咨询的处理程序和方法。

实训目的：熟悉旅游景区工作人员咨询服务的内容和形式，能够掌握正确的程序和方法。

实施步骤：小组分工合作，完成以下工作。

(1) 熟悉本项目所学的旅游景区咨询和服务管理的基本知识。

(2) 就近选择旅游景区，调研方案。

(3) 到目标旅游景区实地调查研究，了解其在旅游景区咨询服务与管理方面的实际情况。

(4) 小组分析和讨论，并形成书面调查报告上交。

(5) 以学生的调研报告为基础，在班级展开共同讨论和分析，角色扮演，教师予以评价。

2.4.4 通关游戏

一、知识关

1. 旅游景区咨询服务的形式主要有两种：_____和_____。

2. 在接待游客咨询过程中，电话铃声响_____声必须提机，要先报名旅游景区名称和工作岗位，并向对方问好。

3. 在接待游客当面咨询的过程中，最好与游客保持（　　）的交际距离。
   A. 1.5~3m　　B. 0.5~1.5m　　C. 1.5~2.5m　　D. 1~2.5m

4. 名词解释：游客服务中心

二、能力关

1. 在旅游景区服务台，游客向工作人员询问其他旅游景区的交通路线、门票、游玩特色等问题。将同学分组，模拟当时工作人员的咨询服务。

2. 假设你是一位旅游景区处理投诉的服务人员，当你面对言辞激烈、怒不可遏的游客时应该如何处理？可以模拟各种场景，进行演示。

2.4.5 总结评价

1. 总结回顾

本任务模块重点介绍了旅游景区电话咨询和当面咨询服务过程需要注意的问题和采用的技巧。咨询服务是旅游景区产品销售的配套服务，是一种免费的服务。咨询服务主要有以下内容：向游客宣传介绍风景资源；提供本旅游景区游程安排、游览线路、客流量变化信息、游览项目预告等信息或资料；做好游客的参谋，回答游客疑问，能为游客旅游活动提供好的建议；向游客宣传有关科普知识和安全防范知识；收集并反馈游客意见；为游客提供便民信息，如医疗、交通、住宿等。游客服务中心是旅游景区设立的为游客提供信息、咨询、游程安排、讲解、教育、休息等旅游设施和服务功能的专门场所，也是一个旅游景区的接待中心、服务中心、展示中心和通信中心。

2. 自评和小组互评

请根据项目任务的学习目标和完成情况，按照表2-4-1来完成自评和小组互评。

表2-4-1　评价考核表

考核项目	考核要求	是否做到	改进措施
旅游景区服务理念	了解旅游景区咨询服务的内容	□是 □否	
	了解旅游景区咨询服务的形式	□是 □否	
	了解游客服务中心的概念及功能	□是 □否	
	能够掌握不同咨询服务的方法和流程	□是 □否	
	能够提出旅游景区咨询服务的创新方案	□是 □否	

续表

考核项目	考核要求	是否做到	改进措施
总体评价	检查任务完成情况	完成度 1~5	
	评价任务完成过程的表现	评分 1~5	
	团队合作程度	评分 1~5	

任务2.5　旅游景区投诉处理

知识目标

1. 了解旅游景区投诉的原因，正确认识游客的投诉行为。
2. 了解游客投诉的心理。
3. 了解旅游景区客户关系管理的概念和意义。

技能目标

1. 能够掌握解决游客投诉的方法和技巧。
2. 能够针对临时出现的游客投诉问题提出创造性的解决方案。

2.5.1　任务导入

一例电话投诉

十一黄金周期间，某旅游景区为了吸引游客注意而增加了表演活动。一天，接待部的李丽接到了一个游客的投诉电话。

游客："你们旅游景区怎么回事啊？你们安排的新活动时间我都不知道，回到家了才听到别人说，我这门票花得可不值了……"

李丽："我们已经在旅游景区门口设置了公告栏啊，而且在售票处还有宣传单都注明了时间啊，你难道没看？"

游客："那么大的门口，那么多人，谁能注意到？去一趟容易吗，什么也没看到……"

李丽："我们旅游景区一天接待大量游客，也不能一个一个去讲解吧，这个需要您自己配合啊。"

游客："我买了门票了，你们就应该告诉我啊，就你们这样，我给你们旅游局打电话投诉。"

（资料来源：杨桂华. 旅游景区管理 [M]. 北京：科学出版社，2006.）

任务思考：

1. 在旅游景区活动的游客，如发生投诉情况一般具有哪些心理特征？
2. 旅游景区服务人员处理游客投诉的工作程序是什么？

3. 处理投诉有哪些方法和技巧?

2.5.2 知识储备

一、游客投诉原因

(一) 何为投诉

投诉是游客因为旅游景区产品质量、服务态度等各方面的问题,向旅游景区或上级行政管理部门反映情况、检举问题,并要求得到相应补偿的一种手段。简单地讲,投诉就是一个关于期望没有被满足的声明,重要的是对于游客服务部门来说这是一个解决游客不满的好机会。从这个角度看,投诉是游客给旅游景区的一个礼物,作为旅游景区应该思量具体的内容,处理得当会受益匪浅。

(二) 游客投诉的原因

1. 游客对旅游景区设施设备的投诉

该投诉内容主要包括使用旅游景区游乐设施、服务项目中出现的质量问题,因为临时停水、供电系统损坏而造成娱乐设施的不运转等。旅游景区可以通过制定完善的监察制度和走动管理的方法予以控制,减少此类问题的发生。

2. 游客对服务态度的投诉

该投诉内容包括旅游景区工作人员在服务过程中表现出的不文明的语言、冷冰冰的面孔、嘲笑戏弄的行为、过分的热情及不负责任的答复等。

3. 游客对服务质量的投诉

该投诉内容包括旅游景区工作人员服务动作慢、办理相关票据不准确、错误地提供旅游景区的相关信息等。

4. 对异常事件的投诉

该投诉内容包括因为员工的工作失职而引发的游客使用娱乐设施不当造成的人身伤害,旅游景区内施工建设给游客带来的意外伤害事件等。

(三) 如何认识游客的投诉行为

1. 投诉是旅游景区管理者与游客沟通的桥梁

游客的投诉可以看作是一种对于旅游景区硬件和软件水平的一种反馈,只不过是以一种投诉的方式来反映旅游景区的经营状况和服务水准,以及潜在的问题。游客投诉,其实不能看作是游客单方面的一种抱怨,而是游客对于旅游景区服务抱有希望的一种态度,游客希望旅游景区在某些方面加以改进和改善。所以不应该害怕游客投诉,真正害怕的应该是游客有了问题不投诉,这才是不利于旅游景区发展的重要方面。

2. 化险为夷,维系忠诚游客

投诉,可以看作是旅游景区日常经营中的小小"危机时间",有危险,同样也富于机会。美国白宫全国消费者调查统计，即便不满意，但还会在你那儿购买商品的客户有多少？结果显示：不投诉的客户9%，91%不会再回来；投诉没有得到解决的客户19%，81%不会再回来；投诉过但得到解决的客户54%，46%不会再回来；投诉被迅速得到解决的客户82%，18%不会再回来。所以，旅游景区的每一个员工都应该正确认识游客的投诉行为，采取积极的态度予以协调解决。

二、游客投诉心理

（一）游客投诉心理

当游客感到自己的权益受到伤害而向有关部门和人员投诉时，他们的心理需求主要表现为以下几个方面。

1. 求尊重心理

尊重是人们的一种很重要的心理需求。在整个旅游过程中，由于游客始终处于"客人"的地位，求尊重的心理是十分明显的。如果发生投诉现象，他们总是认为自己投诉的事实与理由是充分的，有道理的，因此，总希望得到他人（特别是接待者）的相信、尊重、同情、支持，渴望被投诉者向他们表示歉意并立即采取相应的举措，以使问题获得解决。

2. 求发泄心理

游客的投诉，一般总是在充满着不快的心情、抱着怨气与愤怒的态度中进行的，无论采取何种投诉形式，都难免要发牢骚、讲过头话，甚至谩骂。投诉者的这种情绪表现，就是为了发泄内心的不满，以维持其心理上的平衡。

3. 求补偿心理

如果由于旅游服务人员的职务性行为或旅游企业未能履行合同，使游客遭受物质上的损失或精神上的伤害，游客就会用投诉的方式向有关部门索赔，要求有关部门给予物质补偿。或采取法律上的诉讼要求赔偿，以弥补他们的损失。

（二）游客投诉时的表达方式

1. 理智型

这类游客在投诉时情绪显得比较压抑，他们力图以理智的态度、平和的语气和准确清晰的表达向受理投诉者陈述事件的经过及自己的看法和要求，善于摆道理。这类人的个性处于成人自我状态。

2. 火暴型

这类游客很难抑制自己的情绪，往往在产生不满的那一刻就高声呼喊，言语不加修饰，一吐为快，不留余地，动作有力迅捷，对闪烁其词、拖拉应付的工作作风深恶痛绝，希望能干脆利落地彻底解决问题。

3. 失望痛心型

这类游客情绪起伏较大，时而愤怒，时而遗憾，时而厉声质询，时而摇头叹息，对被投诉者或事件深深失望，对自己遭受的损失痛心不已是这类游客的显著特征。这类游客投诉的内容多是自以为无法忍耐的，或者希望通过投诉能达到某种程度的补偿。

三、处理游客投诉

（一）处理投诉的心理准备

1. 要精通专门知识及法律

作为旅游景区服务人员，如不好好学习专门的知识，很难处理好游客投诉。因此，旅游景区服务人员必须精通有关旅游管理的知识及旅游业内的各种信息。

旅游景区服务人员，不但要理解游客，而且对于民法、商法及一般经济法，尤其是与旅游行业相关的法律、法规等都要有充分的知识准备。

2. 培养圆满的常识与均衡的感觉

处理游客投诉时，旅游景区工作人员应具备均衡的能力，也就是一般的常识与对社会环境的洞察力。正如前面所说，不要单用法律来判断，同时不要滥用商业伦理。要知道"本旅游景区规定如此，所以才这样解决"或"站在本旅游景区的立场，怎么怎么样"这样的话说出来对游客的情感伤害是最严重的。

3. 避免骄傲、信以为真、独断独行

在处理游客投诉时，要认清每个游客都是不同的，即使是同一个投诉，由于人的不同，处理方式也大不相同。因此，身为旅游景区工作人员，对于游客的投诉，一定要认真分析，不能凭自己的主观错觉，独断独行处理，这不但会令游客更不满意，而且最终受损的还是旅游景区自身。在处理投诉的过程中，退款与减少收费往往是常用的方法，但是换一个角度去看，不见得是有效处理投诉的最佳方法。

4. 要注意健康管理

处理游客投诉的工作与其他工作不同，是一种压力非常大、紧张度很高、精神负担较重的工作。因此，当工作告一段落之后，应采取有效的办法使郁积的心情整个发散。同时，旅游景区管理者也应对员工的身心管理给予充分重视。

（二）处理投诉的工作程序

1. 接受投诉

（1）热情接待游客投诉，如游客情绪激动，应该想办法使游客离开投诉现场，以避免造成其他游客围观及不良影响，进而影响旅游景区正常工作的进行。一般工作人员适宜带游客去游客服务中心解决问题。

（2）耐心倾听、认真记录，绝不打岔、绝不回避。既然有游客来投诉，一定是对旅游景区的某些地方不满意，情绪激动或有过激的言辞和举动实属正常。这个时候，服务人员不要急于解释，要学会耐心倾听，并且有效地记录游客叙述的情节，生成书面文件记录——《游客投诉记录表》，这样做是要游客知道，他的感受和信息内容已经得到了足够的重视。在倾听和记录过程中，服务人员应该配合以专注的眼神和间歇的点头，这样做都是为了缓解游客的怨气。

（3）向游客表示歉意并予以关心。"游客永远是对的"这一服务行业的至理名言，当然也是旅游景区的服务宗旨和奋斗目标。对于游客的投诉，即便是有他自己的"理由"，也可能这种理由在旅游景区是"不适用"的,但是作为旅游景区一方也要把"正确"让渡给游客,并且真心实意地道歉。道歉过程中要注意道歉用语的真诚表达,只有发自内心的道歉,才可以让游客在心底里接受,平息愤怒,这样也有利于后续工作的开展。

2. 调查取证

(1) 复述游客的投诉记录,并适时提问。在记录过后,旅游景区服务人员要根据自己的文字记录和理解向游客描述发生在其身上的事情,在这过程中要多多站在游客的立场,而不要总是把旅游景区放在叙述的事实里面,并给出反馈,这是一个和游客互相沟通探讨的过程。根据游客的阐述,服务人员可以把自己的疑问和不解与游客做一交流,尽量全面和明确。但是提出问题的时候不要使用"这是你所说的""你认为是如何如何"……这样很容易把游客和旅游景区对立起来。通过双方的沟通可以使得问题更有条理,有利于问题的解决,以便日后存档。

(2) 充分思考。在游客的叙述和服务人员的记录过程中,服务人员应该根据经验积极思考,判断问题的类型及严重程度,考虑游客希望得到的处理结果。并且涉及的被投诉的部门也应该立即展开认真细致的调查工作,给出书面回应。调查过程要实事求是,坚持原则,不得颠倒是非。

3. 处理投诉

(1) 将解决的方法告诉游客。在提出解决方案之前,旅游景区服务人员首先应该根据现行旅游法规及旅游景区的有关规定,对游客进行解释工作,不论是双方谁出了问题,都要阐明立场。寻求解决问题方法的过程中,服务人员要态度诚恳,做到不卑不亢,既可维护游客的自身权益,又可以树立旅游景区的美好形象。根据相关规定和自己的经验提出解决的方法,尽量和游客协商解决,而不要把自己的意愿强加给游客。

(2) 确定解决办法并及时采取行动。

(3) 将投诉报告及时上报,以便归类统计游客的投诉类型和原因。

4. 跟踪调查

成功处理了游客的投诉,游客较为满意地离开旅游景区,但是服务工作还没有结束,处理投诉的升华环节是对游客的跟踪调查。

跟踪调查的方式一般有这样几项:电话、电子邮件、信函。通过这些跟踪服务,旅游景区进一步向投诉的游客了解旅游景区的解决方案是否圆满,同时也把温馨的问候和祝福送达到游客的心里,虽然是一个小小的行为,但却是增加游客忠诚度的有效举措。

(三) 处理投诉的技巧

在处理游客的投诉过程当中,工作人员要尽量做到"六个一点"。

1. 耐心多一点

在实际处理中,要耐心地倾听游客的抱怨,不要轻易打断游客的叙述,更不要批评游客的不足,而是鼓励游客倾诉下去,让他们尽情发泄心中的不满。当耐心地听完了游客的倾诉与抱怨后,当他们得到了发泄的满足之后,就能够比较自然地听得进服务人员的解释和道歉了。

2. 态度好一点

游客有抱怨或投诉就是表现出游客对旅游景区的管理和服务工作不满意,从心理上来说，会觉得旅游景区亏待了他，因此，如果在处理过程中态度不友好，会让游客心理感受及情绪很差，会恶化与游客之间的关系。反之，若服务人员态度诚恳，礼貌热情，会降低游客的抵触情绪。俗话说"怒者不打笑脸人"，态度谦和友好，会促使游客平解心绪，理智地与服务人员协商解决问题。

3. 动作快一点

处理投诉和抱怨的动作快，一来可让游客感觉受到尊重，二来表示旅游景区解决问题的诚意，三来可以及时防止游客的负面情绪对旅游景区造成更加持久的伤害。

4. 语言得体一点

游客对旅游景区不满，在发泄的言语中有可能会言语过激，如果服务人员与之针锋相对，势必恶化彼此的关系。在解释问题过程中，措辞也要十分注意，要合情合理，得体大方，不要一开口就使用伤人自尊的语言，尽量用婉转的语言和游客沟通。

5. 补偿多一点

游客抱怨或投诉，很大程度是因为他们在旅游景区活动过程中利益受损，因此，游客抱怨或投诉之后，往往会希望得到补偿。这种补偿有可能是物质上的，如旅游景区提供相关优惠，也可能是精神上的，如道歉等。在补偿时，旅游景区认为有必要对游客补偿的，应该尽量补偿多一点，有时是物质及精神补偿同时进行，游客得到额外的收获，他们会理解旅游景区及服务人员的诚意而对旅游景区再建信心的。

服务技巧

但是，需要注意的是，旅游景区提供的补偿服务是在感情上给予游客的一种弥补和安抚，它并不能代替整个服务过程。它只可以用在旅游景区给游客造成的损失或伤害无法修复，游客即将带着深深的遗憾离开旅游景区的时候，为了不让游客彻底绝望，旅游景区所采取的"温暖行动"。所以，补偿类的服务一般是旅游景区不得已而采用的行动，旅游景区还是要尽量完善自己的设施和服务以保证减少对游客的伤害。

6. 办法多一点

很多旅游景区处理游客投诉和抱怨的结果，就是给他们道歉或从经济和物质上进行补偿，其实解决问题的办法有许多种，除上述手段外，可邀请游客参加旅游景区内部讨论会，或者给他们机会参与旅游景区的规划、建设和管理的事务当中。

四、旅游景区客户关系管理

客户关系理论是当前营销理论研究的新方向。客户关系管理目前还没有统一的定义。客户关系管理（Customer Relationship Management，CRM），最初是由嘉得纳集团公司（Gartner Group）于1977年提出的。作为全球比较权威的研究组织，它对CRM的定义是：客户关系管理是为了提高盈利、销售收入和客户满意度而设计的企业范围内的商业战略。

行业动态

（一）旅游景区客户关系管理的必要性

随着旅游市场竞争的不断加剧，游客的需求呈现出多样化、个性化发展。旅游景区要在激烈的市场竞争中立足，必须较好地协调旅游景区资源，以满足游客不断变化的需求，不断提高游客的满意度和忠诚度，使旅游景区有限的资源产生尽可能大的效用，而旅游景区客户关系管理就为旅游景区提供了这样一个平台。

旅游景区客户关系管理是一种以游客为中心的商业战略。它通过互联网及信息技术将旅游景区内部资源进行有效整合，使得旅游景区以更低成本和更高效率的方式满足游客的需求，提高游客的满意度及忠诚度，发掘并把握能够给旅游景区带来价值的游客，并与之建立起动态化的"一对一"的营销模式，以实现旅游景区与游客共赢的目的。

（二）旅游景区客户关系管理的意义

旅游企业客户关系管理可以分为饭店业客户关系管理、旅行社客户关系管理、旅游景区客户关系管理、旅游交通客户关系管理等。

许多旅游景区往往宁愿每年花费上百万元广告费用，对旅游景区进行品牌宣传和市场推广，也不愿意对已经主动找上门来的游客提供哪怕是最简单、最起码的人性化的细节服务。殊不知，与旅游景区的巨额广告宣传相比，游客更愿意相信自己亲眼看到和亲身经历的事情。

旅游景区面向客户的终端有两个：旅行社与旅游景区的接待部分。在进入旅游景区之前，旅游景区并不知道游客是谁、有什么特征（如性别、年龄、职业、偏好等）、有什么旅游诉求（如体验、知识、文化、休闲等）。如果有导游，则游客的控制权、知情权基本上完全由导游控制；如果无导游，游客则自己进行选择，后果也完全由此游客自身的感知能力所决定。

不论旅游景区直销——除直接设立售票点之外，主要有上门推销、邮寄促销、电话销售、网上销售、会议推广及设立驻外办事处，还是旅游景区分销——通过某种契约形式，将销售任务委托给旅游经销商、代理商及其他专业机构去完成，都要将客户关系管理放在首要位置去考虑。

（三）旅游景区客户关系管理的作用

1. 改善服务，提高忠诚度

旅游景区客户关系管理向游客提供主动的客户关怀，根据销售和服务历史提供个性化的服务，并在知识库的支持下向游客提供更加专业细微的服务。旅游景区实施严密的游客投诉跟踪，能够及时发现旅游景区存在的问题，并根据游客的意见加以改进，以更好地为游客服务，从而不断提高旅游客户的满意度，培养忠诚的客户。例如旅游景区内的餐厅为VIP游客提供的个性化的生日菜单，会让游客备受感动，从而提高其对旅游景区的忠诚度。

2. 提高员工工作效率

旅游客户关系管理建立了旅游景区与游客打交道的统一平台，因而景区员工的办事效率可以得到很大提高。旅游景区内部许多重复性的工作都可由计算机系统来完成，例如查询客户资料信息，可利用计算机来辅助查询，减少了员工的工作量，提高了工作效率。

3. 降低旅游企业成本

旅游景区客户关系管理的运用，促使游客的满意度及忠诚度有了较大提高，使得旅游景区营销成功的概率大大提高，同时服务质量的提高使服务时间和工作量大大降低，这些都在客观上降低了旅游景区的营销成本、销售成本和服务成本。同时，员工工作效率的提高，也促使了旅游景区人力资源成本的降低。

4. 扩大旅游产品销售

游客满意度及忠诚度的提高，会促使旅游景区市场声誉的不断提高，从而吸引大量游客，使得旅游产品的销售增长成为必然。对旅游产品销售线索跟进能力的不断提升、对相关旅游合作伙伴管理策略的更加透明、对游客的关怀更加及时，这些都将有利于旅游景区的经营与发展，扩大旅游产品的销售。

（四）旅游景区客户关系管理的措施

1. 开发游客信息系统

旅游景区除面对旅行社和导游这一类比较固定的客户之外，游客的多样性就显得更加难以把握。普通游客具有强烈的多元性，需求也具有多元性，从儿童到老年，从北方到南方，从"金领""白领"到低收入人群，对旅游景区的服务都有不同的需求。由于旅游景区潜意识中认为所有游客无差异，因此，提供单一产品是必然的选择，不细分游客，不提供差异化产品，定价无策略而言，回扣成为唯一可用的工具。同时，不知道旅行社是客户还是渠道，哪些是客户哪些是渠道，哪些与旅游景区具有协同关系与一致利益，哪些则纯粹是博弈关系，所以旅游景区对游客的分析尤为重要。

现阶段，多数旅游景区尚未运用高科技手段实现对游客详细信息的管理、统计和分析，旅游景区可以联合软件公司开发游客信息管理系统，实现游客信息方便快捷的记录、查询和分析。

旅游景区可以通过在游客中发放售后服务登记表收集游客信息，也可仿效一些商家的经营策略，如游客填写档案信息卡，可参加抽奖活动或受赠小礼品等，吸引游客留下自己的相关信息。旅游团队的信息则可以由旅行社或相关组织提供。

旅游景区对游客的分析主要包括：游客的年龄、收入、地区、性别、婚姻、种族、职业和文化水平等的分析和占比例最大和最小的游客群分析。

2. 利用多种途径加强沟通

在游客完成旅游活动后的一段时间内，可以通过电话、短信、邮件等方式予以问候。针对游客的投诉以最快的速度解决和协调，并及时反馈。在重大节日和游客的重要纪念日（如生日、结婚纪念日等）寄送精美的卡片、小礼物以表祝福。把旅游景区最新开发的旅游线路、旅游服务、旅游商品和将举办的大型活动等相关信息第一时间传送给"老游客"，并盛情邀请他们故地重游。利用旅游景区网站和电子留言板与游客交流。

目前很多旅游景区都在采用积分管理，但是如何让积分管理真正使游客获益，为游客服务，在旅游景区并没有得到很好的应用。在这方面金融行业做得好，他们的客户积分可以有多种用途，如抵扣年费，积分换礼，或者参与金融机构与其他商家合作推出优惠活动等。这很值得旅游景区借鉴。

3. 游客关怀

游客关怀并不是说在游客生日发个短消息那么简单，而应该定期或不定期地对游客进行回访，方式可以是电话、邮件。营销部门可以把游客信息的搜集、储存、分析和利用视为营销工作过程中至关重要的一项工作，可利用专业软件从大量庞杂、破碎的游客资料中提炼出一些对旅游景区销售有价值的信息。经过对这些陈年数据的检索、分析、建立模型和输出等内部智能处理过程，使旅游景区形成包含游客基本资料、消费历史、喜好及行为预测等高度个性化的游客知识，并指导旅游景区建立良性的客户关系。

大连老虎滩海洋世界就采用了在活动项目事宜发生改变的第一时间将信息发送到每一位导游手机上的方式，以提供第一时间的信息，使得旅行社和导游能够准确把握自己的营销和服务。

4. 关注游客体验

有些旅游景区不关注游客的体验，也不在意其满意与否，更不奢望游客再次光顾。最后，一年下来，大致上知道共有多少游客来过，虽然这一总数是由每一个数字加总而得到，但是有了总数便不可逆，无从追溯到每一个被加数，连数据都不曾有，更谈不上客户关系管理了。由于没有意识到这些信息的重要性，因此，对于旅行社的要求自然无从谈起。有些旅行社有这些信息，但旅游景区得不到，就更谈不上利用这些信息了。

5. 建立旅游景区的 VIP 俱乐部

建立旅游景区的 VIP 俱乐部，吸纳对旅游景区具有特殊贡献的游客（如提出建议并被采纳的游客）、具有较强消费能力的游客、多次重游的游客等为会员，发放会员卡。VIP 会员不仅享受价格优惠，还享受旅游景区提供的个性化服务。会员卡可转借给亲戚、朋友、家人使用，消费越多，优惠越多。这样就吸引了 VIP 会员的多次回头和不断挖掘新的游客。

2.5.3 任务训练

实训名称：旅游景区游客投诉处理。

实训目的：通过任务训练，学生更好地理解和掌握解决游客投诉处理的方法和程序。

实施步骤：

（1）熟悉本项目所学的旅游景区游客投诉管理的相关知识。

（2）准备好游客投诉的场地（实训教室即可）和物品（电话、投诉记录手册和笔）。

（3）以小组的形式进行角色扮演，熟悉游客投诉处理程序。

（4）以小组为单位在课堂上进行简要陈述和有效分析。

（5）进一步分析和讨论，并形成书面报告上交。

2.5.4 通关游戏

一、知识关

1. 游客投诉的原因有以下几种：对旅游景区设施设备的投诉、对_____的投诉、对服务质量的投诉和对_____的投诉。

2. 旅游服务过程中，如果由于旅游服务人员的职务性行为或旅游企业未能履行合同，使游客遭受物质上的损失或精神上的伤害，游客就会用投诉的方式向有关部门索赔，要求有关部门给予物质补偿或采取法律上的诉讼活动要求赔偿，以弥补他们的损失。这属于游客

（　　）的投诉心理。
　　A. 求补偿　　　B. 求尊重　　　C. 求发泄　　　D. 求理解
3. 游客投诉后的跟踪调查一般有三种方式：_____、_____、_____。
4. 名词解释：游客投诉

二、能力关

1. 采用头脑风暴的方式，汇总大家在旅游过程中曾经遇到过的旅游景区服务和管理方面的投诉问题，从旅游景区管理、旅游景区员工服务和游客心理三方面入手分析投诉产生的原因和处理方法。

2. 游客对于旅游景区的管理和服务产生不满情绪之后进行投诉，工作人员在心态和语言的使用上有哪些需要注意的问题？

3. 调研当地一家 AAAA 级旅游景区和一家小型旅游景区，比较两家旅游景区在游客投诉管理方面的具体做法，并写出调查报告，课上采用 PPT 形式进行汇报讨论。

2.5.5　总结评价

1. 总结回顾

游客投诉是指游客因为对旅游景区的产品质量、服务态度等各方面的问题，向旅游景区或上级行政管理部门反映情况、检举问题，并要求得到相应的补偿的一种手段。游客一般会对旅游景区设施设备、服务态度、服务质量和一些异常事件进行投诉。

投诉是旅游景区管理者与游客沟通的桥梁，如果处理得当，可以化险为夷，维系忠诚游客。一般来说，游客的投诉具有求尊重心理和求补偿心理。面对不同游客的不同投诉时的表达方式，工作人员需要在心理、知识储备、处理程序上多加总结和学习，尽量做到"六个一点"的原则。

旅游景区客户关系管理是一种以游客为中心的商业战略，它通过互联网及信息技术将旅游景区内部资源进行有效整合，使旅游景区以更低成本和更高效率的方式满足游客需求，提高游客的满意度及忠诚度，发掘并把握能够给旅游景区带来价值的游客，并与之建立起动态化的"一对一"的营销模式，以实现旅游景区与游客共赢的目的。

2. 自评与小组互评

请根据项目任务的学习目标和完成情况，按照表 2-5-1 来完成自评和小组互评。

表 2-5-1　评价考核表

考核项目	考核要求	是否做到	改进措施
旅游景区服务理念	了解旅游景区投诉的原因	□是　□否	
	了解游客投诉的心理	□是　□否	
	了解旅游景区客户关系管理的概念和意义	□是　□否	
	能够掌握解决游客投诉的方法和技巧	□是　□否	

续表

考核项目	考核要求	是否做到	改进措施
总体评价	检查任务完成情况	完成度 1~5	
	评价任务完成过程的表现	评分 1~5	
	团队合作程度	评分 1~5	

任务 2.6　旅游景区解说服务

知识目标

1. 了解旅游景区解说服务的类型与功能。
2. 了解和熟悉旅游景区导游服务的基本内容。
3. 掌握旅游景区导游职业素养。
4. 掌握旅游景区导游服务的基本流程。

技能目标

1. 掌握旅游景区导游服务技能。
2. 能够用不同的讲解技巧为不同类型的游客讲解。
3. 能够做好旅游景区游客迎送服务。

2.6.1　任务导入

张家界天门山"智能导游"上线

2013年6月，为使广大游客更方便快捷地了解天门山，湖南张家界天门山旅游景区特推出"智能导游"平台。平台囊括天门山旅游攻略、旅游景区导览、服务指南、历史人文等诸多内容，游客只需用手机扫一下"智能导游"二维码，就能立刻在掌上全面了解天门山，为自己量身订制个性化的天门山之旅。天门山"智能导游"平台中除了有常规旅游景区、线路等详细内容，还特别设置能让众人参与实时互动的"照片墙"，让游客能随心所欲地晒照片。

目前天门山"智能导游"平台二维码已印制在旅游景区免费发放的导览地图首页，旅游景区标识牌、宣传栏等二维码填制工作正在进行中。为方便查看，旅游景区建议将"智能导游"二维码拍照存入手机中。

（资料来源：高慧. 张家界天门山"智能导游"上线. 第一旅游网 www.toptour.cn，2013-06-24）

任务思考：

1. 电子导游已经被游客广泛使用，请你谈谈电子导游兴起的原因和发展趋势。
2. 案例中提到的哪些细节是介绍旅游景区解说服务功能的？

2.6.2 知识储备

一、旅游景区解说服务的类型与功能

旅游景区的解说服务是旅游景区服务诸要素中的重要部分，是旅游景区教育功能、服务功能、使用功能实现的基础和必要手段。根据向游客提供信息服务方式的不同，我们将旅游景区解说服务分为向导式解说服务与自助式解说服务两种类型。

向导式解说服务也称导游解说服务，是指专门的导游人员通过导览和导游讲解，向游客提供信息传导服务，属于能动式服务。这类旅游景区导游人员又称为定点导游人员或讲解员，是指依照《导游人员管理条例》的规定取得导游证，受旅游景区管理部门的委派，专职在旅游景区、自然保护区、博物馆、纪念馆、名人故居等旅游景区为游客进行导游讲解的工作人员。其服务水平受导游自身素质影响较大。

自助式解说服务是通过书面材料、标准公共信息图形符号、语音等无生命设施、设备向游客提供静态的、被动的、非人员解说的信息服务。主要包括图文音像导游和电子导游两大类，具体形式有指示牌、解说手册、导游图、电子导游自助式服务设备、网络展示、公众号推送等。游客获取自助式解说服务所提供的信息，没有时间上的限制，可以根据个人爱好、兴趣、体力自由取舍。自助式解说设施容易受到自然的和人为的破坏，缺乏互动，对外国游客来说，外语解说的质量颇为重要。

总体来说，旅游景区的解说服务具备以下功能。

（1）为游客提供明确的参观游览路线，提高旅游环境的可识别性。

（2）传递信息，提升旅游景区的文化品位，满足游客增长见闻和知识的精神追求。

（3）有助于丰富旅游景区色彩，形成具有特色的旅游景区形象。

（4）有助于游客按旅游景区的时空变化序列游览，增强游览乐趣，加深对旅游景区的印象。

二、导游解说服务的作用

1. 旅游景区导游人员的角色

旅游景区所在地与客源地存在着大量文化习俗和地理风貌上的差异，这种差异导致了游客了解当地文化习俗和旅游景区特色的需求，定位了旅游景区导游人员的角色。具体来说，导游人员的角色主要有以下几种：向导、解说者、教育家和主人。一名优秀的旅游景区导游人员应该熟悉旅游景区的环境，这是基础角色向导的基本要求，同时还应该能够完成有效解说，揭示旅游景区的教育功能，以"主人"的角色创造一种使游客感到热情好客、舒适的氛围。

2. 旅游景区导游的工作重点和职责

从旅游景区导游实践来看，旅游景区导游必须解决好三个问题，即"导"什么？怎么"导"？为什么这么"导"？第一个问题主要取决于游览旅游景区的特色、游览的具体对象、游览方案的设计、游览季节及天气等。第二个问题取决于游览对象的兴趣与爱好、导游人员自身的知识化技能条件、旅游景区的自然与人文环境等。第三个问题是围绕某个旅游景区接

待某个旅游团,导游人员对自己初步形成的导游设想采取的一种问责行为。

3. 旅游景区导游服务的作用

在旅游景区接待工作中处于第一线的关键角色是旅游景区导游人员,他们是导游服务工作的主体。就旅游景区导游而言,其重要性主要体现在以下几个方面。

(1) 纽带作用。旅游景区导游服务是旅游景区接待服务的核心和纽带。旅游景区导游人员在旅游服务各环节之间起着举足轻重的作用。

(2) 引导作用。游客是旅游景区的主角,为游客服务好,吸引更多的游客前来参观游览,是旅游景区工作者的追求。实际上,对很多游客而言,他们并不清楚在旅游景区游览时应该注意什么,自己的责任和义务是什么,自己的权利何在,也就是说,大部分游客是盲目的、不成熟的,因此,游客需要引导和管理,需要按照旅游景区的有关规定进行游览活动,用符合社会公众道德的各项行为规范约束自己。这些都要靠旅游景区的旅游指南、警示标志、导游人员的讲解和示范行为等导游服务来完成。

(3) 标志作用。旅游景区导游服务质量是旅游景区服务质量高低的最敏感标志。导游服务质量包括导游讲解质量、为游客提供生活服务的质量及各项旅游活动安排落实的质量。相对于其他服务来说,游客对导游人员的服务接触最直接,感受最深切,对其服务质量的反应最敏感。导游服务质量的好坏不仅关系到整个旅游服务质量的高低,而且关系着旅游景区和地区旅游业的声誉。

(4) 增收作用。好的导游服务能让游客获得更充分的游览体验。一方面,能有效延长游客在旅游景区的停留时间,从而刺激游客在娱乐、购物、餐饮、住宿等方面的二次消费,直接增加旅游景区的收入;另一方面,由于游客对旅游景区的满意度增加,从而形成良好口碑。因此,良好的导游服务能切实提高旅游景区的经济效益、社会效益及生态效益。

行业广角

阿耕和他的"土楼王子"

"我为景区代言"山东省景区讲解员大赛回顾视频

2011年9月9日,"海峡客家旅游欢乐节暨福建土楼文化节"开幕式在永定县(今为永定区)湖坑镇洪坑村振成楼门前广场举办,数千名海内外嘉宾齐聚此地。作为振成楼的第三代主人,阿耕用他乡土化的解说与嘉宾分享振成楼的故事。

阿耕全名叫林日耕,振成楼是阿耕的祖父及其兄弟于1912年耗资8万银元、历时5年建成的,共占地5 000平方米,拥有200多个房间。整个振成楼共有3个可进出的大门,分别是前门及左、右侧门,全部用花岗石块拱建而成,并按八卦中的"天、地、人"布局。一楼是厨房,二楼是粮仓,三楼、四楼是住房。八卦门各自关闭时会自成院落,八卦门开启时,各院落就连成了一个整体。"这样的建筑风格既有大集体相互照顾的特点,又有小单元的自由舒适。大门一关,内门一闩,不但可以抵御外敌,而且也不怕火烧枪打"。阿耕在做导游时显得很有学问。当然,这些学问可不是一天两天得来的。阿耕当"导游"的历史可以追溯到20世纪80年代初。当时,主楼里住着4户人家。当远客慕名前来参观时,阿耕就会热情地带领客人看土楼,请他们吃客家菜,喝自酿的客家酒。客人中有不少专家、记者,他们发表的一些文章成为土楼的"广告",引来了更多的客人。只读过小学的阿耕非常有心,他将专家、学者们告诉他的土楼知识记下来,日积月累,慢慢形成了自己的讲解风格。

1986年,阿耕和亲戚们商量,决定与当时的湖坑乡政府合作,保护开发振成楼。阿耕还带头在振成楼里开起了"阿耕商店"和"阿耕饭店",卖些自己制作的纪念品和家常菜。阿耕明白,游客来土楼就是因为喜欢原汁原味的东西。土楼人平日的生活,在游客眼中就是新鲜的东西。阿耕常对游客讲:"现在的人,常常有了金钱,没了幸福,而我们土楼是最安静和谐的小社会。"

(资料来源:班若川·阿耕和他的"土楼王子"[N].中国旅游报,2011-09-14,有删减)

三、旅游景区导游讲解的技能要求

旅游景区导游解说服务,即通过旅游景区(点)导游人员的引导、讲解等服务性工作,帮助游客认识旅游景区,以加深游客对旅游景区的了解,增强游客的旅游体验。旅游景区导游解说服务是旅游景区解说服务的重点和核心,是旅游景区接待服务工作的核心与纽带,也是旅游景区导游服务质量高低最敏感的标志。优质的旅游景区导游解说服务能增加游客的游兴,有效地提高游客的满意度,更是传播文化的重要渠道。

(一)计划讲解

旅游景区导游人员应该根据接待计划、旅游团的线路安排及游客的组成等因素,做好接待的讲解计划。计划内容应包括景物特色、观赏路径、关键点、时间安排、顺序等。

(二)针对性讲解

旅游景区导游每次面对的游客都不一样,游客的兴趣喜好也不同,所以不能以一篇导游词应对不同游客。导游人员要根据不同游客的具体情况,在接待方式、服务形式、导游内容、语言运用、讲解方式方法上都有所不同。导游人员进行导游讲解时,导游词内容的广度、深度及结构应该因人而异。

(三)灵活讲解

导游人员讲解时要因人、因时、因地制宜。旅游景区导游讲解的内容可深可浅,可长可短,可断可续,根据具体情况而定。

(四)客观讲解

导游人员进行讲解时,无论采用何种方法或技巧,都必须以客观存在为依据,即导游讲解必须建立在自然界或人类社会客观事实的基础上。

（五）以多种方式讲解

各种类型旅游景区的旅游景点、游览环境和听众素质的种种差异，决定了旅游景区的讲解方式亦有所不同。常用的讲解方式有导游式、导览式、报告式、叙述式、交谈式、总介绍式、课堂教学式、体验表演式、语音式（利用语音合成讲解器对景观进行讲解）。

（六）用多种方法讲解

旅游景区导游人员在具体讲解时，根据游客的不同、讲解内容的要求和当时环境的不同，采用的讲解方法也有不同，其主要目的是增加内容的生动性，以吸引游客的注意力。常见的讲解方法有分段讲解法、描绘法、突出重点法、科学成因介绍法、触景生情法、虚实结合法、问答法、悬念法、类比法、画龙点睛法、知识渗透法、简述法、归纳法、创新立意法等，各种方法并不是独立的，而是相互渗透和联系的，既可以独立使用，又可以几种一起使用。旅游景区导游人员在学习众家之长的同时，应结合自己的特点融会贯通，在实践中形成自己的导游风格，这样才能获得不同凡响的导游效果。

（七）不同类型旅游景区的导游与讲解技巧

1. 山体景观导游

我国是多山的国家，广阔的山地面积和绚烂多姿的山地景观，成为我国发展旅游业的自然基础。自古以来，无数文人墨客，留下了众多诗句赞美我国名山大川，山体景观承载了无数游客对美的享受和观感。对山体景观的导游解说，可以从地质角度、美学特征、旅游特色、文化角度出发，在实际讲解过程中，根据游客的情趣，有选择地解说。"五岳归来不看山，黄山归来不看岳。"下面就以其中最负盛名的黄山为例，看看山体景观导游的技巧。

导游范例

黄山：一座以景观奇特而著称于世的山体

（1）从地质角度导游

位置：黄山位于安徽省的南部，跨越四县——歙县、黟县、太平县和修宁县。黄山在秦朝（前221—前207年）时叫作黟山，在公元747年（唐朝天宝六年）时才有这个名字。

成因：一亿多年前的地球地壳运动使得黄山崛起于地面，后来历经第四纪冰川的侵蚀作用，慢慢地变成了今天这个样子。黄山宏伟、庄严、风光迷人，为著名的旅游景区。

景观特点：黄山是个奇迹，在154平方公里的面积上群峰耸立，许多山峰的名字是名如其形，"莲花峰""光明顶""天都"是其中最主要的3个，海拔都高达1 800米以上。这些山峰都是花岗岩体，通常由竖直结合点连接。侵蚀和断裂促使这些岩石变成巨大的石柱，形成了高峰和深谷。天阴时这些高山隐现在雾霭中，如虚幻一般，天晴时则尽展其威严与壮丽。

（2）从美学特征导游

黄山的颜色和形态随四季的更替而不断变化。春天，盛开的鲜花色彩缤纷，点缀着四处的山坡。夏天，可以看到青绿的山峰一座连一座，泉水在欢乐地汩汩流着。秋天把整个黄山装扮成红、紫相间的世界，正是枫树火红的季节。冬天则把群山变成一个冰与雾的世界，到处是银枝银石。

（3）从旅游特色导游

自古以来就一直有许多游客来到黄山，探求其神秘，惊叹其美景。人们渐渐地总结出黄山的四大特征和吸引力：奇松、怪石、云海和温泉。其实，黄山上到处可见花岗岩，尤其是在以下几个旅游景区：温泉、玉屏楼、西海、北海、云谷寺和松谷庵。黄山作为中国名山，在以安徽一线为主题的旅游线路中起着龙头作用。

（4）从文化角度导游

黄山看起来清新、年轻，但却有着悠久的历史，古代的书籍、诗歌、绘画和雕刻都是很好的证明。李白并非歌颂黄山的唯一诗人，唐代诗人贾岛和杜荀鹤也曾来此吟诗作赋。在唐以后的各个朝代中不断有人游览黄山，在诗中表达他们的赞美之情。明朝伟大的地理学家和旅行家徐霞客专门写了两本关于黄山的游记，清朝的新安派大画家渐江和石涛在身后留下了许多幅关于黄山的绘画，地理学家李四光在其专著《安徽黄山上的第四纪冰川现象》中总结了对黄山的考察成果。一代又一代人的题词随处可见："千姿百态黄山云""刺天峰""清凉世界""奇美""独具魅力的风景"……这些诗一般的词汇配上优美的书法不仅仅是装饰品，本身就是一道迷人的风景。

2. 水体景观导游

山无水不灵，水无山不秀。水与山一样，是自然景观的构成要素。我国主要的自然水体景观有海洋、江河、湖泊、泉水和瀑布等。水体景观可以从景观类型出发讲解其特色，增强景观的自身美感，丰富游览情趣。海滨景观，突出海滨伟岸辽阔；江河景观，景色多姿，类型丰富；湖泊景观，或开阔，或清秀，或神秘，或幽静；泉水景观，优雅秀丽及奇特和多功能；瀑布景观，形态、生态、色态的三态变化。水体景观也可从其美学特征进行讲解，从形态美、倒影美、声音美、色彩美、光象美、水味美、奇特美多角度进行解说渲染。旅游景区导游人员在进行江河湖海等水体景观的导游时，应能够正确运用造景功能的各种美学要素加以讲解，把握其内在特征，丰富介绍内容，激发游客的情趣，提高人们的审美能力。水体景观还可以从历史和现实的情况加以分析，揭示其历史文化内涵，丰富原有水体景观，成为游客新奇的审美对象。从时代变迁讲解，可使游客全面了解相关的人文造景因素，丰富讲解内容和文化底蕴，达到人与自然的和谐统一。

3. 古建筑导游

要完成这类解说任务，必须了解古代建筑的基本特征。我国古代建筑的基本特征如下。

我国古代建筑大多采用巧妙而科学的木框架结构。斗拱、榫卯等构件的运用使得建筑稳固，达到墙倒屋不倒的效果。古代建筑多采取庭院式组群、中轴线对称布局。古建筑中广泛应用丰富多彩的艺术形象，色彩艺术、雕饰艺术、彩画艺术、造型艺术得到全面发挥。

南京夫子庙解说词

古代建筑讲求等级区分。从屋顶、台基、开间、斗拱、彩画、门色及门钉、柱色来区分，其中屋顶的等级差别最为明显。屋顶的式样按等级次序有庑殿式、歇山式、攒尖式、悬山式、硬山式等。此外，屋顶还有单檐和重檐之分，重檐屋顶大于单檐的。其中，重檐庑殿式级别最高，依次而下是重檐歇山式、重檐攒尖式、单檐庑殿式、单檐歇山式、单檐攒尖式、悬山式、硬山式等。台基级别的辨别相对简单：级数多的大于级数少的，白玉台基大于其他材料的，有围栏的大于无围栏的。面阔间数："间"是指由四根柱子所组成的空间，而面阔间数是指横向阔的间数。十根柱子面阔九间，六根柱子面阔五间。间数越多级别越高，一般间数为奇数，九五间象征"帝王之尊"。斗拱：有斗拱的大于无斗拱的，斗拱多的大于斗拱少的。纹饰：龙纹大于动物纹，动物纹大于其他纹。柱色：从高级到低级依次是金（黄）色、红色、黑色、其他色。金（黄）色为尊，在五行学说中代表中央方位。自唐代始，黄色被规定为皇室专用的色彩。

4. 现代主题乐园导游

以迪士尼为代表的现代主题乐园日渐发展，这种旅游休闲方式受到青少年游客的喜爱。主题乐园旅游景区导游应注意引导游客在园区内的活动，帮助游客逛得开心，玩得安全。

四、旅游景区导游解说服务的流程

在进行旅游景区导游讲解时，导游员应向旅游团（者）介绍所参观游览的旅游景区景点的概况和主要特色，使游客对参观游览点有较全面的了解，同时要注重对环保知识、生态系统或文物价值的宣传，做到语言准确、清晰、生动、自然，内容翔实、科学。具体来讲，旅游景区景点讲解服务包括迎接服务、接待服务、送别服务等。

（一）迎接服务

1. 接待准备

（1）熟悉接待计划。在接待前，导游人员首先要了解所接待旅游团（者）的基本情况，要弄清楚旅游团（者）的地区、人数、性质、身份、职业、文化层次和特别要求等。

（2）熟悉旅游景区、景点的情况。根据旅游团（者）的情况，掌握相关的知识，掌握必要的环境保护和文物保护知识及安全知识，熟悉旅游景区的有关条例。

（3）物质准备。准备好导游器材和游览工具，准备好导游图册、宣传资料和纪念品，佩戴好导游胸卡并随身携带导游证。

（4）服务准备。主要应该从服务态度、服务规范和外在形象三方面进行。旅游景区导游人员应注意服务态度，循序ASK原则，即A——良好的工作态度（Attitude），S——娴熟的导游技巧（Skill），K——丰富的知识（Knowledge）。旅游景区导游必须遵守工作纪律、外事纪律、上岗规范、规章制度等一系列的纪律和制度。旅游景区导游应注意外在形象：调解自我，克服害羞心理，敢于表现自己。注重礼貌礼节，语言高雅，举止文明，保持良好的仪容和卫生，塑造仪表美，做到规范、整洁、大方。

2. 迎接游客

（1）在旅游景区门口迎接游客。保持微笑，站立服务，主动示意，礼貌问候。

（2）介绍导游服务项目、收费标准、游览路线和时间等，请游客确认。

（3）协助游客购票，引领游客到等候区休息。

（4）介绍旅游景区娱乐项目，请游客做好相关准备。

3. 致欢迎词

出于礼貌和对导游者的尊重，旅游景区导游需要在接到游客，开始正式导游讲解前，向所有的游客致简短的欢迎词。欢迎词的基本内容包括：向游客问好，代表所在旅游景区向游客的到来表示热烈欢迎，向游客作自我介绍，表明工作态度和希望得到合作的愿望，希望得到游客的合作与支持，最后送上祝愿。

（1）欢迎词基本内容：

①问候语。

②欢迎词。代表所在旅游景区向游客的到来表示热烈欢迎。

③介绍语。自我介绍。

④希望语。表明工作态度和希望得到合作的愿望。

⑤祝愿语。

（2）范例：

各位游客，大家好！欢迎来到……参观游览。我是本次为大家服务的导游，我的名字叫……大家可以叫我小……我的工号是……今天能够为大家服务我感到非常荣幸，游览途中有什么问题和要求尽管提出，我一定会尽自己的努力为您解决。希望这次游览能给大家留下愉快美好的印象。

（二）接待服务

1. 交代注意事项

进景点之前，导游要注意清点人数，做好提醒工作，防止游客在游览中走失。进入景点后，在平面示意图前，要向游客讲明游览路线、所需时间，集合的时间、地点等，并讲清游览中的注意事项，及时向游客预报天气及旅游景区的地形、线路长短等情况。

2. 导游讲解

旅游景区导游的主要工作是带领游客沿着游览线路对所见景物进行精彩的导游讲解。内容要因人而异、繁简适度，如该景点的历史、特色、地位、价值等方面。讲解时语言应使全部游客听得清楚，而且要生动、优美、富有表达力，不但能使游客增长知识，而且能得到美的享受。

导游讲解的内容包括以下几个方面：旅游景区的概况介绍、参观线路、景观内涵和意义、环保宣传、文物保护要求、问题解答等。

（1）精心组织，科学规划，合理设计：

①线路设计：为满足游客需要，可以专门设计常规性游览线路和个性化游览线路两类，供游客选择。

②游览节奏设计：主要包括行进速度、停留时间、介绍详略程度等方面。

③讲解方法设计：也就是怎样走、到哪里停留、停留多长时间、讲解哪些基本内容、用什么方式表述等。

（2）掌握讲解原则：

①四要原则：一要精选内容，分清主次，突出主题。二要虚实结合，形神兼备，生动有趣。三要有疏有密，有张有弛，有韵有味。四要接受反馈，灵活调整，总结改进。

②四忌原则：一忌面面俱到，平均用力，主次不分。二忌只顾知识，不讲趣味，枯燥无味。三忌只说典故，不着边际，不顾景观。四忌随意编造，言语低俗，哗众取宠。

（3）熟悉景观，注重文化内涵阐释，以最佳表述方式和技巧引导游客。讲解内容尊重历史，但不拘泥于历史，力求科学。讲解时应针对不同游客采取不同的讲解方式，力求语言准确生动，富有表达力。根据不同游客群体，合理建议游览线路，做到因人施讲。对于团队游客，讲解应详略得当，突出重点，音量适度，行进过程中，注意前后照应，吸引所带游客，防止散团和意外发生。沿途无景观时，做到随机应变，可介绍当地的风土人情，控制好时间，做到劳逸适度，如走得较累时应适当休息等。游览过程中，遇有障碍路段或存在安全隐患的区域，应及时提醒游客注意安全，特别是狭窄、潮湿、湿滑、易碰头等危险路段。在合适的地点提供摄影时间，提出最佳角度和位置建议。如发生紧急情况，导游应积极、主动采取应急措施，并及时处理汇报。

3. 严格执行导游计划

在旅游景区内的游览过程中，旅游景区导游应严格执行旅游合同，保证在计划时间与费用内，使游客充分地游览、观赏。擅自缩短游览时间的做法是绝对不允许的。

4. 注意游客安全

在游览中，旅游景区导游人员应做到讲解与引导游览相结合，适当集中与分散相结合，劳逸适度并应特别关照老弱病残的游客。注意游客的安全，在旅游景区内的每一次移动都要清点人数，游览中应多加注意并提醒游客提高警惕，防止小偷行窃，对强行向游客兜售物品的行为应提前向游客提醒。

5. 购物服务

旅游景区导游人员应主动向游客实事求是地介绍有特色的纪念品，做好游客的购物顾问，制止尾随兜售或强买强卖现象的发生。

（三）送别服务

游程结束后，送客服务的规范亦很重要。所谓善始善终，导游要认真对待送别服务，争取给游客留下美好的最后印象。

1. 致欢送词

致欢送词是旅游景区导游人员的重要工作内容之一。导游要宣布行程结束，对游客的合作表示感谢，表达友情和惜别之情，向游客征询意见和建议，向游客表示美好祝愿并欢迎再次光临等。

2. 告别

旅游景区导游人员与游客离别时，可赠送一些宣传资料或小纪念品，给他们留下更美好的印象。导游人员与游客友好告别后，将游客送出旅游景区，面带微笑，挥手告别，目送游客登车离开后返回。

3. 总结提高

送走游客后，导游应反思接待过程，记录接待情况，做好总结工作，以便今后提高导游服务水平，锻炼导游的综合能力。

4. 欢送词范例

各位游客朋友……游览就要结束了。在跟大家道别之际，对大家的合作和配合表示衷心的感谢。你们的耐心和友善，使得我的工作变得更加容易，你们的合作和理解使得我们的游览特别愉快，非常感谢大家。我们虽然只是短暂的相识，但给我留下的却是最珍贵的回忆，我将永远珍藏与大家共度的美好时光。我期待着能再次见到你们。同时希望各位朋友给我提出宝贵的建议。争取在以后的工作中做得更好。谢谢大家的配合！最后，祝愿大家旅途愉快，一路平安。

五、旅游景区解说服务的主要内容

科学完善的旅游景区解说服务应该包含旅游景区环境解说、旅游吸引物解说、旅游设施设备解说、旅游管理解说、资源保护解说五个方面的内容。这五个方面之间相互依赖、相互作用，共同构成了旅游景区解说服务的整体。

（一）旅游景区环境解说

旅游景区环境解说主要向游客介绍旅游景区所在区域的自然、社会、文化和经济环境，包括旅游景区所在的行政归属和地理位置，以及该区域的社会经济概况、地质地貌、气候、水文、生物、文物、历史文化、民俗风情、土特产等，从而使游客了解身在何处，如何更好地融入所处的环境。根据旅游景区类型的不同，环境解说的内容侧重点和要求亦有所不同。

（二）旅游吸引物解说

旅游吸引物解说是对旅游景区内各类旅游景观自然属性和文化属性的解说，如对自然保护区内动植物的种类、分布、生长习性、环境价值、观赏游乐价值等的系统的、全面的科学介绍。旅游吸引物解说是旅游景区解说服务中最为核心的部分，它可以使游客更深入地了解旅游景区的各类景观及旅游活动，从而获得更加满意的旅游体验。

（三）旅游设施设备解说

旅游活动的实现必须借助一系列旅游设施和旅游配套服务才能完成。这些旅游设施功能的实现，在一定程度上要依靠清晰、准确、简洁、明了的解说系统，如各种路标、停车场或卫生间的标志等。旅游设施设备解说的内容应具体而细致，具有很强的指导性和操作性，能细致入微地考虑游客的实际需要，能帮助游客更好地使用旅游设施，体现人文关怀。

解说案例

三峡船闸景观解说

永久船闸是长江三峡水利枢纽工程建筑物的重要组成部分，是目前世界上规模最大、水头最高、技术最复杂的船闸。永久船闸为双线5级连续梯级船闸，修建于三峡大坝左侧的山体中，总长6 442m。其主体段分南北两线，由6个闸首和5个闸室组成，每个闸室长280m，宽34m，闸室坎上最小水深5m。可通过万吨级船队，设计单向年通过能力5 000万吨。

三峡的主要建筑物包括：闸首、闸室、引航道和输水系统。船闸工作时通过输水系统充水抬高闸室水位，或放水降低闸室水位，使闸室水位和闸室外水位齐平，然后打开闸门，让船舶通过。由于三峡大坝正常的蓄水位海拔175m高程,而坝下最低水位海拔62m高程,上下落差113m,5级船闸可把水头化整为零,船舶可以像上楼一般逐级过坝。船舶通过船闸平均需要2.5个小时,5级运行时最多可有三批船队在同一线过闸。

船闸每天平均要在大流量、高水头的条件下工作22个小时,闸门启闭和输泄水频繁,对稳定性和可靠性要求极高。船闸共有12对"人"字形门承担单向水头,其中最大的单扇门宽20.2m、高39.5m,面积有2个篮球场那么大,重量达850多吨。这么大的门关合后,缝隙只有0.2mm。其安装要通过测量、吊装、焊接3道技术难题,涉及声、光、电、力、冶金等10多个学科的知识,技术难度之高居当今世界同类工程之首,可称为"天下第一门"。

(资料来源:张立明,胡道华.旅游景区解说系统规划与设计[M].北京:中国旅游出版社,2006:44.)

分析提示:

对于一个复杂的航运设施来说,这个解说内容抓住了重点,阐明了船闸"规模最大、水头最高、技术最复杂"的三大特点,解释了何谓"双线5级连续梯级船闸",以及为什么要做这样的设计,既体现了船闸的外观特点,又解释了船闸的内在原理,使游客能发挥想象,把所见之景和解说内容结合起来。对闸门这一具体组件的解说,介绍了景观所具有的技术和工艺特点,切入点选择恰当,突出了景观的"闪光点"。船舶过闸好像上楼梯的比喻令解说更生动,闸门和篮球场之间的类比令解说更形象,游客也更容易接受。

(四)旅游管理解说

旅游景区在开展旅游活动的过程中存在生态安全、文化冲击、游客活动安全等一系列经营和管理风险,需要旅游景区管理者和游客来共同面对并合理避免。为此,对旅游景区的管理体制、管理制度、管理规范及对游客的管理措施等进行科学系统的解说是十分必要的,它为旅游景区所有相关群体提供了一个共同参与管理的信息平台。

(五)资源保护解说

旅游景区在满足游客日益增长的旅游需求的同时,也承担着保护自然和文化资源的重任,如何平衡资源的开发、利用与保护,是关系旅游景区生态平衡和可持续发展的重要问题,为此旅游景区应通过解说使游客深入了解旅游资源的生态属性及资源保护策略。

此外,旅游景区解说服务还应包含适当的旅游商品解说。旅游景区商品包括农林畜产品、水产品、中草药及制品、手工艺品等几种基本类型。旅游商品解说的重点在于介绍其功用,并结合对历史文化内涵的挖掘赋予其一定的寓意。旅游商品解说不仅能使游客更加了解当地的民俗文化,还能促成游客对旅游地居民富有地方特色商品的购买。

2.6.3 任务训练

实训名称: 旅游景区导游解说服务。
实训目的: 通过实训,学生更好地掌握旅游景区导游解说的方法和技巧。
实施步骤: 以小组(5~8人)为单位,分工合作,完成以下工作。
(1)熟悉旅游景区导游解说服务的内容和要求。

（2）通过网络查找，收集本实训的相关资料，如类似的案例资料、相关论文和文摘等。
（3）选择本地一个旅游景区进行实地考察，观摩旅游景区导游现场讲解。
（4）展开讨论和训练，模拟旅游景区导游现场讲解。
（5）教师点评。

2.6.4 通关游戏

一、知识关

1. 名词解释：旅游景区解说服务。
2. 简述旅游景区导游服务技能要求。

二、能力关

以本地某旅游景区为例，模拟旅游景区导游解说服务。

延伸阅读

让老外读懂西湖——翻译专家帮西湖旅游景区规范外文标识牌

杭州西湖成为世界遗产后，外国游客来得更多了，而旅游景区的各类导览标识牌，也成了他们读懂西湖的重要途径。据不完全统计，整个西湖旅游景区现有四五千块导览标识牌，其外文翻译准确与否、质量高低，直接关系到西湖对外形象的树立和中外文化交流的开展。一批翻译专家聚首杭州，实地勘查审核西湖边的景点，对翻译存在较大争议的标识牌进行了研讨。

导览标识牌的具体范围包括西湖旅游景区内的各公园景点的导游牌、指路牌、景点介绍牌、提示牌等，博物馆、纪念馆等外文标识，内部陈设，公安、交警、市政、公交及企事业单位等设置的公共信息标牌、路牌。

西湖旅游景区发动市民游客对西湖旅游景区各类导览标识牌外文翻译"找错"，收到热心市民和游客多达百余条意见建议。从这些意见的汇总来看，"硬伤"鲜见，但"软伤"不少，问题多集中在名称不统一、语意翻译不到位等。比如对北山路的翻译，有的牌子翻译"Beishan Road"，有的则翻译成"North Hill Road"，而根据联合国"单一罗马化"的规定，应翻译成"Beishan Lu"。再如"断桥残雪""龙井问茶"这些颇具诗意的景点名，现在用"意译"的方法较多，这是比较纯正的英文翻译，但又可能产生寓意不到位、篇幅过长的问题。有外国人反映"看得懂，但中英意境有差别"，大家都希望这些翻译能够尽善尽美。

这次专家组实地勘查，就是对旅游景区存有异议的外文标识牌进行专业讨论，对各类标识牌外文翻译进行统一规范和提升完善，同时制定一套认可度高、符合实际的翻译标准——《西湖旅游景区导览标识手册》，作为今后旅游景区导览标识牌外文翻译的权威依据，使旅游景区英文标识符合世界遗产国际化的要求，更为标准化、专业化、规范化。

（资料来源：蔡煌. 让老外读懂西湖——翻译专家帮西湖旅游景区规范外文标识牌［N］. 中国旅游报，2013-08-12，有删减）

2.6.5 总结评价

1. 总结回顾

旅游景区解说服务分为向导式解说服务与自助式解说服务两种类型。旅游景区导游服务具有加深游客的游览感受、引导游客的游览行为、提高旅游景区的综合收益等方面的作用。旅游景区导游服务的工作重点是解决好3个问题:What——导什么;How——怎么导;Why——为什么要这样导。

在进行旅游景区导游讲解时,导游员应向旅游团(者)介绍所参观游览的旅游景区、景点的概况和主要特色,使游客对参观游览点有较全面的了解,同时要注重对环保知识、生态系统或文物价值的宣传,做到语言准确、清晰、生动、自然,内容翔实、科学。具体来讲,旅游景区景点讲解服务包括迎接服务、接待服务、送别服务等内容。旅游景区导游解说应有计划、针对性、客观、灵活、运用多种方式方法进行。

2. 自评和小组互评

请根据项目任务的学习目标和完成情况,按照表2-6-1来完成自评和小组互评。

表2-6-1 评价考核表

考核项目	考核要求	是否做到	改进措施
旅游景区解说服务	了解旅游景区解说系统分类及特点	□是 □否	
	了解熟悉旅游景区导游服务的基本内容	□是 □否	
	掌握旅游景区导游服务的职业素养	□是 □否	
	能够运用所学为不同类型的游客讲解	□是 □否	
总体评价	检查任务完成情况	完成度1~5	
	评价任务完成过程的表现	评分1~5	
	团队合作程度	评分1~5	

任务2.7 旅游景区配套服务

知识目标

1. 了解旅游景区娱乐服务的概念、特点、作用及类型。
2. 掌握旅游景区商品的特点和类型。
3. 熟悉旅游景区餐饮服务的特点和基本要求。

技能目标

1. 能够从事旅游景区娱乐服务策划工作。
2. 能够按照服务规范要求从事旅游景区商品销售工作。
3. 能够从事旅游景区一线餐饮服务工作。

2.7.1 任务导入

印象刘三姐

中国阳朔,刘三姐歌圩山水剧场坐落在阳朔城东漓江与田家河的交汇处,由书童山、玉屏峰、雪狮岭等12座山峰和1.654km² 水域构成。印象刘三姐是中国漓江山水剧场之核心工程,由桂林广维文华旅游文化产业有限公司投资建设,我国著名导演张艺谋、王潮歌、樊跃出任总导演,国家一级编剧梅帅元任总策划、制作人,历时五年半努力制作完成。它集漓江山水、广西少数民族文化及中国精英艺术家创作之大成,是全国第一部全新概念的"山水实景演出"。演出集唯一性、艺术性、震撼性、民族性、视觉性于一身,是一次演出的革命、一次视觉的革命,是桂林山水的美再一次与艺术相结合的升华表现。

印象刘三姐是全球最大的山水实景剧场、历经5年零5个月由67位中外著名艺术家参与创作、109次修改演出方案、600多名演职人员参加演出,这部作品于2004年3月20日正式公演。世界旅游组织官员看过演出后如是评价:"这是全世界看不到的演出,从地球上任何地方买张机票来看再飞回去都值得",被评为世界旅游组织目的地最佳休闲度假推荐旅游景区。2004年11月以桂林山水实景演出《印象刘三姐》为核心项目的中国漓江山水剧场荣获国家首批文化产业示范基地。风光美丽的漓江水域上以12座山峰为背景,广袤无际的天穹,构成了迄今为止世界上最大的山水剧场。传统演出是在剧院有限的空间里进行。这场演出则以自然造化为实景舞台,放眼望去,漓江的水、桂林的山,化为中心的舞台,给人宽广的视野和超人的感受,让您完全沉溺在这美丽的阳朔风光里。传统的舞台演出是人的创作,而"山水实景演出"是人与自然的共同创作。

(资料来源:http://guilin.cncn.com/jingdian/yinxiangliusanjie/profile,有删减)

任务思考:
1. 印象刘三姐有哪些娱乐项目?
2. 这些娱乐项目对广西旅游的发展具有什么作用?

2.7.2 知识储备

一、旅游景区娱乐服务

(一)旅游景区娱乐产品的认知

1. 旅游景区娱乐服务的定义

旅游景区娱乐服务是指借助旅游景区的设施给游客提供各种娱乐活动,使游客获得视觉及身心的愉悦,通常表现为非物质形态的体验。一次完整的旅游景区娱乐活动以游客的参与为前提,以旅游景区娱乐产品的生产为依托,以游客对旅游景区娱乐产品的购买和使用为表现形式。游客为旅游景区娱乐消费的主体,旅游景区娱乐产品、包括旅游景区娱乐消费是联结主体的纽带,也是实现旅游景区娱乐市场价值的途径。这三个部分的不同组合构成了千姿百态的旅游景区娱乐活动。旅游景区娱乐消费是一种指向明确的经济文化行为，与观赏、住宿、餐饮、购物及交通共同构成了游客完整的旅游行为。

2. 旅游景区娱乐的类型

（1）按旅游景区娱乐活动产生的时间和主题划分。从娱乐活动产生的时间和主题来看，旅游景区娱乐活动可分成传统娱乐活动和现代娱乐活动两个大类。传统娱乐主要是指以中华民族传统文化为根基演化出来的节庆活动或民俗活动，这些活动有上百年的历史，是中国民族历史文化的积淀。随着时间的推移历久弥香，成为了解过去感受过去的重要载体，如那达慕大会、祭孔大典、昆曲、京剧、十二木卡姆表演等。现代娱乐活动主要是指随着社会经济发展，人们生活追求的变化，受西方文化、中国传统文化及旅游景区自身特色文化影响而发展起来的，具有展示、欣赏或参与功能的现代化、科技化、知识化、产业化的新兴娱乐活动，如冰雪节、服装节、音乐节、动物表演等。

（2）按娱乐活动的载体划分。旅游景区娱乐活动主要包括水上水下娱乐项目，如游泳、划船、冲浪、水族馆、海洋动物表演等。陆地娱乐，如骑马、滑雪、网球、高尔夫球、棒球、乒乓球等。空中娱乐项目，如滑翔伞、滑翔机、热气球等。

（3）按娱乐服务的内容划分。按娱乐服务内容分，主要有以下4类：①文化娱乐服务指影视、音乐、戏剧、灯会、电子游戏、水幕电影、幻影成像、情景剧、化装舞会、联欢会等。②游艺体育运动娱乐服务指借助各种游乐设施开展的活动，如滑雪、赛龙舟、漂流、游船、赛马、各种民俗体育运动会等。③表演型娱乐服务指历史文化节目表演、民俗风情歌舞演出、动物表演、体育竞技表演等。④体验参与型娱乐服务指农家乐、民族民俗、现代娱乐设施活动、复古生活、访古探险等体验参与活动。

（4）按场地划分。主要分为舞台类、广场类、村寨类、街头类、特殊场地类。

（5）按活动的规模和提供频率划分。按活动的规模和频率划分，旅游景区娱乐活动可分为小型常规娱乐服务活动和大型主题娱乐服务活动。小型常规娱乐服务活动是指旅游景区长期提供的娱乐设施及活动，使用员工较少，因而规模小，游客每次的娱乐时间也不长，主要是一些表演演示、游戏游艺和参与健身等活动（见表2-7-1）。

表2-7-1 旅游景区小型常规娱乐形式

大类	细分类别	特征及举例
表演演示类	地方艺术类	法国"训蟒舞女"，日本"茶道""花道"，川剧"变脸"
	古代艺术类	唐乐舞、祭天乐阵、楚国编钟乐器演奏、纳西古乐
	风俗民情类	对歌求偶、绣球招亲
	动物活动类	赛马、斗牛、斗鸡、斗蟋蟀、动物算题
游戏游艺类	游戏类	节日街头（广场）舞蹈、苗族摆手舞、秧歌、竹竿舞
	游艺类	模拟枪战、踩气球、单足赛跑、猜谜语、卡拉OK

续表

大　类	细分类别		特征及举例
参与健身类	人与机器	人机一体	受控式：过山车、摩天轮、疯狂老鼠
			操纵式：滑翔、射击、赛车、热气球
		人机分离	亲和式：翻斗乐
			对抗式：八卦冲霄楼
	人与动物	健身型	钓虾、钓鱼、骑马
		体验型	观光果园、观光茶园、狩猎
	人与自然	亲和型	潜水、滑水、滑草、游泳、温泉疗养
		征服型	攀岩、原木运动、迷宫
	人与人	健身型	保龄球、高尔夫球、桑拿
		娱乐型	手工艺品制造、烧烤

大型主题娱乐服务活动是指旅游景区以丰富的经验、精心筹划组织、运用大量员工和设备推出的大型娱乐活动，是旅游景区小型娱乐基础上的点睛之作。一般在推出前会进行较高频率的广告宣传，用心营造特定氛围，掀起游客入园的新高潮。表现手法上主要结合活动具体内容运用大量的声、光、电、视频等高科技手段，并在一定程度上相互交叉使用，使旅游景区的活动更为丰富、精彩，如世界之窗推出的大型史诗音乐舞蹈晚会"创世纪"、华清池推出的"长恨歌"等。

（6）按娱乐服务的表演参与时间划分。按娱乐服务的表演参与时间分为夜间娱乐活动和日间娱乐活动。夜间娱乐活动包括观看歌舞剧、民俗风情演出、参加旅游景区篝火晚会等内容，这些娱乐活动一般具有群众性、娱乐性和观赏性的特点，在夜间开展能烘托整体气氛，从而收到更好的演出效果。日间娱乐活动则包括各类体育运动、勇者不惧型民俗活动等内容，这些娱乐活动一般具有规律性、时效性和参与性的特点，在日间开展能让游客在娱乐过程中，一览旅游景区全貌并体会民俗风情，从而提升游客的心理体验水平。

3. 旅游景区娱乐服务的作用

（1）创造旅游吸引物，弥补天赋资源的不足。旅游景区的娱乐项目可以不受自然条件的限制，根据市场需求进行创造，对于已有较为丰厚的天赋旅游资源的旅游景区，娱乐项目能够为游客提供更多的旅游景区内观览体验的选择。而对于天赋不足的旅游景区，娱乐项目则可以成为其最主要的招徕笑容满面的旅游体验对象。

（2）增强游客体验，提高旅游满意度。旅游景区娱乐服务不仅能让游客欣赏精彩的节目表演，同时也能让游客主动参与到娱乐活动中来，在体验的过程中获得美好、愉悦的享受，从而增强旅游景区对游客的吸引力和满意度。

（3）带动相关要素发展。娱乐项目本身利润空间巨大，是旅游景区的重要收入来源。此外，娱乐项目的开发，可以延长游客停留时间，有效地改善旅游景区收入模式，进而拉动吃、住、购等其他要素的发展，促进旅游景区经济的良性循环。

（二）旅游景区娱乐服务策划

1. 旅游景区娱乐项目策划原则

（1）创新性原则。一个好的旅游景区娱乐项目的关键在于创新，而创新要有基础，最深厚的基础源于民间的文化传统，所以创新性包括了民族性和独特性。如划龙舟、舞狮子、踩高跷、扭秧歌等民俗表演都可以用来吸引游客。

蹦极运动

（2）休闲性原则。旅游就是通过参观欣赏祖国的大好河山、名胜古迹及参与各项休闲娱乐活动，体验生活的乐趣、感受生活的美好，获得身心上的放松与解脱及精神上的愉悦。故而，旅游景区在设计娱乐项目时，应注意创造一个轻松娱乐氛围，提供周到热情的服务。

（3）针对性原则。旅游景区娱乐服务策划要根据旅游景区性质特点和区域文化特征，扬长避短，有针对性地设置娱乐活动项目。针对性体现在两个方面：一是指娱乐服务内容对市场要有一定的针对性。在娱乐活动时间、地点、内容、设施设备、接待方式等项目的选择上都要针对客源市场，投其所好，尽量从游客角度着想。二是指针对娱乐服务举办地的条件进行设计，要结合地区资源条件、旅游景区面积大小、旅游景区客容量大小、气候条件、文化特征、消费群体需求设计、安排娱乐服务项目。

（4）雅俗共赏的原则。雅可以产生差异感、新鲜感与吸引力，俗可以产生市场规模。从经营的角度来说两者缺一不可。雅与俗的结合有两种途径：一种途径是雅的节目搭台，俗的节目唱戏，即开辟一些高雅的表演艺术产品让群众参与，提高经济效应。另一种途径是雅之俗化，即把那些高雅的表演性的艺术产品俗化成群众能够参与的艺术产品。

（5）刺激性原则。惊险刺激的娱乐项目往往是年轻人的最爱，因为能满足这一社会群体喜欢冒险、争强好胜的心理需求，也能缓解在高速运转的城市化背景下的生存压力，人们从这一类惊险的娱乐项目中感受到刺激和兴奋，感受到压力释放后的解脱和舒服。越是惊心动魄的娱乐服务，人们对其越有兴趣，这就是旅游景区娱乐策划中的所谓冒险或探险娱乐活动策划。

2. 旅游景区娱乐项目策划流程

旅游景区娱乐项目的市场化要求很高，好的策划是旅游景区娱乐项目成功的关键之一，在进行旅游景区娱乐项目的设计时，应该从以下几方面入手：

（1）分析旅游景区环境。在设计旅游景区娱乐产品之前，首先要对旅游景区所处的宏观和微观环境进行分析，研究社会、政治、经济、文化、习惯、地理、心理、合作伙伴、竞争对手等诸多因素，综合分析旅游景区资源的优势和劣势，从而选定目标顾客，对产品进行市场定位，作出正确的市场预期。

（2）确定产品主题。产品主题通过产品名称显示。名称是产品性质、大致内容和设计思路等的高度概括，直接反映的是娱乐产品的主题。线路名称应简短，切合旅游景区的主题，突出当地特色，并且富有吸引力。

（3）设计产品内容。旅游景区娱乐产品的内容是能否吸引游客参与的前提。没有充实的娱乐内容，娱乐产品只不过是一具空壳，娱乐活动的内容应符合4个设计原则，即享受性原则、对抗性原则、刺激性原则和新颖性原则。

（4）进行市场运作。娱乐项目要取得成功，不仅要有好的项目策划和设计，还需要有符合市场规律的运作方式。策划的开始，已经为经营定了主调，完美地将策划付诸经营，认真执行与因时因地的灵活调整，必须根据市场需求不断调整运作策略，适时地增加新的娱乐方式，推陈出新，让游客有常来常新的新鲜感。

（5）完善管理制度。旅游景区娱乐项目通常会引起大量游客聚集，此外娱乐项目大量采用高新技术，追求惊险刺激，维持旅游景区娱乐活动秩序，确保项目设施的安全十分重要。因此，娱乐项目的制度管理不可或缺，其中又以安全制度更为突出。

（6）测量评估效果。娱乐项目试运行之后，需要不断收集游客的反馈意见，对项目的市场定位、内容设计、运作方式进行评估，及时纠正失误，保证娱乐活动向健康的方向发展，确保实现双赢目标。

3. 旅游景区娱乐服务运作

在旅游景区娱乐服务运作策划的过程中应统筹设计运作策略，以更好地展示旅游景区娱乐活动，给游客切身的体验，产生更大的轰动效应。

（1）市场化运作策略。将其纳入市场经济的轨道，遵循市场规律，进行市场化运作。一方面市场化运作可以节约成本。另一方面可以达到效益最大化。例如，迪士尼乐园在定价策略上十分灵活，它根据产品种类、销售时间和地点等因素的不同采取差别定价、地区性定价、价格调整等措施，来保证乐园的门票价格对大多数目标市场而言是可以接受的。

（2）产品创新策略。创新是旅游景区娱乐活动的生命源泉，只有不断创新才能使娱乐产品保持长久的生机和活力。例如，迪士尼的一个著名的口号是"永远建不完的迪士尼"。它长期坚持采用"三三制"，即每年都要淘汰 1/3 的硬件设备，建立新的新概念项目，每年补充更新娱乐内容和设施，不断给游客新鲜感。"满足游客需要"是迪士尼乐园创新产品的原动力。不断创新的产品项目为其赢得了很高的游客回游率。据统计，东京迪士尼乐园的游客大约有 3/4 是回头客。

（三）旅游景区娱乐服务管理

1. 旅游景区娱乐服务管理的影响因素

（1）演职人员。观赏性娱乐项目通常涉及大量的演出人员，有些演出队伍隶属于旅游景区，而有的则是旅游景区外聘的演出队伍。

（2）设施设备。参与性娱乐项目通常有大量的设施设备，在运转过程中有可能设备出现故障，运转失灵，甚至造成游客人身伤害。

（3）游客素质。由于游客本身存在知识与能力、语言与文化的差异，对旅游景区的明文规定和工作人员的引导存在不同理解，因此，可能发生玩闹与不听指挥现象，而这些游客的行为是旅游景区娱乐服务管理中最严重的安全隐患。此外，游客的身体素质和运动能力有差异，游客有可能会在玩乐的过程中摔倒、溺水、中暑、突发疾病等，旅游景区对此预先要有应急措施。

（4）其他因素。天气条件的变化、员工经验不足或素质不高、财务因素、游客出游比率、安全管理系统的缺失等其他因素，也会影响旅游景区娱乐服务管理。

2. 旅游景区娱乐服务质量控制

旅游景区娱乐项目众多，更新周期快，工作环节和程序较复杂，因此，旅游景区应加强娱乐服务的管理，既为游客提供良好的体验，又要特别重视游客的安全。保证各种娱乐设施、设备的安全，从而确保娱乐项目安全，主要应把握以下五个环节：第一要加强设施、设备的日常维护和保养；第二要加强游客秩序管理；第三要提供清洁、卫生的娱乐环境；第四要提供优质的人员服务；第五要形成组织结构专门化。

二、旅游景区购物服务

（一）旅游商品认知

特色旅游商品演绎"文创嘉兴"

云南全面取消旅游定点购物严禁变相安排诱导购物

旅游景区的购物商品包括两个部分，即旅游商品和一般性消费品。旅游商品是旅游景区购物的主要组成部分，其产生的效益也最大，本书仅就旅游商品进行介绍。

1. 旅游商品概念

旅游商品是指游客在旅游活动过程中所购买的具有纪念性和当地特色的，或者由于旅游活动需要而购买的各类物质性商品。旅游商品的概念涉及以下几个要点：旅游商品购买的主体是游客，客体是具有纪念性的当地特色或者能够满足旅游活动需要的商品。旅游商品是游客在旅游活动过程中所购买的物质商品，具有纪念价值和使用价值。

2. 旅游商品特性

（1）文化性。旅游商品作为一种文化的载体，它记录着游客的一次旅游经历，反映出旅游地的文化渊源和背景。这是旅游商品区别于一般商品最本质的特点之一。如到中国的游客喜欢购买中国茶叶、丝绸、印章、瓷器、国画、工艺品等，是因为其具有中国文化的特色。

（2）旅游愉悦性。普通商品一般不具有旅游愉悦性。如旅游过程中的饮食与在家用餐是有区别的，在家吃饭是满足基本的生活、生理需要，而在旅游目的地用餐就不单单是满足吃饱的生理需求，可能更多的是希望品尝当地的特色饮食，感受当地的饮食文化习俗等。

（3）宣传性。指其具有宣传旅游目的地和产品品牌的功效。旅游商品能使游客了解当地的历史文化、生活习俗甚至是地理气候等，从而对目的地的知名度、形象等起到作用。如刻有云冈石窟佛像的煤雕艺术品就具有较强的宣传作用，它不仅使人们了解到云冈石窟的魅力，还传送这样一个信息：山西大同是一座具有丰富煤炭资源的历史文化名城。

（4）代表性。指旅游商品能代表和反映旅游目的地的资源特色。那些能反映目的地资源特色和文化底蕴的旅游商品往往与众不同，特色明显，异地不易买到，有一定的垄断性。如海南省拥有热带岛屿及丰富的海洋自然资源，并具有鲜明的地域文化特征。

（5）纪念性。人们外出旅游总是希望带回一些具有地方特色的商品作纪念。一件具有纪念意义的旅游商品能引发人们对旅游经历的回想。

（6）便携性。旅游商品由于是在旅游前或旅游过程中购买，因而往往由游客自己携带，易携带性就成为对旅游商品的基本要求。

3. 旅游商品类型

旅游商品根据不同标准可分为不同类别，下面主要介绍旅游纪念品、旅游工艺品、旅游用品、旅游食品4大类。

（1）旅游纪念品。在旅游途中所购买留作纪念的商品，旅游纪念品又分为：旅游景区依托型纪念品、事件依托型纪念品、名优土特商品、名牌产品。

①旅游景区依托型纪念品：它是以文物古迹、自然风光为题材，为特定旅游景点开发制作的，古文物复制、仿制品等属于这类纪念品，如兵马俑复制仿制品、彩陶复制品、苏州仿古碑帖字画等。此外，介绍风土人情、景点特色、历史沿革、名人诗文、土特产品的专著、游记等书刊、导游图、风光图片、风情画册、书签、明信片等也属于这一类型。

②事件依托型纪念品：它是一种专门为特定事件或活动（如运动会、风筝节）开发的旅游纪念品，如在西班牙足球大赛期间，旅游部门及有关方面向厂商定制了一大批有球赛标志的烟灰缸、烟斗、书包、电子足球游戏机、打火机、T恤衫、纪念币等纪念商品，向游客出售。

③名优土特商品：这类产品种类很多，可分为工艺品、土特产品、旅游食品等。

④名牌产品：指在一国或世界上被消费者普遍认可的商品，它们已成为一个国家或一座城市非常有代表性的商品。如法国的化妆品、日本的电子制品、中国的茶叶、韩国的人参等。这类产品在当地购买具有产地优势、价格优势。

（2）旅游日用消耗品。在旅游途中购买的日用消费品，不包括在居住地购买的日常用品。旅游日用消费品是游客在旅游活动中所必备的生活日用品，主要满足游客在旅游活动中的日常需要，是游客外出的必需品。它包括穿着和用品两大类，如各种旅游服装、鞋帽、器械、洗涤化妆用品、娱乐用品等。它不同于一般日用品，要求实用品艺术化，具有纪念意义，带有礼品性质，因此，它是实用性与纪念性相结合的商品，以轻工、纺织产品居多。

（3）旅游专用品。在旅游居住地购买的旅游专用设备，如：帐篷、登山包、服饰、望远镜等。旅游专用品是指满足游客从事旅游活动专门需要的旅游商品，最显著的特点是具有专用性，如旅游专用鞋、服装、照相器材、风雨衣、电筒、指南针、游泳用品、各种应急品等。

（二）旅游商品销售

1. 营造良好购物环境

旅游购物环境是指旅游目的地为游客购物创造的环境氛围，是由相互依存、相互制约、不断变化的各种因素组成的一个系统，是影响游客购物活动的各因素的集合。主要包括旅游购物建筑及其周边环境、旅游购物设施、购物场所内部环境及旅游景区的人文环境等。

（1）合理布局旅游景区旅游购物网点。旅游景区内外的旅游购物网点的布局要进行合理规划和管理，做到位置适当，数量合理。在旅游景区的出入口处可设置若干旅游购物商店，在旅游景区内游客较为集中的集散地或旅游景区风景线的必经之地，建立旅游购物中心及具有地方特色的旅游商品专营店，或者是建立一条旅游商品购物街。另外还可在旅游景区内游客参观游览线路上的休息点位置设立旅游购物点，从而将购物网点与旅游景区休闲、娱乐和游憩设施有机结合起来。

（2）科学规划旅游景区购物设施及周边环境。在旅游景区的统一规划中，要把旅游购物设施作为一个非常重要的辅助设施进行科学规划。旅游景区内旅游购物设施的建筑样式风格或外观设计，应与旅游景区的整体风格和本地特色相一致，应尽可能地采用当地特有的建筑样式，注重建筑外观和周围环境的协调，尽可能地利用旅游景区所在地域的建筑材料和建筑工艺，增强购物设施建筑的观赏性，使建筑本身成为旅游景区景观的一部分。同时旅游景区内购物设施的造型、色彩、材质等也要与周围的自然和文化环境相融合，与旅游景区的主题相吻合。

（3）有效安排旅游景区购物商店的内部环境。旅游景区内旅游购物商店内部环境布置的好坏，从某种程度上来说直接影响着游客是否会在该店进行购物消费。首先商店要设计个性鲜明的名称、具有典型色彩的招牌，从名称和显眼的招牌上吸引游客。其次要讲究橱窗布局和商品的展示，把最有地方特色和吸引力的商品通过摆放在橱窗或商店内最显眼的位置，吸引游客进店选购。同时，购物商店内部要保持环境整洁、货架排列秩序良好、照明要均匀，以及保证店内干净卫生，空气新鲜等。

（4）严把旅游景区商品准入关。对游客来说，在旅游景区内购物，食品类和工艺品类商品是其旅游消费的主要内容。旅游景区内部购物商店内对于这些商品，经销的种类要丰富，包装设计要能够融入当地的自然风光、名胜古迹、历史人物等，要富有地方特色，能让游客留下美好的回忆。例如：海南用椰子壳来装饰纪念品，开封用包拯脸谱和清明上河图绘画装饰地方旅游工艺品等，都可以提升旅游景区的购物服务质量。对于旅游景区的管理部门来说，要加强对旅游景区商店内经销的商品质量的审查力度，杜绝"三无"产品在旅游景区内销售。特别是食品，要加强巡查和检查，及时清理、清退过期的或不合格的、质量低下的商品，同时所有商品都要货真价实、明码标价。

（5）塑造良好的旅游景区购物服务环境。旅游景区购物服务环境包括旅游购物经销商提供的旅游购物服务环境、导游人员提供的旅游购物服务环境、政府提供的旅游购物信息服务环境及旅游购物售后服务体系环境等，这就要求旅游购物商店内外都要有关于主打商品的信息宣传。旅游景区的购物商店（摊点）在经营时要诚信经营，服务人员要全面掌握店铺内出售的所有商品的情况，在为游客提供服务时要尊重游客，无论游客是咨询还是购物，均要提供热情周到的优质服务。同时，旅游景区购物商店还要提供健全、高效的售后服务，如大件商品的邮寄、托运，回访游客对所购商品的满意度，回答游客对商品问题的咨询，及时处理游客购物的投诉等。

2. 旅游商品销售的原则

（1）独特性原则。俗话说，物以稀为贵。这也是旅游景区旅游商品能够对游客产生吸引力的根本原因。因此，旅游景区选取具有独特性的旅游商品，有利于旅游景区旅游商品的销售。

（2）审美性原则。随着生活水平的提高，人们的生活品位越来越高。现在人们在购买旅游商品时，已不像以前那样只注重旅游商品的实用性，而是更强调旅游商品的艺术性。

（3）文化性原则。文化内涵是旅游商品的生命力和魅力所在，旅游景区要选取独具特色的旅游商品。旅游商品的文化特征越鲜明、文化品格越高、地域特征越明显，它的价值就越高就越受欢迎。如以我国春节文化为依托的年画、以盛唐遗风为元素的唐装等都深受各国来华游客的喜爱。云南贵州的民族服饰、苏杭的刺绣、荷兰的木鞋、加拿大的枫叶纪念品、古巴的雪茄都因具有鲜明的地方特色而受到各国游客的欢迎。

（4）原产地原则。原产地原则就是以当地自然资源、名胜古迹、历史人物、民俗风情为依托,利用当地特有材料进行艺术加工和升华来开发、生产、就地销售的原则。利用当地的自然风光、历史传说和典型建筑进行设计、组合、造型,并利用当地特产的材料来制作旅游商品,突出民族特色和地方风格。旅游景区销售该类旅游商品,很容易形成品牌优势。例如,广西北部有灿烂多彩的民族文化及丰富的竹林资源,将两者巧妙地结合起来,可以开发出富有民族地方特色并深受游客喜爱的旅游纪念品,如竹雕酒具、微缩侗族风雨桥、壮乡吊脚楼、竹子工艺筷、竹画等系列商品。

(5)市场导向原则。任何产品都必须遵循的一个重要原则是市场导向原则,因为没有了市场需求的产品就会被其他适合市场的产品排挤出产品流通领域,失去存在的价值,旅游商品也不例外。旅游景区销售旅游商品也要了解市场需求,分析游客的需求偏好、购买动机、心理动机等,将市场需求与旅游商品特色结合起来,这样才能获得丰厚的收益。

(三)旅游景区购物服务

1. 游客购物心理分析

(1)求纪念心理。这种心理非常传统和典型,表现为游客对异地具有民族特色、地方特色、审美价值和纪念价值的旅游商品兴趣浓厚。

(2)求新心理。标新立异,追求自我价值。这类游客不重视商品的实用性和价格高低,而是更多地关注商品的造型、色彩、式样、外观等。他们对广告宣传和社会潮流很敏感,易受情绪的支配。

(3)求名心理。追求名牌商品和贵重物品,以显示自己的品位、地位、财富和身份。消费者一般都有求名望的心理,根据这种心理行为,企业将有声望的商品制订比市场同类商品价高的价格,它能有效地消除购买心理障碍,使顾客对商品或零售商形成信任感和安全感,顾客也从中得到荣誉感。

(4)求实心理。注重商品的使用价值和质量,价格上要经济实惠。他们在购物时仔细慎重、精打细算,不易受外型、包装、商标和广告宣传的影响。特价商品定价,是一种有意将少数商品降价以招徕吸引顾客的定价方式。商品的价格低于市价,一般能引起消费者注意。

(5)求美心理。是指游客寻求情感满足的心理,这是一种完全没有功利性,以注重旅游商品的欣赏价值和艺术价值为主要目的的购买心理。具有这种购买心理的游客特别注重商品的外观、造型和艺术美,注重商品对人体的美化作用、对环境的装饰作用和对精神的陶冶作用。对具有民族特色、地方特色和审美价值的旅游商品,对具有色彩美、造型美和艺术美的旅游商品兴趣极大,不太关注商品的实用价值。

2. 游客购物心理影响因素

旅游购物心理的影响因素主要有文化传统,购物者的兴趣、爱好、情绪,商品本身,购物环境,购物服务,社会群体等。

(1)文化传统。社会文化传统是一个社会在其发展过程中长期演进而约定俗成的,对社会全体成员的心理和社会活动影响巨大。具有不同文化传统的人,其生活方式、心理活动、兴趣爱好、行为模式、审美观念都有极大差异,从而决定了其消费和购物心理的差异性。

(2) 兴趣、爱好与情绪。兴趣、爱好与情绪对游客的购物心理有着重要的影响。兴趣爱好促使人积极主动地认识某种商品，想方设法地寻找某个商品。兴趣爱好往往导致人对某种商品的肯定态度，形成购买动机。比如，某西方游客对绘画感兴趣，他来到中国旅游，就会把购物的重点放在中国画上，每到一地，就要求导游介绍当地有名的画廊和市场，前去参观和选择。而不喜欢绘画者，则不可能有此热情，这就是兴趣使然。游客到异地旅游，常常产生好奇、紧张、不安、愉悦或气愤等复杂情绪，而他们的这些情绪自然会影响到他们的购物需求和动机，并带入到购物活动中。

(3) 商品本身。商品本身包括商品的价值、价格、品种、质量、包装等。游客购物时，首先考虑的就是商品有无价值。旅游商品的价值，既包含艺术价值、欣赏价值，也包含使用价值。价值大小，往往与购物欲望成正比。价值大，容易激发购买欲。价值小，则不容易激发购买欲。旅游购物对价格很敏感，游客每走进一家商店一接触商品，都想知道它的价格。价格适中，会坚定购买信心，反之信心动摇。商品的品种、质量同样影响购物心理。品种多，质量高，旅游购物心理容易得到满足，相反则不满足。而商品的包装看来是商品的附属，但在心理上的作用远非物理保护那么简单。一种精美的商品若无相得益彰的包装，在人的心理上会降低商品的美感和价值；相反，精美的包装却可以弥补商品的平凡，它往往会吸引游客情绪性的购买。因而旅游商品的包装，如何考虑到它的纪念意义和作为礼品的需求，以及携带的方便，特别是增加旅游乐趣上，显得尤为重要。

(4) 购物环境。购物环境包括购物场所的外部环境和内部环境，例如，位置、分布、设施、安全、气氛等。旅游购物心理总是依赖一定的情境，容易受时间、地点和客观环境的影响。好的购物环境不仅让顾客心情舒畅，还能增进顾客的购买欲望。糟糕的购物环境只能令顾客心情沮丧，空手而归。

(5) 购物服务。购物服务包括售前服务、售中服务和售后服务，它是影响购物心理的最重要因素之一。服务上乘，游客如沐春风，甘愿解囊。服务低劣，游客如遇冰霜，购买欲望全无。

3. 旅游景区购物服务策略

(1) 把握游客的购物心理。把握游客的购物心理是做好旅游购物服务工作的前提条件。游客是由不同性格、不同阶层、不同性别、不同文化背景的人组成的，因而他们的购物心理也就不同。所以，服务人员必须了解游客的购物心理，有针对性地为游客提供个性化商品销售服务。

(2) 提供优质的旅游商品。提供特色突出、品种丰富、包装精美、质优价廉、货真价实的旅游商品是做好旅游购物服务工作的基础。

(3) 良好的服务态度。服务员的服务态度对游客的购物心理也有重要的影响。俗话说："微笑招客，和气生财。"旅游购物服务人员要注意自己的言谈举止、动作表情、服务态度。要以诚挚、善意的微笑和关切、清晰的语言向游客打招呼。要用简单、明快、有效的语言向游客介绍商品。要不厌其烦地向游客出示商品让其挑选。当游客的目光与服务员的目光相遇时，服务员应该愉快地、面带微笑地向游客打招呼，特别是对待女性顾客，由于她们情感细腻而丰富，对服务态度比较敏感，服务员更应该注意礼节，尊重对方。

(4) 恰当的销售。抓住恰当的销售时机是做好旅游购物服务工作的关键。一般来说，游客进商店有三种目的:一是想购买商品;二是想了解一下商品的行情;三是游览参观,没有什么目的,看到合适的就买。因此,服务人员一定要善于观察游客的举止神态,判断游客的心理状态,抓住有利的时机为游客介绍商品,当观察到游客想买商品时,就要热情地上前打招呼,不失时机地为他们介绍商品,诱导游客的购买行为。

4. 旅游景区购物服务接待流程

旅游景区的购物服务一定要遵循"顾客至上,服务第一"的原则,充分尊重游客的购物心理、购物偏好,同时要结合旅游景区旅游商品的经营特点、商品特点、商品种类进行服务。旅游景区购物接待服务流程如下。

(1)欢迎游客。当游客走向柜台时,服务人员应以欢迎的姿态礼貌地问好,进行接待。首先,观察游客身份、要求注意目标,分析游客心理,了解游客消费需求,进而使用礼貌服务用语,耐心回答游客的问询。

(2)展示服务。按游客的需要取拿商品,并展示给游客,便于游客挑选比较,同时,介绍商品性能、特点、质量、价格和使用方法等。展示商品要讲究礼貌和操作技巧,要求轻拿轻放,动作平稳。介绍商品要实事求是,耐心周到,并注意介绍连带相关同类商品。取拿商品并展示给游客挑选,任游客比较选择,以取得游客信任,激发游客的购买欲望。

(3)验销商品。向游客展示完商品后,游客动念购买或犹豫不决时,就可以实施验证的推销方法,即对游客欲购买的商品,请游客利用现有的条件进行试用、试穿,待游客满意后再办理出售手续。

(4)包装成交。游客付款后,对无完整包装的商品须坚持包装付货,力求牢固美观,便于携带。

(5)送别游客。售货完毕,要向游客表示谢意。这是文明待客,提高服务质量的重要环节。游客离去时,要以礼貌语言表示谢意,告别游客,欢迎游客再来。对没有购物的游客,也要点头示意,热情地说声再见,使其留下愉悦的感受。

三、旅游景区餐饮服务

餐饮是满足游客需求的基础性项目,是旅游景区旅游业的重要组成部分。它不仅要满足游客对餐饮产品和服务的需求,还反映了旅游景区的饮食文化特色,影响着旅游景区的形象,是旅游景区向游客提供优质服务的基础和保障及旅游景区收入的重要组成部分。

海南成立首家以特色餐饮小吃主题3A级景区

(一)餐饮服务概述

1. 餐饮服务的定义

餐饮服务是旅游景区餐厅员工为就餐游客提供餐饮产品的一系列活动。餐饮服务可分为直接对客的前台服务和间接对客的后台服务。餐饮服务的本质是员工的工作表现。这是游客消费过程中所感受到的一切行为和反应及感受,又是一种亲切热忱的态度,时时为游客着想,使游客有种宾至如归的感觉。这就是餐厅的生命,更是餐厅主要的产品,因此,餐饮服务必须了解服务的真谛,了解服务对餐厅的重要性,借以建立正确的餐饮服务概念。

2. 旅游景区餐饮服务的重要性

（1）餐饮服务是旅游景区服务的重要组成部分。"民以食为天"，旅游景区餐饮服务存在的前提是游客的餐饮需求，因此，旅游景区应根据游客的实际需要为游客提供高质量的餐饮服务。

（2）特色餐饮是旅游景区的重要旅游资源。饮食文化是中国文化一个重要的组成部分，游客可以通过品尝美食了解当地的民风民俗、文化传统、历史沿革甚至宗教习俗，因此，旅游餐饮不仅仅是游客的生理需求，也是旅游活动得以进行的必要手段，而且可以成为旅游的目的之一，即成为吸引游客的一种旅游资源，例如现在兴起的美食旅游。旅游景区的餐饮服务如果能根据游客的需求及当地实际，恢复或开发一些名菜名点，推出特色餐饮，必然可以丰富旅游的内容，吸引更多的游客。

（3）餐饮服务水平是旅游景区服务水平的重要标志之一。餐饮服务的水平由多种因素决定，从游客的角度来看主要是由菜品的烹调技术和餐厅的服务两大因素决定的。烹调技术的高低决定了菜品的味道好坏，而餐厅的服务水平则影响着游客购买、消费该产品时的心理状态。餐厅的服务除了服务人员的态度和技能，还包括餐厅的环境氛围、餐饮器皿等的质量水平，而这些都与旅游景区的经营管理水平密切相关。

3. 旅游景区餐饮服务特点

（1）特色性。绝大多数的游客离开惯常环境，到一个新的旅游景区都会有一种新鲜感，对一般大众化的食品和饭菜已不感兴趣，总想品尝旅游景区当地的特色饭菜和食品，以满足好奇心和体验异域文化的心理需要。所以民族性和地方性饭菜食品的整理和挖掘，是吸引众多游客的主要因素，也是旅游景区管理不可忽视的管理内容。

在我国，因地理、气候、历史、民族的不同造就了差异极大的饮食习俗，形成了风格迥异的菜系，其中最具影响力和代表性的就是八大菜系，少数民族在长期的历史发展中形成了各自的饮食特色，曾出现不少著名的风味流派，如蒙古菜、清真菜、朝鲜菜等。

（2）时间性。旅游活动具有很强的季节性特点，因此，旅游景区的餐饮产品需求量也有明显的季节变化性。一年之中随着旅游活动的淡季与旺季，旅游景区的餐饮也有淡旺季。一日中也有高峰和低谷之分。这种时间性造成旅游景区餐饮产品销量的差异性。因此，旅游景区餐饮供应的重点是在高峰期游客的用餐时短。

（3）文化性。我国饮食文化源远流长，已成为中国文化的重要组成部分，从周代开始就有了一些烹调食谱，如《周礼天官》记录了我国最早的名菜八珍。现代餐饮中饮食要求不仅在吃什么，还要爱怎样吃就怎样吃，从使用的餐具、饮食氛围及方式都有着自己独特文化。

（4）生态性。旅游业的发展为整个社会带来巨大经济效益的同时也带来了一些负面的影响，如环境污染与破坏。旅游餐饮也要与时俱进，讲究绿色生态环保，主要是以餐饮为核心，将种植、养殖、加工相互整合，自成环保型生态链。通过种植、养殖为餐饮提供无污染的绿色产品。在餐饮产品设计时遵循生态性原则，因地制宜，走可持续发展之路，在生产、节能、包装等方面体现生态性。

4. 旅游景区餐饮服务的类型及形式

旅游景区内的餐饮类型主要包括以下几种。

（1）大排档。食摊大排档以供应地方小吃为主，由于花样繁多而且价格低廉，因此，特别受到游客的喜爱。例如，南京的夫子庙是秦淮小吃的发源地，历史悠久、品种繁多，形成了独具秦淮传统特色的饮食集中地，是我国四大小吃群之一。这里的小食摊满目皆是，供应的小吃品种多达百余种，很多境外游客到南京旅游都要慕名前来品尝美食。

（2）快餐服务点。快餐服务点，以方便、卫生、快捷为特点。游客到旅游景区的主要目的是参观游览，因此，在游览过程中会选择简便易携带的快餐来节约用餐的时间，同时，快餐服务点的设置还可以省出大量的就餐空间，减少投入，增加销售额。由于快餐服务符合旅游餐饮的特点，因此，在国外许多著名旅游景区的餐饮服务大都以快餐服务为主。

（3）特色餐馆。特色餐馆主要指经营菜品有特色的餐馆。在一些著名旅游景区，同时著名的还有一些传统老字号餐饮店，例如坐落在西湖边上，素以"佳肴与美景共餐"而驰名的"楼外楼"餐馆。

（4）宴会餐厅。由于宴会是以餐饮聚会为形式的一种高品位社交活动方式，因此，大型宴会餐厅非常讲究环境的设计，同时对于宴会菜单的设计及餐具的配置都有严格的规定。

（5）主题餐厅。围绕一个特定的主题对餐厅进行装饰，甚至食品也与主题相配合，为顾客营造出一种或温馨或神秘，或怀旧或热烈的气氛，千姿百态，主题纷呈。例如在三亚旅游景区，有着各种各样的民族风情餐厅，比较有代表性的黎寨餐厅，以"黎寨风情"为主题，餐厅装饰多以茅草盖顶，有木制墙裙，服务风格引入黎族待客风俗，清秀的黎家少女身着民族服装侍立两旁。

（6）农家乐和户外烧烤。农家乐餐饮为游客提供地道的农家饭，使游客在农家品尝五谷杂粮和蔬菜水果的同时，身心得到一种回归自然的享受。户外烧烤也是旅游景区常见的用餐类型，但考虑到烧烤时油烟对旅游景区环境的破坏，因此，这种餐饮类型不值得提倡。

随着游客餐饮的多元化需求，旅游景区的餐饮形式开始与各种娱乐活动相结合，呈现出多样化的特点，常见的有以下几类：餐饮与歌舞表演相结合，比较著名的有西安唐乐宫唐代歌舞盛宴；餐饮与康体活动相结合，这主要是指餐饮与垂钓、桑拿、洗浴等康体活动相结合；餐饮与郊野娱乐相结合，这种餐饮形式常见的有篝火晚餐、滨海大排档、野外烧烤，例如承德坝上草原推出的"烤全羊"项目，同时附赠篝火晚会项目。

（二）旅游景区餐饮服务的基本要求

1. 游客对旅游景区餐饮服务的要求

（1）清洁卫生。游客用餐时对餐厅及餐具的卫生清洁尤为重视，只有环境、餐具、食品达到卫生的标准，游客才有安全感，才可以放心品尝食用。

（2）价格合理。一般来说，游客都希望以合理的费用得到相应满意的饮食和服务，能获得"物有所值"，最好是"物超所值"的效果。特别是许多经济型的游客，由于受消费能力的限制，在消费时非常注重产品或服务的价格，因此，旅游景区提供的餐饮服务应做到质价相符。

（3）交通便利。游客总是希望把时间尽可能花在游览旅游景区上，如果餐厅距离比较远，且交通不便的话，游客便会失去兴趣，转而选择虽无特色但交通方便的餐厅。

（4）服务周到。游客的需求是旅游景区餐饮业存在的生命线，作为餐饮服务人员，在服务中要贯彻"宾客至上"的原则，满足游客用餐时求尊重的心理需求，时刻关心游客的需求，提供周到、及时的服务。

（5）特色鲜明。游客在旅游过程中对于"吃"已经不仅仅满足于填饱肚子，更是为了获得一种特殊的体验，希望品尝到平时吃不到的东西。为了满足游客在餐饮方面这种求新、求奇、求异的需求，旅游景区餐饮在做到卫生、可口的前提下，还要做到特色鲜明。

2. 旅游景区餐饮服务人员工作规范

（1）餐饮服务人员要做到文明礼貌，热情待客。做到来有迎声、去有送声，微笑服务，耐心解答就餐者提出的问题。

（2）注重个人仪表仪容，保持个人卫生整洁，站立端正，面带微笑。

（3）按照《中华人民共和国食品卫生法》和国务院《公共场所卫生管理条例》的有关要求，切实做到旅游景区餐饮设施格调统一、卫生三证齐全（包括卫生许可证、经营许可证、健康证）、餐饮服务周到、无假冒伪劣商品、无过期变质食物、无食品加工过程中的交叉污染。

（4）餐厅环境整洁、空气清新。有完善的防蝇、防尘、防鼠及污水处理设施。

（5）操作间应设专用冷藏、冷冻设施。餐具、饮具要做到一餐一消毒，有专用消毒设施，食品贮存应生熟分开。禁止使用一次性不可降解餐具。

（6）餐饮要做到质价相称、公平合理。在做到卫生、可口的前提下，还应注意用餐氛围、环境，体现本地区（旅游景区）饮食文化特色。

（7）严格执行服务规范和操作程序，根据菜肴种类按顺序上菜。要准确清楚地报上菜名，主动介绍饭菜特点。

（8）游客离开后应提醒游客带好随身物品。

（三）旅游景区餐饮服务的质量管理

在旅游景区内，餐饮服务的优劣不仅会影响到游客对餐饮点的印象，更影响到游客对整个旅游景区的评价，旅游景区内的餐饮是旅游活动的一个环节，是整个旅游景区服务的重要组成部分。因此，对餐饮服务质量的管理十分重要。

1. 确保餐饮卫生安全

旅游景区在为游客提供的餐饮服务中应把卫生安全工作放在首位。提供的食品原料要处于良好的卫生状态，没有腐败变质和污染。食品的加工和存放，要注意冷热、生熟、荤素分开，防止交叉污染。各种餐具要由专人洗涤保管，消毒彻底，摆放整齐，取用方便，保证餐具、酒具等光洁明亮，完好无损。保持餐厅地毯或地板整洁卫生，桌布、口布等棉织品洗涤彻底。

相关连接

临潼整治旅游景区餐饮服务　保障游客舌尖上的安全

临潼区作为陕西的旅游强区，西安的大区，每年接待中外游客1 000万人次以上。为保障广大中外游客身体健康和饮食安全，临潼区食品药品监督管理局集中执法力量，切实加强旅游景区餐饮服务食品安全监管工作，提升旅游景区餐饮服务食品安全水平，确保旅游景区游客"舌尖上的安全"。

临潼区食品药品监督管理局结合创建全国食品安全城市、"扫雷"行动、"三小"整治、夏季食品安全整治等活动，以春节、清明、五一、端午等节假日结合2016年丝博会洽谈为重点时段，集中执法力量，加强对兵马俑、华清池等旅游景区及周边区域餐饮服务单位进行巡查监督，以旅游团用餐接待单位为重点，强化检查餐饮单位持证经营、规范操作、索证索票、定点采购、明厨亮灶、餐具消毒、量化分级、食品添加剂管理和使用、食品留样等重点环节，严禁旅游景区餐饮服务单位加工制作存在安全隐患的野菜、野果、野草和国家保护的野生动植物。加大旅游景区土特产品、酒类、饮料、休闲食品、冷冻饮品、乳制品、瓜果及餐饮服务单位提供的鲜（腊）猪肉、其他动物肉类、餐饮具、调味料、凉（卤）荤菜、大米、食用油、现榨饮品等重点品种的监督和抽检检测力度，严防未经安全检验的食品流入餐桌。

（资料来源：http：//news.cnwest.com/content/2016-06-23/content-13926825.htm，有删减）

2. 营造舒适的就餐环境，完善就餐设备设施

旅游景区内餐饮设施的规模和数量应与接待游客规模相适应。规模过小或数量过少无法满足大量游客的就餐要求，反之，规模过大或数量过多又会造成资源浪费。就餐环境应整洁优美，通风良好，空气清新，同时与提供的菜品服务相协调。可增加就餐环境的文化内涵——从餐厅外在的文化到餐厅的功能布局、设计装饰、环境烘托、灯饰小品、挂件寓意都能体现文化主题和内涵。旅游景区的餐饮服务要配备消毒设施，避免使用对环境造成污染的一次性餐具。

3. 制定合理餐饮价格

游客对酒店所付的价格要和酒店所提供的有形及无形的服务相吻合，要注重菜品的数量和质量，符合游客所支付的餐费。服务要做到使游客满意而归，永远把服务做在游客开口之前，使之没有受亏待冷落的感觉。还有，就是为宾客提供完美的服务产品，即"色、香、味、形、质、器、名"俱佳的菜品，菜肴色泽鲜艳、香气扑鼻、口味纯正、造型别致、选料讲究、器具配套、取名耐人寻味，使人感到"物有所值"。

4. 提供良好的服务

餐厅的服务人员应根据就餐游客的特点，有针对性地提供热情、周到的服务。旅游景区内的餐厅为游客提供的餐饮服务主要有两种方式：零点用餐服务和团队用餐服务。

5. 积极发展特色餐饮

特色餐饮是以民俗、民族、土特产、郊野化、农家化为特点的餐饮，由于有较深的地方

烙印，文化内涵丰富，因此，将成为旅游中的主要餐饮方式。特色餐饮的优势主要有两个方面：一是渊源，二是特有。渊源是一种历史事实，无法更改。它往往代表着正宗。如顺德是粤菜发源地、北京烤鸭是最正宗的烤鸭、南京板鸭是最正宗的板鸭。特有是指一些美食材料具有很强的地方性，如南京江宁的老鹅、苏州阳澄湖的大闸蟹。虽然现在飞机可以把外地的原料长途运输到另外一个城市，但游客还是会觉得到原产地品尝才放心，不会对原料的真正产地心存疑虑。

特色餐饮不仅仅体现在食物本身，也体现在用餐的环境和氛围等整体饮食文化上。例如，无锡三国城旅游景区推出的三国宴特色餐饮，包括"八卦豆腐、草船借箭、舌战群儒、火烧赤壁、三顾茅庐、长坂坡、关公刀豆、苦肉计、子龙救孤、桃园结义、貂蝉玉饺、反间计、三国归晋"等菜品，菜谱的设计凸显了三国文化。另外无锡水浒城旅游景区还推出了"湖上冷餐"——乘水浒官船、观太湖夕阳、尝太湖湖鲜，别有一番风味。

2.7.3 任务训练

实训名称：旅游景区商品销售。

实训目的：通过任务训练，学生更好地掌握旅游景区商品销售服务的基本技能。

实施步骤：分小组，分工合作，完成以下工作。

（1）熟悉本项目所学的旅游景区商品销售的原则、流程、销售技巧、销售服务规范及游客购物心理的把握。

（2）各小组通过网络查找、收集和准备本项目实训所需的道具、物品。

（3）以小组为单位在课堂上进行模拟。

2.7.4 通关游戏

一、知识关

1. 旅游景区娱乐服务的目的是让游客得到_____和_____的愉悦。
2. 餐饮服务可分为直接对游客的_____和间接对游客的_____。
3. 旅游景区餐饮是旅游业的重要组成部分，它不仅反映当地人特有的_____，也反映该旅游景区的_____。
4. （　　）是指借助旅游景区各种设施设备向游客提供的各种表演及参与性活动。
   A. 旅游景区娱乐服务　　　　B. 旅游景区购物服务
   C. 旅游景区餐饮服务　　　　D. 旅游景区住宿服务
5. 按照（　　）不同，可将旅游景区娱乐服务分为自助型、表演型和经营型三种类型。
   A. 旅游娱乐设施空间位置　　B. 旅游娱乐设施的活动项目
   C. 旅游娱乐活动的参与方式　D. 旅游娱乐活动功能
6. （　　）是旅游购物的基础，也是旅游购物收益的关键，很多旅游景区都十分重视。
   A. 旅游产品　　　　　　　　B. 旅游设施
   C. 旅游服务　　　　　　　　D. 旅游商品
7. 旅游景区商品设计要做到（　　）。

A. 考虑游客需求　　B. 展现旅游景区与地方文化
C. 体现创新　　　　D. 奢华
E. 注重美观实用

二、能力关

1. 如何在对游客服务中有效地应用购物服务策略？
2. 旅游景区餐饮服务人员工作规范有哪些具体要求？

2.7.5 总结评价

1. 归纳总结

旅游景区娱乐服务可按旅游景区娱乐活动产生的时间和主题，也可按娱乐活动的载体、娱乐服务的内容、场地、活动的规模和提供频率、以及娱乐服务的表演参与时间划分。好的策划是旅游景区娱乐项目成功的关键之一，在进行旅游景区娱乐项目的设计时，应该从分析旅游景区环境、设计产品内容、进行市场运作、测量评估效果、完善管理制度五大流程来设计。

旅游景区提供优质购物服务，必须研究旅游购物心理，从实用、新颖、具有特色及销售方法等方面着手，吸引并满足游客的需求。游客购物的服务过程中，充分发挥推销技巧，把潜在的游客消费群变成现实的游客购物消费群。

旅游景区餐饮服务是旅游景区向游客提供优质服务的基础和保障，从游客角度出发，旅游景区要从清洁卫生、价格合理、交通便利、特色鲜明、服务周到等要求上设计工作流程，旅游景区餐饮服务人员工作要符合行业规范。餐饮服务质量管理，一定要确保餐饮卫生安全，为游客营造舒适的就餐环境，完善就餐设备设施，同时制定合理的餐饮价格，为游客提供良好的服务。

2. 自评和小组互评

根据项目任务的学习目标和完成情况，按表 2－7－2 来完成自评和小组互评。

表 2－7－2　评价考核表

考核项目	考核要求	是否做到	改进措施
旅游景区配套服务	了解旅游景区娱乐服务的概念、特点、作用及类型	□是□否	
	掌握旅游景区商品的特点和类型	□是□否	
	熟悉旅游景区餐饮服务的特点和基本要求	□是□否	
	能够按照服务规范要求从事旅游景区商品销售	□是□否	
总体评价	检查任务完成情况	完成度 1~5	
	评价任务完成过程的表现	评分 1~5	
	团队合作程度	评分 1~5	

主题三

管理实战

任务 3.1　打造旅游景区管理理念

知识目标

1. 理解旅游景区管理基本理论。
2. 熟悉旅游景区管理目标和任务。
3. 掌握旅游景区管理基本职能。

技能目标

1. 能够运用所学基本管理知识分析和解决旅游景区实际问题。
2. 能够正确实施旅游景区基层管理任务。

3.1.1　任务导入

全域旅游背景下，旅游景区管理的目标和任务

全域旅游是指在一定区域内，以旅游业为优势产业，通过对区域内经济社会资源尤其是旅游资源、相关产业、生态环境、公共服务、体制机制、政策法规、文明素质等进行全方位、系统化的优化提升，实现区域资源有机整合、产业融合发展、社会共建共享，以旅游业带动和促进经济社会协调发展的一种新的区域协调发展理念和模式。自 2016 年以来，在中国的土地上，"全域旅游"大幕已徐徐拉开。在"全域旅游"写入 2017 政府工作报告的背景下，中国推进"全域旅游"的步伐必将更加务实、更加坚定。全域旅游不同于传统的旅游，是以一个地区的整体旅游规划及整合营销的结合，整合地区产业链，实现产业再升级。作为完整的旅游目的地，要素、服务、产品要系统性地整合起来。管理者规划布局、综合统筹，将多部门一体化营销，做到全区域、全产业链的共同发展，有利于实现区域生态环境、营商环境、文明环境的改善。

任务思考：

1. 作为旅游景区管理人员，在全域旅游背景下，应该具备哪些管理理念？
2. 在传统管理理念基础上，旅游景区可以围绕什么主题创新管理？
3. 请以本地旅游景区为例，谈谈全域旅游背景下，旅游景区管理的目标和任务。

全域旅游关键在于"全域"二字，何为"全域"？

3.1.2 知识储备

一、旅游景区管理基本理论

智慧景区管理系统

（一）生命周期理论

生命周期评价起源于 20 世纪 60 年代，由于能源危机的出现和对社会产生的巨大冲击，美国和英国相继开展了能源利用的深入研究，生命周期评价的概念和思想逐步形成。生命周期评价后来在生态环境领域有着广泛的应用。

生命周期评价历程，其发展可以分为 3 个阶段。

1. 起步阶段

20 世纪 70 年代初期，该研究主要集中在包装废弃物问题上，如美国中西部研究所（Midwest Research Institute，MRI）对可口可乐公司的饮料包装瓶进行评价研究，该研究试图从原材料采掘到废弃物最终处置，进行了全过程的跟踪与定量研究，揭开了生命周期评价的序幕。

2. 探索阶段

20 世纪 70 年代中期，生命周期评价的研究引起重视，一些学者、科研机构和政府投入了一定的人力、物力开展研究工作。在此阶段，研究的焦点是能源问题和固体废弃物方面。欧洲、美国一些研究和咨询机构依据相关的思想，探索了有关废物管理的方法，研究污染物排放、资源消耗等潜在影响，推动了生命周期评价（Life Cycle Assessment，LCA）的向前发展。

3. 发展成熟阶段

由于环境问题的日益严重，不但影响经济的发展，而且威胁人类的生存，人们的环境意识普遍高涨，生命周期评价获得了前所未有的发展机遇。1990 年 8 月，国际环境毒理学和化学学会（SE-TAC）举办首期有关生命周期评价的国际研讨会，提出了"生命周期评价"的概念，成立了 LCA 顾问组，负责 LCA 方法论和应用方面的研究。从 1990 年开始，SE-TAC 已在不同国家和地区举办了 20 多期有关 LCA 的研讨班，发表了一些具有重要指导意义的文献，对 LCA 方法论的发展和完善及应用的规范化作出了巨大的贡献。与此同时，欧洲一些国家制定了一些促进 LCA 的政策和法规，如"生态标志计划""生态管理与审计法规"

"包装及包装废物管理准则"等,大量的案例开始涌现,如日本已完成数十种产品的LCA。1993年出版的《LCA原始资料》,是当时最全面的LCA活动综述报告。欧洲生命评价开发促进会(SPOLD)是一个工业协会,对生命周期评价也开展了系列工作,近年来致力于维护和开发SPOLD格式、供清单分析和SPOLD数据网使用。联合国环境规划署1998年在美国旧金山召开了"走向LCA的全球使用"研讨会,其宗旨是在全球范围内更多地使用LCA,以实现可持续发展,此次会议提出了在全球范围内使用LCA的建议和在教育、交流、公共政策、科学研究和方法学开发等方面的行动计划。

国际标准化组织1993年6月成立了负责环境管理的技术委员会TC207,负责制定生命周期评价标准。继1997年发布了第一个生命周期评价国际标准ISO14040《生命周期评价原则与框架》后,先后发布了ISO14041《生命周期评价目的与范围的确定,生命周期清单分析》、ISO14042《生命周期评价生命周期影响评价》、ISO14043《生命周期评价生命周期解释》、ISO/TR14047《生命周期评价ISO14042应用示例》和ISO/TR14049《生命周期评价ISO14041应用示例》。

4. 旅游地生命周期理论

旅游地生命周期理论(Life Cycle of Destination)是加拿大旅游学家巴特勒(Butler)在1980年提出的。巴特勒根据产品周期理论,提出旅游目的地演化表现明显的周期性,呈"S"形曲线,共分为6个阶段:探索阶段、参与阶段、发展阶段、巩固阶段、停滞阶段和衰落或复苏阶段。在旅游地发展的不同生命周期阶段,会表现出不同的特点和规律。探索阶段是旅游地发展的初始阶段,特点是游客少,设施原始;参与阶段表现出游客增多,逐渐有组织、有规律,本地居民开始为游客提供基本旅游设施,市场逐渐形成,政府被迫改善设施和交通状况;发展阶段的特点是大量广告出现,形成了成熟的旅游市场,外来投资增多,旅游设施完善、旅游收入剧增,旅游地自然面貌改变显著;巩固阶段的特点是游客增长率下降,但游客量持续增加并超过居民数量。旅游地功能分区明显,服务功能完善,地方经济活动与旅游业紧密相连,部分居民出现反感情绪;停滞阶段的特点是旅游地吸引力下降、旅游形象变差,游客量最大,旅游环境容量超载等环境和社会问题大量出现,旅游形象出现危机,接待设施过剩;衰落或复苏阶段的特点是旅游市场衰落,竞争力下降,旅游地逐渐失去旅游功能。

(二)空间竞争理论

1. 旅游地空间竞争的含义

旅游地空间竞争是指当多个旅游地出现在同一区域时,它们各自的吸引力往往出现此消彼长或者同步增长的动态变化和地域旅游市场结构的再组织等具有互补或替代作用的活动。

旅游地空间竞争普遍存在,由于竞争激烈和旅游地之间差距的扩大化,导致系列问题,价格战、客源战、重复建设等屡见不鲜。

旅游空间结构决定于具有空间属性的旅游产品的供求关系。当供求关系趋于平衡时,旅游空间结构也趋于均衡,而供求关系的均衡状态改变时,旅游空间结构也将发生变动。从需求方面看,涉及客源地的人口、社会经济特性的变化,如游客收入、闲暇时间、偏好、消费倾向等。从供给方面看,涉及旅游资源质量、可进入性和基础设施等。

2. 旅游地空间竞争的影响因素

影响旅游地空间竞争的因素有很多,主要包括以下几个方面:旅行成本、旅游价格、游客偏好、旅游资源差异性、旅游地口碑、旅游宣传力度等。

三、旅游景区管理的主要目标和任务

(一) 旅游景区管理的主要目标

旅游景区管理目标主要有:盈利、增长、股东价值、游客满意度、员工满意度、社会效益。简单来说就是实现旅游景区人、财、物的合理利用和最大产出。

(二) 旅游景区管理的任务

(1) 合理地组织生产经营活动。生产经营活动是旅游景区活动的中心,管理是为生产经营服务的。为保证生产经营活动的顺利进行,旅游景区必须建立高效的组织机构,制定科学的管理制度,使上下级之间、各部门之间、各环节之间职责分明、权责一致、信息畅通、协调配合。

(2) 有效地利用人力、物力、财力等各种资源。人、财、物是旅游景区构成的基本要素,也是旅游景区管理的基本对象,只有有效地利用这些资源,才能降低成本,节约费用,提高旅游景区的经济效益。

(3) 促进技术进步,不断提高旅游景区竞争力。"科学技术是第一生产力"。旅游景区管理应不断促进技术进步,尽快地把科学技术发展的新成果转换成直接生产力,开发新产品,发展新市场,不断提高旅游景区的竞争力。

(4) 加强员工培训,开发人力资源。旅游景区管理的核心是对人的管理。人力资源是旅游景区发展的动力源泉。加强员工培训,不断提高员工的科学知识和业务技术水平,不但是开发旅游景区人力资源的有效途径,而且是旅游景区发展的根本战略。

(5) 协调内外关系,增强旅游景区的环境适应性。旅游景区是社会经济系统的子系统之一,旅游景区外部的政治、经济、社会、科技等环境因素,都会对旅游景区的生存和发展产生极大的影响。而且,旅游景区是一个开放的动态系统,它与外部环境之间进行着广泛的物质、能量和信息交换。在这些影响和交换中,必然会产生各种各样的矛盾,这就需要通过旅游景区的管理活动进行内外关系的协调,并不断调整内部结构,以适应外部环境的变化。

三、旅游景区管理的基本职能

(一) 管理职能的含义

管理职能(Management Functions)是对管理工作应有的一般过程和各项行为的基本内容的概括,管理是一项实践活动,是一项实际工作,一种具体行为。人们发现在不同的管理者所作的管理工作中,管理者往往采用程序具有某些类似,内容具有某些共性的管理行为,比如计划、组织、领导和控制等,人们对这些管理行为加以系统性归纳,逐渐形成了管理职能。

管理职能一般是根据管理过程的内在逻辑，划分为几个相对独立的部分。划分管理的职能，并不意味着这些管理职能是互不相关、截然不同的。划分管理职能，其意义主要有3点。

（1）管理职能把管理过程划分为几个相对独立的部分，能更清楚地描述管理活动整个过程，有助于实际的管理工作。

（2）管理者在实践中有助于实现管理活动的专业化，使管理人员更容易从事管理工作。在管理领域中实现专业化如同在生产中实现专业化一样，能大大提高效率。

（3）管理者可以运用职能观点去建立或改革组织机构，根据管理职能规定出组织内部的职责和权限及它们的内部结构，从而也就可以确定管理人员的人数、素质、学历、知识结构等。

（二）管理职能的基本内容

管理职能是管理过程中各项活动的基本功能，又称管理的要素，是管理原则、管理方法的具体体现。管理职能的划分有许多学派，最为普遍的是将管理职能分为4项：计划、组织、领导和控制。

1. 计划职能

计划职能是指管理者对将要实现的目标和应采取的行动方案作出选择及具体安排的活动过程，简言之，就是预测未来并制定行动方案。在具体内容上，它包括内外环境的分析，组织目标的选择和确立，实现组织目标方法的确定和抉择，计划原则的确立，计划的编制，以及计划的实施等。任何组织的管理活动都是从计划出发的，因此，计划职能是全部管理职能中最基本的职能，也是实施其他管理职能的条件。计划指为未来的组织活动确定目标，并为实现这一目标决定为什么做、做什么及如何去做的工作过程。计划工作内容经常用"5W1H"概括：Why——为什么要做？即明确计划工作的原因及目的。What——做什么？即明确活动的内容及要求。Who——谁去做？即规定由哪些部门和人员负责实施计划。When 何时做？即规定计划中各项工作的起始时间和完成时间。Where——何地做？即规定计划的实施地点。How——如何做？即制定实现计划的手段和措施。

2. 组织职能

组织职能是指管理者根据既定目标，对组织中的各种要素及人们之间的相互关系进行合理安排，使人们为实现组织的目标，而有效地协调工作的过程，简言之，就是建立组织的物质结构和社会结构。其主要内容包括：设计组织结构、建立管理体制、分配权力、明确责任、配置资源、构建有效的信息沟通网络等。

为实现管理目标和计划，就必须设计和维持一种职务结构，在这一结构里，把为达到目标所需要的各种业务活动进行组合分类，把管理每一类业务活动所需要的职权授予主管这类工作的人员，并规定上下左右的协调关系。为有效实现目标，还必须不断地对这个结构进行调整，这一过程即为组织。组织为管理工作提供了结构保证，它是进行人员管理、指导和领导、控制的前提。

3. 领导职能

领导职能是指对组织内每名成员和全体成员的行为进行引导和施加影响的活动过程。它的目的在于使个体和群体能够自觉自愿而有信心地为实现组织既定目标而努力。领导所涉及的是主管人员与下属之间的相互关系。

管理者执行领导职能，是为了实现组织目标而对被管理者施加影响。因此，管理者一方面要调动组织成员的潜能，使之在实现组织目标过程中发挥应有作用。另一方面要促进组织成员之间的团结协作，使组织中的所有活动和努力统一和谐。

管理者执行领导职能的具体途径包括：激励下属、对他们的活动进行指导、选择最有效的沟通渠道解决组织成员之间及本组织与其他组织之间的冲突等。

4. 控制职能

控制职能是按既定目标和标准对组织的活动进行监督、检查，发现偏差，采取纠正措施，使工作能按原定计划进行，或适当调整计划以达预期目的。控制工作是个持续不断的、反复发生的过程，其目的在于保证组织实际的活动及其成果同预期目标相一致。

在执行计划的过程中，由于环境的变化及其影响，可能导致人们的活动或行为与组织的要求或期望不一致，出现偏差。为了保证组织工作能够按照既定的计划进行，管理者必须对组织绩效进行监控，并将实际工作绩效与预先设定的标准进行比较。如果出现了超出一定限度的偏差，则需及时采取纠正措施，以保证组织工作在正确的轨道上运行，确保组织目标的实现。

管理者运用事先确定的控制标准，衡量实际工作绩效，寻找偏差并分析偏差产生的原因，采取措施予以纠正的过程，就是执行管理的控制职能的过程。简言之，控制是组织在动态的环境中，为了保证既定目标的实现而采取的检查和纠偏活动的过程。

（三）管理职能之间的关系

管理的 4 项基本职能，计划、组织、领导、控制之间是相互联系、相互制约的关系。它们共同构成一个有机的整体，其中任何一项职能出现问题，都会影响其他职能的发挥乃至组织目标的实现，正确认识 4 项职能之间的关系应当把握两点。

1. 从管理理论上讲，这些职能是按一定顺序发生的

计划职能是首要职能，因为管理活动首先从计划开始，而且计划职能渗透在其他各种职能之中，或者说，其他职能都是为执行计划职能即实现组织目标服务的。为了实现组织目标和保证计划方案的实施，必须建立合理的组织机构、权力体系和信息沟通渠道，因此，产生了组织职能。在组织保证的基础上，管理者必须选择适当的领导方式，有效地指挥、调动和协调各方面的力量，解决组织内外的冲突，最大限度地提升组织效率，于是产生了领导职能。为了确保组织目标的实现，管理者还必须根据预先制订的计划和标准对组织成员的各项工作进行监控，并纠正偏差，即实施控制职能。可见，管理过程是先有计划职能，之后才依次产生了组织职能、领导职能和控制职能，体现出管理过程的连续性。

2. 从管理实践来看，管理过程是一个各种职能活动周而复始地循环进行的动态过程

管理职能循序完成，并形成周而复始的循环往复，这就是管理的基本过程，其中每项职能之间是相互联系、相互影响的，以构成统一的有机整体。例如，在执行控制职能的过程中，往往为了纠正偏差而需要重新编制计划或对原有计划进行修改完善，从而启动新一轮管理活动。

行业扫描

拙政园升级"私人订制"

作为四大园林之首的拙政园是几乎每个到苏州旅游的人必去的景点之一。但是，在一张张照片中，雅致的亭台楼阁却仿佛被埋在人群中。那"一步一景"似乎总是拍不完整。为此，拙政园推出了一项新服务——私享拙政园。游客可以通过预约"包场"拙政园，市民和游客可通过拙政园官方微信、苏州旅游局官方微信及各大旅游网站预订，每天限额16人。

记者在拙政园就体验了一次"私人订制"服务，感受了一回苏式慢生活。早上六点半，已经有一位身穿旗袍的导游在门口处等待，她为游客分发蓝牙耳机，引导大家入园参观。没了络绎不绝的游客，置身于有百年历史的园林中，享受鸟鸣啾啾、水流潺潺的园林声景，既静又雅。提供讲解服务的是园内的金牌导游，园林对他们的专业素质有着严格的要求。塞上耳机，耳边传来了导游的解说，柔柔的、软软的，生怕打破了这清晨的宁静。"这个感觉太舒服了，没有人挤人，想怎么拍摄都可以自选角度。"自媒体人小常已经不是第一次游览拙政园了，但是"私享"体验却是第一次，只见她时而拿单反相机拍摄园林的纵深景致，时而掏出自拍杆，让自己跟美景合影。

游客对这样的清晨包场游非常满意，认为除去城市喧嚣，也无大型旅游团队喧闹，这样私享园林，才能更好地体会园林意境，就如同在游赏自己的私家花园。自2014年4月起，拙政园就推出了早上六点半入园的"私人订制"活动，还在随后进行了一次"升级"，在参观游览之后，增加了品茶、品苏式早点、观看评弹演出等苏州特色文化项目。这样游客可以根据需求选择包含提前1小时入园、观光三轮车体验、全程金牌导游讲解的A套餐，或者选择增加了苏式早茶供应服务和评弹演出服务的B套餐。

（资料来源：王洋．拙政园升级"私人订制"［N］．中国旅游报，2015-06-15（6）．有删减）

3.1.3 任务训练

实训名称：旅游地生命周期实证调研。

实训目的：通过训练，学生更好地理解生命周期理论，并结合实例分析研究。

实施步骤：以小组（5~8人）为单位，分工合作，完成以下工作。

（1）就近选择一家旅游景区，拟定考察方案。

（2）熟悉旅游地生命周期理论。通过网络查找收集相关资料、案例、相关论文和文摘等。

（3）展开研讨，判断该旅游景区所处的生命周期阶段，分析该阶段的规律、特点和管理策略。

（4）撰写书面报告上交。

（5）以小组为单位在课堂上进行简要陈述和答辩。

3.1.4 通关游戏

一、知识关

1. 巴特勒根据产品周期理论，提出旅游目的地演化表现为明显的周期性，共分为6个阶段：_____、_____、_____、_____、_____和衰落或复苏阶段。
2. 管理职能最为普遍的是将管理职能分为4项：_____、_____、_____和_____。
3. 根据旅游地生命周期理论，在（　　）阶段，游客增长率下降，但客量增加并超过居民数量。
   A. 参与阶段　　　　　　　　B. 发展阶段
   C. 巩固阶段　　　　　　　　D. 停滞阶段
4. （　　）是游客离开惯常生活地进行观光、度假活动的主要原因。
   A. 旅游资源差异性　　　　　B. 游客偏好
   C. 旅游价格　　　　　　　　D. 旅行成本
5. （　　）是对组织内每名成员和全体成员的行为进行引导和施加影响的活动过程。
   A. 计划职能　　　　　　　　B. 组织职能
   C. 领导职能　　　　　　　　D. 控制职能
6. （　　）是按既定目标和标准对组织的活动进行监督、检查，发现偏差，采取纠正措施，使工作按原定计划进行，或适当调整计划以达预期目的。
   A. 计划职能　　　　　　　　B. 组织职能
   C. 领导职能　　　　　　　　D. 控制职能

二、能力关

1. 谈谈你对旅游景区管理的认识。
2. 以本地某旅游景区为例，谈谈旅游景区管理创新应从哪个方面入手？
3. 案例分析。

黄金周华山旅游景区保安与导游发生冲突

2018年10月5日上午，华山旅游景区售票处门口发生了一场导游与保安的肢体冲突事件，双方大打出手。据现场一位被打的导游透露，这次冲突的主要是由购票问题引发的。

由于游客量过大，华山旅游景区开始限制每天客流量，首先从团体票下手，华山旅游景区表示团体票限量，可很多导游在节假日带客数量远超团体票限量，于是导游会早起在售卖散客票的窗口购买门票，之前华山旅游景区对于这种行为，是允许的。当天早上导游从六点就和往常一样来到华山旅游景区售票处排队，结果一直等到八点半售票处都不肯卖票给导游，而其他的散客自己排队却可以购买到门票，这让等了将近三小时的导游很不舒服。导游们聚拢在售票口，他们身后站着的是昨天预付过门票钱的游客，随着导游们等待的耐心被消磨殆尽，终于所有的导游与游客聚拢在售票窗口，集体高喊"卖票"，一声声震耳欲聋的高呼声瞬时穿过高空，阵阵回音传向更远处。导游辛苦半夜替游客排队不容易，如果不能让游客顺利上山更会让游客不满意。华山旅游景区的指挥部收到消息后急忙派了几名保安赶到现场维持秩序，结果双方一言不合就发生了肢体冲突，现场曝光的视频显示双方厮打在一起。

旅游业人士透露，华山旅游景区的服务和管理作为第一批国家重点风景名胜区，国家5A级旅游景区，多年来毫无长进，效率永远低得吓人。华山旅游景区负责维护治安的保安对游客冷嘲热讽，甚至骂着难听的脏话。柜台的售票员拉着一张脸，对前来问询的游客爱搭不理。管理人员更是惹不起，稍不注意就是一套降龙伏虎拳，确实是"5A"级的操作。如今，华山旅游景区竟然开始对游客耍起了蛮横，对导游挥起了拳头。在购买保险问题上，该景区也很特别，购买半票的游客还需要额外购买一份保险，这样一通排队下来，再遇到国庆节这样的高峰期，可以说，丝毫没有游玩体验，只剩下无休止的排队。更令人费解的是，如此著名的国家级旅游景区竟然没有特殊通道，甭管是老人、小孩、军人还是残疾人都得排队，你就跟着人往山上上吧！一次就把游客爱旅游的瘾给治了。

（资料来源：导游之家官网 www.daoyouhome.com，2018 – 10 – 06，有删减）

讨论题：

1. 试分析案例中华山旅游景区管理上存在哪些问题？
2. 结合案例分析，提出解决华山旅游景区管理问题的建议。

3.1.5 总结评价

1. 总结回顾

旅游地生命周期分为6个阶段：探索阶段、参与阶段、发展阶段、巩固阶段、停滞阶段和衰落或复苏阶段，影响旅游地之间空间竞争的因素有旅行成本、旅游价格、游客偏好、旅游资源差异性、旅游地口碑、旅游宣传力度等。旅游景区管理目标主要有盈利、增长、股东价值、游客满意、员工满意、社会效益。旅游景区管理的任务有：合理地组织生产经营活动。有效地利用人力、物力、财力等各种资源。促进技术进步，不断提高旅游景区竞争实力。加强员工培训、开发人力资源。协调内外关系，增强旅游景区的环境适应性。管理职能主要包括计划职能、组织职能、领导职能、控制职能。从管理理论上讲，这些职能是按一定顺序发生的，从管理实践来看，管理过程又是一个各种职能活动周而复始地循环进行的动态过程。

2. 自评和小组互评

请根据项目任务的学习目标和完成情况，按照表3 – 1 – 1来完成自评和小组互评。

表3 – 1 – 1 评价考核表

考核项目	考核要求	是否做到	改进措施
旅游景区管理理念	了解旅游景区管理的基本理论	□是 □否	
	了解旅游景区的管理目标	□是 □否	
	能够完成旅游景区管理基本任务	□是 □否	
	能够运用所学理论分析解决实际问题	□是 □否	

续表

考核项目	考核要求	是否做到	改进措施
总体评价	检查任务完成情况	完成度 1~5	
	评价任务完成过程的表现	评分 1~5	
	团队合作程度	评分 1~5	

任务 3.2　旅游景区营销管理

知识目标

1. 了解市场营销和旅游景区市场营销的基本知识。
2. 了解旅游景区市场调研的含义、作用及类型。
3. 了解旅游景区市场细分的含义、意义、原则。
4. 了解旅游景区市场定位的含义、步骤。
5. 了解旅游景区产品规划、定价、渠道和销售方面的基本知识。

技能目标

1. 能够根据不同的变量对旅游市场进行细分。
2. 能够在旅游景区产品的开发中使用产品生命周期理论。
3. 能够根据实际情况对不同类型的旅游景区产品使用产品、价格、渠道和销售策略。

3.2.1　任务导入

高价格、旅游商品同质化等成为旅游景区痛点

很多地方的管理者根本不清楚建旅游景区的深层目的是什么，还纠缠在旅游景区门票和旅游景区内二次消费等方面。一些旅游景区的旅游人数或是增长缓慢，或是逐步下降。而且，旅游者的旅游次数越多，对旅游景区的差异化要求越高，在旅游景区内的消费越低。

收门票的旅游景区最让游客反感的情况有九种。一是反感门票的高价格。二是反感门票价格的随意性。有些旅游景区的门票不仅有售票处价格、团购价格、团队票价格，还有不同档次的关系价格，很多旅游景区的门票标价很高，实际弹性很强，随意性较大，给游客的感觉是越老实越吃亏。三是反感旅游景区二次门票，尤其反感通票。四是反感旅游景区门票与旅游景区内质次价高的住宿销售捆绑。五是反感旅游景区内的餐食差且价格高。六是反感强制乘坐旅游景区内收费的交通工具。七是反感旅游景区内过多的购物店，反感在旅游景区游览时购物店门外店员强拉硬扯，反感购物店内的商品缺少价格标签。八是反感旅游景区商品千篇一律、以次充好，售后维权艰难。九是反感旅游景区饮料价格太高。

游客对于不收门票的特色小镇、特色村落等商业化旅游景区普遍存在住宿、餐饮等要求。但很多特色小镇、特色村落或是没有住宿，或是过于高档，或是过于低档，或是价高质低。餐饮千篇一律，或是小镇里所有餐馆都卖那几样当地菜，从内容上完全克隆，同质化严重。

（资料来源：央广网 http：//travel.cnr.cn/list/20180705/t20180705-524292064.shtml，有删减）

任务思考：
1. 旅游景区销售的产品究竟是什么？
2. 你对旅游景区的门票价格的看法？旅游景区依据什么来制定价格呢？
3. 你看到过哪些旅游景区的宣传方式？对你的出行有过影响吗？

3.2.2 知识储备

一、旅游景区营销认知

（一）市场营销的基本含义

市场营销学源自英文"marketing"一词，其原意是指企业的市场买卖活动，即企业的市场营销活动。作为一门学科，"marketing"一词是指以市场营销活动为研究对象的市场营销学。它有两层意思：一是指企业如何依据消费者需求，生产适销对路的产品，扩大市场销售所进行的一系列经济活动；二是指建立在经济科学、行为科学、现代管理理论基础之上的应用学科。市场营销是一门具有实践性、应用性、综合性特点的经营管理学科。

当今世界著名的市场营销学家、美国西北大学教授菲利普·科特勒博士与北卡罗来纳大学教授加利·阿姆斯特朗合著的《市场营销原理》（第七版）对市场营销所下的定义是，市场营销"就是通过创造和交换产品和价值，从而使个人或群体满足欲望和需要的社会和管理过程"。根据这个定义可以看出，市场营销过程，涉及以下内容。

1. 市场营销是一种满足人类需要的行为

消费者的各种需要、欲望和需求，是企业开展市场营销的出发点。因此，企业必须对市场进行调查、研究和分析，从而认识、了解和掌握消费者的需要、需求和市场的发展趋势。

2. 市场营销是一种自愿的交换行为

消费者的各种需要、需求是通过市场上买卖双方提供某种东西作为回报，从别人那里取得所需物而获得满足的自由交换行为。

3. 市场营销是一种创造性行为

营销不仅寻找已经存在的需要并满足它，还可以激发顾客没有提出的需求、创造市场需求。正像索尼公司的创始人盛田昭夫所说的，营销不是仅仅服务于市场，而是创造市场。

4. 市场营销是一个系统的管理过程

市场营销活动已经超越了流通过程。它不仅包括了企业生产经营活动之前的具体经济活动，如市场信息收集、市场机会分析、市场细分、目标市场选择、新产品开发和设计等，而且还包括生产过程完成以后进入销售过程的一系列活动，如产品定价、开展促销活动、提供销售服务、售后维修保养等，因此，市场营销已经是一个包括分析、计划、执行和控制的整个系统过程。

5. 市场营销是一种企业参与社会的纽带

企业营销者在制定营销政策时必须考虑三方面的利益，即企业利润、顾客需要、社会利益。任何企业如果只考虑自己的利润，忽视社会效益，就不可能在激烈的市场营销中获得经营成功，即使取得一些利润，也是暂时的，不可能长久的。

（二）旅游景区营销管理

1. 旅游景区营销管理的概念

从营销的角度来看，旅游景区经营的任务就在于把握旅游景区目标市场的需求和欲望，并且要做到比吸引力范围内的竞争者更好地满足游客的旅游需求。因此，旅游景区市场营销可定义为：旅游景区组织为满足游客的需要并实现自身经营和发展目标，而通过旅游市场实现交换的一系列有计划、有组织的社会和管理活动。而旅游景区营销管理是通过旅游市场分析，准确确定目标市场，为游客提供满意的产品和服务，使之获得预期的旅游体验，是旅游景区产品实现交换全过程的管理，是一种游客需求的管理。

2. 旅游景区营销管理的特点

旅游景区营销的特点是由旅游景区产品和旅游市场的特点所决定的。旅游景区产品是体验型产品，旅游市场具有异地性、高竞争、弹性大、季节性突出等特点，这些特点决定了旅游景区营销在营销策略方面具有一般营销活动共性的同时，也存在着自身的特色，主要表现在以下几个方面。

（1）注重体验营销，关注游客整体体验。旅游产品是一种经历，其本质是体验，这种体验始于消费产品之前，并延续到产品消费之后，因此，旅游营销特别强调自身特色给游客产生的美好体验。典型的旅游体验过程可被划分为如下几个阶段：①访问之前的期望阶段。②前往旅游景区的旅行阶段。③在旅游景区那儿度过的阶段。④返程旅行阶段。⑤造访留下好的和坏的记忆，以及照片和纪念品等有形留念物。对于游客整个体验过程而言，旅游景区经营者所能控制的仅是其中的一部分，但游客却将视其经历为一个整体。他们不会区分哪些是旅游景区经营商的责任，哪些超出了旅游景区经营商的能力所及。因此，旅游景区营销人员应当关注的是顾客的整个体验。

（2）在促销组合中以拉式策略为主，推拉组合，突出网络营销、广告营销、形象促销等手段。促销策略可分为拉式策略和推式策略。推式策略是指利用推销人员与中间商促销，将产品推入渠道的策略。这一策略需利用大量的推销人员推销产品，它适用于生产者和中间商对产品前景看法一致的产品。推式策略风险小、推销周期短、资金回收快，但其前提条件是须有中间商的共识和配合。拉式策略是针对最终消费者展开广告攻势，把产品信息介绍给目标市场的消费者，使人产生强烈的购买欲望，形成急切的市场需求，然后"拉引"中间商纷纷要求经销这种产品。旅游景区产品是无形的，具有不可移动性，游客必须前往旅游产品的生产地而不是产品被递送过来，这就意味着旅游景区的促销方式除了对旅行社和导游采用推式策略外，更主要的是对游客展开促销攻势，因此，网络营销、广告营销、形象营销等种种手段成为旅游景区促销的主要手段。通过各种方式，使公众产生对旅游景区产品的关注，借助公众舆论和公共关系传播旅游景区的形象和信息是营销的重点，甚至各种路标、良好的道路指示牌和宣传册都是旅游景区营销极为重要的工具。

（3）旅游景区营销注重事件营销。旅游市场具有较强的季节性，旺季和周末旅游景区的访问量大大高于淡季和工作日。旅游景区营销必须处理好淡旺季之间的关系，在此方面，事件营销是平衡淡旺季的重要手段。通过适当的事件策划，尤其是节日营销，可大大吸引游客的注意力，吸引游客前来观赏。同时，利用各种方式，设法刺激"淡季"的需求，提高淡季时的使用率。

（4）旅游景区营销注重服务营销和全员营销。旅游景区产品具有生产与消费的同一性的特点，游客是生产过程的一部分，而员工也是产品的一部分。游客是服务的对象，服务过程就是生产过程，他们的态度和行为，不仅会影响自己的经历，也会影响其他游客的经历。而员工是直接参与产品的生产和销售，员工直接和游客接触，他们的态度和行为会直接影响到游客是否喜欢该产品。因此，游客和员工都是营销的重要组成部分。为此，旅游景区营销注重服务营销和全员营销。

3. 市场营销在旅游景区管理中的地位与作用

（1）市场营销在旅游景区管理中的地位。市场营销在旅游景区管理中处于核心地位，具体体现：

首先，市场营销是旅游景区战略的核心思想。旅游景区战略是对旅游景区组织的总体性的谋划，是旅游景区纲领性的文件。在制定旅游景区战略时，必须牢牢树立市场营销的中心地位，用市场营销这种核心的思维方式来思考战略问题。只有牢牢树立市场导向观念，才能制定出先进的旅游景区战略。

其次，市场营销是旅游景区日常运营中的先导环节。旅游景区日常运营涉及宣传促销、服务接待、安全卫生等多个环节，在这些环节中，市场营销是关键环节之一。做好市场营销，了解游客需要，抓住游客心理，才能有针对性地做好日常运营管理。

（2）市场营销在旅游景区管理中的的作用。市场营销作为旅游景区经营管理的核心活动之一，在旅游景区管理中有以下四项基本作用。

第一，发现和了解游客的需求。现代市场营销观念强调市场营销应以消费者为中心，围绕消费者的需要组织企业经营活动。只有通过满足消费者的需求，才可能实现企业的目标，因此，在旅游景区管理中，发现和了解游客的需求是旅游景区市场营销的首要功能。

第二，指导经营决策。旅游景区决策正确与否是旅游景区经营成败的关键，要谋得生存和发展，必须作好经营决策。通过市场营销活动，分析外部环境的动向，了解游客的需求和欲望，了解竞争者的现状和发展趋势，结合自身的资源条件，指导旅游景区在产品、定价、分销、促销和服务等方面作出相应的、科学的决策。

第三，开拓市场。旅游景区市场营销活动的另一个功能就是通过对游客现在需求和潜在需求的调查、了解与分析，充分把握和捕捉市场机会，积极开发旅游景区产品项目，建立更多的分销渠道及采用更多的促销形式，开拓市场，增加销售。

第四，满足游客的需要。满足游客的需求与欲望是旅游景区市场营销的出发点和中心，也是市场营销的基本功能。通过市场营销活动,从游客的需求出发,并根据不同目标市场的顾客,采取不同的市场营销策略,合理地组织旅游景区的人力、财力、物力等资源,为消费者提供适销对路的产品,搞好销售后的各种服务,让消费者满意。

4. 旅游景区市场营销管理的主要内容

旅游景区市场营销的内容包括市场营销环境分析、市场调查与预测、目标市场选择和定位、市场营销策略的制定等。

(1) 市场营销环境分析。分析市场营销环境可以帮助了解市场营销的机会和风险,进而适应市场环境,发掘市场机会,开拓新的市场。在旅游景区营销战略及营销计划的制订中,营销环境分析是必不可少的一步。

(2) 市场调查与预测。旅游市场信息是旅游景区进行营销决策的基础,实施和控制营销活动的依据。面对日益激烈的市场竞争,借助各种调查数据、预测方法和旅游信息处理技术,及时准确地掌握旅游消费动向、竞争市场反馈等旅游市场信息及其发展变化趋势成为打造旅游景区核心竞争力的重要保证。

(3) 目标市场选择和定位。在现代旅游市场上,竞争的深度和广度不断延展,竞争的内容涉及方方面面,任何一个旅游景区均不可能以自身有限的资源和力量,设计各种不同的旅游产品及其营销组合来全面满足各类游客的所有旅游需求。因此,通过市场细分,选择目标市场和准确定位是旅游景区市场营销的主要内容。

(4) 市场营销策略的制定。旅游景区市场营销策略是旅游市场营销中的核心问题,一般包括以下部分:

①旅游产品策略:确定旅游景区旅游产品的特点、旅游产品生命周期及其策略、旅游新产品开发策略、旅游产品商标策略、旅游产品组合策略。

②旅游景区价格策略:价格是市场营销中最为敏感的因素,直接受市场供求关系变化的影响。旅游景区在指定其价格策略时,要研究旅游商品和服务价格的各种影响因子。研究旅游价格的定价目标和方法,以最终确定其定价策略。

③旅游渠道策略:渠道是指旅游景区产品销售的中间经销机构。旅游景区在进行市场营销时还应研究旅游营销渠道的类型,各级旅游中间商的功能,以及营销渠道的最佳选择。

④旅游促销策略:旅游景区产品的流通是通过产品信息的传递和游客向旅游目的地的流动来实现的,因而旅游促销活动尤为重要。旅游促销策略包括广告宣传、人员推销、营销推广、公共关系、促销策略的组合和制定。

⑤旅游景区市场营销控制与管理:旅游景区要做好市场营销工作,有赖于有序的管理和控制。其主要内容包括对营销活动的计划、组织、执行、评价,设置高效的营销组织机构,以及对营销人员的培训和管理等。

二、旅游景区市场定位

正确地选择目标市场,精准地进行市场定位,是制定旅游景区营销战略的关键内容和出发点。旅游景区需要系统的设计、收集和分析数据资料及提出跟旅游景区所面临的特定营销环境状况有关的调查研究结果,从而把握目标市场变化规律,有效地细分、选择和定位。

(一) 旅游景区市场调研

1. 旅游景区市场调研的含义

旅游景区市场调研是针对旅游景区特定的营销问题,采用科学的研究方法,系统、客观地收集、整理、分析、解释和沟通有关市场营销各方面的信息,为营销管理者制定、评估和改进营销决策提供依据,以提高营销人员的决策水平。它涉及与当前和潜在游客有关的信息,其中包括5个方面,他们是谁(Who)(目标市场)、他们购买的原因(Why)(旅游动机)、他们来自什么地方(Where)(客源地构成)、什么时候来(When)(旅游的季节性)、购买什么(What)(旅游偏好),以及他们如何购买(How)(旅游方式)。除此以外,旅游景区营销调研还要处理有关营销组合变置,即产品(Product)、价格(Price)、分销渠道(Place)、促销手段(Promotion Method)及决策(Policy)、权力(Power)和公共关系(Public Relation)等。

2. 旅游景区市场调研的作用

(1)旅游景区市场调研所取得的资料和信息可以使旅游景区营销人员对旅游景区的运行状况进行测定和评价。

(2)通过旅游景区市场调研了解旅游企业广告的效果,可以使营销人员进一步努力提高本企业广告的大众信誉。

(3)旅游景区市场调研信息有助于使营销人员在决策层引起反响,从而使营销人员赢得决策层的支持。

(4)作为一种系统而客观的信息,调研结果可以有效地克服营销人员和管理人员凭直觉决策的弊病。

(5)旅游景区市场调研所获得的有关竞争状况的信息可使旅游景区处于有利的竞争地位。

(6)通过旅游景区市场调研,可以减少企业财务及形象方面的风险。

(7)通过旅游景区市场调研,可以了解旅游景区的环境,以便企业进行有效的环境管理。

(8)旅游景区市场调研所收集的信息有助于旅游景区进行战略协调。

3. 旅游景区市场调研遵循的原则

(1)准确性原则。它是指资料的收集必须准确、真实。真实可靠的情况、准确的资料才是有价值的信息,才能为市场预测和经营决策提供可靠的依据。

(2)针对性原则。有针对性的资料更集中、更具体。

(3)稳定性原则。对松散零碎、杂乱无章的原始材料进行加工、整理,使之条理化、完整化。

(4)预见性原则。调查收集的资料要有助于进行市场预测和营销决策。

4. 旅游景区市场调研的类型

(1)探索性调研。探索性调研是旅游景区的市场调研人员对所面临的问题不太清楚,尚未确定具体调研内容时进行的试探性、小规模、低层次的调研活动。

一般采用非正式调研的方式,具有较强灵活性和直觉性,且多采用二手资料或经验总结。常被用于做大范围市场调研活动的前期试探性工作。

（2）描述性调研。描述性调研是对市场的客观情况（包括历史情况和现状）进行如实的记录和反映，如对我国当前旅游景区发展状况这样的题目进行调研。描述性调研首先需要收集大量相关信息，其中应当包括各种有关的数据，然后对调研的资料进行分类、分析、整理，最后形成调研报告。描述性调研应当内容翔实、全面、客观，并要作相应的定量分析。

（3）因果关系调研。因果关系调研主要是为了掌握有关市场现象之间的因果关系，也可用于某项市场试验。例如，为了试验广告效果，可以有计划地改变广告内容、广告频率和广告时间，然后收集有关销售额、品牌知名度、市场占有率等资料，从而掌握广告对企业销售的影响。但在使用因果关系调研时应注意防止片面性，因为同一现象或结果可能是由多种因素的变化引起的，有主要因素、次要因素、真实因素、虚假因素，这些都需要调研人员加以分析和区别。

5. 旅游景区市场调研的范围

作为一个重要的市场信息来源，市场调研所涉及的范围必须广泛，而且要贯穿于旅游景区营销管理的全过程。一般来讲，市场调研的范围主要包括以下内容。

（1）旅游景区外部调研。一般情况下是对市场需求和销售趋势进行调研：

①可控因素：在市场调研中，旅游景区应针对产品的价格、渠道、促销等可控因素对销售的影响分别进行调研，并结合销售成本分析和利润分析，对旅游景区的战略、策略和未来的业务活动做出规划。其中旅游景区设施、旅游景区服务、旅游景区形象、旅游景区容量等内容也可以作为调查的因素。

②市场竞争情况：市场竞争状况是影响旅游景区制定产品价格的重要因素。产品的最低价格取决于该产品的成本费用，最高价格取决于产品的市场需求状况，而在上限和下限之间，旅游景区能把这种产品价格定多高，则取决于市场竞争状况。竞争因素对国际营销定价的影响，取决于目标市场的竞争结构。依据市场竞争程度的不同，市场竞争结构可分为完全竞争（Perfect Competition）市场、垄断竞争（Monopolistic Competition）市场、寡头垄断（Oligopoly）市场和完全垄断（Monopolistic）市场，垄断竞争和寡头竞争也统称为不完全竞争市场。在不同竞争结构的市场条件下，旅游景区的定价行为也表现出不同的特征。

③动机：动机调研主要是质的分析。在旅游行业，动机调研广泛应用于分析游客选择某一旅游景区而不选其他旅游景区的原因。

④其他不可控因素的影响：经济因素是影响旅游业的主要因素，整个旅游业的经济发展程度会影响到城市旅游的发展。旅游业的成长与经济的发展程度息息相关，但具体到某一个地区，旅游业在受其经济发展水平影响的同时，还受到其他一些因素的影响。在目前的国际旅游市场上，旅游强国中，如美、日、英、德、法、意等国，经济实力相当雄厚。在旅游业方面，美国目前遥遥领先于其他国家，日、德等国紧随其后。国家政策也很重要，如果政府扶植，投入大量资金，自然有利于发展旅游。

⑤自然环境因素：这主要指两方面，一方面是旅游资源，拥有好的旅游资源的地区自然比没有的城市更有优势。另一方面是地形和气候等，这会影响该地区的可到达性和吸引力。

（2）旅游景区内部调研

①旅游景区的经济战略：旅游景区的经济战略又称经营单位战略。经济战略是旅游景区

面对激烈变化、严峻挑战的环境，为求得长期生存和不断发展而进行的总体性谋划。它是旅游景区战略思想的集中体现，是旅游景区经营范围的科学规定，同时又是制订计划的基础。更具体地说，经济战略是在符合和保证实现旅游景区使命的条件下，在充分利用环境中存在的各种机会和创造新机会的基础上，确定旅游景区同环境的关系，规定从事的事业范围、成长方向和竞争对策，合理地调整旅游景区的结构和分配全部资源。从其制定要求看，经济战略就是用机会和威胁评价未来的环境，用优势和劣势评价企业现状，进而选择和确定旅游景区的总体、长远目标，制定和抉择实现目标的行动方案。

②旅游景区产品：指能够提供给市场，被人们使用和消费，并能满足人们某种需求的任何东西，包括有形的物品、无形的服务、组织、观念或它们的组合。产品一般可以分为三个层次，即核心产品、形式产品、延伸产品。核心产品是指整体产品提供给购买者的直接利益和效用；形式产品是指产品在市场上出现的物质实体外形，包括产品的品质、特征、造型、商标和包装等；延伸产品是指整体产品提供给顾客的一系列附加利益，包括运送、安装、维修、保证等在消费领域给予消费者的好处。

③旅游景区产品价格：旅游景区产品价格是商品同货币交换比例的指数，或者说，价格是价值的货币表现。价格是商品的交换价值在流通过程中所取得的转化形式。在经济学及营商的过程中，价格是一项以货币为表现形式，为商品、服务及资产所订立的价值数字。在微观经济学之中，资源在需求和供应者之间重新分配的过程中，价格是重要的变数之一。

④旅游景区促销：旅游景区促销就是营销者向消费者传递有关本企业及产品的各种信息，说服或吸引消费者购买其产品，以达到扩大销售量的目的。促销实质上是一种沟通活动，即营销者（信息提供者或发送者）发出作为刺激消费的各种信息，把信息传递到一个或更多的目标对象（即信息接受者，如听众、观众、读者、消费者或用户等），以影响其态度和行为。常用的促销手段有广告、人员推销、网络营销、营业推广和公共关系。企业可根据实际情况及市场、产品等因素选择一种或多种促销手段的组合。

6. 旅游景区调研的程序

根据市场营销调研的基本程序，旅游景区调研分为5个基本步骤。

(1) 明确问题和调查目标。明确问题和确定旅游景区市场调查所要达到的目标是市场调研的前提。在调研之前，必须弄清调查什么，应达到什么样的调查目标，然后才能确定调查的对象、调查的内容和调查的方法等一系列问题，才能发现旅游景区经营需要解决的营销问题所在，进而分析影响问题的因素，做好营销调查的最初准备。在确定调查问题和调查目标时，对问题和目标陈述一定要准确、具体，不宜过宽或者过窄，否则不利于调查的顺利展开。

(2) 制订调研计划。制订调研计划的目的在于使调查工作有秩序、有计划地进行，以保证调查目标的实现。这里主要包括：调查方案设计、组织机构设置、时间安排、费用预算等。调查方案的内容包括调查目的的要求、调查对象、调查内容、调查地点及调查氛围、调查提纲、调查时间、资料来源、调查方法、调查手段、抽样方案、以及提交调查报告的形式。资料收集应确定是第一手资料还是第二手资料，还是两者兼顾。机构的设施包括调研活动负责部门或人员的选择与配置，调研主体的选择是利用外埠调研机构还是本单位。调研人员必须具备善于沟通的能力、敏锐的观察和感受能力、丰富的想象力、应变能力，调研人员还应具备基本的统计学、市场学、心理学、经济学等知识。

（3）收集信息。信息来源有一手、二手之分。一手资料也称原始资料或实地调查资料，是调查者为实现调查目的专门收集的原始信息资料。大多数市场调查项目都要求一手资料。常规的方法是与被调查者访谈，了解其大致的想法，然后确定正式的调查方法，进行实地调查。一手资料的来源主要有：游客、旅行社、企业内部信息资料等。二手资料又称文案资料，调查人员开始调查时一般总是先收集二手资料，通过二手资料从中判断调研问题是否能部分或全部解决。二手资料来源主要有：内部资料、政府出版物、期刊和书籍、商业性资料。

（4）分析信息。资料收集完毕后，调研人员应对资料进行整理、分析，从中提取相关信息。信息分析主要有两种方法：一是统计分析方法，常用的是计算综合指数、时间序列分析、指数分析、相关或回归分析；二是模型分析法，模型是专门设计出来的表达现实中真实的系统或过程的一组相互关联的变量及其关系。分析模型主要包括描述性模型和决策性模型。

（5）提出调研报告。将调研的结果写成调研报告，调研报告的编写应符合其基本规范，应以使用者的需求为导向，把与使用者进行关键决策的相关调研结果充分体现出来，以减少决策的不确定性。调研报告的编写力求观点正确、材料典型、中心明确、重点突出、结构合理。调查报告结构一般分为前沿、正文、结尾和附录4部分。

7. 旅游景区市场调研的方法

旅游景区市场调研的方法主要是指收集第一手资料的方法，大致有3种：观察法、询问法和实验法。

（1）观察法。观察法是指旅游景区调研人员到调查现场或借助仪器设备观察有关调查对象和事物的研究方法。观察法的特点是旅游景区调研人员以旁观的形式代替对被调查者的询问，避免了与被调查者之间的直接互动，从而能够得到更加客观的调查结果。观察法可以由旅游景区调研人员单独进行，也可以借助仪器设备进行观察。

（2）询问法。询问法是指旅游景区调研人员将事先拟好的调查问题以各种方式向被调查者提出，并通过其回答结果获取资料的方法。一般而言，观察法比较适合于探测性调查，而询问法则更适用于描述性调查。依据旅游景区调研人员接触被调查者方式的不同，询问法可分为面谈法、电话询问法、邮寄调查法和留置问卷调查法。

①面谈法：面谈法是旅游景区调研人员直接访问被调查者，以递送问卷或面对面交谈的方式收集第一手资料的方法。面谈法取得的资料往往比较真实可靠。其缺点是：调查成本高，调查过程难以控制，而且调查结果的可信性、准确性很大程度上受调研人员访问技术水平的影响。面谈法可分为个别访谈和小组访谈，从访问频率上可分为一次面谈和多次面谈。

②电话询问法：电话询问法是指旅游景区调研人员用电话向被调查者征询意见的方法。这种方法的优点是：可以在很短的时间内调查多数样本，而且调查的成本低，资料的获得迅速方便。电话询问法的缺点是：调研人员不容易获得对方的合作，并且由于受时间的限制，很难询问比较复杂的问题；有时调研人员很难判断被调查者回答问题的真实程度；对没有电话的人则不能应用此方法调查。

③邮寄调查法：邮寄调查法常用于被调查者不愿面谈或者调查结果易受调研人员影响的

情况。采用这种方法时,调研人员将事先拟好的调查问卷邮寄到被调查者家中或工作单位或在现场发给游客,请其回答后按时寄回。这种方法的优点是:调查成本低,抽样时可以完全根据随机抽样法抽取样本,问卷的回答时间比较充裕。其缺点是:被调查者容易对问卷中的问题发生误解,问卷的回收率低、周期长,被调查人员有可能请人代答。

④留置问卷调查法:留置问卷调查法是指调研人员将问卷当面交给被调查者,说明回答方式和注意事项之后,将问卷留置在被调查者处,请其自行填写,再由调研人员定期收回的方法。

(3) 实验法。实验法是将被调查者置于特定的环境之下,通过控制外来变量和检查结果之间的差异来发现变量之间的因果关系的调查方法。实验法适合于因果性调查。实验法的优点是:通过控制外来变量的变化,可以比较准确地获得变量之间的相关关系,从而较好地验证实验前对调查问题所提出的不同假设。其缺点是:费时较长,实验费用较高,而且各种变量有时难以控制,很难在纯粹的实验条件下进行。

(二) 旅游景区市场细分

1. 旅游景区市场细分的含义

旅游景区市场细分是指旅游景区区别游客的不同需求,根据游客的动机、需要、购买行为诸因素的差异性,把整体旅游市场细分为两个或两个以上具有相似需求的游客群体的活动和过程。

2. 旅游景区市场细分的必要性

市场细分是市场营销战略中最为核心的部分,对旅游景区的成败关系重大。任何旅游景区在资源有限的情况下,其能力必然是有限的,只能有选择地去经营。所以如何选择、如何判断是旅游景区的决策者面临的最大的挑战。可以说,市场经济的第一课就是学会"放弃",而市场细分是决定放弃什么、保留什么的科学依据。

(1) 旅游买方市场的全面形成。旅游景区之间的竞争日趋激烈及旅游产品日益丰富,促使旅游市场环境由卖方市场转向买方市场。在买方市场环境下,游客居于主导地位,旅游景区提供的旅游产品和服务能否被游客认可,能否使游客满意,成为旅游景区生存和发展的决定因素。

(2) 游客需求的日趋多样化和个性化。在旅游发展初期,游客只关注能否出游及旅游景区的知名度,并不在意旅行过程中的体验与感受,因此,旅游景区多提供无差异的旅游产品即可满足游客需求。然而随着社会经济的发展,人们对于旅游的认知已日渐成熟,游客已不再满足于被动地接受旅游景区提供的标准化产品和服务,而是需要能够满足其精神需求和表达其个性的产品和服务。

(3) 旅游市场本身的特质。市场细分化的客观依据是同一产品消费需求的多样化。从消费者的需求角度来看,市场可分为同质市场和异质市场。由于游客所处地理条件、社会文化环境,以及个性、价值观念、收入水平等方面的不同,他们对旅游产品的品种、数量、价格和服务都有不同的需求与偏好,因此旅游市场具有十分鲜明且仍在发展的异质性特征。

3. 旅游景区市场细分的意义

(1) 有利于旅游景区发掘最佳市场机会。通过市场细分,旅游景区可深入了解各细分市场的不同需求，并根据对每个细分市场购买潜力的分析，研究游客的满足程度及该市场的竞争状况，通过比较发现有利于旅游景区的营销机会，以便运用自身有利条件，迅速取得优势地位，避免进入需求强劲但竞争激烈的市场。实行市场细分，有利于旅游景区开拓市场。

（2）有利于旅游景区有针对性地制定和调整旅游营销策略。通过旅游细分市场的情况，旅游景区可以及时发现和掌握旅游市场的特征、变化状况，以及竞争者的状况，从而改良现有旅游产品和开发旅游新产品，以满足游客不断变化的旅游需求。

（3）有利于旅游景区科学地开发目标市场和取得良好的经济效益。成功的旅游市场细分策略可为旅游景区带来多项附加利益，其中包括销售额的增长、旅游产品相对质量的提高、游客忠诚度的提高、谈判能力的增强及有效市场份额的提高。旅游市场细分有助于旅游景区营销资源的合理配置。旅游景区可以根据市场需求程度状况，根据自身条件和市场竞争状况扬长避短，集中旅游景区有限的人力、物力、财力资源，生产特色旅游产品，争取最佳经济效益。

4. 旅游景区市场细分的原则

旅游景区进行市场细分直接影响到营销战略的成败，但是并不是所有的细分方法和细分结果都对旅游景区具有意义，所以需要对旅游市场细分的各项变量进行有效性的衡量，其主要遵循的原则有以下几个。

（1）可衡量性。可衡量性是指旅游景区进行市场细分过程中，各个变量不仅范围比较清晰，而且能够大致判断其市场容量和潜力，从质与量两个方面可以为旅游景区制定营销决策提供可靠依据。如果旅游市场的细分变量很难衡量，旅游景区不能获取明确表现游客不同特征的确切资料，就无法界定市场，细分市场也就毫无意义。

（2）可接近性。可接近性是指旅游景区能够有效地集中各种力量为细分的旅游市场提供产品和服务，满足目标市场的需求。旅游景区能够通过开展营销活动对游客产生影响并占据一定的市场份额，这主要表现为一方面旅游景区要考虑自身的人力、财力、物力，另一方面要考虑这一市场的销售渠道是否畅通。考虑细分旅游市场的可接近性，实际就是考虑旅游景区营销活动的可行性。

（3）可获利性。可获利性是指细分的旅游市场的容量，以及取得的经济社会效应值得旅游景区进行开发的程度。因为旅游景区细分市场后生产不同类型的产品以满足市场需求。产品的差异化必然导致生产成本和营销成本的相应增长，难以取得较大的规模效益。因此，旅游景区必须在市场细分所得收益与市场细分所增成本费用之间作权衡，即旅游细分市场必须有适当的规模、现实与潜在需求，旅游景区选择其作为目标市场，由此提供游客适销对路的旅游产品并可以从中获利。否则，得不偿失，市场细分也失去了本身的意义。

（4）合法性。合法性是指旅游景区对旅游市场细分，进行旅游经营，必须遵守一国的法律和道德规范。迷信、吸毒、赌博、色情等不良需求，不符合社会主义物质文明和精神文明的需求，不能作为旅游景区细分市场盈利的标准，必须加以抵制。

（5）可操作性。可操作性是指旅游景区可以根据细分市场的结果设计开发出吸引并满足目标游客群的有效方案。一个细分市场应该是适合设计一套独立营销计划的最小单位，细分旅游市场内的游客对旅游景区指定的营销组合及其调整，应该具有一致的反应。另外，不同细分市场的游客，对同一个市场营销组合及其调整能够灵敏地作出差异性的反应。

5. 旅游景区市场细分的基本步骤

（1）认清旅游景区经营的目标。了解旅游景区经营目标和经营范围，确定旅游景区能够为游客提供什么样的旅游产品和提供何种旅游服务，是进行旅游景区市场细分的基础。

（2）了解游客的愿望和需求。根据市场细分的标准和方法，了解并列出旅游景区经营范围内游客的全部需求和潜在需求，对其进行归类，为市场细分提供原始依据。

（3）对市场需求进行分析，挖掘可能存在的细分市场。在这个过程中一方面分析游客的地区分布、人口特征、购买行为等，另一方面根据旅游景区的现实经营情况，作出初步的判断。

（4）选定恰当的细分市场的标准，对旅游景区市场进行初步细分。在旅游景区可能存在的细分市场中，各有不同的细分因素，旅游景区要能够分析出哪些因素是最重要的、突出的，并选出具有现实性且能反映市场特点的因素，作为初步细分旅游景区市场的主要标准。

（5）合并或分解初步细分的旅游景区市场，分析细分市场的主要特征。首先进一步分析旅游景区市场的初步细分结果是否符合客观现实，有无可行性，对各个可能存在的旅游细分市场进行合并或分解。其次，对整合后的各个旅游景区市场中游客的主要消费特点加以分析和归纳，以确定各细分子市场的特点。

（6）分析各细分市场的规模和潜力，选定目标市场。将各个细分子市场与该市场中游客的人口特征、地区分布、消费习惯、经济条件等相联系，估计市场潜力，测算每个细分市场的规模，结合旅游景区的发展目标，进行目标市场的选择。

6. 旅游景区市场细分的标准

（1）地理细分：

①根据六大旅游区细分旅游市场。即东亚及太平洋旅游区、南亚旅游区、中东旅游区、非洲旅游区、欧洲旅游区和美洲旅游区。

②根据客源国与接待国之间的距离进行旅游市场细分。可分为远程市场、中程市场、近程市场或称邻近国市场。

③根据游客的流向细分旅游市场。根据游客的流向可将旅游市场分为一级市场、二级市场和机会市场。

④根据潜在客源地区与旅游目的地之间的自然环境的差异进行细分市场。

⑤按照人口密度和都市化程度细分市场。

（2）人口细分：

①按年龄、性别细分。根据游客的年龄结构，可将旅游市场分为儿童旅游市场、青年旅游市场、中年旅游市场和老年旅游市场。

②按收入、职业、民族、受教育程度和社会阶层细分。根据游客的收入状况，可以将旅游市场分为高档游客市场、中档游客市场和低档游客市场。我国的职业分类结构包括四个层次，即大类、中类、小类和细类，依次体现由大到小的职业类别。细类是我国职业分类结构中最基本的类别，即职业。

（3）心理细分。按照心理因素即按照心理特征来细分市场，其具体变量包括游客的个性、购买动机、价值观念、生活格调、追求的核心利益等。游客的心理因素十分复杂，是一个内涵十分广泛、丰富的概念，它不但与游客的收入水平有关，而且与游客的文化素养、社会地位、价值观念、职业等因素密切相关。每一类游客，均体现出不同的需求特点。因此，旅游景区需要有针对性地开发旅游产品和拟定营销方案，以吸引不同类型的游客。

①个性。个性是指个人稳定的心理素质，它包括两个方面：人格倾向性和人格心理特征。前者包括人的需要、动机、兴趣和信念等，决定着人对现实的态度、趋向和选择。后者包括人的能力、气质和性格，决定着人的行为方式上的个人特征。由于游客的个性不同，势必形成旅游需求的差异。

②生活方式。生活方式是指一个人或群体对消费、工作和娱乐的特定习惯和倾向性的方式。它是人们在所处的社会环境中逐渐形成的。由于游客的生活方式不同，必然会带来旅游需求的差异。旅游景区按照生活方式来细分旅游市场，主要是依据游客的生活习惯、消费倾向、对周围事物的看法等，把生活方式雷同的游客群作为一个细分市场，有计划地向该市场提供适销对路的旅游产品，以扩大本景区的市场占有率。

（4）行为细分。游客行为因素具体细分变量因素包括购买时机（如旺季、淡季、周末、"黄金周"）、追求的利益（如快速方便、高档奢华、经济实惠）、购买频率（如偶尔出游、经常出游）、购买方式（按组织形式，如团体、散客）、购买渠道（如旅行社、航空公司等）等。

行业广角

在细分市场上我国本土主题乐园仍有较大的发展空间

2016年6月，投资55亿美元（约合340亿元）的上海迪士尼乐园开门迎客。自2011年4月上海迪士尼破土动工以来，各大本土主题乐园集团纷纷积极应对，加快投资布局。

中国社会科学院财经战略研究院、中国社会科学院旅游研究中心等机构17日发布的《2016—2017年中国旅游发展分析与预测》报告介绍，华强方特集团相继在沈阳、株洲、青岛、郑州、厦门、天津等城市投资建设了方特欢乐世界和梦幻王国。华侨城在天津兴建了欢乐谷。海昌集团在武汉、烟台分别修建了极地世界海洋馆和渔人码头。宋城集团在三亚、丽江、九寨沟、泰山开发了千古情演艺类主题旅游景区。长隆在珠海横琴投资建设了海洋王国。万达集团兴建了多个主题乐园，如青岛万达茂电影主题公园、西双版纳万达乐园和南昌万达乐园等。与此同时，韩国、日本和中国香港等主题乐园投资商也加紧抢占长三角市场，如南京的乐天世界、浙江安吉凯蒂猫（Hello Kitty）主题乐园、浙江安吉乐翻天嬉水王国等。

北京旅游学院副院长、中国社会科学院旅游研究中心特约研究员张凌云表示，"总体而言，对于迪士尼落户上海，本土主题乐园更多将其视作机会。"张凌云说，这种自信来自经验判断，香港迪士尼乐园建成后，入园人数并没有超过香港海洋公园，相邻的深圳华侨城集团的主题乐园也没有感受到预期的竞争压力。而万达集团隔空叫板迪士尼，再一次引发了业内人士对迪士尼与我国本土主题乐园竞争话题的关注。张凌云分析说，从优势上来看，迪士尼乐园是在拥有一批家喻户晓的卡通形象的知识产权基础上开发的主题乐园，有深厚的文化创意基因，媒体网络、主题乐园和度假区、影视娱乐、消费品和互动工作室五大业务板块互为依托，既往的经营已经形成了良好的市场认知，积累了客户群体。

与之相比，尽管我国华侨城集团（列全球第4位）、长隆集团（列全球第7位）、华强方特集团（列全球第8位）、宋城集团（列全球第10位）都呈现了强劲的增长态势，但这四大集团主题乐园接待的游客总人数加在一起也只有迪士尼的70%左右，实力和规模上存在较大差距。

"迪士尼落户上海加快了我国本土主题乐园的升级换代，也为本土主题乐园提供了模仿、学习和赶超的样本。"张凌云说，尽管本土主题乐园还缺乏像迪士尼那样强大的文化创意能力（包括迪士尼的本地化）和完善的产业集群，但由于主题乐园市场需求潜力巨大，而迪士尼的门票价格和综合消费较高，在细分市场上我国本土主题乐园仍有较大的发展空间。

（资料来源：旅游圈 http：//www.dotour.cn/article/27087.html，2017-01-17，有删减）

（三）旅游景区目标市场选择

1. 旅游目标市场的含义

旅游景区目标市场指旅游景区在市场细分的基础上，所选定的并决定为其服务的一部分游客群。这一部分游客群的需求即成为旅游景区的主要经营对象。

2. 旅游景区选择目标市场遵循的原则

（1）旅游目标市场具有一定的市场发展潜力。旅游景区选择某一目标市场的最终目的是期望旅游景区具有理想的长期盈利能力，因此，目标市场必须具有一定的市场发展潜力。因为旅游市场已经进入了几乎没有壁垒，资本与劳动自由流动，目标市场吸引力不高的时代，同时各种高档消费品也会限制该市场的潜在效益。因此，旅游景区在选择目标市场时，必须增强旅游产品的结构性吸引力，打造核心特色旅游产品，注重具有潜在效益、能盈利的细分市场。

（2）旅游目标市场与旅游景区的经营目标和形象相符合。高档次、集团化的旅游景区不适宜打入中、低档，大众化的客源市场。反之，中低档的旅游景区对经济收入较高、社会地位较高的游客也不能构成吸引力。

（3）旅游目标市场必须与旅游景区拥有的资源相匹配。旅游景区选择目标市场应充分利用自身资源，扬长避短，突出特色，才能获得营销成功。

3. 影响旅游景区目标市场策略选择的因素

旅游景区采用何种目标市场策略，要受到旅游景区自身实力条件、旅游产品或服务的特点、旅游市场需求状况、旅游产品生命周期及旅游市场竞争状况等因素的影响，应综合考虑各方面因素来加以确定。

（1）旅游景区的自身实力。旅游景区的自身实力条件主要包括人员的素质、可支配的资金、设施设备的准备情况，具体表现为旅游景区的产品设计与营销组合能力、宣传促销能力、服务与管理能力及关系网络等方面。如果旅游景区的经营实力雄厚，各种资源丰富，管理水平较高，可以考虑采用无差异性市场营销策略或差异性市场营销策略。如果旅游景区的实力一般，规模不大，人力、财力、物力、信息等资源有限，景区无力顾及整个市场或多个细分市场，则适宜采用集中性市场营销策略。

(2) 旅游产品或服务的特点。不同的旅游产品在满足游客需求方面有很大的差异。对于旅游景区特色旅游产品、旅游餐饮服务等性质差别较大的旅游产品，可能需要很多档次来满足不同游客的需求，而有些以单一的产品就能满足所有游客的需要。

(3) 旅游市场需求状况。当旅游市场上的消费者在某一时期的需求与偏好及其他特征很接近、市场类似程度很高时，适宜采用无差异市场策略，如旅游交通市场。而对于游客需求异质程度很高的旅游产品市场，一般要采用差异性市场策略或集中性市场策略。

(4) 旅游产品生命周期。旅游产品的生命周期分为四个阶段。

第一阶段：投入期。在这一阶段，旅游景区正式对外开放营业，旅游产品初次进入市场，尚未被市场广泛了解与接受，接待量小，销售量增长相对缓慢。此时应采用无差别市场营销策略或集中性市场营销策略。

第二阶段：成长期。对于处于这一阶段的旅游景区来说，旅游景点和旅游基础设施已经初具规模，产品基本定型且具有一定的内涵与特色，产品销售量剧增，在市场中的形象逐渐清晰。此时应采用集中性市场营销策略。

第三阶段：成熟期。在这一阶段旅游景区游客量增加，潜在游客已经很少，旅游产品的市场需求已经达到饱和状态，市场上旅游产品品种增多，竞争者也增多。此时适宜采用差异性市场营销策略，以加强旅游产品的更新，突出特色服务功能。

第四阶段：衰退期。在这一阶段，新产品进入市场逐步取代老产品，或者游客出现"审美疲劳"、更换口味，市场销售量下降。此时应采用集中性目标市场营销策略，以便保持部分市场，延长旅游产品的生命周期。

(5) 旅游市场竞争状况。如果竞争者数量较少或弱，且产品具有垄断性，旅游景区则可采取无差异市场营销策略。若竞争者采用无差异市场营销策略，旅游景区则可反其道而采用差异性市场营销策略或集中性营销策略。如果竞争太多，则应采取差异性或集中性市场营销策略。从竞争者采用策略来看，如果竞争对手实力较强大且已经采用了差异性市场营销策略，旅游景区则应在进行充分市场调研的基础上，实行更深一层的差异性营销策略或集中性市场营销策略。

综上所述，旅游景区必须从实际出发，要在综合考虑以上各种因素的基础上选择目标市场策略。一般情况下，当旅游目标市场策略选择与确定后应保持相对稳定，但可随着市场环境与企业经营状况的变化作适当的调整。

4. 旅游景区选择目标市场策略

(1) 无差异市场营销策略。旅游景区只推出一种类型的旅游产品，或只用一套市场营销办法招揽游客。这种策略的优点是不必对市场进行细分，可以降低旅游景区的营销和管理成本，容易形成一定的品牌。不足之处在于忽视了游客需求的差异性，不能适应旅游市场发展的需要。该策略只能用于市场供不应求或竞争较弱的旅游景区之间。

(2) 差异性市场营销策略。旅游景区根据各个细分市场的特点，增加旅游产品的种类，或制定不同的营销策略或办法，以充分适应不同游客的不同需求，吸引各种不同的游客，从而扩大旅游景区产品的销售量。该策略的优点在于在产品设计和宣传推销上能有的放矢，分别满足不同地区游客的需求，增加产品的总销售量，可以使旅游景区在细分市场上占有优势，从而提高市场占有率，在游客中树立良好的旅游景区形象，有利于降低旅游景区的经营风险。缺点是这种策略将增加旅游景区的各种费用，增加管理难度。该策略适用于具有较强的经济实力和较丰富管理经验的旅游景区。

（3）集中性目标市场营销策略。旅游景区将一切市场营销努力集中于一个或少数几个有利的细分市场，采用不同的市场营销策略组合。该策略的优点在于其占用旅游景区的资金相对较少，资金周转相对较快，有利于提高旅游景区的投资收益率和利润率，可以更好、更有针对性地满足旅游市场的需求，可以形成比较强的竞争力和市场占有率。缺点在于由于过分依赖少数几个细分市场，风险较大。该策略适用于经济实力不够强，处于市场开拓的初级阶段的旅游景区。

（四）旅游景区市场定位

1. 旅游景区市场定位的含义

市场定位是由美国营销学家艾·里斯（Al Ries）和杰克·特劳特（Jack Trout）在1972年提出的，其含义是指企业根据竞争者现有产品在市场上所处的位置，针对顾客对该类产品某些特征或属性的重视程度，为本企业产品塑造与众不同的、给人印象鲜明的形象，并将这种形象生动地传递给顾客，从而使该产品在市场上确定适当的位置。

旅游景区市场定位就是旅游景区在营销调研和市场细分、选择之后，确定自身的旅游产品及服务在目标市场上的竞争地位。在目标游客的心目中为旅游景区和产品创造一定的特色，赋予一定的形象，以适应游客一定的需要和偏好，赢得游客的认同。

2. 旅游景区市场定位的步骤

市场定位的关键是企业设法在自己的产品上找出比竞争者更具有竞争优势的特性，根据竞争者现有产品在细分市场上所处的地位和顾客对产品某些特性的重视程度，塑造出本企业产品的市场定位。因此，旅游景区市场定位的全过程可以通过以下几个步骤来完成。

（1）识别旅游景区的潜在竞争优势。识别旅游景区的潜在竞争优势是市场定位的基础。要想确定竞争优势，首先必须进行规范的市场研究，切实了解目标市场游客的需求特点及这些需求被满足的程度，这是能否取得竞争优势、实现产品差别化的关键。其次要研究主要竞争对手的优势和劣势，可以从三个方面评估竞争者：一是竞争对手的业务状况；二是竞争对手的核心营销能力；三是竞争对手的财务能力。

（2）选择竞争优势。所谓的竞争优势是在对其服务质量、服务设施、管理水平、产品特色、产品质量、价格成本等系列因素逐项评估的基础上产生的，旅游景区要做的就是区分哪些差异能够成为有价值的竞争优势。而且这种相对的竞争优势，不仅指现有的竞争优势，也包括潜在的竞争优势和可以通过努力创造的竞争优势。

（3）制定发挥核心竞争优势的战略。旅游景区在市场营销方面的核心能力与竞争优势，不会自动地在市场上得到充分的表现，必须制定明确的市场战略。

（4）沟通及传播旅游景区的市场定位。在确定了市场定位后，旅游景区就必须要把它准确无误地传递给目标游客，使其独特的竞争优势在游客心目中留下深刻印象。旅游景区要通过营销活动使目标游客了解、熟悉、认同本景区的市场定位，并在游客心目中建立与其定位相一致的形象。

（5）矫正与旅游市场定位不一致的形象。旅游景区在进行市场定位时，会出现定位过低、定位过高或定位模糊与混乱的种种偏差，这些情况都会使游客无法正确与真正了解旅游景区，所以必须对这种与市场定位不一致的形象加以矫正。

3. 旅游景区定位战略

差异化是旅游市场定位的核心内容，具体表现在以下几个方面。

（1）产品差异化。旅游市场定位的出发点和根本要素在于确定旅游景区产品的特色，即旅游景区必须在进行市场调研、了解竞争对手旅游市场定位的基础上，充分挖掘和创造自身的特色，避免与竞争对手定位的雷同。如今游客出游需求和出游方式已从传统的观光旅游向休闲度假旅游、乡村旅游、深度游等多种旅游形态转变，提供高品质的服务和个性化、差异化的产品，是满足游客多层次需求的根本所在。

（2）形象差异化。形象差异化是指旅游景区在产品的核心部分与行业竞争者雷同的情况下塑造不同的产品形象以获取差别优势。这样即便竞争对手提供的产品和服务是完全相同的，游客也可以根据旅游景区塑造的形象或者旅游产品的品牌形象将它们看作是不同的。因此，旅游景区可以通过塑造自己独特的旅游形象来与竞争对手争夺旅游市场。旅游景区或者产品想要成功地塑造形象，需要具备创造性的思维和设计，需要持续不断地利用旅游景区所能利用的传播工具。具有创意的名称、装饰设计、标识、标语、环境、活动的标志融入某一文化的气氛，也是实现形象差异化的重要途径。

（3）服务差异化。服务差异化是指旅游景区向游客提供与竞争者不同的优质服务来获取竞争优势。实际上，旅游产品的差异化进一步发展的空间日渐狭小，而每个游客的需求都不同，相对应的服务也千差万别，服务形成差异化会使旅游景区更具竞争力。服务差异化在各种市场状况之下都能取得好的效果，即便是在饱和的市场中也有用武之地。旅游服务差异化主要体现在服务的种类、规格和质量等方面。

（4）人员差异化。人员差异化是指旅游景区通过聘用和培训比竞争者更为优秀的人员来取得差别优势。旅游产品的特征之一就是生产与消费的同步性，即游客消费旅游产品的过程也是旅游景区工作人员生产和销售这些产品的过程。而游客是通过旅游景区工作人员的爱岗敬业态度、业务技术水平和特定环境之下的情绪状态的综合反应及工作准确率等要素来评价旅游产品质量的。在旅游景区这样的服务性组织的营销组合中，人是最重要的因素，如何塑造一支素质过硬的员工队伍是每个旅游景区需要思考的问题。

4. 旅游景区市场定位的方法

（1）根据旅游景区特色。旅游景区产品在某些方面总有一些与众不同之处，同样是自然景观或人文景观也照样是各具特色，旅游景区要善于抓住这种特色并善于发挥。如黄山的口号是"领略黄山，天下无山"；苏州乐园的营销定位是"去迪士尼太远，去苏州乐园"。此外，从旅游景区提供的服务和旅游景区定位的差异方面也能找出区别于其他旅游景区的不同属性。

（2）根据旅游景区客源定位。具有不同国家、民族、经济、历史和文化背景的游客其旅游动机也有多种差别，旅游景区可以根据游客的这种差异去开拓市场。如老年人不喜欢冒险，过山车对他们显然就不合适。另外，旅游景区距离客源的远近也会影响游客对旅游的期望值。

(3) 根据竞争状况定位。竞争是必然的，旅游景区要在市场上始终保持有利的地位就必须在竞争者中找准自己的位置，采用不同的竞争策略，力避自己的缺点和不足之处，"人无我有，人有我优，人优我绝"便是对这一观念的典型阐释。

(4) 根据特定时机定位。根据特定时机定位可充分显示产品的时间价值，如中华人民共和国成立50周年时的"红色旅游"，冬季里的哈尔滨冰雪节等都取得了巨大成功。

(5) 根据质价比定位。不同经济背景和不同消费观念的游客对产品质价比的反应程度也有区别，在经济欠发达的地区就应该多讲究实惠，即所谓的"价廉物美"，还有些景区定位于"让您每分钟都能获得最好的价值"，反映的都是质价比定位策略。

(6) 比附定位法。比附定位法是一种"借光"定位方法。它借用著名旅游景区的市场影响来突出、抬高自己，比如把三亚誉为"东方夏威夷"，把小浪底水库誉为"北方的千岛湖"。

(7) 心理逆向定位法。心理逆向定位法指打破消费者一般思维模式，以相反的内容和形式标新立异地塑造市场形象。例如河南林州市林滤山旅游景区以"暑天山上看冰堆，冬天峡谷观桃花"的奇特景观征服市场。

(8) 狭缝市场定位法。狭缝市场定位法指旅游景区不具有明显的特色优势，而利用被其他旅游景区遗忘的旅游市场角落来塑造自己旅游产品的市场形象。比如四川省德阳市营销策划方案中将原有四川娱乐城改造为童话乐园，就是将市场定位在儿童市场，并以独特的童话主题公园的形式推出市场。

(9) 变换市场定位法。变换市场定位法是一种不确定的定位方法，它主要针对那些已经变化的旅游市场或者根本就是一个易变的市场而言的。市场发生变化，旅游景区的特色定位就要随之改变。

三、旅游景区产品规划

（一）旅游景区产品的概念

旅游景区是一个地理区域的概念，而旅游景区产品是旅游经济概念。那么，凡是能够纳入旅游业发展规划中的旅游景区，统称为旅游景区产品。旅游景区产品是一种特殊的旅游产品，虽然它属于旅游经济中一项产品类别，但又不能完全属于私人产品，本质上它也是属于公共经济中的一种自然垄断性的混合产品，即介于公共产品和私人产品之间的产品。

科特勒认为，产品的营销人员需要从整体产品概念出发，来对自己的产品做出考虑。所谓整体产品，即把产品理解为由核心产品、有形产品和扩展产品三个层次所组成的一个整体产品。

1. 核心产品——旅游景区吸引物

核心产品是顾客购买的基本对象，满足顾客的核心利益和主要需求，即顾客认为能通过所购产品来满足个人所追求的核心利益或基本效用。核心利益通常是无形的，在很大程度上与主观意愿，如气氛、过程、松弛、便利等有关，顾客所寻求的是能够解决他们的问题或满足他们需求的产品。也就是说，顾客只会买能给自己带来利益和满足自身需求的那些产品。

旅游景区吸引物就是旅游景区内标志性的观赏物，它是旅游景区旅游产品中最突出、最具有特色的景观部分。旅游从某种角度讲，也可称作"眼球经济"，游客正是为观赏旅游景区某一特定物才不远千里、不怕车马劳顿赶来旅游的。这是旅游景区赖以生存的依附对象，是旅游景区经营招揽游客的招牌和幡帘，是旅游景区旅游产品的主要特色显示。没有这个吸引物，游客就不可能来旅游景区旅游消费，尤其是在今天旅游市场竞争日益激烈的情况下。吸引物不仅靠自身独有的特质来吸引游客，还要有一个良好的形象塑造和宣传才能达到应有的引力效果。所谓对旅游景区吸引物的塑造，实际就是给旅游景区旅游产品定位，就是把旅游景区最吸引人的、最突出的特色表现出来。这个特色进一步打造，还可以形成旅游景区的品牌，进而形成旅游市场的名牌。世界上著名的旅游胜地都是以其独特的地貌景观、建筑景物、历史遗迹、风俗民情等来吸引四面八方的游客前去游览的。如埃及的金字塔、纽约的自由女神、北京的长城和故宫、西安的秦兵马俑、长江三峡的神女峰、云南少数民族风情等。

另外，需要说明的是，旅游吸引物的构成是不断变化的。一些旅游吸引物由于人为破坏、游客偏好变化等逐渐消失。一些原先不是旅游吸引物的事物，也可以成为新的旅游吸引物。例如，伊拉克前总统萨达姆被捕时藏身的"蜘蛛洞"已经成为旅游吸引物，参观一次的门票是10美元。2004年，英国有6 000余人报名要去参观"蜘蛛洞"。美国军方更是准备将"蜘蛛洞"整体运回美国，使其成为美国一个新的旅游景点。

2. 有形产品——旅游景区活动项目

有形产品是核心产品的实现形式，即核心产品在市场中表现出的产品实体或劳务的外观，是营销人员把核心产品有形化的结果，即一个能满足顾客需求的实实在在的消费对象。有形产品应该具有5个特征：特色、品牌、质量、设计和包装。

旅游景区活动项目是结合旅游景区特色、围绕旅游景区主题举办的常规性或应时性的，供游客欣赏、参与的各种类型的群众性盛事和游乐项目，其内容丰富多彩，如文艺演出、体育比赛、民间习俗再现、各种节日庆典等。旅游景区活动项目也是旅游吸引力的来源之一，旅游景区活动能使游客的旅游感受更有趣味性，使旅游服务的主题更加鲜明和更有吸引力。例如，近几年才建成的河南省博物院，除了在造型古朴别致的建筑内展示中原五千年以来的出土文物，每天还进行两场古乐器演奏会，一下就使中原古文化以丰满的姿态展现出来，受到中外游客的欢迎。办好旅游景区的活动项目，有利于提升旅游景区的文化品位，丰富旅游景区产品内涵。

3. 扩展产品——旅游景区管理和服务

扩展产品是指顾客购买产品时，所能得到的有形和无形的附加服务和利益的总和。旅游景区产品形式尽管呈多样化，但其核心内容仍是服务。旅游景区产品的特点就是生产与消费的同时性。每一次服务的失误都不可能像其他产品一样重新产出，现场服务质量的高低关系到游客旅游质量的高低。服务过程中的管理是至关重要的，管理是为了更好地服务。旅游景区管理包含三个层面：一是对员工的管理；二是对旅游景区的管理；三是对游客的管理。不论是哪种管理，都是为了最大限度地满足游客需求，提升游客的体验质量。

另外，旅游景区的交通也可以看作是扩展产品的组成部分。由于很多旅游景区处在交通不发达的偏僻地区，游客出入旅游景区成为制约旅游景区发展的一大瓶颈。旅游景区产品生产与消费的同时性，使得游客必须到达现场才能消费旅游景区产品。所以，如何改善交通条件和基础设施，对于增加游客数量，提升游客旅游质量有着很大的作用。

旅游景区产品是一种服务业的产品。景区产品作为服务类产品中的旅游产品的一种，具备旅游产品的一些共同特征。

（1）旅游产品只向游客提供共享使用权。购买机票的人不能选择与谁共乘一架飞机，海滨度假者必须与在同一时间内选择与去海滩的任何人共享海滩。同样，主题公园的游客必须与在那里的其他游客，一起游览公园共享游乐设施。如果不同的游客有相互矛盾的期望和需求，就会削弱游览的品质，如活跃、好动的年轻人是无法与好静、慢节奏的老年人和谐共处的，一对情侣与成千对情侣共享夕阳下的海滩的感觉明显少了很多浪漫色彩。因此，游客管理的效果和作用取决于哪些人共享产品，他们之间是互补的，还是矛盾的。

（2）游客只享有产品的暂时使用权。如游客使用住宿设施的时间一般只有 1~2 个星期，主题乐园的门票一般只能当天使用，剧场的门票只能看一次演出等。

（3）产品的季节波动性和脆弱性。旅游产品受到多种因素的影响和制约，包括季节、气候等自然因素及其他政治、经济、社会因素，这与服务产品的不可储存性有关。服务业的产品实际上是有形制品和无形服务的组合，因此，服务产品被称作"制品服务组合"。制品服务组合是以满足目标市场需求为目的的有形产品与服务的组合。

旅游景区产品是一种有形产品与无形服务的组合，旅游景区的有形部分是游客获得体验的基础，旅游景区员工的仪容仪表、态度、行为和能力、游客的心理预期及一些不可控因素都影响游客在旅游景区的总体感受。如一些主题公园，就是由游乐项目这样的有形成分和乘坐游乐项目产生的刺激、害怕等感受所组成；博物馆产品则通过展示，使游客形成回顾历史的感受；参观建筑物的乐趣不仅由于建筑物有形的建设样式、颜色、体量、装饰、雕塑等对游客产生影响的具体特点，还有气氛、精神感染对建筑历史的共鸣等无形成分的影响。

（二）旅游景区产品的规划与开发

1. 旅游景区产品规划与开发的原则

旅游景区产品的规划与开发应遵循依托资源、面向市场、突出主题、注入文化、形成系列、塑造品牌的原则。

（1）依托资源。旅游景区产品的规划设计要充分依托本地资源，充分挖掘和利用资源优势。

（2）面向市场。旅游景区产品的规划设计要面向市场，在对市场进行充分研究的基础上，根据市场的结构和偏好设计出为游客所喜闻乐见的旅游景区产品，如面向年轻人开发的刺激游乐项目，面向城市学生开发的农业体验旅游项目。

（3）突出主题。旅游景区产品的规划设计要围绕某一主题，体现出鲜明的特色，这样才容易吸引目标客源。特色鲜明、主题突出的旅游景区产品便于形成规模化的旅游景区产品，同时还要提供专业化的服务，促进持续的品牌建设、营销推广，保持市场的关注，产生较大的市场影响。

（4）注入文化。一种文化的表现形式就是一种文化产品，旅游景区产品的设计要注重文化的注入，在整个旅游活动中的硬件和软件（设施和服务）都要体现出一种主题文化，要在旅游景区产品中营造出浓郁的文化氛围，体现出旅游景区产品的文化品位。因此，在旅游景区产品的设计中，要透彻地分析地方文脉，充分挖掘地方文化内涵，或根据旅游景区产品的主题注入相关的文化内涵，并对旅游景区产品进行文化包装。文化注入包括几个方面：文化内涵的挖掘与丰富；注重文化的表现形式；注重过程的文化性等细节，如消费活动细节，建筑小品、绿化小品等细节。目前，挖掘文化遗产已经成为旅游产品创意的主流，如浙江杭州的"宋城"、陕西西安的"大唐芙蓉园"都是以历史文化创意的成功旅游产品，而云南的"印象云南""纳西古乐"、广西桂林的"印象刘三姐"则以绚丽的民族文化作为创意的核心，大受追捧。

（5）形成系列。旅游景区产品的设计要依托地方旅游资源，面向市场设计出系列旅游景区产品。系列旅游景区产品要围绕旅游景区产品主题设计出系列化的旅游活动。

（6）塑造品牌。目前，人们的消费已从实物消费进入品牌消费的时代。品牌具有很强的心理定式，是一种购买导向。品牌也是一种精神境界和心理享受。所以，旅游景区产品的设计要突出主题，注入文化，进行品牌建设和塑造品牌，实行品牌运营。

2. 旅游景区新产品的开发

随着人们旅游需求的不断变化，旅游市场上传统的观光旅游产品难以满足现代游客的需求。旅游景区经营者必须不断开发新的旅游产品，才能更好地生存和发展。旅游景区大多依靠增加服务项目、模仿竞争者的旅游项目、改进产品质量等方式进行新产品开发。旅游景区新产品，大致可分为4种。

（1）全新产品。为满足游客新的需求而创新的景点，这种景点是旅游市场上以前未出现的，如上海黄浦江南岸的滨江大道。全新产品往往耗时较长，投资巨大且风险较高。

（2）换代产品。这是指对现有旅游景区的旅游内容进行较大改革后形成的产品。过去许多山地旅游景区没有索道，游客只能靠步行、攀爬进行游览。有了索道，游客可以在缆车内欣赏沿途景色风光。

（3）改进产品。对旅游景区产品进行局部的改变便是改进产品。例如，有的旅游景区增设体育用品出租服务，为在旅游景区内进行体育运动的游客提供体育器材。推出改进新产品是旅游景区吸引游客的一种有效手段。

（4）仿制产品。仿制是一种重要的竞争策略。旅游景区模仿市场上已经存在的产品，可分享到其他景区的部分推销效果，能较快获得增长的客源，故多被采用。旅游需求的发展日益体现文化、参与、新奇、环保、增强体验效果的趋势，正因为如此，旅游景区在开发新产品时，必须对新产品进行风险性分析，并密切注意旅游产品的发展动态，以避免新产品缺乏吸引力。

四、旅游景区产品销售

（一）旅游景区产品的价格策略

价格策略是旅游景区营销工作的重要方面。对于旅游景区的营销管理者来说，要成功地运用价格手段调控市场，保障旅游景区客源和收益的稳定增长，关键是要建立较为完善的价格管理体系。这个价格管理体系，应包括价格决策、价格组合和价格管理三方面的内容。

1. 影响旅游景区价格的因素

（1）资源因素。资源因素是影响旅游景区定价的基本因素。具有垄断性资源的旅游景区，完全可以根据自己的开发成本、需求程度、管理费用和利润目标，自主地决定其价格。而处于非垄断地位的旅游景区产品，其可替代性决定了定价时必须考虑到竞争对手的情况。

（2）季节因素。淡旺季段和不同时段的价格波动主要是受供求关系变化影响的缘故。在旅游旺季，旅游需求大于供给，价格就会调高。在旅游淡季，供给大于需求，价格就应降低。在旅游平季，价格会处于适中的状态。此外，旅游产品在不同时段的价格也应有所不同。如云南的世博园在价格上采取了不同时段的定价方法，世博园的门票上午的价格是每人100元，下午是每人50元，这主要是受产品的不同性质和不同时段的供求关系所决定的。这种不同时段的定价可以在宏观上调节游客人数和不同的游客群体，当然不同时段的价格变动也可能会受到管理者宏观调控的控制。

（3）需求因素。市场需求对价格有重要的影响。需求强度与旅游景区产品的价格往往呈正比例分布。需求价格弹性大的商品，在其他条件不变的情况下，价格越高需求越趋于减少，反之则增加。

（4）竞争因素。旅游景区产品一般来说并不是完全垄断性的，总存有竞争品和替代品，即使是用途完全不同的产品，也存在着争夺游客有限购买力的可能，比如游客因为其他的消费选择而放弃了一次计划性的旅行。依此观点，旅游景区的产品定价必须认真研究目标游客各方面的需求。

（5）政策和法律因素。所有国家都有自己的旅游经济政策，对旅游市场物价高低的调整都有相应的限制和法律规定，有保护性质的，有监督性质的，也有限制性质的。景旅游区的产品定价只能在法律约束范围内波动。

2. 旅游景区价格决策

旅游景区定价是一个比较复杂的问题。根据经营战略的不同，定价大体有三种决策方向：一是利润导向，就是追求利润最大化；二是销售导向，就是谋求较大的市场份额；三是竞争导向，就是采用对等定价或持续降价的策略，以应对竞争或者回避竞争。

（1）利润导向与高价策略。旅游景区经营战略以利润为导向，并不意味着产品一定要高价。但是利润导向的战略思维，常会导致经营者在价格决策时，较倾向于选择高价策略。当旅游景区品质较高，资源具有不可替代性，市场又处于供不应求状态时，情况就更是如此。比如九寨沟，票价高达310元（门票220元+游览车90元），但是国内外游客仍然趋之若鹜。

旅游景区选择高价策略，必须随时关注游客对于旅游景区产品及其相关服务的满意度，妥善处理好旅游景区和旅游经销商之间的利益平衡关系。此外，国有旅游景区具有准公共资源的属性，如果定价过高，超过了人们心理承受的极限，就有可能遭到市场的反弹，甚至引发政府干预。比如张家界等著名旅游景区在五一黄金周前夕集体突击涨价，就曾引起国内媒体的强烈批评。因此，高价策略的市场运用，最好是循序渐进，要让市场在不知不觉中逐步接受和消化涨价因素。同时，无论旅游景区品质多高，其最终价格应小心翼翼地维持在市场所能忍受的心理临界点之下。

高价策略的另一种情形是，旅游景区品质较好，但是区域市场内同质化产品也较多，这时候，选择高价策略就会面临较大的市场风险。2004年周庄旅游景区将门票价格从60元提高到100元，就遭到旅行社的抵制。结果，新建不久的乌镇旅游景区乘虚而入，迅速侵占了周庄原有的市场份额,使该旅游景区的年客流量一举突破150万人次。而周庄旅游景区非但未能享受到涨价带来的预期收益,反而导致客流量急剧下降。

(2) 销售导向与低价策略。新建旅游景区在市场导入期,为了赚取人气,常会选择以销售为导向的经营战略。进入市场成熟期之后,也有一部分旅游景区会继续沿袭这种经营战略,以保持已经获得的市场份额。销售导向的经营战略,在价格决策方面的表现就是低价策略。低价策略需要具备三个条件:一是市场对价格高度敏感,并且低价能促进市场成长;二是成本会随着规模扩大而下降;三是低价能够阻止现实的和潜在的竞争者。

跟其他快速消费品行业相比,游客对于旅游景区产品的价格敏感度相对较低。一个普通游客对旅游费用的关注,首先是旅游出行的总体费用,然后才是具体景区的价格。因此,如果旅游景区产品定价过低,未必能够促进市场成长。相反,过于低廉的价格,有可能对市场形成误导,使游客以为旅游景区质量欠佳,不利于旅游景区品牌形象的塑造。

旅游经销商对于旅游景区价格的任何变动,通常十分敏感。鉴于这种情况,一些资源不占优势的中小型旅游景区,常会采用大幅让利于旅行社的低价策略,主动对大型旅游景区发起攻击。由于大型旅游景区运营成本较大,价格难以大幅下降,中小型旅游景区的这种低价策略,有时也会十分奏效。比如,无锡太湖边的一个小旅游景区蠡园,为了争取旅行社将其纳入线路,就曾采用这种低价策略跟周边的大型旅游景区展开竞争,取得了一定的市场效果。

需要注意的是,如果旅游景区的产品质量较差,但却故意大幅抬高门票价格,企图用高额代理费引诱旅游经销商为其推销旅游景区产品,这种"价格虚高"的低价策略,很容易沦为营销理论中所谓的"骗取战略"。这在短期内可能产生一定的市场效果,但对旅游景区的长远发展危害很大。当旅游景区的价格严重偏离实际价值,游客必定会有上当受骗的感觉,从而泄愤于旅游经销商。结果,旅游景区的恶劣口碑在游客和旅行社之间交叉传播,损害旅游景区未来的潜在市场空间。

(3) 竞争导向与竞价策略。旅游景区经营战略以竞争为导向,其价格决策可能出现两种情况:对等定价和持续降价。在旅游景区更为常见的是对等定价。当某个旅游区域内各大旅游景区所占有的市场份额相对稳定,旅游景区之间常会出现某种默契,采取对等定价的方式,应对竞争或者回避竞争。对等定价的"价格标杆",通常是一个旅游区域或旅游品类中的龙头旅游景区。比如同处珠江三角洲,深圳欢乐谷票价为140元,于是新建的广州长隆欢乐世界就以之为基准,将自己旅游景区的票价定在145元。再比如同处四川阿坝地区,九寨沟票价为220元,而黄龙旅游景区就将票价定在200元。

对等定价的好处,是可以将旅游景区的市场竞争注意力,有效转移到价格以外的其他竞争要素,比如提高产品质量、加强市场宣传、改进客户服务等。对等定价的弊端,是可能形成准同盟性质的不正当竞争。当旅游景区拥有垄断性的资源,处于市场绝对强势地位时,这种定价策略,常会造成对旅游经销和游客的利益损害。不过,只要市场中出现新的可替代产品,或者其中某个旅游景区出现产品升级,这种价格平衡就会迅速被打破。

3. 价格组合

旅游景区的价格组合策略,主要分为两种类型:一是单一旅游景区的价格组合;二是系列旅游景区的价格组合。一般来讲,旅游景区在发展初期,大多是以单一旅游景区进入旅游市场。随着旅游景区规模和实力的不断壮大，产品品目开始细化，逐渐形成产品线。比如深圳华侨城，至今已有世界之窗、锦绣中华、中华民俗村和欢乐谷等四大旅游景区；横店影视城，已形成秦王宫、清明上河图、香港街、明清宫苑、大智禅寺、江南水乡和明清民居博览城等8个旅游景区；此外，大型旅游景区还可能同时经营饭店和旅行社，甚至将业务领域拓展至地产、娱乐和传媒等其他关联产业。这样，旅游景区就需要根据产品所针对的不同细分市场和目标游客，采取灵活多样的价格组合策略。

（1）单一旅游景区的价格组合。单一旅游景区的价格体系，分为3个层次：票房挂牌价、社会团体价和旅游团队价。

①票房挂牌价：主要针对旅游散客。旅游景区公开面向市场的挂牌价，应保持稳定性和连续性，不宜轻易变更。有些新建旅游景区在拓展市场时，喜欢在广告宣传中频频推出针对散客市场的大幅度票价优惠，这样很容易导致整个价格体系的紊乱，对于团队市场的营销工作也十分不利。此外，还有部分旅游景区错误地认为门票反正是可以随意印制的，到处滥发赠券。事实上，门票跟钞票一样，必须保持严肃性，赠券发得过多过滥，会使旅游景区的品牌价值迅速贬值。

②社会团体价：主要针对两种情况。一是旅游散客相伴出行的人数较多，到了旅游景区票房购票时，临时希望获得一定的价格折扣；二是旅游景区营销人员针对大型企业进行促销，由于企业旅游团体的总量较大，因而提出折扣要求。对于这两种情况，处理方法应既坚持原则，又保持弹性。所谓坚持原则，就是社会团体的优惠价格，在通常情况下不得低于旅游景区给予旅行社的折扣上限；保持弹性，就是旅游景区应在既定框架内给予营销人员和票房人员一定的价格自主权，以便快速处理团体游客的折扣要求，从而最大限度地避免游客不满和客源流失。

③旅游团队价：主要针对旅游经销商。在旅游景区的价格组合中，这是最重要也是最难把握的环节。归纳其市场难点，主要有两个问题：一是旅行社作为旅游经销商的主体，数量众多且渠道扁平。旅行社的规模有大有小，市场影响力有强有弱。有的旅行社彼此之间还存在强烈的相互竞争关系。这样，旅游景区在与旅游经销商合作时，对于价格折扣的处理，常会感到无所适从。二是旅游景区的旅游经销商不仅包括旅行社，一些旅游定点餐厅、旅游购物商店及各大宾馆饭店，手里也掌握着大量客源，会向旅游景区提出价格折扣要求。

针对这种情况，旅游景区对于旅游团队价的处理，重点应该把握好两个原则：第一，价格优惠应以旅游经销商对旅游景区的实际贡献为标准。旅行社规模大，并不意味着它为旅游景区输送的游客就一定多。旅行社规模小，也不等于它实际掌握的客源就一定少。许多在市场上名不见经传的中小旅行社和宾馆饭店，为旅游景区实际输送的客源，远远超过知名的大型旅行社。而且，他们一般不会提出不合情理的苛刻要求，是旅游景区值得与之长期合作的良好伙伴。第二，对旅游经销商的回报方式应该多样化。当旅游经销商对旅游景区的贡献很大，比如客源数量每年大幅度递增，这时候，旅游景区往往会陷入两难选择。如果不给予更多的价格优惠，可能导致旅游经销商的不满；如果每年给以新的价格优惠，又会使旅游景区价格持续向下波动，最终导致价格体系失去平衡。解决这一问题的最好办法，是调动旅游景区的综合资源，采取多种形式和手段，对旅游经销商主动进行"超值回报"。比如，在价格优惠之外，再给旅游经销商一定数额的广告费用，在年终对旅游经销商给以特别奖励，支持旅游经销商的企业公关活动等。而无论旅游经销商的客流量多么大，旅游景区的价格底线都不应轻易突破，这样，才能维持旅游景区价格体系的稳定。

(2) 系列旅游景区的价格组合。大型旅游景区发展到一定阶段，有可能形成产品序列，旅游景区价格也会呈现复合型的组合特征。复合型的价格组合，形式多样，机动灵活，有利于营销人员运用价格手段调控市场。旅游景区形成产品序列也会存在若干问题。比如，旅游景区的系列产品如果具有同质化的倾向，游客会认为没有必要游览所有旅游景区。同时，景点过多还会导致游览时间太长，不利于旅行社的线路行程安排。而旅游景区的系列产品如果彼此区隔，分别指向不同的细分市场和目标游客，又会加大营销资源的分配难度，造成旅游景区内部的协调问题。

在实际的市场运作中，价格组合需要遵守3个基本的营销原则。

①旅游景区营销资源应向核心产品重点倾斜。无论旅游景区的产品序列是同质化还是异质化，由于所处的生命周期不同，其市场发展潜力也有大有小，因此，可能产生的市场预期收益也大不一样。按照"占优选择"的策略原则，旅游景区应将有限的营销资源有效集中，凝聚于能够形成市场规模、产生较大当期收益、具有可持续发展潜力的核心产品或产品组合。要做到这一点，旅游景区必须坚持以游客为导向，首先完成内部的营销资源整合。

②要兼顾游客、旅游经销商和旅游景区这三者的利益。在对旅游景区系列产品进行价格组合时，旅游景区时常会碰到一个难题，就是如何处理好企业利润要求和市场实际需求之间的辩证关系。比如，横店影视城现有8个旅游景区，站在企业的角度考虑，自然是希望游客全部游览，这样才能获得最大收益。但是，游客也许只对其中的两三个旅游景区感兴趣，而旅行社的常规线路由于行程安排和线路报价等原因，也许只能选择旅游景区系列产品的其中之一。面对这种情况，旅游景区应对目标市场的需求状况和目标游客的消费特性进行深入研究，要将不同价格组合可能产生的市场效果，进行比较分析和反复推演。在此基础上，才能找到企业利益和市场需求的平衡点。最后，再运用价格手段去引导市场。

③价格组合不能变成"价格捆绑"。一些大型旅游景区，包括某些政府主导的旅游城市，有时候会采用"打包销售"的价格组合策略。所谓"打包销售"，就是旅游景区或城市将部分旅游景区通过某种形式进行组合，比如，以"旅游精品线路"或"某市一日游"的形式，面向旅游市场集体推出。为了确保"打包销售"的市场效果，旅游景区或城市还会相应推出价格和服务方面的一系列优惠政策。

应该说，由于游客对远距离的旅游景区和旅游城市缺乏认知，这种"打包销售"的营销方法，能够全面展现旅游景区或城市的优质旅游资源，丰富游客的旅游体验，有利于提高旅游景区或城市的品牌形象。不过，需要注意的是，"打包销售"绝不能变成"价格捆绑"。"打包销售"和"价格捆绑"的重要区别是，前者主要运用价格杠杆进行市场引导，旅行经销商和游客依然可对旅游景区产品进行自由选择，而后者则完全剥夺了市场对旅游景区产品的最终选择权，它在本质上属于一种"强买强卖"的不正当市场竞争行为。

对于旅游景区来说，"价格捆绑"的市场后果是极其严重的。1998年，无锡三国城和水浒城两大旅游景区取消单票实行两城合并，强制销售双城联票，曾经导致客源暴跌和收入锐减，使旅游景区经营陷入空前危机。云南大理将洱海、索道、蝴蝶泉、三塔4个景点捆绑销售，遭到北京、上海和广州等国内旅行社的集体抵制。从见诸媒体的报道来看，虽说云南大理的做法情有可原,但是,"价格捆绑"本质上是对游客选择权的一种剥夺,破坏了市场竞争的自由和公平法则。作为一级地方政府,采取这种营销方式是很不明智的。

(二) 旅游景区产品的渠道策略

营销渠道是指旅游景区作为产品提供者,通过各种直接和间接的方式,实现旅游产品销售的有组织、多层次的销售系统。对旅游景区营销而言,产品的出类拔萃固然重要,但合适的、通畅的渠道同样是一个必备的因素。

1. 营销渠道的主要类型

(1) 直接销售渠道。直接销售渠道简称直销,它指在旅游景区与目标市场之间不存在中间环节,直接面对游客进行销售。

由于旅游目的地和客源市场的地域关系,两者之间存在距离且较分散,游客永远不会相对集中于一个区域,需要由大量处在不同地方的服务供应企业,如饭店、餐馆及交通等和产品销售中介旅行社组成一个庞大的网络,才能完成旅游景区直接销售和接待任务。

旅游电子商务的实现,使旅游直销渠道形成网络系统,其发挥的功能之大,使旅游产品(票务、服务等)通过电子商务系统进入了每一个家庭,使每一个人都可能成为旅游直接销售渠道的购买者。毫无疑问,这正在很大程度上改变着营销理念。

(2) 间接销售渠道。在旅游景区和游客之间存在着中间环节,它往往由旅游批发商、零售商、经纪人、代理人等组成,并由他们组合成一个市场的销售网络体系。

对旅游景区来说,建立起自己完善的分销渠道是十分重要的,特别是对自己力所不及的市场,以及省外、海外的市场,培育起自己的分销网络对旅游景区的发展更是意义重大。在初期,旅游景区往往对分销渠道的中介商要给予大力支持,如为中介商提供大量分销成本来提高中介商的积极性。这些手段在初期也是必要的,尽管会提高分销成本,但比亲自销售所耗的成本低得多。在旅游市场发展成熟后,这种旅游景区产品应该由专业的供应者整体包装后进行分销,借此培育起了自己的市场销售网络,目前,这些方面正是我国所缺少的。

2. 渠道成员之间的关系

(1) 松散型关系。这是一种自发的市场组合,具有很强的偶然性和随意性,具有明显的一次博弈性。在这种渠道关系之下,渠道成员有较强的独立性,进退灵活,进入和退出完全由各成员自主决策,渠道的安全运行完全依赖成员的自律,缺乏有效的监控机制,从而安全系数小。渠道成员最关心的是自身局部利益的实现,每一个成员都仅基于自身利益的考虑,缺乏宏观意识、系统意识,渠道成员之间没有明确的分工协作关系,从而交通、广告、品牌、经验、人员等资源也无法实现有效共享。渠道关系是在成员之间持续不断的讨价还价过程中得以维系的,利有则来,利尽则散,现在绝大多数旅游景区经营企业的渠道成员关系均如此。

(2) 共生型渠道关系。在这种关系之下,渠道成员之间关系密切、共生共荣、共进共退,具有多次博弈性的特点。双方各自拥有对方所不具备的优势,每一方都能够从对方那里获得相应的核心利益,作为补偿,获得利益的一方也必须为对方提供相应的服务。双方有共同的需求,通过合作能够实现共赢。现在旅游行业这种渠道组合关系,也开始渐露雏形,渠道成员因各自竞争优势的不同,而产生一种有机的分工,如汽车运输公司、旅行社、广告公司、旅游景区经营企业等，形成一种协同竞争优势。

（3）契约型渠道关系。在这种关系之下，渠道成员之间关系的维护，是通过契约这一"文明锁链"来维系的，即在价值流转过程中，参与价值再分配的各渠道成员通过不同形式的契约来确定彼此之间的分工与协作、权利与义务关系。作为这种渠道关系的发起人通常在旅游景区的价值增值系统中处于一种相对高端的地位，或者拥有一种相对较强的控制资源的能力，或者维系这个价值系统对其有重要的增值意义，如黄山旅游发展股份有限公司发起成立的一种旅游营销联盟，就具有这种渠道关系的性质。这种契约型渠道关系的组织结构，也符合当今管理所追求的一种组织结构扁平化、柔性化、网络化、虚拟化的发展趋势。

三种渠道关系并无本质上的优劣之分，只是各自适合的对象不同，各自适合的阶段不同而已。对一些市场前景尚不明朗的中小旅游景区经营企业的渠道组成者而言，选择松散型渠道关系，未尝不是一种务实的选择；对一些大中型旅游景区经营企业而言，选择共生型渠道关系或契约型渠道关系应该是努力的方向，并应在探索的基础上根据自身对渠道资源的整合能力、驾驭能力，对其逐步加以完善。

3. 渠道成员管理

为了充分调动渠道成员参与旅游景区营销的积极性，作为渠道最终受益者的旅游景区，通常可采取以下激励措施。

（1）给予价格折扣。灵活的价格政策在相当程度上决定一个旅游景区竞争力。对旅游市场而言，可以采取下列措施对渠道成员进行利益刺激，它包括消费数量折扣、旅游淡旺季季节折扣、冷热旅游景区的搭配折扣、内部消费数量折扣等，目的是使渠道成员获得丰厚的回报和减少可能的风险。

（2）广告合作和支持。对一些重点市场、目标市场、细分市场，旅游景区经营企业为了向市场表达或传递一种独特的价值判断，应该给予渠道成员一些广告合作与支持。

（3）营销理念培训。旅游景区经营企业相对于渠道成员而言，无论在资金或人才储备方面都有一定的优势，作为一种共生共荣的渠道关系，旅游景区经营企业应该将其所具有的竞争优势转化为对成员的一种支持，这其中就包括营销理念、营销战略的培训。有了共同的营销战略、营销理念，旅游景区经营企业在进行渠道决策时，也容易找到共同的价值诉求。

（4）提供适度启动基金。对一些二线、三线、四线市场，旅游景区经营企业应该鼓励渠道成员去开辟新市场，并为他们提供必要的启动资金，以降低他们的投资风险。

（5）提供补贴。如促销补贴、广告补贴、包机补贴、包专列补贴等，通过这些形形色色的补贴，将渠道成员的成本合理化，以弥补渠道成员在市场开拓方面的缺陷。

（6）设立专项奖金。如友好合作奖、市场开拓奖、销售成长奖、管理贡献奖等。通过这些形形色色的奖励，将渠道成员联系在一起，促使他们为渠道的成长，做出更大的贡献。

旅游景区经营企业必须注意避免激励不足、激励过度、无谓激励三种现象的发生。当旅游景区经营企业给予渠道成员的条件过于苛刻，以致渠道成员无论怎么努力也不能达到目标时，就出现了激励不足，致使企业销售收入降低和营业利润减少，市场萎缩。当旅游景区经营企业给予渠道成员的优惠条件超过所能够获得的收益时，就出现了激励过度，致使旅游景区经营企业的销售收入虽有小幅提高，但利润量却有大幅下降。当旅游景区经营企业给予渠道成员的优惠条件并非渠道成员最关心和最渴望得到的条件时，就出现了一种无谓激励。激励要把握好激励点、激励手段、激励措施。

（三）旅游景区产品的促销策略

旅游景区产品的促销是指旅游景区旅游产品的推广手段，其目的是将有关旅游景区的各种信息推广给目标游客，以招徕游客的购买行为。它是营销组合中最大的一个变量。采取何种方式进行促销，既要看旅游景区产品的性质，又要看目标市场游客的喜好，还要在实战中因地制宜地选用成本较低、效果较好的促销手段。

促销方式多种多样，主要包括广告、公共关系、旅游宣传册、网络促销、社区促销等各种方式。

1. 广告

广告对于旅游景区形象、品牌的确立具有十分重要的意义。由于广告的主题突出，且创意新颖，不同形式的广告重复出现，易于在游客心目中产生感知形象。需要注意的是，旅游景区的生产能力有限，表现在：旅游景区的容量有限，饭店的容量也有限，旅游景区产品也不能像工业产品的生产一样，可以很容易地扩大生产规模。另外，旅游地形象和旅游产品的品牌并不主要通过广告来传播，主要依靠资源丰度、管理和服务水平。

2. 公共关系

公共关系是重要的促销手段，其目的是建立旅游景区与公众之间的良好关系，是与公众沟通的重要技巧。公共关系比之于广告，是成本效益比较高的一种促销手段，同时比广告更有利于树立旅游景区的形象和品牌。由于它旨在与公众沟通，并不仅限于目标市场，通过公关便于在公众中树立有口皆碑的良好形象，培育了潜在客源，因此有利于增加销售额。同时，由于公共关系的活动具有社会公益色彩，其能更有效地取信于公众，在一段时期内会持续地成为公众关注的焦点，而且所需成本还低于广告。公共关系营销的效果一般要优于广告。所以，旅游景区的促销，应在公共关系上多下功夫，公共关系促销更适合旅游景区产品的特性。公共关系促销应重点把握以下方面。

（1）与新闻界的关系。新闻发布会、记者招待会固然重要，与新闻界保持持久的合作关系更加重要，这样旅游景区的新旅游信息可随时见诸报端。此外，还可经常性、有目的地邀请目标客源地记者来访、采风，并有针对性的策划主题活动，使消息的报道更有深度。

（2）节庆活动。利用各种节庆活动吸引媒体和公众的注意力，围绕节庆活动可策划一些旅游景区的专题活动，使节庆活动更有深度和影响力。

（3）专题活动。就旅游景区的文化和生态内容进行专题讨论、专家论坛，在电视台做专栏节目，举行与旅游景区产品有关的纪念活动。如韶山凭着自己政治地位的特殊性和毛泽东本人的魅力，常常成为世人瞩目的焦点。2004年7月，"中国红色之旅——百万青少年湘潭韶山行"活动在韶山正式启动，来自北京大学、清华大学、中国人民大学等院校的代表及韶山当地中小学生代表齐集韶山毛泽东铜像广场参加仪式，全国共有几十家媒体报道追踪了此次活动，吸引了众多的"眼球"，也招徕了广泛的市场客源。

（4）公益活动。旅游景区通过资助慈善事业、社会公益事业、政府主办的大型活动以赢得良好的声誉，对树立旅游景区良好的形象意义重大，大大提高旅游景区在公众中的形象地位。

3. 旅游宣传册

旅游宣传册指传统的旅游宣传印刷品。其功能主要是通过分发给自己的分销渠道、潜在的游客宣传自己的旅游产品和形象。当然，有的旅游宣传册还具有招商引资的功能，是将旅游景区资源的特色宣传与招商引资项目合为一体的。

旅游宣传册的设计应把握以下几个方面的内容：突出旅游景区的整体形象；充分展示旅游产品的特色和区域文化特色；全面反映吃、住、行、游、购、娱六大要素为游客提供的便捷、舒适的服务；语言表述精练、准确、优美动人；根据企业标识（Corporate Identity，CI）设计的要求，要有标准色、标准字、标识图案，色彩配搭美观并有视觉冲击力，版式设计要有个性。

4. 网络促销

业内人士认为，旅游景区营销系统可被认为在信息化时代中形成的新的旅游营销模式。通过网络促销已成为成本最低、覆盖面最广、最有前景的促销手段。网络促销一般分为以下几种类型。

（1）新闻信息发布。通过网上不断发布的旅游景区的新闻和信息，使游客获得大量的资讯，其中包括资源介绍、产品介绍。

（2）票务预订。通过网络直接实现订房、订票业务，游客可直接在网上成交，在成交签订协议前，游客在网上可详细浏览旅游景区的各种信息。这也可吸引许多饭店、旅行社到网上做电子商务。在旅游电子商务网络中，以携程网（www.ctrip.com）为代表。

（3）B2B 模式。电子商务的组织者不针对散客，只针对团队，通过收取会员费和交易佣金来维持电子商务的生存、发展。其代表是华夏网（www.ctn.com）。

互联网营销也有不足之处。网上信息繁杂，不利于游客的发现和筛选，而且与游客所习惯的、传统的面对面咨询、销售相比，网上销售在个性化服务、微笑服务、人情服务等方面仍然存在先天不足；同时，网上预订的安全性和金融交易的可靠性也存在着许多问题，互联网受众的复杂性和不明确性，也在一定程度上削弱了旅游营销效果。

3.2.3 任务训练

实训要求：假设你是某主题乐园的市场营销总监，在营销渠道上，你会怎么样选择旅游经销商？并且恰逢某大型体育赛事要在主题乐园所在城市举办，你会如何设计促销策略组合？

旅游景区营销
典型案例解析

实训目的：熟悉旅游景区的渠道策略和促销策略，能够运用基本理论进行实际问题分析。

实施步骤：小组分工合作，完成以下工作。

（1）熟悉本项目所学的旅游景区渠道与促销管理方面的基本知识。

（2）文献阅读，搜集相关的文献资料和成功失败案例。

（3）到本地目标旅游景区实地调查研究，了解其在渠道和促销管理方面的实际情况。

（4）小组分析和讨论，并形成书面调查报告上交。

（5）以学生的调研报告为基础，在班级展开共同讨论和分析，最后教师予以评价。

3.2.4 通关游戏

一、知识关

1. 市场营销在旅游景区管理中处于_____地位。

2. 根据游客的_____，可以将旅游市场分为高档游客市场、中档游客市场、低档游客市场。

3. 如果竞争者数量较少或弱，且产品具有垄断性，旅游景区则可采取_____策略。

4. _____是市场定位的基础。

5. 我国旅游景区的渠道成员之间的关系有三种类型，它们是（　　）。

　　A. 松散型关系　　　B. 共生型渠道关系　　　C. 契约型渠道关系　　　D. 利益共享关系

6. 差异化是旅游市场定位的核心内容，具体表现为（　　）。

　　A. 产品差异化　　　B. 形象差异化　　　C. 服务差异化　　　D. 人员差异化

7. 名词解释：旅游景区市场营销、旅游景区市场细分、旅游景区目标市场、旅游景区市场定位、旅游景区产品的促销

二、能力关

1. 实际调查两种旅游景区的产品，用你所学的知识选择较为合适的方法和策略制定价格。

2. 比较几种常见的广告媒体的优缺点。结合某旅游景区的具体旅游产品进行分析并选择广告媒体。

3.2.5 总结评价

1. 总结回顾

旅游景区市场营销是旅游景区组织为满足游客的需求并实现自身经营和发展目标，而通过旅游市场实现交换的一系列有计划、有组织的社会和管理活动。旅游景区营销特色，主要表现以下几个方面。

（1）注重体验营销，关注游客整体体验。

（2）在促销组合中以拉式策略为主，推拉组合，突出网络营销、广告营销、形象促销等手段。

（3）旅游景区营销注重事件营销。

（4）旅游景区营销注重服务营销和全员营销。

在旅游景区管理中有如下四项基本作用：第一，发现和了解游客的需求。第二，指导经营决策。第三，开拓市场。第四，满足游客的需要。

旅游景区在制定价格时要考虑资源因素、季节因素、需求因素、竞争因素、政策和法律因素等。一般情况下，根据经营战略的不同，定价大体有三种决策导向：一是利润导向；二

是销售导向；三是竞争导向。同时也要根据具体情况采用不同的价格组合。

2. 自评和小组互评

请根据项目任务的学习目标和完成情况，按照表3-2-1来完成自评和小组互评。

表3-2-1 评价考核表

考核项目	考核要求	是否做到	改进措施
旅游景区服务理念	了解市场营销和旅游景区市场营销的基本知识	□是 □否	
	了解旅游景区市场调研的含义、作用及类型	□是 □否	
	了解旅游景区市场细分的含义、意义、原则	□是 □否	
	了解旅游景区市场定位的含义、步骤	□是 □否	
	了解旅游景区产品规划、定价、渠道和销售方面的基本知识	□是 □否	
总体评价	检查任务完成情况	完成度1~5	
	评价任务完成过程的表现	评分1~5	
	团队合作程度	评分1~5	

任务3.3 旅游景区安全保障与管理

知识目标

1. 理解旅游景区设备管理的任务和意义。
2. 理解旅游景区安全管理的重要性、安全事故原因。
3. 理解旅游景区游客管理与旅游景区安全之间的关系。

技能目标

1. 能够做好旅游景区安全事故预防工作。
2. 能够运用所学理论分析旅游景区安全管理遇到的实际问题。

3.3.1 任务导入

要想彩跑欢，把好安全关

2015年6月27日，台湾新北市八仙乐园举办"彩色派对"活动，其间发生粉尘爆炸的事故，500多人受伤送医。有媒体报道，事故原因可能是活动中大量喷射彩色玉米粉碰上火花所致的粉尘爆炸。事故的发生，让近年来作为一种新鲜时尚元素而迅速成为很多旅游节庆新宠的彩跑活动，一时备受争议。

据了解,"The Color Run"(中文译为"彩跑")源于美国。活动中,参与者一般身着白色T恤,从头到脚抛撒彩色粉末,跑步过程中经过不同的彩色站,抵达终点时通过把手中的彩色粉末向空中抛洒的方式进行庆祝,故名彩跑。彩跑是目前美国境内最大型的跑步系列活动。2014年,彩跑已经在全球50多个国家举办了超过300场主题活动。自2013彩跑活动引入中国以来,便迅速成为很多城市旅游景区、旅游节会活动的新宠。据不完全统计,近两年来,旅游景区举办的彩跑活动已多达百余场,其中不乏大型旅游景区,如北京园博会举办的彩跑活动,就吸引了近3万人参与。2015年,在全国47座城市计划举办50场彩跑活动。

彩跑活动倡导的环保、健康、快乐和个性理念,可达到释放压力、享受运动、制造快乐的效果,满足游客休闲、体验、参与的需求,符合现代都市人的追求。借助彩跑活动,既可以形成轰动效应,带来知名度,又能够吸引年轻人的眼球,引领年轻人的消费,带动相关的产业,从而产生经济效益。因此,彩跑活动颇受旅游城市、旅游景区、旅游节会活动青睐。

据媒体报道,台湾新北市八仙乐园"彩色派对"粉尘爆炸事故发生后,有关部门已禁止公共活动中使用彩粉原料。尽管彩跑活动主办方一再强调所用原料健康无害,但"新北事件"还是引发了公众的质疑。类似彩跑等活动用到的彩色粉原料多为玉米粉,无论是玉米粉、太白粉、地瓜粉,均属可燃物质。若活动现场大量喷洒彩粉,容易导致浓度过高,只要遇到火源,极易造成粉尘爆炸。在炎热的夏季,气温高、气压低,人流密集场所空气流动性差,为彩跑活动增添了安全隐患。即便不考虑粉末本身爆炸的危险,彩跑活动也存在诸多安全隐患。从国内彩跑活动现状来看,主办方考虑更多的是活动的趣味性、参与性和体验性,对安全方面还缺乏足够的准备。对参与者来说,大剂量、高浓度的粉末进入呼吸道,对呼吸道本身比较脆弱的人,特别是老人和小孩,带来的影响难以预料,一旦劣质粉末混入其中,更容易对游客身体造成损害。

〔资料来源:左登基,杨立,胡昊. 要想彩跑欢必须把好安全关 [N]. 中国旅游报,2015-07-01(3).〕

任务思考:
1. 上述活动中出现的安全事故的原因是什么?
2. 活动主办方在策划活动时应该做好哪些安全防范?
3. 事故发生后,应如何处理?

3.3.2 知识储备

一、旅游景区设备管理的意义和任务

(一)旅游景区设备管理的意义

旅游景区设备管理是指以最佳服务质量和经济效益为最终目标,以最经济的设备寿命周期费用和最高设备综合效能为直接目标,应用现代科技和管理方法,通过计划、组织、指挥、协调、控制等环节,对设施系统进行综合管理的行为。

做好旅游景区设备管理工作具有重要意义，主要表现为以下几个方面。

1. 有助于提高旅游景区产品质量

旅游景区产品的质量离不开高质量的设备。通过对设备的管理，能够使设备得到合理的配置，并通过及时的更新改造、维修保养，保持设备的正常运行，使游客能够在愉快舒适的环境中顺利地游览观光，获得高质量的旅游体验。

2. 有助于降低旅游景区运营成本

在旅游景区成本构成中，设备占有较大的比重。加强设备管理，根据设备的特点，采用科学的使用方法，制定设备的保养计划、维修制度，可以起到减轻设备磨损、促进资产保值、降低成本的作用，对旅游景区获得长期、良好的经济效益具有十分重要的意义。

3. 有助于保证游客安全

在影响旅游景区安全因素中，设备是其中重要的构成因素之一。设备始终处于良好的状态，才能确保游客在旅游景区内生命财产的安全，这对维护旅游景区的信誉，树立良好的企业形象等方面具有重要意义。

（二）旅游景区设备分类

旅游景区的设备是指构成旅游景区固定资产的各种有形物品，其类型多样。根据旅游景区设备的用途，可分为基础设备、服务设备、游乐设备三大类，每个大类还可以划分为不同的亚类，如表3－3－1所示。

表3－3－1 旅游景区设备分类

类别	构　　成
基础设备	道路交通设备、电力设备、给排水设备、绿化环卫设备、建筑设备、安全设备
服务设备	接待服务设备：餐饮设备、住宿设备、商业服务设备； 导游服务设备：各种导引标识、解说设备
游乐设备	散布于旅游景区内的游乐设备：索道、过山车、漂流设备等； 附属于接待设备的游乐设备：健身房、保龄球馆、游泳池等

（三）旅游景区设备管理的任务

1. 保证所有设备正常运转

旅游景区设备管理的重要内容之一，就是要通过建立科学的管理体系，聘用技术过硬的人才，保证所有设备在营业的时间内能正常运转。对出现的故障要及时清除，因为任何的设备故障或运转不正常都会直接引起营业收入的减少和旅游景区形象的损坏。

2. 制定科学的设备保养计划和维修制度

设备的维修和保养关系到设备的使用寿命，设备管理人员必须了解所有设备的性能和使用要求，制定科学的设备使用方法、操作规程、各级保养计划和及时维修制度，尽量延长设备的使用寿命，从而降低企业的经营成本，提高经营效益。

3. 对设备进行更新改造

为了保证旅游景区对目标市场的吸引力，旅游景区必须不断地追求设备的先进性，因此，旅游景区应根据市场竞争状况及自身的情况，对原有设备不断进行更新改造，以提高旅游景区的竞争力。

4. 对设备进行安全管理，保障游客生命财产的安全

良好的设备运转情况是游客生命财产安全的重要前提基础。旅游景区经营者必须高度重视旅游景区的安全生产状况，时刻注意旅游景区设备的使用、维修状况，确保旅游景区设备良好的运行条件，保证设备运转正常，确保安全生产。

（四）旅游景区设备管理的核心内容

1. 安全管理

设备安全运行是旅游景区设备管理的基本要求，其要点包括：

（1）对各种不同设备制定相应的操作规程，并要求相关操作人员认真学习、熟练操作。

（2）建立旅游景区设备的维护、保养、检测制度。制度中包括每天的日常检查内容及检测参数，还有每月检查和年度检查等内容。有些设备的检查，如锅炉、电梯、大型游乐设备等，每年都需要经过专门的技术监督部门检测，得到合格证后方可运行。

（3）设备的作业人员需要持证上岗。特种设备，如客运索道、大型游乐设备的作业人员，应当按照国家规定，经地级市以上特种设备安全监督管理部门考核合格，取得相应的特种设备作业人员证书后，方可上岗作业或者从事管理工作。

（4）建立健全设备安全管理体系。旅游景区的基础设备和景观设备等都是不直接产生效益的，而且运行成本大，维护费高，安全问题很容易被忽视。旅游景区必须设立自上而下的设备安全管理体系，明确分工，责任到人，并直接与员工的绩效考核挂钩，做到"安全无盲区，责任有人担"，确保旅游景区设备的安全运行。

2. 人员管理

（1）人员的角色管理。在基础设备、景观设备、表演设备上的人员设置要求定岗配备，操作人员与维修人员是双重岗位，既是设备的操作人员，也是旅游景区的服务人员，必须使其认识到其角色。

（2）人员的技能培训。针对具体不同的设备，需要对操作人员进行技能培训，让操作人员熟悉设备的性能、运行规程和操作规程，确保设备的正常运行。

（3）人员的人性化管理。操作人员的日常工作比较枯燥乏味，具有机械重复性，容易滋生厌倦情绪，麻痹大意，成为安全隐患的源头。因此，旅游景区要注重培养员工的敬业精神和安全责任意识，并且充分利用各种激励机制，有针对性地开展人性化管理，激发员工的工作积极性，使之以饱满的精神状态投入工作之中。

3. 档案管理

旅游景区内的各种设备必须进行详尽的档案管理，其要点主要包括：在设备安装调试正常投入使用后，要建立规范的设备档案；设备的各种技术资料，包括设备的说明书、图纸，设备维护、检修的周期，内容和要求等都要存档保管，以备日后维修时查阅；对于设备运行中的维护、检修、技改内容等也要详细记录，作为设备管理的基础性技术资料。

4. 应急管理

旅游景区的设备要做好应急管理。任何设备都有可能出现故障，危及游客安全。因此，

在设备运行正常的情况下,一定不要忘记危机会随时出现,应做好事先预防,不要等紧急情况出现以后才亡羊补牢。由于旅游景区服务的特殊性,为了不影响正常运营,许多设备要求故障停机时间尽量缩短,这样就需要准备充足的备品备件,以备维修时更换,确保设备得到及时、有效的维修。同时,旅游景区要制定完善的应急预案,在突发事件发生时能第一时间启动应急方案,应对突发事件所带来的影响。

二、旅游景区基础设备管理

旅游景区基础设备主要包括交通道路设备、电力设备、供排水设备、邮政和信息服务设备等。旅游景区基础设备的完备程度、质量高低、运行好坏直接影响到旅游景区产品质量,也是保证旅游景区正常运营的基本保障,必须加强管理。

(一)旅游景区道路交通设备管理

道路和交通设备是旅游景区基本的构成要素之一,除基本的交通功能外,还具有集散和疏导游客、引导游客、划分景观层次等功能。旅游景区道路主要包括车行道、停车场、步行道及特殊交通道等。

1. 车行道

车行道指供旅游景区内机动车及非机动车辆行驶的道路,按其等级分为主要车行道和次级车行道。对车行道的基本要求如下:

(1)主要车行道以车辆行驶为主,并且为车辆的快行道,因此,要实现人车分流,以免发生危险。

(2)次级车道由于车辆较少且车速较慢,可以采用人车共用车道的形式进行规划和设计。

(3)车行道要求路面平整,无尘土,符合安全行车要求。

(4)要求配备的设备主要包括:各景点供游客上、下车的站牌、根据道路交通情况设立的交通标识等。

(5)注重环保。旅游景区内要尽可能使用电瓶车、液化汽车等利于环保的交通工具。

2. 停车场

停车场一般位于旅游景区出入口的外围。对旅游景区停车场一般有如下要求:

(1)停车场的大小应根据游客日流量、游客到旅游景区所乘坐交通工具的方式、旅游旺季的停车位需求,按照"比平季略高,旺季可调剂"的原则,综合考虑停车场建设。

(2)停车场的建筑需与旅游景区景观相协调。如人文旅游景区停车场的设施和建筑一般应仿造旅游景区的建筑风格及特点建设,与旅游景区景观融为一体。

(3)停车场须设立停车线、回车线,大型的停车场应进行分区,一般分为大车停车区和小车停车区,分别设立出口和入口。

(4)停车场一般应配备汽车维修、清洗保养、消防等设施等。

(5)停车场必须有专人管理,指挥车辆出入,保证车辆安全。

(6)地面应平整、坚实。根据旅游景区的具体情况,停车场的地面可分别建设生态化地面、砂砾地面、泥土地面等。

（7）注重环保。国内不少旅游景区都建成了生态停车场，生态停车场是指有绿化停车线、绿化停车面、绿化隔离线的停车场。

3. 步行道

步行道是供游客游览的主要道路，车辆不能进入。步行道按照其等级分为主要步行道、次级步行道及小径等。按照步行道的坡度可以分为水平步行道和阶梯状步行道。按照步行道的地表状态可以分为人工步行道和自然步行道。步行道对游客的体验程度具有重要影响，其设计一般有以下要求：

（1）便于观赏。步行道必须经过主景观的最佳观赏点，把主景观最美的特质展现给游客。在主景观的不同观赏角度和距离，设计不同的观景点，让游客从不同角度重复观赏，强化感受。尽量为环形，尽量不让游客走回头路，始终有新奇感。

（2）形式多样。步行道可以有曲有直，有宽有窄，有平有险。应根据景观的自然特点和地形特点，保持自然风貌，使游客在游览线路上有登山、有越涧、有穿林、有涉水，不断变幻空间、变幻视线，丰富体验。具体线路可有多条，有险、有平、有索道线、有步行线等，以供不同年龄、不同兴趣的游客选择。

（3）就地取材。路面材质根据旅游景区的实际情况，可采用青石板、大理石、石条、青砖、鹅卵石、水泥、木板、竹板等，一般应就地取材，选用生态型环保材料。例如，黄龙旅游景区在绝美的钙化景观上，铺设色彩相近、错落有致的木板游道；香格里拉的碧塔海过去曾主要采用弹石马帮道；大多数的山岳型旅游景区在山体上开凿石板游道，在小溪上架设石拱桥；大多数的古城、古村落旅游景区选择青灰、青砖游道。

（4）便于休息。根据游览线路的长度和攀登的高度，适时设立休息点，使游客随处可安，灵活行止。休息点要设立观景的亭、台、廊，配备供游客休息的椅子、凳子等设备。

（5）设施齐全。步行游览道要求配备相应的设备，如与景观协调的垃圾箱、公厕、指示标牌等，距离适宜的饮料、小吃供应点。

（6）便于管理。步行道的管理主要是日常保洁、路面维护、配套设备更新等，其设计应注意管理的便利性。

4. 特殊交通道

特殊交通道是指旅游景区中特殊交通工具使用的交通道路类型。根据旅游景区不同的地理位置和地形状况，旅游景区内常见的特殊交通工具主要有索道、缆车、踏步电梯、水面交通、空中交通，如水城威尼斯的小船刚朵拉、峨眉山的轿子、玉龙雪山的马帮、杭州雷峰塔的踏步电梯都是富有特色的交通工具，增加了旅游景区的吸引力。

在旅游景区内部交通道路设计时，如果适当配置具有特色的交通工具，能够增加旅游的趣味性，强化旅游体验。特殊交通道的管理一般涉及环境管理、游客行为管理、设备实施维护、安全保障等多方面。

（二）旅游景区电力设备管理

电力设备是旅游景区其他设备的动力源泉和夜间照明的光源，其管理目标是保证旅游景区供电的正常、可靠、安全和经济。

一般而言，旅游景区的电力通常都是由区域发电厂直接输出，或者由国家电网、地方电网接入，然后通过变电站或变电设备向旅游景区内输送。旅游景区电力负荷分为照明和动力两部分，旅游景区相关部门必须根据旅游景区用电负荷需求设计供电能力，维护供电设备，保证旅游景区供电安全、可靠。由于旅游景区是国内外游客游览、参观、娱乐、住宿、会议的重要活动场所，对供电的可靠性有较高要求，要保证供电的持续性，任何时间不能中断。一旦线路发生故障，可立即采取应急措施，保证旅游景区用电安全。此外，为保证旅游景区景观的完整性、美观性，也有利于对线路的保护，旅游景区的供电网线应尽量埋设在地下管道中。

（三）旅游景区通信设备

通信设备是旅游景区基础设备的重要组成部分，在信息密集的今天，确保通信的便捷是人们的基本要求。为确保游客与外界联系方便快捷，在信息交换方面为游客创造良好条件，同时保证旅游景区内部运行的信息传递，旅游景区必须有必备的通信设备，旅游景区的主要通信设备包括邮政设备和电信设备。旅游景区的主要信息服务内容包括外联电信服务、外联邮政服务和内部管理系统。

（四）旅游景区给排水设备管理

旅游景区的给水设备主要有水净化处理设备、上下水管道、排水、蓄水设施。排水设备主要有排水管道、污水处理设备。给排水设备要能满足旅游景区供水和排水的需要。在无法获得自来水的情况下，旅游景区要设立水处理净化站。水净化处理站要尽量靠近用水地，距离太远将降低水压。污水处理站应设置于远离游客集中的地方，并设置500米左右的隔离地带，以防对环境和景观造成损害。经污水处理设备处理过的水要能达到国家要求的排放标准。

（五）旅游景区绿化环卫设备管理

绿化设备主要就是各种绿化花木，具有多种功能，除了观赏，也可用于旅游景区设计之中，同时还起着平衡生态和改善旅游景区环境质量的作用。绿化工作是旅游景区日常工作的重要组成部分。旅游景区在选择花木绿化时，应以选择本地树种为主，因为本地树种易存活，成长快，与旅游景区特色相符。在绿化时要考虑季节的变化，合理搭配种植花木，使旅游景区四季有景，四季景异。

旅游景区的环卫设备主要包括厕所、垃圾箱和垃圾处理站等，它们具有保持旅游景区环境整洁的作用。旅游景区厕所要建设在隐蔽，但易于寻找，方便到达，并适于通风排污的地方，厕所的外观、色彩、造型应与景观的环境相协调。另外，可用水冲式厕所或使用免冲洗的生态厕所。旅游景区的垃圾箱应造型美观，与环境相协调，并随时保洁。垃圾处理设备的日处理垃圾能力应不低于旅游景区垃圾产生量。

三、旅游景区服务设备管理

（一）旅游景区住宿接待设备管理

按照旅游景区住宿接待设备的档次和运作模式，旅游景区住宿接待设备一般分为星级酒店类、自助或小型旅馆类、特色小屋类及露营式。

1. 星级酒店

星级酒店是旅游景区住宿接待系统中档次最高的类型,应按照国家星级酒店标准进行建设和管理。一般而言,只有在规模较大的旅游景区和高级商务度假旅游区,星级酒店才能拥有市场。酒店具有较大的体量,并且对周围环境影响较为明显,因此,在旅游景区内设立该类住宿接待设备应格外注意可能造成的对旅游景区生态环境和视线环境的破坏。

(1) 选址要求:

①交通。星级酒店要有良好的外部连通性。一般来说,要允许汽车直接开到大酒店,游客应该能够较为便捷地前往旅游景区中的核心区域。另外,作为游客住宿休息的场所,酒店周围要保持相对安静的环境,不宜过于靠近交通要道。

②景观。酒店要求有良好的景观环境,特别是位于度假型旅游景区中的酒店,其对景观环境质量的要求就更高。旅游景区中酒店的周边景观环境要与酒店的建筑风格相一致,并为游客提供休闲娱乐的场所。另外,酒店的建设也不要影响旅游景区中的景观视线。

③能源。酒店的布局应该考虑到能源供应的问题。由于酒店能耗较大,为了保证游客享受到最佳服务,酒店的选址应远离旅游景区的能源消耗高峰区域。

④生态。酒店的经营活动通常会产生大量废弃物,所以,酒店不应设置于生态环境较为脆弱的地段,应做好废弃物的处理工作。

(2) 外观及体量要求:

①特色化。特色化是指酒店的外观和体量与旅游景区及本地的特色相一致,在建筑形式上通常采用本地特有的建筑样式,可以获得较为理想的效果。

②生态化。生态化是指尽可能利用本地材料或本地的建设工艺来建造,做到与周边的生态环境协调。如通过利用当地已有的建筑来充当酒店的载体,以减少旅游景区内建设新建筑而带来的生态冲击。

③景观化。酒店同样是旅游景区景观中的有机组成部分,因此,在酒店的外观设计上要具有可观赏性,并保证不会对旅游景区景观的和谐性造成破坏。一般而言,目前旅游景区中的酒店日益倾向于中低层,以免过高的建筑破坏景观,通常认为旅游景区中的酒店不应高于10层。

(3) 内部设施:

①数量规模。酒店设计应在市场预测基础上,综合考虑各种因素,控制好数量规模。

②质量等级。质量等级应满足目标市场游客需求特点。

2. 自助式或小型旅馆

自助式或小型旅馆是指旅游景区中在设备和环境上较星级酒店要求低的住宿和餐饮场所,其基本要求涉及以下几个方面。

(1) 区位及选址:

①交通:自助式或小型旅馆同其他接待设备一样,需要有良好的内外连通能力,便于游客进入。这里的连通能力一方面是指与旅游景区之间要具有交通通道,另一方面则是指与旅游景区依托的城市交通枢纽站之间应具有较为畅通的连通。由于该类旅馆接待的大多是散客,不可能如团队一样有专门的通勤车辆送达酒店,因此,交通便捷性对于这类旅馆而言更

为重要。从实际情况看来，这类旅馆，一般不会被设置于旅游景区内部，而通常位于旅游景区周边地区的主要交通干道沿线。

②成本：自助式或小型旅馆的特点之一就是价格便宜，主要为游客提供住宿服务，因此，对于接待设备的档次和住宿的环境要求不高，整洁即可。所以，这类旅馆在选址时往往会趋向于地租价格相对较低的地段。

（2）外观及体量。对于这类旅馆而言，外观和体量相对来说不太重要。如果其位于旅游景区内，则在建筑形式上与旅游景区风格一致即可。特别对于家庭型旅馆而言，其依托的空间是当地居民的住宅，因此，其在外观和体量上不能破坏旅游景区景观，并且要与周边居民建筑融合。

①内部设备：对于自助式或小型旅馆而言，由于其提供的服务较为单一，因此，游客在服务设备上的要求也较为简单。基本要求：至少有 2 个以上房间，4 个以上提供游客住宿的床位，人均居住面积不小于 $4m^2$；根据当地气候，有采暖、降温设备，通风良好；客房要经过一定的装修；供游客住宿的房间配有床、桌、椅等配套设施，有必要的电源插座，照明充足；必须能够供应饮用水；有供游客用餐的餐位，可以根据需要，提供餐饮服务；有卫生间，并配有较为齐全的卫生设施，必要时有热水供应；应有 24 小时能够提供服务的人员；游客所在房间能提供单独的钥匙；能用普通话作为服务语言。

②安全性要求。能够保障游客生命、健康及财产安全。基本要求：房屋建筑安全、牢固、底层、临街靠巷房屋和容易攀爬的阳台及窗要有防护栏；厨房中应有消毒设备，有防蟑螂、老鼠、蚊子、苍蝇的措施；客房和卫生间每日全面清理一次，保持清洁、整齐；床单、枕套、被套等卧具应一客一换，供游客使用的餐具、茶具、公共用具必须清洗消毒；空气质量、湿度、噪声、水质必须符合国家卫生标准；对游客的财产有妥善保管办法；有应急照明灯或应急照明电筒，有灭火器等必要的消防设备及防火措施。

3. 露营地

（1）露营地的分类：

①临时营地：通常需要较少的设备，游客停留时间一般不超过 48 个小时。

②日间营地：在某些游憩型旅游景区设立的，仅限于游客白天使用或特殊情况下可以滞留一夜的露营地。

③周末营地：一般分布于城市周边地区的旅游景区内，允许游客进行户外活动，提供运动设备。通常还为儿童提供游戏场地及其他一些设备和环境。

④居住营地：是一种比周末营地更为长久的营地类型，主要为旅游活动房、可移动车房或临时平房建筑所用。露营点（停放点最小面积 $200m^2$）以年度作为租赁的基本时间单位，或者以完全产权销售或产权租赁的方式转让使用权。

⑤假日营地：一般位于靠近旅游资源质量较高（海滨、湖滨、森林等）及交通便利的地区。例如在滑雪旅游度假区可以开发拖车营地（居住时间为整个冬季），该类露营地的选址应考虑有便于除雪的停车场，配有烘干房、儿童游戏房及其他室内服务设备。

⑥森林营地：是美国家庭度假的典型代表，通常配合森林游憩同步开发。该类露营地属于中低密度的开发类型，每个营地最多 25 个单元，两个单元之间最少留有 35 米的间隔，并配有全套的服务设备。

⑦旅游营地：是指按照较高标准建设的假日营地，通常位于旅游度假区内部。

（2）区位及选址。在选址方面主要考虑可进入性和水电供给状况。一般而言，不同的露营类型对于可进入性的要求各异。如团体型露营和家庭式露营对于可进入性的要求更多，因为他们的主要目的是要放松身心，享受野外生活的乐趣。而相比之下原野式露营对于可进入性的要求没有那么高，通常要经过步行到达露营地。水电条件是影响露营地开发规划的主要因素之一。露营作为人们追求野外生活乐趣的方式，如果缺少了充足的水源和电力供应，人们的生存就会受到威胁。因此，一般来说，露营地都要靠近水源供应地，以供野营中饮用和沐浴。环境条件主要包括地表坡度、日照时间、植被状况、地面土壤及危险物等。露营地最好位于缓坡地上，坡度以5°～10°最为适宜，最陡处不能超过15°，同时还要考虑该地块的排水能力。日照时间对于露营者来说是较为重要的环境指标之一，日照时间长则能使营地比较温暖、干燥、清洁，便于露营者晾晒衣物、物品和装备。对于植被的要求主要是需要一定面积的绿荫和草坪。一般要求露营区域有40%～60%的乔木树荫，其下有20%～40%的植物覆盖率。选择露营场所时应尽量避免选择潮湿的沼泽地、排水性恶劣的腐殖土层、黏土层、洪水平原、地下水位太高之处或经常有水位高涨、易淹没之处。露营中的危险物是指那些对露营者会造成直接或间接危害的要素，对这类环境要素一定要远离并设法阻隔于露营区域之外。除上述各项环境要素之外，还应从雨季长短、风向、风速、气温、湿度等方面来综合考虑选址。

（3）内部设施。一般来说，露营地应该配备如下设备：卫浴设备、供水设备、污物处理设备、电力设备、交通设备、保全设备、营火场和停车场。如果为大型露营场所或露营者以移动房车为主要工具，还需要在营区内设立停车场。

（二）旅游景区旅游商品购物设备管理

1. 布局和选址

旅游购物设备的布局和选址主要应考虑游客在旅游景区内活动的生理和心理习惯。通常来说旅游购物网点的空间布局和选址有两种模式：一是设置于旅游过程的结束阶段，如旅游景区出入口处；二是分散设置于旅游过程当中，如各分区的接待服务处。从游客的行为方式来看，其购物的行为并非只发生于旅游过程的最后阶段，在旅游过程当中，如果有具有吸引力的旅游商品，游客同样会乐于选购。将旅游购物网点设置于旅游过程当中就必须将购物网点和旅游景区中的游憩、休闲设备紧密结合，即把握游客在旅途过程中适当休闲、游憩的需求，让其在游憩过程中参与旅游商品的选购。例如桂林阳朔游览过程中的购物街，其将休闲娱乐与购物有机地结合在一起，令游客流连忘返。

2. 购物环境设计

（1）外部环境。不能破坏旅游景区内主要景观，不能阻碍游客的游览，不能与游客抢占道路和观景空间，购物场所的建筑造型、色彩、材质等与景观环境相协调，最好不要设置外来的广告标志，以免影响旅游景区的景观。

（2）内部环境。购物场所应有集中的管理，环境整洁、秩序良好、无围追兜售，强买强卖现象。陈列方式合理。购物商店装饰色调适宜。室内照明均匀、光线柔和、亮度适宜。室内空气新鲜、流动充分，温度和湿度宜人。有供游客休息游憩的场合。

四、旅游景区设备分期管理

旅游景区设备管理按照时间序列可以分为前期管理、服务期管理和更新改造三个阶段。

（一）前期管理

旅游景区设备的前期管理包括调查研究、项目规划、购买与安装和调试三个环节。做好设备的前期管理工作可为今后设备的运行、维护、维修、更新等管理工作奠定良好的基础。

1. 调查研究

旅游景区设备的类型、设置的地点及其规模大小等都应先进行调查研究，再根据旅游景区的性质、类型和基本特色来提出所需设备。调查研究的主要内容包括：现有水、电供应能力，通信设备现状；交通道路状况，是否有路通往各景点；林木花卉绿化的需求；现有的接待服务设备；娱乐设施是否能满足游客需求；设备安装建设的环境条件；设备建设和制造方面的技术水平、规格和技术性能、生产厂家及信誉情况、建设价格、安装费、经营成本、折旧费等。

在调查的基础上，应进行游客需求预测，通过游客抵达数、游客停留时间、人均消费开支状况等的预测来确定各种设备的数量、档次和建设规模等。规模预测在旅游景区的设备规划中是一个极为关键的工作。如果规划期游客量估计失误或误差太大，则关于用水、用电、接待、商业服务设备等的建设规划将变得没有意义，总体布局也失去依据。

2. 项目规划

根据调查结果和实际需要，首先提出所需投资的旅游景区设备。可根据环境容量和游客规模来确定：蓄水、排水设备的规模，供排水管道的走向，以及污水、污物处理工程设施规模；旅游景区各种电压等级的输电线路的走向；对内、对外通信设备及通信线路架设方式与走向；绿化的重点地段及树种花卉的选择；旅游景区游览道路及交通设备的选择；旅游服务设备的规模与分布；娱乐、游憩设备的规模与分布。然后制定可行性报告，呈报和审批设备投资项目。最后做出投资决策。

3. 选购、安装调试

设备的购置要考虑它的适用性、经济性、可靠性、安全性、环保性、特色性等要素。旅游景区设备的施工与安装的质量保证是影响设备今后服务效果的一个重要环节，所以必须由旅游景区派工程技术人员监理完成。

（二）服务期管理

从设备启用开始，设备就投入了服务期。服务期的设备管理工作主要是维护和保养。设备服务期如果管理不善，不但给旅游景区带来经济上的损失，而且会严重影响旅游景区的声誉。

1. 管理要求

（1）合理安排设备的负荷率。各种设备的性能、使用范围和生产能力等都有一定的技术规定。使用设备时，应严格按各种设备的技术性能和负荷限度来安排运营。超负荷运转不但会损坏设备，而且还会留下安全隐患，因此要杜绝设备超负荷运转。

（2）配备专职的操作和管理人员。设备操作和管理人员的技术水平和操作熟练程度、敬业精神决定着他们能否正确地使用设备。应根据设备的重要性、设备的技术要求和复杂程度，选择和配备专职的操作和管理人员。应对操作者进行技术培训，必须持证上岗，做到"三好"（用好、管好、保养好）"四会"（会使用、会保养、会检查、会排除故障）。

（3）建立健全使用、维护、保养的规章制度。各种设备的使用、维护、保养的规章制度是指导设备使用人员操作、维护、保养和检修设备的技术规范，必须建立起来。要认真贯彻执行设备使用责任制和单位核算制，这对于促进操作人员严格遵守操作规程，爱护设备，经济合理地使用设备有着重要的作用。

（4）创造良好的设备工作环境。良好的工作条件是保证设备正常运转，延长设备使用寿命，保证安全服务的重要条件。不同的设备，要求有不同的工作条件，主要的要求有：保持设备工作环境的整洁和正常的生产秩序，安装必要的防护、保安、防潮、防腐、保暖、降温等装置。

（5）维护设备的完好。旅游景区的设备管理应注意设备的保护和利用，可通过完好率和利用率两个指标的计算来考核评价。

2. 管理内容

（1）日常维护保养。日常维护保养是保证设备正常运转，延长设备使用寿命的有效手段。旅游景区的各种设备性能、结构和使用方法不同，日常维护保养也不完全一样，一般有清洁、润滑、防腐等。

旅游景区设备保养通常分为日常维护保养、一级保养和二级保养。日常维护是维护工作的基础，具有经常化、制度化特点。日常维护保养包括班前、班后和运行中维护保养。其主要内容包括：搞好清洁卫生，定期给设备加油，紧固松动的螺丝和零部件，检查设备是否有漏油、漏气、漏电等情况，检查设备是否有虫害、腐蚀等现象。一级保养是使设备达到整齐、清洁、润滑和安全的要求，减少设备的磨损，消除设备的隐患，排除小故障，使设备处于正常状态。其主要内容包括：对一些零件、部件进行拆卸、清洗，除去设备表面的油污，检查、调整润滑油路，保持畅通不漏。二级保养是为延长设备的使用年限，使设备达到完好标准，保持设备的完好率。其主要内容包括：根据设备使用情况进行部分或全部解体检查或清洁，检修设备的各个部件和线路，修复和更换损坏部件。

（2）点检。点检是一种先进的设备维护管理方法，是对影响设备正常运行的一些关键部分进行经常性检查和重点控制的方法。

设备点检分为日常点检、定期点检和专项点检三部分。日常点检指每日通过当班的员工对设备运行中的关键部位的声音、振动、温度、油压等进行检查，并将检查结果记录在点检卡中。定期点检指按一定的时间间隔，用专用检测仪表工具对设备的性能状况进行检查。专项点检指有针对性地对设备特定项目使用专用仪器工具进行检查。

（3）修理。修理是对于那些造成设备无法正常工作的损坏进行的修复。修理不同于维护保养，其主要任务是修复和更换已磨损的零部件，使设备恢复功能。

设备修理可按各自适用的维修方式进行分类，编制不同的维修计划。旅游景区设备的类型不同，维修方式也有差异。按维修内容和工作量大小来划分，设备维修分为大修、中修、小修、项修（项目修理）和计划外修理。

按照维修确定的标准和性质不同,分为定期维修、状态监测维修、更换维修和事后维修。定期维修是一种以时间周期为基础的预防性维修方式。定期维修一般适用于与季节性相关的设备,如滑冰、滑雪设备及一些水上娱乐设备。状态监测维修是一种以设备技术状况监测和诊断信息为基础的预防性维修方式。这一方式的特点是及时掌握时机,使维修工作安排在故障可能发生又未发生的时期。这种方式适用于利用率高的一些重要设备,如空调、电视、缆车、电梯、水上电动游船等。更换维修是在掌握了设备故障发生周期的条件下,用具有同种功能的部件更换下旧部件,进行检查维修。这种维修方式的特点是现场操作时间短,能避免部件在运行时发生故障。这种方式适用于电气设备等。事后维修也称为故障维修,是设备出现故障后的非计划性维修。事后维修可以同更换维修结合起来,事后维修比较适用于简单低值和利用率低的设备。

旅游景区应根据自身的特点,正确制定设备维修策略。具体可以选择的策略是:采用维护保养—检查监测—日常小修、项修—技术改造的设备管理技术路径。对于一些小设备可放弃项修。设备的大修项目可通过专业维修公司或设备厂家来承担。同时,旅游景区要培养全能维修队伍,提高设备管理和维修的效率和质量。从发展角度看,状态监测维修是设备维修的发展方向。从旅游景区的特点来看,根据季节特点,特别是旺季来临前安排定期维修。

(三) 更新改造

旅游景区设备更新是指用经济效果好、技术先进、可靠的新设备替换原来经济效果差和技术落后的老设备。旅游景区设备的改造是指通过采用先进的技术对现有落后的设备进行技术改造,使其提高节能效果,改善安全和环保特性。

1. 更新改造分类

根据设备更新改造项目的规模大小,可分为全面更新改造、系统更新改造、单机更新改造等。全面更新改造一般是在基本保留原有项目的基础上,对一些已陈旧或已不能满足需要的主要大型设备进行更新或改造。系统更新改造是针对某一设备内具有特定功能的配套系统设备性能下降、效率低或者能耗高、环保特性差等具体问题所采取的更新和改造。单机更新和改造是对设备内某一单机设备所采取的技术措施。

2. 设施更新决策

有时,由于旅游景区设备在服务期出现磨损,使用成本逐渐增加,服务效果日益降低,或者由于出现了性能更先进完善、外形更美观的设备,旅游景区出自对更高的经济目标和服务效果的追求,可能会在旧设备还能使用的情况下考虑购进新一代的设备。有时,在考虑购进新一代设备时,还要考虑是购买原值高,但使用和维修等成本费用低的新设备,还是既购进新设备又保留旧设备,或者其他方案。类似的更新方案往往需要进行设备更新决策。设备,特别是大型设备的更新,往往需要投入大量的资金,属于旅游景区的重大决策,甚至是战略性的决策,一般要进行全面的决策分析,综合考虑设备可利用现状、市场潜力、竞争对手状况、投入回收。

3. 更新改造应注意的问题

制定旅游景区设备更新改造规划时,应有计划、有重点、有步骤地进行。注意把设备更新和设备现代化改装结合起来。做好更新过程中旧设备的利用工作,对替换下来的旧设备,尽量采取改装使用、降级使用、有偿转让或拆卸、利用主要零部件等方法，以充分发挥老旧设备的剩余潜力。要根据设备的使用频率及磨损程度、维修保养状况、设计标准的高低等因素合理确定旅游景区设备的使用期限。在进行设备更新改造方案的比较时应注意原设备的价值必须按现值来计算，不能以当初的原值计算。

总之，在进行设备技术更新改造时，要突出重点，要把有限的人力、财力和物力优先用于关键设备和重点项目，要少花钱多办事。要注意计划性和资金的投入产出等技术、经济分析。旅游景区要根据发展目标，制订3～5年的设备添置和技术更新改造计划。对设备的处理，要及时在财务账和固定资产账上具体反映出来。

五、旅游景区安全管理

（一）旅游景区安全管理的重要性

所谓旅游景区安全管理，就是对旅游景区内存在的各种不安全因素进行有效的管理，以降低旅游景区安全事故的发生，为游客提供一个安全的旅游景区环境。

安全管理是旅游景区管理的一个重要环节。从旅游景区运行的环节和旅游活动特点看，安全管理贯穿于旅游活动的各个环节，而且随着旅游市场的发展，许多旅游景区出现了一系列安全事故，不仅给游客带来伤害，还给旅游地、旅游企业带来损失，严重影响旅游景区的形象。因此，加强安全管理，减少各种事故的发生，在旅游景区管理中占有重要的地位，不容忽视。

（二）旅游景区安全事故的类型

旅游景区安全管理危险源辨识

1. 犯罪

犯罪是旅游景区中最常见的安全事件之一。各种形式的犯罪会给旅游景区带来严重的伤害，并且会造成很坏的社会影响。从犯罪形式上看，主要有偷盗、抢劫、嫖娼、卖淫、赌博等。这些犯罪可分为侵犯公私财产类犯罪，危害人身安全犯罪，性犯罪及与毒品、赌博、淫秽有关的犯罪三大类。由于游客对旅游景区不熟悉，在游览过程中又往往缺乏防备心理，所以很容易成为被伤害对象。旅游景区中存在的犯罪行为，也一般具有特定的规律和特点。

2. 火灾与爆炸

旅游景区一般是人群密集地区，尤其在旅游旺季，一旦发生火灾或爆炸，往往造成严重的后果，如人员的伤亡、基础设备遭到破坏、财产遭受损失等，甚至造成整个旅游景区设备系统的紊乱，影响旅游景区的正常秩序。

3. 游乐设备安全事故

旅游景区一般都建有大量的游乐设备，其中有一些设备容易发生事故，如机械游乐设备安全事故、航空热气球事故、水难事故、旅游景区交通事故（缆车等）。

4. 旅游活动安全事故

旅游景区中的一些活动项目，如攀岩、漂流、探险等，既深受游客欢迎，又带有一定的风险性，容易发生事故。此外，游客走散、走失也经常发生。

5. 疾病或中毒

由于游客对旅游景区的气候、饮食等不熟悉，加上旅途劳累，很容易诱发各种疾病，如水土不服和食品卫生等问题而诱发的各种疾病。

6. 其他意外安全事故

游览过程中也可能发生一些很难预料到的安全事故，如地震、海啸、泥石流等。

（三）旅游景区安全事故发生的主要原因

安全事故发生的原因很多，这些原因主要来自游客、旅游景区和第三方。

1. 游客的原因

游客对安全缺乏足够的认识。旅游本质决定了游客要追求精神愉悦与放松，甚至冒险，因此，游客流连于山水之间时往往放松了安全防范，导致安全问题发生。一些游客不顾自身条件，去参加对安全需求较高的参与型、探险型特殊旅游项目，如探险、漂流、空中滑翔、热气球观光等，很容易导致安全问题的发生。

2. 旅游景区的原因

（1）旅游景区设备。为满足游客需求，旅游景区修建了大量的游乐设备，这些设备如果施工不当、使用不当、缺乏维修、超载运行等，容易导致安全事故发生。

（2）旅游景区管理不力。许多旅游景区对安全管理不够重视，疏于安全管理，会导致各种安全事故，如犯罪、火灾、食物中毒等。

3. 第三方的原因

除游客和旅游景区之外，还有来自第三方的原因。旅游活动的特点，给犯罪分子带来可乘之机，造成游客财产与人身安全损失，这种犯罪具有一定的规律。性犯罪、赌博等也是旅游过程中常见的犯罪类型。此外，其他意外安全事故，如泥石流、台风等各种自然灾害，也会给旅游景区带来安全方面的问题。

（四）旅游景区安全管理的主要对策

1. 构建旅游景区安全管理系统

构建旅游景区安全管理系统是旅游景区安全管理的内在要求。旅游景区安全管理系统由机制控制系统、信息管理系统、安全预警系统、应急救援系统4个子系统组成，4个子系统之间相互联系。

安全涉及旅游景区各部门和社会各环节，需要联合整个社会力量，协作努力，保障游客的安全。因此，建立由旅游行政管理部门牵头，由旅游地居民、旅游从业人员、旅游管理、治安管理、社区医院、消防、保险、交通等多部门、多人员参与的社会联动系统，形成共享资源、社会关注旅游安全的局面。只有这样，才能够有效地抑制旅游安全问题的发生，又能够动员全社会力量共同解决安全问题，把安全问题造成的破坏和损失降低到最低限度。

2. 加强旅游景区旅游安全统计并及时通报

旅游景区应做好旅游安全统计，一方面可建立专门的旅游安全统计资料库，另一方面可以与公安部门、交通部门、医院、保险部门联合，建立安全信息网络。统计资料既是做进一步研究的基础性资料，又是寻找症结，解决问题，从而加强安全管理的先导。同时，旅游安全统计还应向社会公开，一方面有利于引起游客注意，提高游客安全意识，防患于未然，另一方面引起管理部门的重视以加强安全管理，尽可能控制安全问题的发生，教育和督促发生安全问题的部门（企业），避免类似问题的再次发生。

3. 加强旅游安全宣传与教育

确保旅游景区安全的最有效途径之一是公众教育与宣传，提高安全意识。许多旅游安全问题是由游客、旅游从业人员的疏忽而引发的，因此，旅游安全宣传和教育显得尤为必要。宣传教育既要面向游客，也要面向旅游地社区和旅游从业人员。对前者可通过旅途中的各种告示和旅游从业人员的安全建议等进行宣传。旅游从业人员安全宣传和教育包括两部分：一为旅游安全问题的危害性及其与旅游业的关系，二为旅游安全事故的处理。社区宣传与教育则可通过各种招贴告示、新闻媒体乃至学校等各种渠道进行。

4. 旅游景区要设立专门的旅游安全管理部门

旅游景区应设立专门的旅游安全管理部门，由专人负责，才能保证各项安全管理工作的贯彻实施，有效控制安全问题。同时，提高安全保卫人员的素质和技能，与公安联防部门之间密切协作，保证游客的安全。

5. 完善旅游保险制度

完善的旅游保险制度是顺应旅游发展的需要，做好安全事故善后工作，保障游客合法权益的基本保证。目前我国旅游保险尚不甚完善，仍存在诸多问题。因此，改革旅游保险制度，制定便于各种游客投保的险种是旅游保险的发展方向之一。

6. 完善安全管理的制度和法规建设

国家有关部门要建立完善的旅游景区安全管理的法规，对新型的旅游活动项目制定安全的技术标准。旅游景区要加强旅游景区内部安全管理体制的建设。旅游景区内的规划建设要符合安全技术标准，配备必要的安全设施，设立醒目的安全警示标志，有效地减少各种安全事故。

7. 提高旅游景区安全监测的技术水平

旅游景区应建立旅游景区安全监测网络，提高旅游景区的安全监测的技术含量，例如在森林旅游景区和山岳旅游景区运用全球定位技术进行安全监测等。

六、旅游景区游客管理

游客在旅游景区管理中具有双重角色，一方面，游客是旅游景区的服务对象，扮演着旅游景区产品消费者的角色，另一方面，游客不合理的行为对旅游景区经营产生影响，需要进行必要的管理。所谓游客管理就是旅游景区管理者以游客为对象，对游客行为进行引导和调控的管理活动的总和。显然，旅游景区是为游客提供体验的场所，游

龙门古镇旅游景区
安全应急预案

客是旅游景区产品的消费者，是为旅游景区带来经济收益的"顾客"。为游客提供高质量的产品，吸引更多的游客前来游览参观，是旅游景区管理的核心目标之一。与此同时，游客也会对旅游景区产生影响，也会影响其他游客的体验质量。为保障旅游景区利益和游客自身利益，对游客行为需要加以引导和管理，使其符合社会公众道德的各项规范和旅游景区的规章制度，约束自己，以便更好地消费旅游景区产品，提高旅游体验的质量。

旅游景区游客管理的核心是游客行为的引导与调控，这就需要在充分认识旅游景区内游客行为特点及规律的基础上，运用恰当的管理方法与技术，对游客行为进行必要的引导、约束与管理，以保障游客生命财产安全，获得高质量的旅游体验，并促进旅游景区资源与环境的保护及设施的合理利用。

（一）游客行为对旅游景区管理的影响

游客行为对旅游景区管理具有多重影响，主要表现在以下几个方面。

1. 游客对旅游景区旅游吸引力的影响

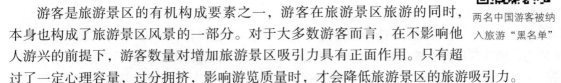

两名中国游客被纳入旅游"黑名单"

游客是旅游景区的有机构成要素之一，游客在旅游景区旅游的同时，本身也构成了旅游景区风景的一部分。对于大多数游客而言，在不影响他人游兴的前提下，游客数量对增加旅游景区吸引力具有正面作用。只有超过了一定心理容量，过分拥挤，影响游览质量时，才会降低旅游景区的旅游吸引力。

2. 游客行为对旅游景区安全管理的影响

游客是旅游景区安全运营的主要影响者。由于游客在游兴较高时，往往会忽视安全因素，从而导致安全事件的发生，造成不必要的损失，甚至终生的遗憾。

3. 游客对旅游景区营销的影响

旅游景区营销很大程度上受游客口碑的影响，因此，游客是旅游景区市场推广的参与者和主力军。大多数游客在选择旅游景区时一般都会受到同事、朋友、亲人和其他游客的影响。旅游景区营销必须高度重视游客对旅游景区营销的影响，否则，再有吸引力的广告、宣传小册子等，其营销效果都会大打折扣。

4. 游客对旅游景区环境的影响

游客对旅游景区环境的影响主要表现在对旅游景区自然环境和人文环境的影响，包括对大气、水体、植被、动物等多个方面。这些内容在旅游景区环境管理中都有所涉及，本章不再赘述。

（二）旅游景区游客管理的目标

旅游景区管理者通过各种管理方法和管理技术的实施，引导、约束和规范游客行为，其目标主要包括提升游客体验质量、保护资源和环境及保障游客人身安全三个方面。

1. 提升游客体验质量

为游客提供高质量的旅游体验是旅游景区游客管理的一个核心目标，也是旅游景区树立品牌、提高美誉度、增加游客重游率并最终获得较好经济效益的一个基础。旅游体验质量与旅游景区资源、环境、旅游氛围等密切相关，而这些因素又受到自身和其他游客行为的直接影响。例如，游客的不文明行为本身往往会影响其他游客游览活动，影响游兴。游客拥挤不仅破坏环境质量，也会影响其自身体验质量。旅游景区游客管理的目标之一就是通过对游客行为的调控，抑制游客不文明行为和不合理的行为，提升体验质量。

2. 保护资源和环境

资源和环境是旅游景区赖以生存和发展的物质基础。旅游景区的相当部分资源具有珍稀性、不可再生性，旅游景区的环境具有脆弱性，一旦破坏难以恢复。任何旅游景区都是一个有限的生态系统,它对于外来人流的容纳存在一定的限度。游客是影响旅游景区生态系统最主要的因素,游客的大量来访对旅游景区资源和环境造成了极大的压力,特别是游客不文明行为对旅游景区资源和环境的破坏更大。游客不文明行为的结果必然是造成旅游景区整体吸引力下降、旅游价值降低,严重影响和直接威胁着旅游景区的可持续发展,甚至给旅游景区带来灾难性影响。例如,游客违章抽烟、燃放爆竹、违章野炊等行为很容易引起火灾,一旦发生,后果不堪设想。因此,旅游景区游客管理的首要目标是把游客数量、旅游活动强度控制在旅游景区生态系统的承载力范围内,引导、管理和约束游客行为,最大限度地抑制游客不文明行为,减少或杜绝对资源和环境的破坏。

3. 保障游客人身安全

保护游客人身安全是旅游景区的基本职责。游客不文明行为往往会给自己的人身安全带来隐患,如违章露营、随意喂食动物、袭击动物、不按规定操作游艺器械等都可能给游客自身带来意外伤害,旅游景区必须要作好提醒、示范、检查等工作,保证游客人身安全。

(三) 旅游景区个体游客行为管理

1. 游客行为变化的心理分析

游客行为受多种因素影响,其中心理因素是直接的因素,而其他因素属于间接因素。游客的心理因素主要包括感觉、知觉、气质、性格、需要、动机、兴趣、价值观等诸多心理现象。其他因素诸如性别、年龄、职业、社会阶层、文化等。游客在游览过程中心理变化呈现出一定的规律性:在初期,以求安全、求新奇心理为主;在游览过程中,以求安全、求放松心理为主;在游览结束时,心理情绪波动,以自己为中心。

2. 游客不文明行为及其产生原因

游客不文明行为是指游客在旅游景区游览过程中有意或无意地违反旅游景区管理条例或公共道德,有损旅游景区环境和景观质量及他人游览的各种行为。

游客不文明行为主要分为两大类。一类是游客在旅游景区游览过程中违反公共道德的行为。例如,随意丢弃各种废弃物的行为,包括扔废纸、果皮、饮料瓶、塑料袋、烟头等垃圾,随地吐痰、随地便溺等;再如游客言语不当,恶语伤人等。另一类是游客在游览过程中不遵守旅游景区有关游览规定的违章活动行为。如乱攀、乱爬、乱涂、乱刻、乱画,违章拍照、违章采集、违章野炊、露营、违章抽烟、燃放爆竹、随意给动物喂食、袭击动物、捕杀动物等。

上述两类行为在旅游景区极为常见。其原因可概括如下:

(1) 道德感弱化。旅游是对日常生活的一种补偿。在旅游过程中,伦理道德对人行为的约束一般没有日常生活中那样强大,在旅游过程中人往往不同程度地存在着随意、懒散、放任、无约束的心理倾向,人性中潜在的恶的东西总是自觉不自觉地流露出来。游客摆脱了日常生活圈子中众多熟人的目光监督,所以对自己的行为举止便少了许多顾忌与约束。旅游给人带来的那种解脱感,使人们感到轻松和随意,特别是在集体心理起作用的情况下,容易发生不文明行为。

(2) 占有意识增强。占有欲是每个人都有的普遍心理,而旅游景区产品是一种体验,是无形的。游客花费一定的金钱和时间,往往希望在旅游景区留下自己的印记,以纪念这段经历，因而占有意识增强了很多。当这种心理以不正常的方式得到满足时，看到美好的事物常常希望能为己占有，有意无意地对旅游景区资源环境造成破坏。部分游客甚至无法控制自己，产生偷盗念头。如好古者可能偷偷掀下古庙的瓦片，拿不走的就用手摸摸、用刀刻刻，告诉他人"曾到此一游"。因此，游客在旅游过程中的这种物质占有意识是乱刻乱画、乱折乱摘、追逐猎杀动物等不文明行为产生的重要原因。

（3）从众心理。"从众"是一种比较普遍的社会心理和行为现象，通俗的解释就是"人云亦云""随大流"，大家都这么做，我也就跟着这么做。在旅游过程中，从众现象也很普遍。在优美的景色中，在忘情的活动中，游客往往自我意识弱化，产生从众行为。看到别的游客怎么干，他就"跟风"怎么干。

（4）发泄心理。寻求刺激和发泄是人们旅游的动机之一。当个别游客纯粹为寻开心，寻求刺激和快感，或为了发泄自己某种不满情绪时，会对旅游景区旅游资源、旅游设备故意进行破坏，以发泄心中不满，从而发生不文明行为。例如对眼前的垃圾桶视而不见，故意把废物扔入山谷或湖水中；在野生动物园中追击、袭击动物；在溶洞敲打钟乳石，在游乐场所故意破坏旅游设备等。这类行为造成的破坏相当严重，对这类游客应采取强制性管理措施。

（5）习惯心理。对很多游客而言，日常生活中形成的不良习惯可能在旅游过程中表现出来，而游客本身并没有意识到。一些游客并不十分清楚在旅游景区游览时应该注意什么，什么能做，什么不能做，自己的责任和义务是什么，自己的权利何在。对于那些来自不同文化背景的游客而言，他们并不知道哪些行为是可以接受的，哪些是旅游景区和旅游景区所在社区无法接受的，由于无知而无意识地做了一些"不文明旅游行为"。如果能有信息及时提醒，游客的不文明行为将大大降低。

3. 游客个体行为管理的方法

游客是旅游景区的服务对象，但其行为也需要积极引导，对其不当行为进行有效的管理。旅游景区游客管理的方法必须坚持以服务性管理为主，通过引导激发游客的自我控制意识而保证其按照旅游景区的游客行为规范行事。在现实中某些场合下，特别是涉及珍稀资源环境的保护、游客人身安全保护等方面，强制性管理也是十分必要的。也就是说，需要制定明确的行为规则，强制要求执行，并对违规行为进行必要的惩罚。因此，游客行为管理的方法可分为服务性管理方法和强制性管理方法。

（1）服务性管理方法。主要通过信息传递、行为规范、有效引导等方法来引导游客行为。

①信息传递：为保障游客人身、财产安全，保护旅游资源、旅游环境不受破坏，旅游景区对游客行为都有要求。旅游景区应该通过游客中心信息发布、门票背面印制注意事项、发放宣传材料、利用交通工具上的视听设备、导游宣传讲解等多种方式把这些要求向游客介绍，提供信息，以引导游客行为。旅游景区通过在游客中心和在对游客服务的各个环节接受游客意见和投诉，合理处理游客投诉，建立方便的反映问题的渠道，及时消除游客不满情绪，预防破坏行为的发生。

②行为规范：旅游景区的员工，特别是直接对游客服务的一线员工，必须养成文明礼貌、爱护环境的习惯，杜绝乱扔乱丢等不文明行为。在工作中起到表率作用，用自己的行为为游客率先垂范，以自己的实际行动教育游客尊重环境，遵守规章。例如，黄山之所以卫生

保洁好，是因为除到处都是石砌的垃圾箱外，黄山的环卫人员总是不辞辛劳、默默无闻地跟在游客身后，捡拾游客留下的垃圾。为了捡拾游客丢下悬崖、山谷中的包装袋等废弃物，黄山的环卫工人在悬崖上打了130多个吊环，用绳子吊着在山崖间捡拾游客丢下的垃圾，看到这样的情景，还有谁会忍心乱扔乱丢呢！张家界国家森林公园内的经营户大多是周边的山民，他们的经营摊点总是十分干净，剩下的杂物、废弃物、废水等总是自己用背篓背下山，而且他们还会提醒游客不要抽烟、用火，防止森林火灾等。

③有效引导：

a. 标识引导：通过旅游景区的标牌系统引导游客行为。许多旅游景区都有与环境和周围景物相协调的美观的标识牌，针对不同的情况，配有亲和力的提醒文字，达到引导游客行为的目的。例如，草坪上置"青青小草，踏之何忍"，林海深处有"气候干燥，万勿火烛"，悬崖护栏边"景色奇绝，勿忘安全"，重点文物前"镁光氧化，请勿拍照"等。在旅游景区的游艺设备前不少旅游景区都配有使用说明和安全注意事项。在一些旅游景区，游客进入旅游景区前发放纸质垃圾袋，上书"感谢您对×××旅游景区环保事业的支持"，游客离开旅游景区可用垃圾袋换旅游景区纪念品。这些都是旅游景区引导游客行为的有效手段。

b. 人员引导：旅游景区导游员、旅行社的全陪和领队对游客的行为起到直接的示范、监督、制约作用。导游员不仅要完成组织、协调、解说等传统职责，还负有资源管理和环保宣传的职责。导游员应鼓励游客对旅游景区环境、景观负责的行为，预防和制止其不文明行为。旅游管理部门在导游员考评、导游培训中应增加有关生态环境、资源保护等内容，引导和鼓励导游员负责任地行使好管理资源和环境保护的职责。浙江省淳安县旅游局的做法颇有借鉴意义。淳安县是著名的千岛湖旅游景区所在地，为保护千岛湖的良好生态环境，该县旅游局明确要求导游员要成为千岛湖的"环保大使"。该局经常为导游员举办环保知识专题讲座，把"千岛湖环境"作为导游上岗、年审培训的必修课，强化导游员的环保意识，要求每个导游员有责任向游客宣传千岛湖环境保护，还在导游队伍中发起"保护千岛湖，从我做起"的倡议。这些做法取得了很好的效果。

（2）强制性管理方法。主要通过旅游景区制定的各种规章制度，对违反规章制度的游客行为进行处罚，以管理游客行为。首先要制定比较完备的规章制度，对可能出现的各种不文明行为，尤其是对故意破坏行为加大制约力度，并配备一定数量的管理人员约束游客的不文明行为，包括加强巡查、雇用看护员、使用闭路电视或摄影机监视等。其次对违规行为实施罚款等处罚措施。

（四）旅游景区游客管理技术

1. 有效沟通技术

所谓有效沟通，是指能有效地向他人表达自己的思想、看法和感情，并能够得到对方积极的回应和交流。有效沟通可以达到减少误解，促进相互合作、交流、融合，达到尽快解决问题的目的。旅游景区工作人员，特别是直接对客服务的一线员工，如售票员、检票员、游客中心工作人员、设备操作人员、保安人员、导游员、表演活动节目主持人等，掌握有效的与游客沟通的技巧和方法，对于提高服务质量，增强游客满意度有重要的作用。这里主要介绍与游客沟通的一般原则、与"难对付"游客的沟通、与愤怒游客的沟通和游客投诉处理。

（1）与游客沟通的一般原则。与游客沟通的一般原则概括为"十法十戒"。"十法"指与游客沟通中的十大注意事项，包括着装整齐、目光接触、面带微笑、表示兴趣、有效倾听、积极回应、语调柔和、态度诚恳、表达含蓄、建立友情。"十戒"指与游客沟通中要避免的十个方面，包括命令威胁、讽刺挖苦、模棱两可、不着边际、刨根究底、多余劝告、空洞安慰、简单评价、自以为是、吞吞吐吐。

（2）与"难对付"游客的沟通原则。有时旅游景区工作人员会遇到一些"难对付"的游客，之所以这种游客难对付，可能是因为他们有理，要服务人员解决问题。也可能是因为他们脾气大，易愤怒，还可能是因为游客故意"找碴"。由于在与游客冲突中，旅游景区工作人员总处于不利地位——"客人总是对的"（这也是旅游景区管理的基本准则），因此，提高与这类游客的沟通技巧，保护旅游景区声誉和工作人员自身的名誉就显得十分重要。对于确实有理，要解决问题的游客，旅游景区工作人员要正确运用"十法"，按照"合理可能"的原则，予以解决。对于找碴的游客，旅游景区工作人员尽量用机智、诙谐的方式解决。

（3）与愤怒游客的沟通。对不同类型的发怒游客，可以采用不同的处理方式。对利己型游客，不要将其过激言辞看作是对个人冒犯，而应当看作是针对旅游景区的不满，不要急于忙手头的工作而让游客感觉不受重视，记住并运用游客的名字和职务并适当"恭维"。如游客承认很忙，来反映问题是对旅游景区的关心，表明对这个问题的看法和准备采取的行动时，不要和游客宣讲制度规定，因为他自认为自己比规定高明，因而不会接受。对主宰型游客要尽量友善、礼貌，并尽量满足他的要求。如果确实不能按要求办，必须解释清楚，要保持规定上的一致性，不能因为要求就破坏制度而做出让步。对歇斯底里型游客要尽量让他发泄情绪，要让他感觉到理解并认可其心情，不要有抵触情绪。最好迅速将他带离人多的现场，请其冷静下来。

2. 安全管理技术

游客人身财产安全管理是旅游景区游客管理中的一项重中之重的工作，一旦出现游客的安全事故问题，一方面会对旅游景区的形象产生很大的影响，甚至是毁灭性的打击，另一方面会大大降低游客的旅游体验质量，也会使旅游景区蒙受巨大的经济损失。游客安全问题有些是游客自身安全意识不够造成的，如在旅游景区抽烟、不听工作人员劝阻、违反游乐设备的操作规程等。有些是旅游景区管理方面的原因，如解说系统中缺乏必要的安全警示、没有定期检查旅游设备的安全、没有很好的安全事故处理机制等。有一些是客观原因造成的，如地质灾害等。而有一些旅游活动本身也潜伏着较大的安全隐患，如探险、登山、远足等。

安全问题的诱因不同，安全管理的措施有别。首先，旅游景区应通过各种手段来提高游客的安全意识，如在危险地段设立警示牌，工作人员当面提醒游客，劝止可能带来安全问题的行为等。其次，旅游景区要制定完善的安全问题预防机制。安全问题预防机制包括对游乐设备和其他旅游服务设备定期地检查、制作游客安全手册（告知游客旅游景区的一些禁令、某些活动特殊的生理和心理要求、突发事件的急救措施等）。例如，台湾省雪霸公园要求登山人数不得少于3人，且2/3以上须有登山经验。公园制定的《游客安全守则》对登山装备，可能遇到的疾病（高山症、休克、急性心脏病、毒蛇咬伤等）的急救措施做了要求和介绍。为防止游客住宿、游览过程中出现危及安全或毁损环境设施的行为，还对游客提出了一些禁止事项并制定了相应的处罚条款。

对于游客安全问题，旅游景区应该以预防为主，但是安全问题仍然不可避免。一旦发生游客安全事故，事故的处理就显得尤为重要。旅游景区还要建立一套事故处理程序和紧急救援程序，一旦出现安全问题，可按照这些程序快速开展科学的救援工作和善后处理工作。旅游景区要设立急救中心，培训一支训练有素的救援队伍，救援人员要掌握包括疾病救护、失踪寻找、水上救护、火灾抢险、突发事件应急救护（诸如塌方、泥石流、雪崩）等各种技能。

（五）旅游景区客流调控

1. 旅游景区客流的时空特征

旅游景区内部游客活动具有一定的时空特征及规律。

（1）时间特征。旅游景区客流在时间上具有周期性特征，表现为季节变化和日变化两种形式。

①旅游景区客流的季节变化。影响旅游景区客流变化的主要原因是旅游景区吸引力随季节而变化。我国大部分地区由于气候条件的变化，旅游景区的植被、地表景观等在一年四季呈现出节律性的变化。因此，我国的许多以自然资源为依托的室外旅游景区都表现出明显的季节性，有明显的淡季和旺季之分。淡季游客较少，大量设备闲置。旺季时人满为患，给旅游景区资源和环境带来较大压力。例如，每当冬季来临，由于九寨沟大雪封山，进入旅游景区的公路、山路路面结冰结霜，汽车难以进入，部分游客对寒冷气候无法适应，所以冬季九寨沟的游客明显减少，形成淡季。又如敦煌特殊的地理与气候条件，游客大多选择在5~10月来敦煌旅游，7、8、9三个月累计接待游客人数约占全年接待量的65%。

影响旅游景区客流季节变化的另一重要原因是由于人们的闲暇时间分布具有规律性。对于大多数人而言，由于工作等原因，平时一般没有外出旅游度假的时间，中远程距离的旅游往往集中在节假日或长假期间，而周末双休日往往是近程旅游的高峰期，寒暑假是学生教师出游的集中期。特别是我国实行"黄金周"休假制度以来，黄金周期间，许多旅游景区游客摩肩接踵，人满为患，给旅游景区带来较大的压力。例如：故宫每天接待游客以3万人左右为宜，最多可接待6万人，如果游客达到8万人，就到了故宫接待能力的极限。

在自然条件的季节变化、节假日、居民出游习惯的综合作用下，每年5~10月是我国大多数室外旅游景区的旺季，11、3、4月是平季，12、1、2月是淡季。但是由于我国地域广阔，全国各地的旅游景区自然条件变化规律不同，而且各个旅游景区客流结构复杂多样，加上一些旅游景区结合自身情况开展了卓有成效的淡季促销活动，所以不同旅游景区在一年当中客流的季节变化会有较大差异。

②旅游景区客流的日变化。旅游景区由于与游客集散中心、游客服务基地的距离远近不同，开放时间、活动内容等不同，在一天之中的不同时段，会形成客流的高峰和低谷。高峰时段会形成游客排队等待，低谷时段则游客稀疏。一般而言，在上午游客进入旅游景区的高峰期，旅游景区入口处客流巨大，会形成游客的排队现象；黄昏时段是游客离开旅游景区的高峰期，在旅游景区出口，客流较大。在有重大表演活动的旅游景区，在表演活动开始前后，会在表演场地形成较大的客流。例如：云南石林旅游景区的游客多以昆明为集散中心，因昆明到石林1个多小时的车程，所以石林旅游景区在每天9:00以前几乎没有游客进

入。再比如，故宫每年10月15日—3月31日的开放时间是8：30~16：30，15：30停止售票；4月1日~10月14日的开放时间是8：30~17：00，16：00停止售票；9：00~10：00是游客进入的高峰，此段时间，午门外的售票处常有排队的长龙；15：00~16：00神武门外会有高强度的离散客流。深圳欢乐谷的开放时间是每天9：30—21：00，由于19：00有大型主题晚会，每天15：00前后是入园高峰期之一。

（2）空间特征。旅游景区内游客的空间位移呈现出线性多向流动与节点汇聚的空间特征。

①线性多向流动。一般而言，旅游景区大多有一个或多个出入口。进入旅游景区后，游客在导游的带领下，或在导游图或路标系统的导引下，会沿着一定的线路或旅游景区游道进行游览。游客从进入旅游景区到离开旅游景区的空间位移过程是高度流动和发散的。以简单的一日游为例，游客要经过到达—泊车—买票—验票进入—游览、游乐、看节目等—午餐—游览、游乐、看节目等—出口—取车—离去，完整的移动过程。这个过程中，游客的空间位移过程是线性的、连续的。从流动节奏看，有时快有时慢，有时甚至是静止的，如欣赏某个景物时、观看节目时、就餐时，游客流动是相对静止的。从流向看，由于旅游景区内部游道布局、游道宽窄不同，游客对出入口游览线路选择不同，游览速度不同，游客的流向有时是单向的，有时是双向的，有时是混杂的。例如张家界的"一线天"景点，两边山石夹道，仅容一人，游客只能单向线性流动上行，另外择道下行。云南石林旅游景区主游道常常是电瓶车、游客交汇，既有双向流动的人流，偶尔也有横向流动的人流，或在路边座椅上休息停止不动的人流，人流的流向是混杂的；而在大小石林内部，游道狭窄，有时是"单行道"，有时是"双行道"，旅游景区内游客空间位移过程是一个线性多向流动的过程。

②节点汇聚。在旅游景区内部游客空间移动过程中，旅游景区出入口、高级别的吸引物、主要游乐设备、表演场所、购物场所、就餐地点、游道的交汇处等节点会形成人流汇聚，特别是在旅游旺季的高峰期，这些节点会承受超负荷的压力，对资源环境、接待设备产生较大的影响，会出现游客排队等待，容易产生各种事故。客流汇聚超过游客的心理容量，会降低游客的体验质量。例如，在张家界国家公园，从大门门票站和水绕四门进入金鞭溪游道的两股客流每天10：00—12：00在"紫草潭"和"千里相会"等景点汇聚，在这一时段游道上人满为患，十分拥挤。

2. 旅游景区客流的管理技术

旅游景区客流时空分布不平衡，给旅游景区资源环境、设备供给带来了压力，也埋下了一些安全隐患。下面从点、线、面三个层面介绍旅游景区客流的调控与管理技术。

（1）游览节点管理技术。在游览节点上对游客的管理主要是应用定点、定量管理技术。所谓定量管理是通过限制进入时间、停留时间，控制旅游团人数、日旅游接待量，或综合运用几种措施的方式限定游客数量和预停留时间，解决因过度拥挤、践踏、温度、湿度变化引起的资源损耗。例如，九寨沟是我国率先采用限制游客数量来保护资源的旅游景区，九寨沟曾限定日游客接待量不得超过1.2万人。所谓定点管理是指在需要特别保护的地带利用警示性标牌提醒游客什么不可以做，或在旅游高峰期聘用保安及专门服务人员或安排志愿者，在资源易受损耗的地方值勤。重点区域、重点地段实行重点管理，避免游客践踏、抚摸、偷盗、乱写、乱刻、乱画引起资源的损耗。采用覆盖、分隔、摹写等方式保护重点文物，在危险地带或禁止游客入内的场所采用拉网、拉绳、种植植物墙等。

（2）游线管理技术。旅游景区游览路线设计是否科学，直接影响到游客的体验质量和游客行为。科学的游览路线应该使游客付出最少的精力与体力上的成本，获取最多的信息，获得最大的愉悦和满足感。为了保证游客得到高质量的旅游体验，在设计游览路线时应降低游览成本，提高体验丰富程度与质量。降低游客游览成本，主要应缩减不能给游客带来太多收益的景点间转移的距离，提高游客游览收益主要应考虑增加游览路线上景观的差异性，为游客提供更好的观景位置和观景角度等。游线设计与管理技术还有利于调控旅游景区内客流分布，分流热门景点的客流，减少旅游景区内的拥挤程度与环境压力，确保游客安全与体验质量。

（3）重点区域的游客管理。旅游景区游客管理的重点区域主要集中在停车场、出入口、热门景点、重点旅游资源、乘骑设备、安全隐患突出地、排队区、游客中心等。对这些重点区域，一般要设专人进行管理，提醒、疏散游客，保护游客安全，保护资源环境等。

游客中心又称游人接待中心或访客中心，一般位于旅游景区的入口，是旅游景区游客服务与管理的重要场所。游客中心的服务和它提供的服务项目、服务质量直接影响到游客对旅游景区的印象。游客中心的主要职责表现在三个方面：一是信息咨询服务，包括旅游景区的基本情况、景点分布情况、最佳旅游路线、新近特殊景观、需要保护的动植物、当天的天气、各个景点游客数量预报、拥挤程度、食宿设施可利用情况等；二是提供游客所需要的其他服务，如导游服务、托儿服务、餐饮及零售服务等；三是接受游客投诉。我国的许多大型旅游景区的游客中心建筑极富特色，内部设备现代化，使用电子触摸屏、视频技术、声光电技术等高技术手段向游客提供各种信息与服务。

游客中心管理上要涉及服务质量管理和设备管理，要求工作人员统一着装，佩证上岗，按照服务规范和流程提供标准化与个性化相结合的服务，工作人员对旅游景区各方面的情况必须了如指掌，能提供全面信息咨询服务，要有良好的服务水平和技能，提高游客的满意程度。游客中心的展品、设备要得到正常的维护和保全。

3.3.3 任务训练

2018年4月1日，某主题乐园在淡季休整之后，准备开园。在4月1日正式开园之前，旅游景区应该做哪些准备，以保证旅游景区重新营业的安全？

任务分解：

（1）保证所有设备正常运转。

（2）制定科学的设备保养计划和维修制度。

（3）对设备进行更新改造。

（4）对设备进行安全管理。

实训名称： 主题乐园开园前安全事故防范。

实训目的： 通过训练，学生更好地理解安全管理理论，并结合实例分析研究。

实施步骤： 分小组（5~8人）分工合作，完成以下工作。

（1）就近选择一家主题乐园，拟定考察方案。

（2）熟悉旅游景区管理理论。

(3) 通过网络查找，收集本实训的相关资料，如类似的案例资料、相关论文和文摘等。
(4) 展开研讨，分析应该如何做好开园的安全防范工作，撰写书面报告上交。

3.3.4 通关游戏

一、知识关

1. 旅游景区安全事故的类型和成因主要有哪些？
2. 旅游景区安全管理主要涉及哪些具体内容？

二、能力关

选择一个比较典型的旅游景区安全事故，分析事故类型、发生原因、处理过程及启示。同时选择一个本地旅游景区，实地了解其安全管理现状，找出其安全隐患，并提出预防安全事故发生的方案。

3.3.5 总结评价

1. 总结回顾

（1）旅游景区安全事故表现形态复杂多样，从旅游管理部门的调查分析中可以发现，旅游景区安全事故主要表现为以下几种类型：犯罪、火灾与烧烤、游乐设备安全事故、疾病或中毒、旅游活动事故、其他意外事故。旅游景区安全事故的原因主要有旅游景区的原因、游客的原因、第三方的原因等。

（2）构建旅游景区安全管理系统是旅游景区安全管理的内在要求。旅游景区安全管理系统由机制控制系统、信息管理系统、安全预警系统、应急救援系统4个子系统组成，4个子系统之间相互联系。

（3）旅游景区要特别重视做好一些专项安全管理，如旅游景区安全标志设施设置管理、旅游景区道路交通设备安全管理、旅游景区治安管理、旅游景区游船（艇）安全管理、旅游景区漂流安全管理、游乐园（场）安全管理等。

（4）旅游景区要具备安全事故应急处理能力，对于交通事故、治安事故、火灾事故、自然灾害事故、食物中毒事故、环境事故等的应急处理要形成预案，加强演练。

【相关规范】

① 《旅游安全管理办法》，国家旅游局2016年9月27日发布，自2016年12月1日起施行。
② 《旅游行政处罚办法》，国家旅游局2013年5月12日发布，自2013年10月1日起施行。
③ 《突发事件应急预案管理办法》（国办发〔2013〕101号），2013年10月25日发布施行。

2. 自评和小组互评

请根据项目任务的学习目标和完成情况，按照表3-3-2来完成自评和小组互评。

表 3-3-2 评价考核表

考核项目	考核要求	是否做到	改进措施
旅游景区安全管理	了解旅游景区安全管理的基本理论	□是 □否	
	了解旅游景区安全的管理目标	□是 □否	
	能够完成旅游景区安全管理基本任务	□是 □否	
	能够运用所学理论分析解决实际问题	□是 □否	
总体评价	检查任务完成情况	完成度 1~5	
	评价任务完成过程的表现	评分 1~5	
	团队合作程度	评分 1~5	

任务 3.4　旅游景区服务质量管理

知识目标

1. 理解旅游景区质量内涵与评价标准。
2. 熟悉旅游景区质量管理的程序。
3. 掌握旅游景区服务质量控制的要点及方法。

技能目标

1. 能够运用 PDCA 循环理论进行全面质量管理。
2. 能够在旅游景区服务过程中对服务质量进行监督、检查及纠正。

3.4.1　任务导入

努力提升服务质量　打造蜀道精品旅游景区

梓潼七曲山旅游景区位于四川剑门蜀道之南端，蜀道翠云廊起点，规划面积 $37km^2$。以文昌帝君的发祥地、文昌文化的发源地和全国最大的纯古柏林享誉海内外，有以古蜀道、古皇柏、古建筑、古文化为主体的人文景观 50 多处，文化底蕴深厚，被誉为"蜀道奇观"。

近年来，七曲山旅游景区始终坚持"争创服务名牌，建设精品旅游景区"发展思路，不断完善旅游基础设施，大力提升旅游服务质量。旅游景区管理层牢固树立"质量是企业的生命，品牌是质量的载体"观念，把争创服务名牌工作摆在重要议事日程，把旅游景区质量管理体系建设和争创服务名牌工作作为一项长期性、综合性的系统工作来抓，做了大量卓有成效的工作。

1. 加强领导，制定措施

对于争创服务名牌，七曲山旅游景区始终把它放在实现旅游景区可持续发展的战略高度进行定位。争创工作启动后，景区管理层迅速制定了《争创第十届四川服务名牌工作规划》（以下简称《规划》）和《争创第十届四川服务名牌工作实施方案》（以下简称《方案》）。在以后的各年度中，均按照《规划》和《方案》制订了工作计划。景区管理层成员及相关人员认真学习争创标准，并在广大职工及其他从业人员中深入宣传，使服务名牌争创工作在景区深入人心。在此基础上，逐条逐项研究《四川省名牌产品管理办法》和《四川服务名牌评价细则》，找出重点、难点和得分点，将任务细化分解落实到各部门和相关人员，签订目标责任书，定期督促检查，奖惩并举，力求实效，形成了公司"一把手"亲自抓、分管领导具体抓、创建办公室牵头抓、各部门齐抓共管的工作局面，确保创建工作常抓不懈。同时，通过动员会、培训会等方式，在景区逐步形成了"人人知晓创建，人人参与创建，人人支持创建，人人奉献创建"的创建格局。

2. 强化管理，提升质量

为了使景区的旅游接待设施更齐全、旅游功能更完善，景区以科学规划为引领，紧紧抓住灾后重建契机，采取多种投资方式，加大旅游基础设施和配套设施建设力度，累计投资达4亿元。景区旅游功能进一步完善，服务质量得到了较大的提升，基础设施逐步配套，游览设施更加完备。

3. 牢固树立服务质量意识

景区建立健全规章制度，强化规范化和标准化管理，完善旅游售后服务。景区积极完善旅游售后机制，努力推进服务品牌建设，全面提升了游客满意度指数。景区成立了旅游售后服务工作领导小组，制定了旅游投诉处理制度、旅游投诉受理规范等制度，设立了投诉台，向社会公开了监督投诉电话。抽调素质高、业务精的两名工作人员为专职售后服务人员，负责对服务对象的定期回访、处理投诉记录、现场调查记录、质量改进记录等，使游客信息得到了及时反馈，提高了服务水平，得到游客和社会各方的广泛认可，游客满意度达95%。

（资料来源：http：//scgrrb.newssc.org/html/2012-08/11/content-1657811.htm，有删减）

任务思考：
1. 影响旅游景区服务质量的因素有哪些？
2. 如何才能提升旅游景区服务质量，塑造良好旅游景区形象？

3.4.2 知识储备

一、旅游景区服务质量

（一）旅游景区服务质量的含义

旅游景区服务质量是旅游景区经营者利用设备和产品所提供的服务，在使用价值上适合和满足游客需要的物质和心理满足程度。旅游景区的服务质量对旅游景区来说至关重要。旅游景区必须提供高质量的服务，通过采用严谨的策略和制度加强人员管理，来满足或超常满足现有的及潜在的游客的要求和愿望。旅游景区服务质量的提高，可以获得更多的市场份额，并为旅游景区每个员工提供良好的发展和工作环境。旅游景区综合性服务的无形性，决定了旅游景区服务质量不仅具有有形产品的质量，还具有无形产品的质量。

有形展示质量指旅游景区的资源景观质量、各种设备和商品实物的质量，包括游客中心完善的功能、设备，完备的标识系统，极富特色、物美价廉的旅游商品等。无形产品质量指旅游景区的员工、环境、空间、色调、氛围等方面所体现出的劳务质量和环境质量。游客满意度是游客对旅游景区提供的有形展示质量和无形产品质量的评价，只有当旅游景区各项服务产品质量超过或相当于游客的预期值，才能使游客满意，实现旅游景区终极目标。这三个体系恰好与新的 A 级旅游景区评定标准相吻合。

（二）旅游景区服务质量的内容

旅游景区服务质量的主要内容有以下几个方面。

1. 设备质量

在游客来到之前，设备反映旅游景区的服务能力，在游客到来之后，它是旅游景区有形服务的表现形式。在为游客服务的过程中，旅游景区设备的完好程度、舒适程度、美观程度都直接或间接地影响服务质量。因此，设备是提供优质旅游服务的基础。

2. 服务环境质量

服务环境质量主要包括旅游景区绿化环境、空间结构、灯光音响效果、色调情趣、环境卫生、安全保障及设备和场所装饰等方面的质量。

3. 服务用品质量

服务用品包括服务人员使用的各种用品和供游客消费的各种产品。这些用品和产品的质量必须符合等级规范要求，以实现优质旅游服务。

4. 实物产品质量

实物产品质量主要表现为饮食产品和满足游客购物需要的商品质量。

5. 劳务质量

劳务质量是以劳动的直接形式创造的使用价值的质量，内容包括服务态度、服务技能、服务方式、仪表仪容、言谈举止、服务规范、礼貌修养及职业道德等方面。劳务质量是旅游服务质量的主要表现形式，也是最基本的表现。

6. 游客满意程度

游客满意程度是旅游服务质量高低的最后体现，它主要表现在游客在游览过程中享受到服务劳动的使用价值，得到物质和心理的感受、印象和评价。

上述 6 个方面的质量高低最终都通过游客满意度表现出来。因此，提高旅游服务质量必须从游客的消费需求、消费心理出发，有针对性地提供各项服务，重视游客满意度，并随时掌握游客心理变化，不断地改进服务工作。只有这样，才能提高游客的满意程度，取得高水平的服务效果。

（三）旅游景区服务质量的特点

旅游景区服务质量与一般产品质量相比，除了具有一般产品质量的共性，如质量的广义性、时效性和相对性，还具有旅游景区服务质量的自身特色。

1. 质量构成的综合性

旅游景区服务质量是由服务设备质量、服务环境质量、服务用品质量、实物产品质量和劳务质量等构成。每一方面的质量都包括很多具体的内容，贯穿于旅游活动的全过程。因此，要提高服务质量就必须做到：第一，要有系统观念，把提高服务质量当成一个系统工程来抓；第二，要有价值观念，提高等级标准，实行优劣分档、按质论价；第三，要运用心理学原理，有针对性地提供各种服务，尽可能让游客获得心理上的满足。

2. 质量显现的短暂性

在旅游景区服务过程中，每次具体服务所提供的使用价值，其质量的显现时间都比较短暂，如导游服务中的接送服务、旅游景点介绍等。

3. 质量内容的关联性

旅游景区服务质量的具体内容包括有形质量和无形质量两个方面，每一个方面又是由很多具体因素构成的，这些因素互相关联、互相依存、互为条件。如导游服务中，接团质量不好，直接影响游客的第一印象，导游讲解乏味，又影响旅游景点质量的发挥。

4. 对员工素质的依赖性

旅游景区服务质量的高低，在很大程度上取决于旅游景区员工的素质。他们的主动性、积极性和创造精神的发挥程度及服务态度、服务技能、专业技术水平和劳动熟练程度，都直接影响旅游景区服务质量。因此，要提高服务质量就必须做到：第一，树立人才观念，积极引进和配备高素质的管理人员和服务人员；第二，加强员工培训，全面提高员工的综合素质；第三，切实加强服务过程的组织管理，充分调动员工的工作积极性和创造性。

二、旅游景区服务质量管理

旅游景区服务质量管理是指旅游行政主管部门和旅游企业为提高旅游行业的服务质量而制定的质量目标和实现该目标所采取的各种手段。

（一）旅游景区服务质量管理的重要性

旅游服务质量管理的重要性主要表现在：

（1）旅游景区服务质量管理是完善市场经济体系，规范市场行为的重要战略措施。旅游景区服务质量管理的市场规范和市场行为是旅游业市场经济体系的重要组成部分。服务质量是旅游业的生命。在一定的物质条件下，旅游景区管理的各项工作可以集中表现为提高服务质量，获得优良经济效益。

（2）旅游景区服务质量管理是社会主义市场经济的客观要求。从旅游服务的角度来看，服务作为一种特殊商品，旅游所追求的是它的使用价值，这种使用价值同实物产品的使用价值没有什么本质的区别，都是为了满足游客的某种需求，但是这种使用价值的质量却是有区别、有等级的。

（3）旅游景区服务质量管理是增强国际竞争能力的重要条件。一个国家、一个地区旅游业参与国际市场竞争能力的高低取决于多种因素，包括旅游资源的吸引能力，接待能力的高低和旅游服务配套设施的完善程度、管理水平、服务质量、市场声誉和形象的好坏等。从旅游景区服务质量管理的角度来看，则主要取决于两个条件：一是国家或地区整体服务水平的高低，它决定市场声誉和形象；二是旅游景区服务质量管理是否坚持了实事求是，能够维护游客的利益。

（二）旅游景区服务质量管理的基本方法

1. 建立健全旅游景区管理制度

制度是组织管理过程中借以约束全体组织人员行为，确定办事方法，规定工作程序的各种规章、条例、守则、规程、程序、标准、办法等的总称，是单位制定的组织劳动过程和进行劳动管理的规则和制度的总和。制度也称为内部劳动规则，是企业内部的"法律"。旅游景区要一丝不苟地抓制度的建设和完善，善始善终地抓制度的执行和落实，做到责任清楚，有责必履，失责必究；加强目标化管理和制度化建设，不断完善各项管理制度，强化 ISO 14001 环境管理体系和 ISO 9001 质量管理体系管理；建立健全投诉及救援体系，确保以最快的速度应对突发事件；健全交通管理体系，实现旅游景区间无缝换乘；制定各岗位服务规范，实行标准化、规范化的服务；制定并落实《员工文明守则》，规定各服务岗位和工作人员服务标准、服务规范和服务技能，并以此作为对员工开展经常性教育和考核的内容，定期组织学习交流。

2. 建立旅游景区长效管理体制和流动质检管理体制

国内风景名胜区都有一套各自的管理制度，但是多疏于管理，往往是等出了问题，再实施突击检查，出现管理部门疲于应付游客投诉的局面。旅游景区中的大量服务质量管理工作是琐碎的、日常性的，要想保持旅游景区服务质量的稳定性，并不是仅靠几次突击检查就可以完成的，只有制定了科学合理的管理制度，并将其融入日常管理工作中，才能真正收到成效。所以要每时每刻都进行有效的监督和管理，

泾川县加强景区监督管理 促服务质量提升

使旅游景区服务质量管理具有长效性，成为日常性、规范性工作。同时健全旅游景区日常管理的协调、监督、激励机制，完善旅游景区管理领导联席会议制度，每月定期分析，研究热点、难点问题，着力探索并建立以各管理单位为责任主体的管理模式。坚持不懈地进行管理才是优化旅游景区服务质量的重要保障，才能维护良好的旅游市场环境。

流动质检管理就是要改变管理人员在办公室里坐而论道的工作作风，让他们到旅游景区中进行流动的巡视管理，深入一线，到现场去发现和解决问题。管理人员要定期、不定期地进行检查，加强日常管理，重点实行对员工服务方法、服务操作等方面的控制，要建立服务质量监督、反馈、分析体制，多方搜集服务质量管理资料。管理人员亲临一线，可以尽快发现工作程序和管理方面的漏洞并提出合理化建议。同时提倡用数字说话，对旅游景区服务质量做详细分析，解决存在问题，寻找新的问题，全面加强质量控制。旅游景区的范围大，游客在旅游景区的活动具有很强的流动性和随机性，同时，还会受到诸多不确定因素的影响，因此，要想提高服务效率，也要加强旅游景区的流动质检管理。这样具体执行，一是可以及时发现和制止旅游景区服务中有损旅游景区服务质量和有损旅游景区形象的行为和做法。二是在出现问题的时候可以快速赶到现场，从而减少游客的等待时间，提高服务效率。对于游客来讲，看到旅游景区人员高效率的工作，也会对旅游景区产生信任感，有利于问题的磋商与解决。三是流动质检管理有利于旅游景区的管理层掌握旅游景区的第一手资料，了解一线员工的工作状态，了解旅游景区的实际经营状况，便于发现在一线管理工作中存在的问题与现有管理制度的漏洞，防患于未然，进一步改善经营管理制度，提高决策的科

学性。例如,黄山旅游景区在流动质检过程中,提醒导游带好团队,对游客进行安全事项的告知和防范,并加强对违禁吸烟的管理。同时在流动质检过程中对旅游景区内的游客步道进行安全检查,对一些危险路段提请有关部门竖立醒目的安全警示牌,排除安全隐患,确保游客安全。

3. 旅游景区管理实行分级授权机制

作为一个旅游景区的管理者,需要和下属的员工共同努力才能实现整个旅游景区发展的目标。一方面旅游景区发展必须建立在一定的规章制度基础上,这是旅游景区制度化管理的基本要求。另一方面由于旅游景区自身运营管理系统的发散性及面对面服务的即时性特点,旅游景区在坚持制度化管理的同时必须注意管理的灵活性。

浙江省余姚市五项措施提升旅游景区服务质量

要实施分级授权制度,一是可以使管理者从纷繁琐碎的事件处理中脱身而出;二是适当授权也反映了旅游景区对员工的信任,会激发员工的责任感和积极性;三是员工在授权范围内能比较快地处理一些突发事件,可以提高游客的满意度和对旅游景区的认同感,从而提升旅游景区形象。

例如,迪士尼乐园对员工就非常信任,给予员工一定的权力。如在公园入口处的员工手中就掌握一定的权限,可以处理游客丢失门票等特殊情况,以及对需要帮助的游客给予帮助。

再次,对于旅游景区的价格管理体系,高管层拥有最高决策权和最后否决权。赠券发放权应授予行政部门,票务监督权应授予财务部门,票务管理权应授予营销部门。营销部门的价格管理权,还应按照一定的原则,继续分级授权,逐级下放。当分级授权完毕,只要在各自权限范围之内,即便是最基层的销售人员和票房人员,也可以根据市场具体情况,对价格问题进行随机处理。分级授权之后,旅游景区的价格体系逐步进入常态化的有序管理,经营者不再为复杂而烦琐的价格问题所困扰。当然营销管理者必须随时关注价格体系的运营情况,对外也必须密切关注价格策略作用于市场的实际效果。

4. 旅游景区服务质量管理的工作程序

要搞好质量管理,除了要有正确的指导思想,还必须有一定的工作程序和管理方法,PDCA 循环理论就是质量管理活动中所应该遵循的科学工作程序,是全面质量管理的基本工作方法。PDCA 是按照计划（Plan）、实施（Do）、检查（Check）和处理（Action）4 个阶段来开展工作的,这 4 个阶段组成一个循环。

（1）计划阶段。此阶段的主要活动是按照要求和需要并结合自身条件制定计划和方案。这一阶段是决策与准备阶段,首先要取得最高管理者的承诺与支持,然后成立专门的小组,来完成前期策划与设计工作,同时管理体系的运作会涉及技术改造,需要一定的资金投入和技术,因此,在体系建立之初,应该保证资金到位和配备技术力量。

（2）实施阶段。此阶段的主要活动是按照制定的计划与方案组织实施,这是管理体系建立的重要阶段,包括自我评审、总结、分析现有的管理状况和现存问题,并编制报告,为制定切实可行的质量方针和目标提供依据。制定质量方针应充分考虑现状,根据现状提出质量目标、指标的总体框架。质量目标应该具体,指标应该予以量化。还要制定操作性较强的管理方案,确认方法措施、进度、执行部门、责任人、资金预算等,以保证目标的按期完成。为保证与标准化管理有关的活动在程序规定条件下运行，应加强和健全制度化建设。

（3）检查阶段。计划实施一定时期以后，需进行检查。此阶段主要活动是对计划和方案的执行情况进行检查，寻找和发现计划执行过程中的问题，即寻找计划执行过程中的偏差。

（4）处理阶段。此阶段主要活动是根据体系的实际情况和变化的需要，对体系做综合评价和处理，进而提出改进要求，以便制订新的计划和进入下一轮的 PDCA 循环。

运用 PDCA 循环进行质量管理要注意三个问题：一是 PDCA 循环必须按照顺序进行，4 个阶段既不能缺少，也不能颠倒。二是 PDCA 循环必须在各个部门、各个层次同时进行，整个组织是个大的 PDCA 环，各班组直至个人都应该有 PDCA 环，如图 3-4-1 所示。只有当这些大环套小环，并且每个环都按照顺序转动前进，互相促进，才能产生作用。三是 PDCA 循环不是简单的原地循环，每循环一次必须达到既向前推进一步又向上升高了一层的目的，每经过一次循环之后，质量水平都有新的提高。

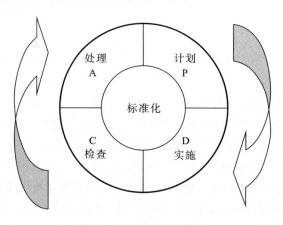

图 3-4-1　PDCA 循环

三、旅游景区服务质量体系构建

（一）旅游景区服务质量体系

旅游景区质量是一个体系，由多种质量概念组成。包括景点质量、旅游景区服务质量、旅游景区过程质量和旅游景区工作质量等。对游客的需求而言，旅游景区质量主要由景点质量和旅游景区服务质量来体现，由旅游景区过程质量来保证。过程主要由旅游景区员工的工作来完成，旅游景区过程质量由旅游景区工作质量来保证，如图 3-4-2 所示。

质量管理体系是按照质量管理原则，在确定市场及游客需求的前提下，制定旅游景区的质量方针、质量目标、质量手册、程序文件及质量记录等体系文件，确定旅游景区在服务全过程的作业内容、程序要求和工作标准，并将质量目标分解落实到相关层次、相关岗位的职能和职责中，形成旅游景区质量管理体系执行系统的一系列工作。质量管理体系的建立还包含着组织不同层次的员工培训，使体系工作和执行要求为员工所了解，为形成全员参与的旅游景区质量管理体系的运行创造条件。

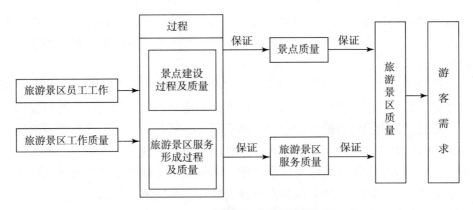

图 3-4-2 旅游景区服务质量体系

（二）旅游景区管理者素质的基本要求

旅游业是我国与国际接轨较早的行业之一，而旅游景区作为旅游业的半壁江山，也应该像星级酒店一样推行"星级"服务，以展现中国旅游景区管理水平和形象。同时，旅游景区作为国家的一个"窗口"，其管理者素质的高低更在一定程度上代表了国家的形象，反映出国家改革开放的力度和进展。因此，旅游景区的管理者要具备较高的素质，并且通过不断的培训教育以适应现代旅游业的要求。

1. 旅游景区管理者的素质要求

此处的管理者不仅包括一般意义上的旅游企事业单位的管理层，也包括普通员工，因为后者也是维护旅游景区的旅游秩序和游客安全的管理员。对管理者的素质要求如下：

（1）职业道德素质。道德是人们在长期生活实践中所形成的行为规范。从事旅游景区服务的管理者，首先应具备基本的道德观。有正义感，弃恶扬善，是非分明，不感情用事；识大体，顾大局，不计较小事，深明事理；尊重人，不去伤害别人的自尊心；乐于助人；遇事分清主次，该妥协的妥协，该退让的退让，该坚持的坚持。

旅游景区管理者职业道德的高尚与否，直接影响旅游景区的服务质量，关系到旅游景区的生存发展。旅游是对人的服务，管理者素质决定了旅游景区的形象，管理者具备良好的职业道德，旅游景区就能在激烈的竞争中拥有一席之地。

（2）敬业精神。敬业精神是对待工作时严肃认真的工作态度，是对完美工作服务的追求。有敬业精神的人，是一个对自己、对他人负责的人。不敬业、不爱岗、没有责任感，工作肯定做不好，既害了自己，又害了他人，严重的将会影响到旅游景区的经济利益和形象。

（3）业务素质和管理技能。具有履行职业要求的业务水平和服务技能，有适应游客需要和旅游景区发展的业务管理技能，特别要具备一定的特殊技能（如文物保护、规划、市场分析等）。

（4）文化素质。具备较强的文化修养，较高的知识层次，特别是对旅游产业及本旅游景区有较丰富的知识。

（5）语言素质。包括外语、普通话和部分方言。能流利表达自己，与游客可以交流。

(6) 服务意识和服务技能。"微笑是通用语言",这一饭店业名言在旅游景区中的应用还存在一定差距。因此,加强国内旅游景区管理者的服务意识和服务技能是当前迫切需要解决的大问题。

(7) 团队精神。团队是一支不断变化的、有生命力和活力的队伍。一支优秀的团队具有较大的力量,团队的创新力量远远超过任何个人的能力,当他们接受到看似他们能力之外的任务时,他们会在探索解决的过程中相互增进信心,超越简单的、按部就班的运作,达到能力的飞跃。团队中队员都是独立的个人,如果团队中有的成员过于霸道,那么团队也不能称为团队。一个多功能的团队为成员提供了学习其他队员工作和角色的机会,跨部门的团队可打破一些难以突破的障碍。团队精神是与他人协作,共同解决问题。每位成员应具备相应的技能、技巧和与他人共同合作、相互信任的能力。

旅游景区是一个综合的服务部门,旅游景区服务具有自身的特殊性与全员性,任何一个部门不到位,都会影响整个旅游景区。对管理者进行服务意识的培养是上岗前的一项重要工作。没有服务意识,缺乏服务理念,旅游景区服务工作就不可能做好,管理者的敬业思想也难巩固。

(三) 旅游景区管理者应树立的几个观念

1. 经济观念

开发旅游景区,建设度假村、游览点的主要目的是盈利,有盈利才能发展当地经济,解决就业,提供税收。旅游景区发展需要资金支持,没有资金支持,就没有规模经济效益。资金对任何单位、企业和个人来讲都不可缺少,旅游景区管理者必须有较强的经济观念,注意节约,吸引游客,推销旅游景区产品。

2. 服务观念

旅游景区是靠游客来观光游览才得以生存的。游客至上,是旅游景区经营的基本观念。热情接待,周到服务,是旅游景区管理者上岗必须牢牢记住的,没有游客,就没有旅游景区。

3. 生态观念

大部分的旅游景区是靠独特的资源吸引游客,旅游景区的旅游资源是游客到旅游景区的最终追求。可以说游客是旅游景区经营收入的基础,旅游资源是旅游景区存在的基础,保护旅游景区资源,树立生态观念才能吸引游客,保住旅游景区。

4. 民族观念

只有民族的,才是世界的,缺乏当地民族特色的旅游景区,很难再次吸引游客光临。旅游景区服务中,应强化民族观念,尊重那些能吸引游客的生活方式和民族特征,保护那些千百年形成的民族生活方式及行为习惯。而保护的最重要手段是让旅游景区的文化传承者认识到其本土文化的世界性价值。

(四) 旅游景区服务质量管理体系构建要素

质量管理体系是实施质量管理的组织机构、职责、程序、过程和资源。对于旅游景区服务质量体系来讲,有4个关键方面:管理层的职责、人员和物质资源、服务质量循环原理、完整的质量文件体系和内部质量审核体系。

1. 管理层的职责

管理层的职责是"制定使顾客满意的服务质量方针",成功地实施这个方针取决于管理层对质量管理体系的开发和有效运行之责。就职责而言,他们既有与游客直接接触的质量职责,也有内部和外部协调沟通从而达到最终确保第一线服务质量的职责。对旅游景区来说,应专门指定一名高层管理者抓服务质量。旅游景区管理层的职责,包括积极参与,以身作则,确立旅游景区未来发展的明确使命,给员工提供必要的资源以履行其职责,提倡公开、诚实的交流,教育、训练和督导员工,设定挑战性的目标和指标等。大到指导思想、质量方针、目标、标准的制定,小到软、硬件设施的调整,景点道路的选线等都需要领导的关注。只有管理层职责清楚,员工工作标准明确,质量体系的审核制度完善,才能为旅游景区的顺利运行打下坚实的基础。

2. 人员和物质资源

服务质量体系正常和有效的运作,预期质量目标的实现,离不开人员和物质资源作为基础。对人员和物质资源,我国旅游业的通俗表述就是"软件"和"硬件"。资源主要包括硬资源与软资源。硬资源主要是指旅游景区景点旅游资源,基础配套设施等物质资源;软资源主要是指资金、技术、管理知识、人才等非物质资源。在现代技术高度发达的社会里,服务必须由人和物综合提供,但两者并非"平起平坐",必须把员工激励的因素放在首位,其意义就在于旅游景区的服务质量必须通过每一个人来保证,每一个旅游景区成员的行为和业绩都直接影响着服务的质量。

3. 服务质量循环原理

服务质量体系是一个不断反馈循环的、按程序进行的动态系统。它顺次按服务市场开发、服务设计和服务提供三个过程及业绩的分析和改进而形成服务质量环。服务质量环是指从识别顾客需要,到评判这些需要是否得到满足(含满足的程度)的各个阶段中,影响质量的各种具有内在联系的质量管理活动相互作用的概念模式。它为旅游景区的管理者提供了一种规律性的逻辑思路和可以遵循的原理。

4. 完整的质量文件体系和内部质量审核体系

服务质量体系的基础是一整套完整的质量文件体系,建立质量文件体系本身就是一项标准化的工作。质量文件内容包括:

(1)质量手册。质量手册是旅游景区质量体系的纲领性文件,是各项质量工作的依据。在具体编写工作中,应按各部门的职能,细分到部门编写。同时应与咨询公司密切联系,以确认质量手册的适用性和可行性。内容一般包括质量方针和质量目标。质量方针是由最高管理者正式发布的与质量有关的组织总的意图和方向,不仅应符合旅游景区本身之目标,还应符合质量管理体系本身和其持续改进有效性的要求。质量目标可以是几个月或一两年的,应根据实际情况修订,它既可是旅游景区某部门的,也可是一个过程或过程场所的,也可以是有关旅游景区服务项目、游客、客源、费用等的。

(2)程序文件。程序文件是管理层使用的文件,是对质量手册的支撑,是旅游景区各部门贯彻质量职能,开展质量活动的依据,包括文件控制、质量记录控制、内审、不合格品控制、纠正措施和预防措施。

（3）作业文件。作业文件是程序文件的支撑，是质量体系运转实施的落脚点。作业文件应明确各岗位的岗位职责、上岗条件、服务流程、服务内容与要求。对旅游景区而言，可包括《导游讲解规范》《泊车服务规范》《旅游景区清扫服务规范》等。

（4）记录性文件。旅游景区对各项服务活动或达到的结果应设计统一的质量记录，如《每日游人人数登记表》《宾客住宿登记表》《旅游景区工作人员工作记录表》《客人投诉记录本》《内部质量审核报告》《卫生检查表》等。记录有利于各部门、各岗位工作的衔接，以便出现问题时分清责任，查找原因。

任何旅游景区均需编制上述各类质量体系文件，并辅以旅游景区设备配备标准、各类用品用具的质量标准、安全卫生标准等支持文件，才能真正建立起高质量管理体系。

四、旅游景区服务质量管理控制

（一）旅游景区服务质量管理控制方法

1. 预防性控制

预防性控制重点在预防，即事前控制，是在服务工作过程中，预先找出可能出现问题的情况和部门，事先采取预防措施。预防性控制是成本最低的控制方式，它可大量减少服务质量问题造成的损失。实施这种控制方式需要有完备的管理资料，管理者也必须具备较高的知识水平、丰富的经验、较强的分析预测能力，熟悉旅游景区服务工作中的每一个环节。只有经常深入现场，了解工作现场活动的各种情况，旅游景区管理者才能对服务活动可能出现的质量问题有所预见，从而实现预防性控制。

2. 现场控制

旅游景区服务活动大多数是对游客服务，要进行有效控制就必须重视服务工作现场，通过现场的跟踪检查，寻根求源，解决现场出现的问题。服务质量的现场控制可从两方面入手：一是建立现场控制的管理体系，设置总服务台，建立投诉部门，制定各部门工作标准、服务规范、员工行为准则，及时发现和制止旅游景区服务中有损服务质量和旅游景区形象声誉的行为和做法；二是加强管理者的现场巡视。旅游景区管理者定期或不定期地对所属工作现场进行巡视，了解各部门的工作情况，及时发现并处理工作中存在的问题。通过现场巡视管理者还可以直接接触下属员工，了解他们的实际工作情况、思想状况、情绪状况，摸清员工所关心和要求旅游景区给予解决的一些具体问题，为提高旅游景区服务质量扫清障碍。

现场服务工作具有一瞬即逝的特点，很多事情，如游客与员工发生矛盾，都是在几秒钟内发生和完成的。现场控制是整个管理控制体系中的基础和最重要的环节。要做好现场控制，最有效的办法就是管理人员深入基层，逐步形成务实的工作作风，只有这样，才能在现场发生问题和矛盾时及时发现并抓住要点，使之得到有效解决。

3. 反馈控制

反馈控制也称为事后控制，即通过服务质量信息的反馈，找出服务工作中存在的问题，采取措施，加强预防性控制和现场控制，消除旅游景区服务质量隐患。

反馈控制信息的取得有三种途径：一是靠旅游景区内部的质量管理系统发现问题；二是

通过了解游客对旅游景区的满意程度，即通过了解游客的意见、建议和投诉等取得；三是通过新闻媒体、旅行社等部门的反馈来获得。对反馈得到的信息要进行归类分析，对所发生的质量问题应高度重视，妥善处理，并采取相应措施，确保今后不再发生类似的服务质量问题。

4. 全面与重点控制

旅游景区服务质量控制，是全过程的控制，是全体旅游景区员工参与的控制。旅游景区服务活动是由多个具体部门和许多环节组成的，要保证旅游景区服务活动的顺利进行，必须对旅游景区服务活动全过程的各个环节进行控制，使各个部门的行动都在预定的控制范围内。对服务质量进行控制，如果仅有少数管理者参与，没有旅游景区员工的参与，肯定效果不佳。只有动员全体员工参与质量控制，使每位员工在其工作岗位上都能按旅游景区服务质量要求进行工作，自觉地提高个人业务素质，提高服务工作质量，旅游景区才有可能真正实现全面控制。

重点控制是指旅游景区对服务工作中具有较大影响的事件进行重点的控制。对服务质量事故多发的部门、容易引起游客投诉的服务环节，在旅游景区服务质量控制中应有所侧重，管理者可集中精力于重点事项。在实际工作中，重点事项往往是难点事项，不花较多时间和精力往往很难处理妥当。集中精力，明确各部门、各层级的职责，实行重点事项否决权制度，是旅游景区服务质量控制的一个有效措施。

5. 监督检查

监督检查是旅游景区服务质量控制的重要内容，是控制和保证服务质量的一种手段。服务质量的检查，是通过实际工作的总结，对照服务质量标准、工作计划、工作要求，检查实际服务工作的质量、工作要求的完成情况，从中找出差距，发现问题，以便进一步改进。旅游景区服务质量的检查主要有两个方面：一是靠内部质量管理系统，对照服务质量标准、工作纪律进行检查；二是靠游客对旅游景区质量的信息反馈进行检查。

内部检查主要根据服务质量标准、服务工作要求，对照旅游景区服务工作进行检查，从中发现工作过程中的各种问题。及时发现实际工作中的问题，是保证旅游景区服务优质的重要环节；如不能及时发现问题，就不可能采取有效措施加以纠正，问题将越积越多，越来越严重，旅游景区服务质量将无法保证。

游客对旅游景区的意见、建议与投诉更能说明旅游景区的服务质量，根据游客的反馈信息进行检查，具有针对性强、全面、及时的特点。旅游景区管理部门可通过多种渠道收集游客意见，并对游客意见进行归类，统计游客投诉的内容、事件和部门，找出旅游景区服务过程中存在的问题，以改进服务，提高质量。

（二）旅游景区服务质量的标准化

1. ISO 9000 和 ISO 14000 国际质量认证体系

ISO 9000 和 ISO 14000 是国际标准化管理组织推出的质量管理和环境管理两个国际标准，概括了经济发达国家的先进管理经验，被全世界的企业、政府及其他组织普遍接受。

ISO 9000 系列标准具有普遍的适用性，已经被我国转化为推荐性的国家标准。旅游景区作为提供旅游及相关服务的组织,也适用这个标准。这一标准提出了产品创新的策划方法,旅游景区按照标准的策划要求进行新产品的开发,可以避免开发失误、投资失败,保证新产品的市场满意度。

ISO 14000 标准强调污染预防,能有效减少环境污染及对生态资源、人文资源的破坏,在规划设计时充分考虑开发项目对环境和生态资源带来的影响,在营运过程中可以通过各种方法预防和减少污染,如污水的集中处理、使用环保车、旺季游客的合理分流、确保游客在旅游景区环境容量之内等。ISO 14000 标准还强调资源管理,旅游景区通过资源的有效利用,加强对废弃物的回收,可带来显著的效益。

我国旅游景区的体系认证工作已经展开,国家旅游局在《旅游区质量等级评分与评定》的评分细则中已将 ISO 9000 和 ISO 14000 的要求纳入其中。

2. 旅游景区服务质量管理内部标准

旅游景区服务质量的内部标准是指员工的工作符合服务工作规律、适合服务规范和质量标准的要求,具体体现在旅游景区各个岗位提供的服务与职责说明书中要求的岗位职责标准的符合程度。一方面内部标准主要考核服务工作的规范性,是旅游景区提供有效服务的基本保证;另一方面由于旅游景区服务产品具有无形性、产品生产和消费的同时性等特点,旅游景区服务质量的评价不像一般的物质产品那么简单,符合内部标准的服务质量还要由游客这一外部标准来衡量。

天堂寨景区:践行标准化服务打造 5A 景区典范

对于制定内部质量标准来说,必须根据旅游景区的实际情况,确定服务的重要内容,做到全面、系统,同时参照国家有关标准及目前旅游景区服务的实际情况,制定出旅游交通、游览、卫生等硬件标准及服务态度、服务仪表、服务技巧、服务时效、综合服务等软件标准。制定每一个项目的质量标准时都要根据实际情况,有些可以参照国家已颁发的标准以及地方上颁布的一些标准,有的需要反复推敲,经过实践检验才能确定。

旅游景区服务质量内部标准的制定应该反映以下 4 方面需求。

(1) 反映游客的期望。质量标准的制定本身就是为游客服务的,若不能反映游客的需要,就没有制定的必要。

(2) 符合旅游景区自身状况。不符合旅游景区自身状况的标准是空中楼阁,是无法实现的。同样,员工是服务质量标准的具体执行者,只有为员工理解的质量标准才能得以实施。

(3) 重点突出,具有挑战性。过于烦琐的质量标准会使员工无法了解管理者的主要意图,陷入机械、程序性的操作之中。因此,标准的制定应强调重点,充分反映旅游景区特色,能激发员工工作热情,并使员工感到工作具有挑战性。

(4) 能及时修改。服务质量标准确定后,并不是一成不变的,随着旅游景区经营外部条件和内部条件的变化、目标客源市场的变化、游客总体生活水平的提高,旅游景区服务质量标准要做相应的调整。

3.4.3 任务训练

实训名称:旅游景区服务质量调查。

实训目的：通过任务训练，学生更好地理解和掌握旅游景区的服务质量管理。

实施步骤：分小组，分工合作，完成以下工作。

（1）熟悉本项目所学的旅游景区服务质量的基本理论。

（2）学生分组前往学校附近旅游景区（点）及其他旅游企业参观调研。

（3）观察工作人员的服务情况，利用所学知识对这些旅游单位的服务质量进行分析评判。

（4）小组分析和讨论，并形成书面调查报告上交。

（5）以小组为单位在课堂上进行简要陈述和答辩。

3.4.4 通关游戏

一、知识关

1. 旅游景区服务质量是旅游景区经营者利用_____和_____所提供的服务，在使用价值上适合和满足游客需要的物质和心理满足程度。

2. PDCA 是按照计划（Plan），实施（Do），_____和_____4 个阶段来开展工作的，这 4 个阶段组成一个循环。

3. 对于旅游服务质量体系来讲，有三个关键方面：_____、_____、_____。

4. 旅游景区服务质量内部标准的制定应该反映（　　）等方面的需求。

　　A. 反映游客的期望　　　B. 符合旅游景区自身状况　　　C. 重点突出

　　D. 能及时修改　　　　　E. 适合管理

二、能力关

1. 如何理解旅游景区质量管理内涵？

2. 为什么说 PDCA 循环理论是全面质量管理的基本工作方法？

3.4.5 总结评价

1. 总结回顾

旅游景区服务质量是旅游景区经营者利用设施设备和产品所提供的服务，在使用价值上适合和满足游客需要的物质和心理满足程度。旅游景区服务质量自身特色表现为：质量构成的综合性、质量显现的短暂性、质量内容的关联性和对员工素质的依赖性四方面。

质量管理体系是实施质量管理的组织机构、职责、程序、过程和资源。对于旅游景区服务质量体系来讲，有 3 个关键方面：管理层的职责、人员和物质资源、完整的质量文件体系和内部质量审核体系。旅游景区服务质量控制的目的是防止工作中出现服务质量问题，具体的控制方法有预防性控制、现场控制、反馈控制、全面与重点控制和监督检查五种。

2. 自评和小组互评

请根据项目任务的学习目标和完成情况，按照表 3-4-1 来完成自评和小组互评。

表 3-4-1 评价考核表

考核项目	考核要求	是否做到	改进措施
旅游景区服务质量管理	理解旅游景区质量内涵与评价标准	□是 □否	
	熟悉旅游景区质量管理的程序	□是 □否	
	掌握旅游景区服务质量控制的要点及方法	□是 □否	
	能够在旅游景区服务过程中对服务质量进行监督、检查及纠正	□是 □否	
总体评价	检查任务完成情况	完成度 1~5	
	评价任务完成过程的表现	评分 1~5	
	团队合作程度	评分 1~5	

任务3.5 旅游景区环境管理与可持续发展

知识目标

1. 掌握旅游景区环境的概念。
2. 了解旅游景区环境构成的要素。
3. 了解造成旅游景区环境破坏的原因及可持续旅游的观念。

技能目标

1. 能够识别旅游景区环境破坏的现象。
2. 能够提出有建设性的意见和建议。

3.5.1 任务导入

新《水浒》剧组破坏黄河湿地

新《水浒》剧组破坏了有"郑州之肾"之称的黄河湿地。根据当地媒体记者的描述，该剧拍摄现场呈现出车碾马踏的"破坏"景象："十多匹高头大马正在不停地啃着野生红柳的树皮，30多台各种车辆停放在湿地上，地上到处是垃圾和随手扔掉的黑白塑料袋……东一处西一处地堆着鞋子、饭盒、垃圾、旗帜和道具。"剧组在这里拍摄数天，没有任何手续，也没经郑州市黄河湿地管理中心审批。该剧导演鞠觉亮则表示，"我们获得了允许才前往拍摄，拍了这么多天，才说我们破坏环境，有人批准，没人执法，相关部门是不是也该负责任？"郑州市森林公安分局、郑州市湿地管理中心、惠济区林业局、惠济区湿地管理站等4部门，昨日已经联合向剧组下发了停工通知，并于下午前往拍摄现场进行查处，要求剧组到市湿地管理中心接受处理。目前，剧组已经从黄河湿地撤离。

国家有关部委曾先后发文，要求影视制作等要节约资源、保护环境，严查在自然保护区内拍摄影视等行为。但效果有限，且只是局限在自然保护区内，也难以起到预防的作用，如这个剧组造成污染后才被叫停，就是明显的例子。这样一来，环境保护就需要在预防上多下功夫，比如引入环境评价机制，分析、论证人为活动可能造成的环境影响，并在此基础上做好防治措施和对策，而不能老是"马后炮"。

（资料来源：腾讯新闻 https://news.qq.com/a/20100108/000676.htm，2010-01-08）

任务思考：

1. 你对电影《水浒传》剧组破坏生态环境持怎样的看法？
2. 旅游景区的环境污染、旅游资源造成破坏的原因有哪些？
3. 采用什么方法可以对旅游景区环境和资源进行保护和管理？

3.5.2 知识储备

一、旅游景区环境管理认知

旅游景区作为旅游产业中的核心部分，具有双重属性。从旅游景区的旅游属性来说，它是一种商品，需要进入市场，体现价值，追求利益最大化。而从旅游景区的自然属性来看，它是大自然赐给人类的一种宝贵资源，不可再生，容易遭到破坏，需要得到较好的保护，尤其是世界遗产地的旅游景区。因此，处理好旅游开发与旅游景区资源保护的关系就成为摆在人们面前的重要问题。

旅游景区环境是指旅游景区的周围空间及其周围空间中存在的事物和条件的总和。从旅游景区环境管理的角度，旅游景区环境主要包括自然生态环境、社会人文环境、旅游资源、旅游氛围和卫生环境五方面的构成要素。

（一）自然生态环境

旅游景区的自然生态环境是由大气、水体、土地、生物及地质、地貌等组成的综合体。对游客而言，它并不是直接的旅游对象或旅游吸引物，而只是一种起承载作用的外在环境或基础环境。因此，它往往不被旅游开发者所重视，但恰恰是它构成了旅游景区生存、发展的基础，关系到旅游景区的成败兴衰。

（二）社会人文环境

旅游景区的社会人文环境是指旅游景区的社会治安情况、当地居民对外来游客的态度，以及配套的各项服务。社会治安情况是指当地社区的社会风气好坏、犯罪率高低等。当地居民对外来游客的态度是指当地居民对待外来游客是采取友好的、无所谓的或敌视的态度和行动。配套的各项服务主要是指那些为游客提供的非营利性质的服务，包括旅游信息中心、旅游咨询电话、旅游警察等。

（三）旅游资源

旅游资源指旅游景区内存在的对游客具有吸引力的自然因素和文化遗存，包含自然旅游资源和人文旅游资源两部分。实际上，不论是自然旅游资源，还是人文旅游资源，它们本来就是旅游景区整体环境的组成部分。而旅游环境本身又构成游客的吸引力因素，资源、环境相互包含，但各自的侧重点和针对对象不同，资源是相对于游客而言，环境则是相对于旅游活动而言。

（四）旅游氛围环境

旅游氛围环境与自然生态环境、社会人文环境和旅游资源有着紧密联系，并且以它们为基础。它有两层含义：一是游客对周围"物"，即自然生态环境和社会人文环境的感受；二是游客对周围"人"，包括对旅游景区社区居民、旅游经营者，以及同行的其他游客的感受。它不仅涉及当地居民和旅游经营者的态度及旅游服务质量对游客的心理影响，更与环境容量给游客造成的心理影响有很大关系。

（五）卫生环境

卫生环境主要指旅游景区的卫生条件、保洁状况等，还包括社区居民的健康状况，如地方病、传染病、流行病的情况等。在我国《旅游区质量等级的划分与评定》等国家标准中，卫生环境是重要组成部分。同时旅游景区卫生环境是游客最直接的环境感受部分，卫生环境管理是旅游景区日常环境管理中的主要工作。

二、旅游景区环境容量

（一）旅游景区环境容量的概念

1. 环境容量

环境容量这一概念最初来自日本，它指环境单元可容纳某种事物的量，其含义有两方面：

（1）容量是相对于一定环境区域而言的。

（2）环境容量是指某种事物的环境容量，这里所指的事物具有广泛的含义，如水环境容量及人口环境容量等。

对游客而言，旅游环境容量是指某一旅游地域单元（如旅游区、游览区、旅游点等）在不破坏生态平衡，达到旅游景区环境质量要求，并能满足游客的最低游览要求时旅游景区所能存纳的游客量。它包含有旅游地环境生态容量和游客感知容量两方面。

2. 旅游景区环境容量

旅游景区的环境容量是以旅游景区作为地域单元的可容纳某种事物的量，指的是旅游景区生物物理环境和社会环境两部分的容量，它表示一个旅游景区可以容纳的旅游业资源利用及相关基础设施的最大限度。一旦超越，该旅游景区资源退化，游客满意度降低，对该地社会经济和文化的负面影响无法避免。另外，不应忽视旅游环境中的社会容量和心理容量。这个定义意味着容量由两部分组成，即高质量的自然环境和高质量的休闲体验。

（二）旅游景区环境容量的基本构成

旅游景区的环境容量主要包括：环境的生物物理容量、环境的社会文化容量、环境的心理容量和环境的管理容量4个方面。

1. 环境的生物物理容量

环境的生物物理容量主要与自然资源有关。人们认为没有一个生物物理系统可经受得起毫无限制地开发利用。因此,要设定一个明确的开发使用的界限,这一界限的确立建立在对生态系统脆弱性的评估的基础上。自然环境的容量水平取决于环境的面积和环境的复杂性,相对来说,这一容量较易测定,也在旅游管理的实践中被广泛利用。

2. 环境的社会文化容量

旅游活动一旦超越一定水平,就会给当地居民带来社会、文化方面的负面影响。环境的社会文化容量首先涉及的是作为接待者的主人。值得注意的是,本土居民和游客,甚至在他们各自的内部,对负面影响因素的认识也不同。例如,一个纯粹以旅游业为生的人对旅游业的看法完全不同于一个与旅游业无关的人。这使得对环境的社会文化容量难以进行准确的测量和评估,来自人类学家及其他专业的社会科学家的帮助就显得非常重要。

3. 环境的心理容量

它指的是一个旅游景区在能保证随时为游客提供高质量旅游体验的同时所接待游客的最大量。视地区、旅游吸引物的类型,每个游客(从经验丰富的生态游客到普通游客)的具体特点不同,心理容量的范围也不相同。通常,在观景点每位游客需要$20m^2$的空间,在人口密集的营地,每位游客需要的空间为$10m^2$。

4. 环境的管理容量

它指的是在不影响有效管理的情况下,特定旅游景区可接待参观的最大限度。管理容量与游客可使用的有形设施的类型密切相关,需要考虑的因素有:员工数量、营业时间、解说、标牌服务与设施的限制和停车场空间等。

(三)旅游景区环境容量的特征

1. 静态性与动态性

静态性主要是由游客进行某一游览活动所必须停留时间决定的,在这一活动过程中,环境容量不会发生变化,即具有一个瞬时环境容量。而动态性由停留时间的有限性和开放时间的无限性这一关系决定的,游客的各种流动现象总是表现为输入和输出,开放时间与停留时间的比例就表明了这一特性,此比例称为旅游环境的周转率。这一特性决定了旅游环境容量在一定时段内可以达到可观的数量,其值一般大于瞬时值。同时静态性常常受当前条件的制约,反映了现状,动态特性则反映了运动和变化。

2. 客观性与可量性

在一定时期内,某一旅游环境在构成要素、功能、传达信息等方面具有相对的稳定性,所以,由此产生的旅游环境容量的大小是客观存在的,可以通过数据调查、定量分析及数学模型加以计算。

3. 易变性和可控性

在一段时期内,环境具有相对的稳定性,但由于旅游业的发展常与山区、湖泊、海岸带、草原等自然景观,以及古城、古村落、历史遗迹、少数民俗文化相联系,而这些地区恰恰处于世界经济的外围地带，环境脆弱度高，极易受到来自外界的影响，所以具有易变性。从长远的角度来看，容量变化的原因可能是人类外部施加的，如人类过度砍伐，造成旅游景区草场沙漠化、草皮面积减少，导致草场环境容量变小；也可能是来自自然环境本身，如一段时期内降水增加，引起湖泊水面面积扩大，而致使水面旅游环境容量增大；还可能是人与自然双方的原因。

但是，无论何种原因导致的容量变化，只要充分掌握了其运动的规律及系统变化的特征，即可根据自身的目标与需求，对环境进行适度改造，达到理想中的容量。如历史上所建的苏堤、白堤都产生了人为扩展水面环境的结果。所以说容量又是可控的，该特性在旅游业的发展中，常表现在对旅游资源充分有效地开发利用上。当然可控性是有限度的，应在承认规律、尊重客观的基础上进行。

（四）影响旅游环境容量的两个分量

影响旅游环境容量的分量包括旅游环境生态容量和游客感知环境容量。

1. 旅游环境生态容量

旅游环境生态容量即物理和生态意义上的环境容量。旅游活动的强度应限制在自然环境、生态系统不被破坏，旅游点不受污染的范围内，确定这个范围要涉及两方面。

（1）自然环境承纳量。自然环境承纳量，指旅游地环境所能容纳的最大游客数。当游客到达一旅游地旅游时，就必然会产生各种废弃物，会排出各种污水污染环境，废气、噪声也会随之产生。当然自然环境具有再生、恢复的能力，但随着游客数量增多，所造成的污染就可能突破环境自我纳污和净化限度，这个限度也就是所说的旅游地自然环境承纳量。

（2）生态环境承纳量。生态环境承纳量，即旅游地生态保持平衡所能容纳的最大游客数。由于游客的大量涌入，还可能导致旅游地植被、土壤、生物生活环境等遭到破坏，以致生态环境失调。如游客对草地等植物的直接践踏，对野生动物生存环境产生妨碍而致使物种迁移，游客对珍稀植物采集而造成的品质退化或灭绝等。所以为确保旅游地生态平衡，又存在一个旅游地的生态环境承纳量问题。

综合考虑自然环境承纳量和生态环境承纳量，才能得出旅游地环境生态容量。

2. 游客感知环境容量

游客感知环境容量即游客旅游时在不影响感受质量、不破坏游兴的情况下所能忍受的拥挤程度，也叫游客的心理承载能力。

倘若旅游地的游客数长期饱和，主要景点总是超载，到处人满为患、拥挤不堪，游客的旅游体验质量就会大大下降，达不到最初期待的旅游效果，使游客认为该旅游地名不符实，从而影响了旅游地的声誉，使旅游地的回头客大大减少。因而在测算旅游地环境容量时应充分将该因素考虑进去。但是由于不同游客，他们性格、年龄、性别、学识、经历、喜好等各不相同，从而每个游客对拥挤的忍受程度也不相同，为此通常要经过较为广泛的问卷调查，来测量这个限度。

三、旅游景区可持续发展认知

（一）可持续发展的内涵

1. 可持续发展概念的表述

世界环境和发展委员会于1987年发表的《我们共同的未来》研究报告中，将可持续发展定义为：既满足当代人的需求，又不危及后代满足其需求的发展。这个定义鲜明地表达了两个基本观点，一是人类要发展，尤其是穷人要发展；二是发展有限度，不能危及后代的发展。

2. 可持续发展的基本内容

（1）强调首先要发展。"人类需求和欲望的满足是发展的主要目标"。发展是人类永恒的主题，是人类共同的、普遍的权利和要求。不论发达国家，还是发展中国家都享有平等的、不容剥夺的发展权利。这里的发展包括自然、经济和社会环境在内的多种因素的共同发展。

（2）强调持续性。即生态经济发展的持续性。一方面，经济增长必须在保持自然资源及其所提供服务质量的前提下，使经济利益的增加达到最大限度。另一方面，可持续发展要求人类对生态环境的利用必须限制在生态环境的承载能力之内，也就是对发展规模、发展速度要有一定程度的限制，改变长期以来人类在追求发展、经济利益的过程中以牺牲生态环境、历史文化遗产为代价的做法，以保证地球资源的开发利用能持续到永远，以便给后代留下更广阔的发展空间。

（3）强调公平性。可持续发展满足全体人民的基本需求和给全体人民机会以满足他们要求较好生活的愿望。要给世界以公平的分配和公平的发展权，要把消除贫困作为可持续发展进程特别的问题来考虑。

（4）强调共同性。可持续发展的共同性是源于人类生活在同一地球上，地球的完整性和人类的相互依赖性决定了人类有着共同的根本利益。地球上的人，生活在同一大气圈、水圈、生物圈中，彼此之间是相互影响的，因此，必须采取全球共同的联合行动。

（二）可持续旅游发展的内涵

1. 可持续旅游概念的提出

可持续旅游的提出首先直接受可持续理论的影响。可持续旅游实际上是可持续发展思想在旅游领域的具体运用，是可持续发展战略的组成部分之一，是可持续发展理论的自然延伸，同时，也是在大众旅游的浪潮中，旅游业急剧膨胀、繁荣背后引发的危机。在一定时期后日益暴露出来的问题显示，有越来越多的学者对旅游业是"无烟工业"的提法表示质疑。旅游业作为以服务消费与精神消费为内容的高层次消费，对环境有很强的依赖，旅游业天然地要求有好的环境。因此，旅游具有实现可持续发展的内在动力，应称为可持续发展理论实践的先行领域。

2. 可持续旅游发展的内涵

在国外，比较权威的可持续旅游发展的定义有两个。

一是世界旅游组织的定义。1993年世界旅游组织出版了《旅游与环境》丛书，其中《旅游业可持续发展——地方旅游规划指南》一书对可持续旅游发展给出的定义是"指在维持文化完整、保持生态环境的同时，满足人们对经济、社会和审美的要求。它能为今天的主人和客人们提供生计，又能保护和增进后代人的利益，并为其提供同样的机会"。这一定义是对可持续旅游发展理念的进一步总结，不仅指出了旅游业本身的特质，而且提出了"主人"和"客人"区别公平发展的思想，对可持续旅游发展的国际认定具有重要的指导意义。

二是1995年《可持续旅游发展宪章》中所指出，"可持续旅游发展的实质，就是要求旅游与自然、文化和人类生存环境成为一个整体"，即旅游、资源和人类生存环境三者的统一，以形成一种旅游业与社会经济、资源、环境良性协调的发展模式。

可持续旅游发展是可持续发展理论在旅游业中的具体体现，与一般意义上的可持续发展理论具有本质上的一致性，主要有以下三层含义。

一是满足需要。发展旅游业首先是通过适度利用环境资源，实现经济创收，满足东道社区的基本需要，提高东道居民生活水平。在此基础上，再满足游客对更高生活质量的渴望，满足其发展与享乐等高层次需要。

二是环境限制。资源满足人类目前和未来需要的能力是有限的，这种限制体现在旅游业中就是旅游环境承载力，即一定时期，一定条件下某地区环境所能承受的人类活动作用的阈值。它是旅游环境系统本身具有的自我调节功能的度量，而可持续旅游的首要标志是旅游开发与环境的协调。因此，作为旅游环境系统与旅游开发中间环节的环境承载力，应当成为判断旅游业是否能够可持续发展的一个重要指标。

三是公平性。强调本代人之间、各代人之间应公平分配有限的旅游资源，旅游需要的满足不能以旅游区环境的恶化为代价，当代人不能为满足自己的旅游需求与从旅游中获得利益而损害后代公平利用旅游资源的权利与利用水平。应牢记这样一个旅游发展理念，环境既是我们从先辈那里继承来的，也是我们从后代那里借来的，要把旅游看成这样一种活动，当代人为了保护好前代人遗留下来的环境，或者利用前代人留下的环境，为后代人创造更加优异环境的行动。

行业广角

旅游景区如何实现可持续发展？关键在于旅游体验

抖音、快手等短视频平台捧红了一众旅游目的地和旅游景区，如灯火闪耀的重庆洪崖洞和以摔碗酒闻名的西安永兴坊旅游景区。借助短视频平台的大量播放、转发，这些城市和旅游景区迅速成为火遍全国的"网红"。与此同时，充满体验、趣味、分享感的旅游短视频逐渐成为各短视频平台的热搜词。

任何历史文化沉淀、城市特色塑造都需要一个长期的过程，任何产品的成功都不是一蹴而就的，所以，重庆洪崖洞和西安摔碗酒能够成为"网红"，必然有其道理。当下，游客的旅游方式已从传统的观光向体验式转变，目的地营销需要为游客提供更多的体验项目。在这种需求的刺激下,历史文化方面的深层次的体验就显得尤为吸引人。以这两个旅游景区为例,两家旅游景区本身都是极富文化特色并一直都是当地用心打造的城市名片。永兴坊是在唐代名相魏徵府邸旧址上建造的,主要以关中牌坊和具有民间传统的建筑群组合而成,依托古城墙深厚的历史文化底蕴,将西安城市人文精神进行了充分的发掘和展示。洪崖洞的历史底蕴也极为丰富,洪崖洞的巴渝文化特色建筑群落被称为"悬崖上的吊脚楼,记忆中的老重庆"。这里还有江隘炮台、明代城墙、亭台古寺、书院遗风、辛亥丰碑等众多历史遗迹。重庆市政府早在2006年就投入几亿元重金打造,实际上在抖音平台上爆红之前,这里就已经是极具层次与质感的城市旅游景区商业中心。同时,这两个旅游景区所依托的城市也均具备浓厚的历史文化,同时都是国内知名的旅游城市。作为巴渝文化的发祥地,重庆有文字记载的历史已达3000多年,十三朝古都西安的文化底蕴更加毋庸置疑。走上"网红"之路,除了历史积淀,另一个原因是永兴坊和洪崖洞契合了年轻人的消费心理,能够满足年轻人猎奇的旅游需求,能够进行情感宣泄或者实现情感共鸣,这或许是它们能够在短时间内取得最大营销效果的重要原因。

值得一提的是,旅游景区与旅游目的地的走红,与当地政府的积极参与和推动也是密切相关的。洪崖洞和永兴坊让无数企业、政府部门看到了短视频营销的期望。今年以来,陕西省旅游发展委员会、山东省旅游发展委员会、欢乐谷、长隆度假区、华住、马蜂窝、驴妈妈等纷纷进驻抖音开设官方账号。此外,还有大量的旅游达人、导游等也在该平台上保持活跃度,从某种程度上促进了旅游景区、目的地营销的良性循环。

那么,在全民参与的大趋势下,短视频营销之路到底能走多远?红过之后、火过之后,旅游景区和目的地该如何实现可持续发展呢?其一,进一步拉伸产业链,把流量变成实实在在的消费才是关键。例如,网红旅游景区周边可以根据不同的文化特色开发更多差异化的产品、线路,增强体验的新鲜感和美誉度,同时利用丰富的活动、精彩的体验项目来增加游客的停留时间,从而提高旅游目的地的收入水平。其二,要继续深挖文化内涵,因为旅游景区的核心竞争力应该是文化实力。文化不是你红我也想红的跟风行为,也不是短视频15秒的碎片化认同。流量虽然代表着一种趋势,但这种趋势很多时候并不代表社会的主流文化。抖音等短视频平台虽然实现了营销话语权的转移,但企业如果一味地迎合这些人的需求,也会失去其持久的生命力。加之,如果没有政府引导文化创造、研发创新和知识产权保护等,那么跟风模仿、侵权抄袭等行为将会屡禁不止。因此,企业在利用短视频营销的过程中,要用心沉淀,把真正的文化价值融入新技术、新理念中进行价值再创造。因此,要做到目的地、旅游景区的可持续发展,必须结合本地优势挖掘内在潜力,为游客带来更多、更长久的旅游体验。

(资料来源:搜狐新闻http://www.sohu.com/a/242006124-99952684,2018-07-18)

(三) 中国21世纪可持续发展行动纲要

1. 指导思想

我国实施可持续发展战略的指导思想是:坚持以人为本,以人与自然和谐为主线,以经济发展为核心,以提高人民群众生活质量为根本出发点,以科技和体制创新为突破口,坚持不懈地全面推进经济社会与人口、资源和生态环境的协调，不断提高我国的综合国力和竞争力，为实现第三步战略目标奠定坚实的基础。

2. 发展目标

我国21世纪初可持续发展的总体目标是：可持续发展能力不断增强，经济结构调整取得显著成效，人口总量得到有效控制，生态环境明显改善，资源利用率显著提高，促进人与自然的和谐，推动整个社会走上生产发展、生活富裕、生态良好的文明发展道路。

（1）通过国民经济结构战略性调整，完成从"高消耗、高污染、低效益"向"低消耗、低污染、高效益"转变。促进产业结构优化升级，减轻资源环境压力，改变区域发展不平衡，缩小城乡差别。

（2）继续大力推进扶贫开发，进一步改善贫困地区的基本生产、生活条件，加强基础设施建设，改善生态环境，逐步改变贫困地区经济、社会、文化的落后状况，提高贫困人口的生活质量和综合素质，巩固扶贫成果，尽快使尚未脱贫的农村人口解决温饱问题，并逐步过上小康生活。

（3）严格控制人口增长，全面提高人口素质，建立完善的优生优育体系和社会保障体系，基本实现人人享有社会保障的目标。社会就业比较充分。公共服务水平大幅度提高。防灾减灾能力全面提高，灾害损失明显降低。加强职业技能培训，提高劳动者素质，建立健全国家职业资格证书制度。

（4）合理开发和集约高效利用资源，不断提高资源承载能力，建成资源可持续利用的保障体系和重要资源战略储备安全体系。

（5）全国大部分地区环境质量明显改善，基本遏制生态恶化的趋势，重点地区的生态功能和生物多样性得到基本恢复，农田污染状况得到根本改善。

（6）形成健全的可持续发展法律、法规体系，完善可持续发展的信息共享和决策咨询服务体系，全面提高政府的科学决策和综合协调能力，大幅度提高社会公众参与可持续发展的程度，参与国际社会可持续发展领域合作的能力明显提高。

3. 基本原则

（1）持续发展，重视协调的原则。以经济建设为中心，在推进经济发展的过程中，促进人与自然的和谐，重视解决人口、资源和环境问题，坚持经济、社会与生态环境的持续协调发展。

（2）科教兴国，不断创新的原则。充分发挥科技作为第一生产力和教育的先导性、全局性和基础性作用，加快科技创新步伐，大力发展各类教育，促进可持续发展战略与科教兴国战略的紧密结合。

（3）政府调控，市场调节的原则。充分发挥政府、企业、社会组织和公众四方面的积极性，政府要加大投入，强化监管，发挥主导作用，提供良好的政策环境和公共服务，充分运用市场机制，调动企业、社会组织和公众参与可持续发展。

（4）积极参与，广泛合作的原则。加强对外开放与国际合作，参与经济全球化，利用国际国内两个市场和两种资源，在更大空间范围内推进可持续发展。

（5）重点突破，全面推进的原则。统筹规划，突出重点，分步实施。集中人力、物力和财力，选择重点领域和重点区域，进行突破，在此基础上，全面推进可持续发展战略实施。

四、旅游景区资源的保护与利用

（一）旅游景区环境破坏的原因

对旅游景区环境造成破坏的主要因素除了自然灾害，气候等自然因素，还有旅游景区的超负荷接待，建设性破坏，缺乏保护意识、挤占保护资金，游客的不文明行为及旅游景区外部生产建设的影响等因素。

1. 超负荷接待

旅游景区超负荷接待对于环境和设施的消极影响主要体现在四个方面，即践踏后果、水体破坏、增加噪声和设施损毁。一些旅游景区为了眼前的经济利益，无节制地接待，来者不拒，多多益善，致使旅游景区人满为患，超负荷运转。特别是五一、十一黄金周期间，一些著名的世界自然遗产和历史文化遗产旅游景区，游客云集，人流如潮，少数地段和景点人头攒动，摩肩接踵，游客如赶庙会，对旅游景区环境和历史文物的保护极为不利。

2. 建设性破坏

由于对旅游资源的认识不足，在城市建设、交通建设等工程中经常出现拆毁有价值的建筑的情况。如我国哈尔滨，素有东方小巴黎之称，在19世纪20世纪初叶，是我国与俄罗斯和欧洲通商的一个重要口岸。当时哈尔滨的建筑中，有很多融合西方建筑和东方建筑为一体的建筑，是西方建筑风格在我国北方地区的汇集，至今仍有西方的建筑学家来哈尔滨参观考察。但是在20世纪五六十年代的城市建设中，人们对这些陈旧的建筑不感兴趣，拆毁了一批融东西方建筑特色为一体的建筑。

各地在开发旅游时还热衷于古建筑的修复。但在古建筑的修复过程中，一方面不尊重历史，没有很好地挖掘其文化内涵和科学内涵，使许多旅游资源不能体现其应有的艺术观赏、历史文化和科学价值；另一方面，盲目采用现代的工艺技术和建筑材料，粗制滥造的假文物、假古董在高度、体量、色彩和格调方面与旅游景区原有资源冲突，导致建筑景观的整体性和协调性遭到严重破坏，降低了整个旅游景区的资源品位。

3. 缺乏保护意识，挤占保护资金

在很多旅游景区的管理者或地方政府官员看来，旅游景区的经济效益是第一位的，所有的建设、开发乃至对资源的日常维护都只是为了一个目的，就是赚钱。其他的问题在这一根本目标之下就显得不那么重要了。同时，专注于经济利益的开发活动必然忽视对资源的保护。大多数的旅游景区都存在这样的恶性循环，拿旅游景区维护资金用于开发新项目，其所得收入没有用于旅游景区的维修和保护，而是又用于新的项目投资。来旅游景区游览的游客是越来越多了，但对于旅游资源的破坏也是越来越严重，旅游景区的维护资金却不能到位，只能眼看着很多珍贵的遗产被逐渐毁损。就目前看来，挤占保护资金是造成旅游资源破坏的重要原因之一。

4. 游客的不文明行为

目前我国旅游市场上，国内游客规模迅速壮大，但部分游客素质比较低，环境意识淡薄，不文明行为比较普遍，由此导致生态破坏和环境污染现象比比皆是。随地吐痰、便溺、乱扔垃圾、乱刻乱画、随意践踏采摘等不文明行为都对旅游资源和旅游环境造成严重破坏。

这样的行为不仅给旅游景区的日常管理增加了难度，同时还极大地破坏了旅游资源，增大了旅游资源保护的难度。很多建筑物或其附属设施在接待游客时都要承受游客的"爱抚"，日积月累它们都已面目全非。随意践踏轻则损伤旅游资源，重则损害旅游景区的土壤、植被，造成生态系统失调。

5. 旅游景区外部生产建设的影响

由于工农业生产布局密集、人口过快增长和管理方面存在的问题，我国生态环境质量大大下降。主要包括：接待服务设施排放的污物，如宾馆、饭店排出的污水、倾倒的垃圾及燃烧排出的烟尘；游客在游览过程中丢弃的废物；旅游汽车排放的尾气；飞机、汽车及游客产生的噪声等对旅游景区的水体、大气、生物造成的污染。国内一些旅游景区，由于在开发建设初期对旅游环境污染问题未予充分重视，致使宾馆、饭店迅速发展，游客大量涌入后，出现了严重的环境污染问题。有的旅游景区，尤其是海滨旅游景区不得不关闭。旅游环境污染不仅影响了旅游业本身，而且破坏了旅游地居民的生活环境和生态平衡。

（二）旅游景区可持续发展的战略对策

1. 强化旅游规划与建设中的可持续发展意识

旅游景区的规划需要根据市场环境的变化而不断地进行开发建设，正确的指导思想是可持续发展理论，在旅游景区的开发规划中要善于做"减法"。世界遗产管理中常见的减法有：限制总体游客的数量，不让游客数量超过承载力；暂时的旅游景区关闭；提供复制品对游客开放，而将珍品保存起来；设置固定的参观路线；对容易风化的文物搬迁至博物馆保存。"靠山吃山，靠水吃水"的错误理念应该彻底予以摒弃，而应该真正地把开发建设的理念统一到与自然、社会环境的和谐发展中来。应在保护的前提下，尽最大努力防止对资源的破坏。旅游景区各个项目的建设也要严格按照规划进行，遵循建筑风格与周围景物相协调的原则，严格控制建筑物的规模、体量、高度、造型和色彩，建立以环境保护为根本的旅游设施建设标准，以保证环境质量。

2. 真正贯彻旅游生态发展的原则

任何环境都有一定的承载力，旅游景区亦是如此。如果游客数量超越了旅游景区的承载能力，旅游景区的环境衰退和破坏现象将随之发生和加剧。旅游生态发展的实质，是要在旅游业发展中充分认识开发与保护、经济发展与生态平衡的辩证关系，坚持经济发展和环境保护一起抓，这样才能使旅游生态发展真正落到实处。

3. 坚持有序开发

开发有先有后，既要考虑到目前，又要考虑到未来，决不能与子孙后代"抢饭吃"。"暂时不开发的保护起来，留待后人去开发"，这是一个非常有远见的开发观。西安周围有秦始皇陵及许多汉唐帝陵，大部分没有开发而是加以保护，一方面是考虑到目前科技水平尚未达到保证地下文物一旦出土不致变质，另一方面也是为了给后人留下一些开发对象。杭州的南宋太庙遗址出土后予以回填，也是基于这种考虑。1997 年，国家就做出近期内暂不发掘大型帝王陵寝和王城的决定。

国家文物局称没有保护技术，不会挖掘武则天陵墓

4. 建立有效组织，完善旅游景区环境保护工作的制度

为了搞好环境保护工作，旅游景区必须有一个良好的管理体制和一套完备有效的管理手段，必须建立健全保护工作的组织和制度。新西兰堪称是旅游与环境协调发展的典范，对自然资源的保护，设有自然资源保护部、区域保护办公室和旅游景区保护中心三级保护体系，各区域保护办公室和保护中心都设有完善的通信、资料和电教设施，游客到旅游景区，必须先看录像、图片和沙盘等，增强旅游景区环境保护意识。

5. 利用经济措施加强对环境的保护

采用经济措施加强对环境的保护，需要对旅游景区的资源价值有正确的认识。传统的经济学理论中认为未经人类劳动的资源是无价的或低价的，旅游开发基本上是无偿提供开发。那种产品高价、资源低价的经济价值体系，导致了旅游资源的掠夺性开发，损害了资源的长远利益。从环境保护的角度开发，旅游资源不再被看作是无价的和低价的，旅游景区资源的开发必须付出一定的代价。

垃圾换礼·绿色出行

3.5.3 任务训练

实训名称： 旅游景区环境保护情况调研。
实训目的： 通过任务训练，学生更好地了解旅游资源保护的重要性。
实施步骤： 分小组，分工合作，完成以下工作。
（1）熟悉本项目所学的旅游景区环境保护的基本知识。
（2）通过网络查找，收集本实训的相关资料。
（3）就近选择一个旅游景区，拟定调研方案。
（4）到本地目标旅游景区实地调查研究，了解其在旅游环境保护中的创新经验。
（5）小组分析和讨论，并形成书面调查报告上交。

3.5.4 通关游戏

一、知识关

1. 旅游景区环境包括自然生态环境、_____环境、旅游资源、_____和_____五方面的构成要素。
2. 旅游景区的环境容量主要包括：环境的_____、环境的社会文化容量、环境的_____、环境的管理容量等四个方面。
3. 旅游景区环境容量的特征有：静态性与动态性、客观性与_____性、_____性与可控性。
4. 旅游景区环境破坏的原因有（　　）。
   A. 超负荷接待　　　　B. 建设性破坏　　　　C. 缺乏保护意识，挤占保护资金
   D. 游客的不文明行为　E. 旅游景区外部生产建设的影响
5. 名词解释：旅游景区环境容量　游客感知环境容量

二、能力关

搜集国内外优秀的旅游景区在环境保护和治理方面的案例,并结合所熟悉的旅游城市或旅游景区,讨论节庆期间旅游景区可以采取的有力防范环境恶化的措施。

行业扫描

长白山景区:强化生态环境保护根基 打造世界级旅游目的地

长白山是温带大陆国家级森林和野生动物类型的自然保护区和国际A级自然保护区,野生动植物资源极其丰富,种类繁多,是东北亚重要的生态屏障,欧亚大陆北半部最具代表性的典型自然综合体,也是世界少有的"物种基因库"和"天然博物馆",具有较高的科研、保护和旅游价值。长期以来,长白山始终坚持"保护就是最好的开发"的管理理念,进一步加大长白山生态保护力度,尤其是近年来,长白山景区围绕生态保护、基础设施、安全防护等重点领域,全方位、立体化实施生态保护项目。经过多年不懈努力,景区生态环境保护与修复工作不断呈现新亮点、新变化、新进展,初步建成了向世界名山看齐的生态基础和向世界生态旅游目的地迈进的发展基础。

1. 注重保护,科学布局配套旅游服务设施

多年来,长白山景区始终积极探索适合自身发展的生态建设模式,积极推进景区内多项生态工程。斥资2亿元开展松花江水源地保护工程,拆除景区内所有经营性宾馆和洗浴场所,恢复该区域的原始景观面貌,保证区域生态稳定。投资800余万元进行聚龙温泉群地质遗迹保护与修复,投入200余万元开展聚龙温泉群环境检测与改造,加强对新生泥石流隐患区域的防护力度。今年,为进一步保护长白山原始地貌和松花江源头水质,预防泥石流、山体滑坡、滚石等自然灾害的发生,又投入994万元启动了长白山瀑布东侧泥石流地质灾害防治工程。

2. 注重日常养护,实施"八分钟保洁"工作制

为加强景区环境卫生管理,提高景区环境质量,长白山景区制定了《长白山景区环境卫生管理规范》。规范中明确规定,景区保洁人员要按照工作地点和工作环境合理划分环境卫生管理区域,负责景区内环境卫生清扫清运与管理工作,坚决执行"八分钟保洁"工作制,即任何垃圾都必须在8分钟内清理完毕。据统计,旅游旺季景区每天要清理垃圾约3吨,景区工作人员每日早6时上岗工作,直至所有游客离开景区后再下班,实现了全天超过10小时保洁全覆盖。多年来,景区工作人员用辛勤的汗水践行着"八分钟保洁"工作制,为景区和游客创造和呈现了一个整齐、干净、舒适的游览环境。

3. 注重科普宣传,推进生态文明示范

长白山国家级自然保护区是在全球和我国生态环境保护最完整最具代表性的国际A级自然保护区,长白山景区更是特别注重生态科普宣传,以此引导广大游客体验优良生态和优美景致之余,进而更加自觉地珍爱自然、保护生态。为此,景区内生态科普宣传牌比比皆是，其数量和覆盖率国内领先，仅树种、植被群落解说、代表性动物、重要资源保护等各类宣传牌制作数量已近千块，并建有负氧离子实时监测屏幕和森林树木年轮实物展示等生态宣传展品。旅游旺季，通过在游客密集区及各景点安装资源保护语音播放设备、制作生态保护宣传片在门区屏幕不间断播放、安置生态科普知识触摸屏、定期发放生态知识宣传单等方式，全方位提高游客生态保护意识。此外，长白山景区还与保护站、森警部队等成立长白山景区资源保护联合执法大队，加大了景点沿线重要生态资源的保护力度。与旅行社签订《长白山联合保护公约》，制定详细的游客生态行为管理标准，最大限度地规范游客的行为，并将游客培养成长白山资源保护的重要力量。

4. 注重预警，切实加强生态安全

结合自身生态安全等特点，长白山景区还制定了预警响应机制。该预警机制分为预警等级、激发因子、具体措施3个部分。预警等级分别为Ⅰ、Ⅱ、Ⅲ、Ⅳ级预警，每一级预警分别对应不同的激发因子和具体措施。激发因子则来源于多年的长白山安全管理经验，如自然因素（雨雪量大小、风速、能见度、温度）、游客数量（总入区游客量、景点游客量）、设施情况（道路情况、主要服务区承载量）等。具体措施主要包括增加安全员数量、延长景区开放和关闭时间、游客分流、间歇性暂停售票、景点封闭、景区封闭等。在景区总体入区人数的控制上，长白山景区严格执行《旅游法》相关规定，对北、西、南景区入区人数实行单日最大承载量限定。北景区单日最大承载量为26000人，西景区单日最大承载量为14000人。如景区或景点当日游客量超过单日最大承载量，长白山将封闭景区或部分景点，限制游客入区，规避因游客过多形成的安全管理风险及生态压力，切实保障游客观光质量及长白山生态安全。

（资料来源：长白山 http://www.changbaishan.gov.cn/zjgx/201709/t20170905-99234.html，2017-09-05，有删减）

3.5.5 总结评价

1. 总结回顾

旅游景区的环境容量是以旅游景区作为地域单元的可容纳某种事物的量，指的是旅游景区生物物理环境和社会环境两部分的容量，它表示一个旅游景区可以容纳的旅游业资源利用及相关基础设施的最大限度。其主要包括环境的生物物理容量、环境的社会文化容量、环境心理容量、环境管理容量等四个方面。同时旅游景区环境容量具有静态性与动态性、客观性与可量性、易变性和可控性等特征。

对旅游景区环境造成破坏的主要因素除自然灾害，气候等自然因素外，还有旅游景区的超负荷接待，建设性破坏，缺乏保护意识、挤占保护资金，游客的不文明行为及旅游景区外部生产建设的影响等。旅游景区需要从自身和游客管理两方面入手加强管理。

2. 自评和小组互评

请根据项目任务的学习目标和完成情况，按照表3-5-1来完成自评和小组互评。

表 3-5-1 评价考核表

考核项目	考核要求	是否做到	改进措施
旅游景区环境保护理念	了解旅游景区环境的概念	□是 □否	
	了解旅游景区环境构成的要素	□是 □否	
	了解造成旅游景区环境破坏的原因	□是 □否	
	了解旅游景区可持续旅游的观念	□是 □否	
	能够提出有建设性的意见和建议	□是 □否	
总体评价	检查任务完成情况	完成度 1~5	
	评价任务完成过程的表现	评分 1~5	
	团队合作程度	评分 1~5	

主题四

职业拓展

任务 4.1　旅游景区品牌概述

知识目标

1. 了解旅游景区品牌的概念、构成要素。
2. 理解旅游景区品牌所具有的特征。

技能目标

能够树立现代旅游景区品牌服务意识。

4.1.1　任务导入

哈尔滨国际冰雪节

2012年1月5日傍晚，第28届中国哈尔滨国际冰雪节在哈尔滨开幕。第28届中国哈尔滨国际冰雪节以中俄旅游年为契机，以"激情悦动，大美冰城"为主题，着力打造满城冰雕雪塑的城市冰雪景观，推出冰雪艺术、冰雪文化、冰雪体育、冰雪经贸与冰雪旅游五大板块及近百项冰雪旅游活动，以此拉开了2012中国欢乐健康游的序幕。

哈尔滨国际冰雪节是我国历史上第一个以冰雪活动为内容的国际性节日，自1985年1月5日创办以来，智慧、勤劳、勇敢的哈尔滨人化严寒为艺术，赋冰雪以生命，将千里冰封，万里雪飘的北国冬天，打造成融文化、体育、旅游、经贸、科技等多项活动为一体的黄金季节。现在，中国哈尔滨国际冰雪节与日本札幌冰雪节、加拿大魁北克冬季狂欢节和挪威滑雪节并称世界四大冰雪节，成为世界著名的冰雪宴会。哈尔滨国际冰雪节是世界上活动时间最长的冰雪节，每年的1月5日开幕，持续1个月。经地方立法，1月5日已成为哈尔滨人的盛大节日。历届哈尔滨国际冰雪节内容丰富，形式多样，如在松花江上修建的冰雪乐园，哈尔滨冰雪大世界，在斯大林公园展出的大型冰雕，在太阳岛举办的雪雕游园会，在兆麟公园举办的规模盛大的冰灯游园会等皆为冰雪节的内容。冰雪节期间还会举办冬泳比赛、冰球赛、雪地足球赛、高山滑雪邀请赛、国际冰雕比赛、冰上速滑赛、冰雪节诗会、冰雪摄影展、图书展、冰雪电影艺术节、冰上婚礼等活动。哈尔滨国际冰雪节已成为向国内外展示哈尔滨社会经济发展水平和人民精神面貌的重要窗口，它不但是中外游客旅游观光的热点，而且是国内外客商开展经贸合作，进行友好交往的桥梁和纽带。在冰天雪地的自然环境中，哈尔滨人注意从文化角度审视冰雪资源，在不断探讨挖掘其历史渊源，总结积累新鲜经验的基础上，创造了独具特色的冰雪文化。哈尔滨人喜爱冰雪，喜欢热闹，更热衷于文化。每年冰雪节，哈尔滨人在充分展示其精美的冰雪艺术品的同时，也为冰雪文化注入了新的内涵。

每年一度的哈尔滨国际冰雪节，以主题经济化、目标国际化、经营商业化、活动群众化为原则，集冰灯游园会、大型焰火晚会、冰上婚礼、摄影比赛、图书博览会、经济技术协作洽谈会、经济协作信息发布洽谈会、物资交易大会、专利技术新产品交易会于一体，吸引游客多达百余万人次，经贸洽谈会成交额逐年上升。节事活动既是一种旅游资源，又是一种品牌传播活动，对于树立旅游景区形象，迅速提升旅游景区知名度具有非常显著的作用。

（资料来源：杨钧天，第28届哈尔滨国际冰雪节开幕http：//www.toptour.cn/detail/info51479.htm，2014－10－12）

任务思考：

为什么哈尔滨国际冰雪节的影响越来越广？

4.1.2 知识储备

一、旅游景区品牌的概念

（一）品牌的概念

"品牌"一词来源于古挪威文字"brand"，即"烙印"的意思，其运用在企业管理和市场营销中，就是"在消费者心中留下烙印，在消费者心中树立企业或产品的深刻印象"。

美国营销协会对品牌的定义如下："品牌是一种名称、术语、标记符号或设计，或是它们的组合运用，其目的是借以辨认某个销售者或某群销售者的产品或服务，并使之同竞争对手的产品或服务区别开来。"品牌是一个综合、复杂的概念，是商标、名称、包装、价格、历史、名誉、文化内涵、符号及广告风格等要素的总和。

（二）旅游景区品牌的内涵

旅游景区品牌是反映旅游景区独特性的，表达旅游景区旅游活动及相关活动功能的体验感、品质感和形象感的名称、名词、短语、符号或设计，以及它们的组合。旅游景区旅游及相关活动的功能从本质上讲即旅游景区提供给游客的产品，其核心价值是游客因对旅游景区产品的体验而得到的利益，因此，品牌传输的信息必须表达出旅游景区能够给予游客的多种感官与心理体验。受顾客和服务人员的生理与心理等因素的影响,任何无形商品都会存在品质上的差异性。旅游景区空间范围较大,服务点较多且较分散,服务水平监控有一定难度,同时游客的类型与需求也是多样的,这就导致了服务水平的差异性更易显露,但游客却不希望旅游景区的服务水平低于其期望的某一个层次,因此,旅游景区品牌更需要凸显能够给予游客的品质感受,如独特、美好、温馨、个性、细化等。

一个旅游景区的品牌应该由品牌名称、品牌标志和商标三个部分组成。品牌名称是指旅游景区品牌中可以用文字表述并称呼的部分,如杭州西湖、厦门鼓浪屿等。品牌标志是指品牌中可以被认出、但不能用文字表达的部分,它一般用记号、图案、颜色等表示,如迪士尼乐园的品牌标志。商标是品牌的一部分,代表商标所有者对品牌名称和品牌标志的使用权,包括注册商标和非注册商标两种。其中,注册商标是指经过注册登记并受到法律保护的商标,如大连圣亚海洋世界注册了圣亚商标,使之成为受法律保护的品牌商标,具有专属性和排他性。

按照《中华人民共和国商标法》的规定,商标实行注册在先的原则,谁先注册谁就拥有该商标权,所以旅游景区如果有意打造旅游品牌的话,进行商标注册就很有必要。取得专用权是品牌受法律保护的前提,而注册是旅游景区取得品牌专用权的唯一途径。当未注册的品牌与注册品牌相冲突时,注册者优先。旅游景区的品牌注册,可以是品牌名称的注册,也可以是旅游景区商标的注册,还可以是支持品牌的某种独有的创新型产品的注册。例如,2011年福建南靖土楼为包括田螺坑、和贵楼、怀远楼、河坑等45个商品大类、251件福建土楼(南靖)系列公共商标正式注册。这些系列商标的注册成功,不仅可以规范当地的旅游市场,打造南靖土楼精品,还可以保护南靖土楼旅游景区的商标品牌,加快南靖旅游产业的发展。据相关报道,我国的各类旅游景区已进行商标注册的只占10%,绝大多数旅游景区知识产权保护意识淡薄,没有把商标申请注册提到议事日程。有的旅游景区只重视打造旅游品牌,却忽略了对旅游商标的保护。

行业广角

云南知名旅游景区频遭商标抢注

提到梅里雪山,人们都知道那是云南省的一个著名的景点,一个知名的旅游品牌。然而,梅里雪山的商标却被他人在其他省市抢注成功。近年来,由于商标保护意识薄弱,云南许多知名旅游品牌,文化产品纷纷在其他省市被抢注了商标,这已经成为制约民族文化产业发展的一个巨大障碍。

据云南省工商部门介绍,如果商标被抢注,民族文化产业及知名旅游景区景点将失去商标专用权,将不得不改名,或者花巨资购买。据了解,云南省民族文化产业和著名旅游景区被他人抢注商标的现象非常普遍,如金马碧鸡、黑井古镇、梅里雪山、三江并流、泸沽湖等著名旅游景区景点,都被他人在旅游服务类别上抢注了商标。

云南省工商部门专门向省委、省政府上报了云南民族文化产业和著名旅游景区被抢注商标的相关情况,并引起了高度关注。目前,云南省领导专门做出批示,要求全省各地、各有关部门和企业务必引起高度重视,要抓紧建立全方位的商标保护机制,采取措施,有效杜绝云南名牌商标屡遭抢注造成的被动局面。

(资料来源:储皖中 http://news.163.com/10/1022/07/6JJ7JA1M00014- AEE.html,2010-10-22)

分析提示:

商标是一个旅游景区品牌的组成部分,而注册是旅游景区取得品牌专用权的唯一途径,因此,旅游景区管理者要提高商标保护意识。

二、旅游景区品牌的特征

与其他业态的品牌相比,旅游景区品牌具有以下特征。

(一)区域特征明显

旅游景区必须占有一定的自然或人工空间,其空间特征为面状而非点状,并且空间结构比较复杂,多有山、水、林、田、路、草地、建筑等,这是其他业态所不具备的特征。现实中,不少旅游景区本身就具有旅游景区与地名的双重身份,如九寨沟、故宫、黄山等,因此,旅游景区品牌往往具有比其他业态品牌更为明显的地域特征。

(二)标志性景观突出且具有直接市场吸引力

由于旅游景区是占有一定面积的地理空间,其构成要素或构成要素的组合本身就可以成为不可复制的标志性景观,如黄山旅游景区的迎客松、八达岭旅游景区的长城等,这些标志性景观是旅游景区的核心景观吸引物,是旅游景区品牌的象征和吸引力的源泉,也是一个旅游景区品牌有别于其他旅游景区品牌的特质所在。有些游客前往某个旅游景区,主要原因之一就是有着亲眼看见那里独特的标志性景观的强烈动机,由此可见,旅游景区品牌这一特性具有很强的市场吸引力。

(三)品牌名称具有内涵丰富的复合结构

旅游景区的品牌名称是以描绘性的前缀或后缀加以表述的,如神奇的九寨、不到长城非好汉——八达岭长城、泰山——首例世界文化与自然双遗产等。这一特征来源于三个方面,首先适当的表述可巧妙地概括出旅游景区品牌独特的体验感、品质感、形象感,这是对旅游景区核心利益点的归纳,同时还具有宣传推广的作用。其次是旅游景区的地域性特征,即旅游景区可以用诗画般的,易于直观理解的语言来概括自身是一个怎样的地方。再次游客对于旅游景区的了解首先从其名称开始,而旅游景区的说明性表述不但利于游客快速对比旅游景区的特色与自身的旅游需求是否相符,以便做出相应的旅游决策,而且也是一种在同质化程度越来越高的旅游市场上凸显个性,满足游客多样化旅游需求的有效方法。这种复合结构并非旅游景区专有,在其他业态中也有使用,如李宁"一切皆有可能"、海尔"真诚到永远",但在其他业态多是将表述语句当作广告词,用于传播产品特色或企业理念,而旅游景区则是将表述与名称进行一体化的结合,具有更高的稳定性,传播的效果也更具直观性。

（四）既有整体性，又有分化性

通常所说的旅游景区品牌，是对旅游景区整体的一种个性概括，它囊括了旅游景区各个层面的内容，是旅游景区品牌整体性的表现。旅游景区总品牌至少可分化出经营者品牌、旅游项目品牌和旅游资源品牌3个分支品牌，这3个分支品牌既有各自的独立性，同时也密切相关，统一在旅游景区总品牌之下。

经营者品牌是旅游景区经营权所有者的品牌，它的名号可与旅游景区相同，也可单独拥有自身的名号，它的主体既可以是企业，也可以是个人经营者。旅游项目品牌是旅游景区旅游及相关活动的品牌，它既从属于旅游景区总品牌，又与其相辅相成。旅游项目品牌是旅游景区给予游客的利益的深化、细化与现实化的代表，是与旅游景区品牌同体共生的，一旦它的影响力达到一定程度，便可以成为旅游景区总品牌的代言。旅游资源品牌与旅游项目品牌类似，与旅游景区一脉共生，亦可成为旅游景区的代言，其侧重于旅游景区所拥有的自然或人文旅游资源的独特性，大多数知名旅游景区的运营都依赖于旅游资源品牌。

旅游景区品牌的这一特性还表现在总品牌与分支品牌的结构具有交互性，即总品牌与分支品牌之间，分支品牌之间是相互叠加或穿插组合的，彼此之间既有分化又有重叠。游客进入旅游景区后将同时体验到旅游景区的资源特色、活动项目、管理者提供的服务，对旅游景区品牌的体验和评价具有交互与替代的综合特征，而游客对于一般业态总品牌与分支品牌的体验往往是单方面的。

（五）着重突出旅游景区的体验特质

旅游景区产品的服务性要求旅游景区品牌更应着重突出旅游景区的体验特质，因为游客将从视觉、听觉、嗅觉、味觉、触觉、动觉等感官角度和需求、情感、态度、文化等心理角度全方位体验和评价旅游景区产品的特色及品质。旅游景区品牌的这种体验特质比其他业态品牌更全面，更综合，旅游景区品牌体验价值的高低将在很大程度上影响旅游景区品牌价值的高低。

（六）具有环境保护与文物保护的概念

旅游景区本身既是产品也是产品生产车间，游客既是享用现成产品的消费者，也是产品生产过程的参与者。旅游景区内的所有景观几乎都是游客的体验对象，甚至旅游景区外的景观也可以成为游客的视觉体验对象。可以说，旅游景区的一山一水、一草一木、一亭一榭、一砖一瓦、一缕一丝，以及工作人员的一言一行等都是旅游景区的产品，也是旅游景区品牌的宣传员。因此，旅游景区品牌必须具有明确的环境保护与文物保护的概念，这是让游客相信旅游景区产品质量不断提升的重要依据之一，也是旅游景区品牌可持续发展的基础。

（七）生命力相对较强

旅游景区品牌，尤其是资源型旅游景区的品牌，可使旅游景区具有强大的旅游吸引力，同时，虽然庞大的客源群体与旅游景区有限的接待量之间存在一定的矛盾，但只要旅游景区的景观、古迹不被破坏，旅游活动项目仍受游客欢迎，旅游景区品牌的生命力就能得以持续。此外，由于旅游景区品牌的地域性特征，旅游景区往往可以成为一个旅游地的地标，尤其是特色突出、品牌认知度和美誉度高的旅游景区，基本上不会从地图上消失。

（八）强调美的综合性

旅游景区品牌是一种比其他业态品牌更能从多方位强化其自身综合体验之美的品牌。

三、旅游景区品牌管理的基本原则

（一）总品牌与分支品牌互动原则

此原则针对的是旅游景区品牌既有整体性又有分化性的特点，强调的是根据总品牌与分支品牌在市场中的影响力，在品牌导入期与培育期，或以总品牌为主，或以某个分支品牌为主，集中有限的人力、物力、财力资源，强化所选择的品牌对象，并利用人对事物认知的晕轮效应，以及旅游景区总品牌与分支品牌的交互结构与替代特征最终获取更多的品牌联动效益。

一切从名开始：如何给你的品牌起个好名字

（二）精专为主原则

旅游景区产品不仅依赖于旅游景区所拥有的各种自然或人文历史资源，同时也依赖于旅游景区的设备和旅游景区工作人员的服务行为。服务型产品越专业，越精细，就越能使游客满意并给游客留下良好的印象。因此，旅游景区在品牌管理过程中，应遵循精专为主的原则，根据旅游景区品牌的定位和旅游资源与旅游活动的特征，进行精细化、专业化的品牌塑造，把旅游景区品牌的体验感做深，做透，以创造更优的品牌美誉度和更广阔的市场空间。这一原则也是构造旅游景区品牌差异化优势的重要法宝。

（三）多感并举原则

旅游景区品牌是体验特征突出的品牌，游客对旅游景区产品的全方位体验，无论感官体验，还是心理体验，都是其形成对旅游景区品牌的知觉印象和评价的基础。因此，要塑造和提升旅游景区品牌，在品牌管理过程中，就需要采取多感并举的原则，全面挖掘与优化旅游景区所有的旅游资源与旅游活动能够给予游客的感官体验与心理体验，并用品牌语言表达出来，以构造差异化的旅游景区品牌体验特征。

（四）核心吸引物带动原则

旅游景区的核心吸引物不仅是旅游景区招徕游客最大的亮点，也是旅游景区品牌区域特征和市场影响力的主要支撑点。通过核心吸引物，旅游区域可以拓展服务的宽度和深度，丰富游客的体验，增加游客的停留时间，创造更多的经济和社会效益，进而以丰富的旅游活动内容强化旅游景区品牌的品质感。因此，遵循核心吸引物带动原则，不但可以抓住旅游景区品牌宣传推广的要点，而且是提高旅游景区品牌管理效率与效度的基本原则。

（五）发现与创新原则

游客的旅游动力具有显著的多元性特点，其根本原因在于游客旅游需求的多样性，而跟随时代的步伐，不断满足游客的旅游需求并创造游客的旅游需求是旅游景区经营和旅游景区品牌管理的根本任务。为了更好完成这一能够延续旅游景区品牌生命力的任务，旅游景区品牌管理必须遵循发现与创新原则。而实现这一原则的基本方法是在充分研究游客旅游需求的基础上，全面深入考察旅游景区空间范围内的所有自然与文化存在，发现能够增强游客体验和对接游客需求的节点，并以此为基础创造出更精专的服务和更多样的旅游项目，尤其是旅游节庆活动。

4.1.3 任务训练

实训名称：国内旅游景区知名品牌调查。
实训目的：通过任务训练，学生更好地理解和掌握旅游景区品牌的基本理论。
实施步骤：分小组，分工合作，完成以下工作。
（1）熟悉本项目所学的旅游景区品牌概述基本理论。
（2）通过网络查找，收集本实训的相关资料。
（3）选择一个知名旅游景区，进行品牌相关调查搜索。
（4）小组分析和讨论，并形成书面调查报告上交。

4.1.4 通关游戏

一、知识关

1. 一个旅游景区品牌由三部分构成，即_____、_____、_____。
2. 下列属于旅游景区品牌管理基本原则的有（   ）。
   A. 客观性　　　　　　　　　　B. 主观性
   C. 精专为主原则　　　　　　　D. 可变性
3. 名词解释：旅游景区品牌

二、能力关

谈谈你对旅游景区品牌的认识。

4.1.5 总结评价

1. 总结回顾

旅游景区品牌是反映旅游景区独特性的，表达旅游景区旅游及相关活动功能的体验感、品质感和形象感的名称、名词、短语、符号或设计，以及它们的组合。一个旅游景区的品牌由品牌名称、品牌标志和商标三个部分组成。

与其他业态的品牌相比，旅游景区品牌具有如下特征：区域特征明显；标志性景观突出且具有直接市场吸引力；品牌名称具有内涵丰富的复合结构；既有整体性，又有分化性；着重突出旅游景区的体验特质；具有环境保护与文物保护的概念；生命力相对较强；强调美的综合性等。

旅游景区品牌管理的基本原则如下：总品牌与分支品牌互动原则，精专为主原则，多感并举原则，核心吸引物带动原则，发现与创新原则。

2. 自评和小组互评

请根据项目任务的学习目标和完成情况，按照表 4-1-1 来完成自评和小组互评。

表 4-1-1 评价考核表

考核项目	考核要求	是否做到	改进措施
旅游景区品牌概述	了解旅游景区品牌的内涵与特征	□是 □否	
	了解旅游景区品牌管理的基本原则	□是 □否	
	能够树立现代旅游景区服务意识	□是 □否	
总体评价	检查任务完成情况	完成度 1~5	
	评价任务完成过程的表现	评分 1~5	
	团队合作程度	评分 1~5	

任务 4.2 旅游景区品牌设计

知识目标

1. 了解旅游景区品牌的设计定位。
2. 掌握旅游景区企业形象识别系统设计内容。

技能目标

能够结合具体旅游景区写出品牌设计文案。

4.2.1 任务导入

安吉有座"养生密码园"
——想把工厂变景区 要借旅游树品牌

"工业旅游"在浙江安吉已有先例，杭州市民熟悉的安吉天荒坪蓄能电站就是安吉发展工业旅游比较成功的案例。近几年，随着安吉不断加大对毛竹的开发利用，一些竹纤维品牌企业也开始做起工业旅游。最近，以竹养生、竹健康为追求的圣氏生物有限公司推出的"167 养生密码园"，因其新颖性引起广泛关注。2014 年 10 月 1 日开始试营业的"养生密码园"至今已吸引长三角各地近千名游客。

走进密码园二楼大厅，先看到一个翻板墙，每个圆形牌子上都标有不同食物的形状及营养成分。"这里比较受亲子游游客的青睐，家长会带着孩子学习一些食物与健康的内容。"养生园相关负责人姚星慧介绍。再往前走，左边是4台检测机。打开页面，游客可自行挑选身体不同部位的健康状况点击答题，"是否出现口干现象？""是否有失眠情况？"检测机里设置了一个个与身体健康有关的问题。回答完，体验者就能得到一份打印出来的检测结果和健康建议。最有趣的是，游客可以检测自己的潜在寿命，"根据人167岁的潜在寿命，您还有121岁可以活！"一名游客现场检测了自己的血管年龄后，表示这样的互动体验很新鲜。置身密码园内，可以通过玻璃幕墙看到企业生产的全过程，也能学习很多养生知识。

通过旅游的方式让参观者吸收品牌观念，对企业产生认可，可以形成二次传播。在工业旅游的方式下，一场完整、精心设计的旅游参观，能够将企业信息完整地传递给游客。游客在心情愉悦、放松的状态下亲身观察和体验，对所获得信息的认可度较高。工业旅游的目标不仅是让今天的游客变成明天的消费者，还要让游客成为代言人，形成广泛的消费圈，进而达到品牌营销的效果。

（资料来源：杨君左，杭州日报 http://travel.hangzhou.com.cn/lyzx/content/2014-10/15/content-5485073.htm，有删减）

任务思考：
为何"167养生密码园"能够取得成功？你认为它在设计上有什么不同之处？

4.2.2 知识储备

一、旅游景区品牌定位

旅游景区品牌定位是确定旅游景区在游客心目中的形象和地位的过程，其基本目的在于建立旅游景区所期望的且被目标游客认可的竞争优势，从而使旅游景区的认知形象在游客（包括潜在游客）心目中占据一定的位置。旅游景区品牌定位是品牌设计的前提，如果没有正确的品牌定位，品牌设计只能越走越偏。

特劳特定位中品牌定位的三种方法

品牌定位是一个分析和决策的系统化过程，它建立在对旅游景区内部营销环境、目标市场和游客消费行为分析的基础上。美国管理学家迈克尔·波特认为，品牌定位的本质是要选出一套与众不同的方案，向消费者提供一系列独特的价值。迈克尔·波特提供的波特五力分析模型，如图4-2-1所示，从供应商、买主、潜在进入者、替代品和现有竞争者对手5个方面分析企业的竞争地位，提供决策辅助。旅游景区可以根据波特五力分析模型来分析本旅游景区的优劣势、竞争状况、替代品状况等，从而获得决策的依据。

旅游景区经营者在根据各种模型对旅游景区进行分项分析后，应重点导出旅游景区自身情况分析、目标市场分析和竞争情况分析等方面的资料，而后拟定品牌定位备选方案，等待评估选择通过，最终确定方案。

（1）旅游景区自身情况分析：包括旅游景区经营状况、资金、管理体制、人力资源，以及旅游景区历史、文化内涵、资源丰富程度和知名程度等。

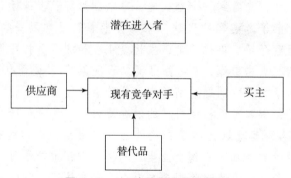

图4-2-1 波特五力分析模型

(资料来源：波特.竞争战略[M].陈小悦，译.北京：华夏出版社，2006：23.)

(2) 目标市场分析：包括游客需求、消费偏好、是否拥有较好的游客满意程度，以及该目标市场是否具有较好的拓展和延伸性等。

(3) 竞争情况分析：包括竞争对手的经营状态、竞争对手未来发展对本旅游景区的威胁、竞争对手产品和服务对本旅游景区品牌定位的影响、本旅游景区在市场竞争中的地位、本旅游景区是否拥有被竞争对手并购的可能、本旅游景区与竞争对手是否有合作开发品牌的可能性等。

二、旅游景区CIS设计

企业形象识别系统（Corporate Identity System，CIS）将企业文化与经营管理进行统一设计，并利用整体表达体系（尤其是视觉表达系统）传达给企业内部与公众，使其对企业产生一致的认同感，以形成良好的企业形象，最终促成企业产品和服务的销售。

旅游景区CIS设计包括对支持品牌的旅游景区经营理念、经营态度和行为等的设计，对支持品牌的产品和服务的设计，对各类外显符号，如名称、标志、色彩、字体等的整体形象设计。

人们对于品牌的认知，分为初步认知和深度认知。初步认知基本着眼于影响品牌形象的各种外显因素上，如支持品牌的产品和服务的外显属性、品牌名称、包装、图案、商标、价格、声誉等。深度认知则是在对品牌初步了解的基础上，深入分析品牌所属旅游景区的经营状况、企业文化、服务态度、管理运营制度、工作环境、工作流程的科学性，自己旅游景区未来的可持续发展等，从而判断该品牌的价值大小及该品牌能否真正地、长期地满足游客旅游需求。由此可见，旅游景区的品牌设计，不仅是对旅游景区或产品外在符号等的设计和传播，更应注重旅游景区经营内涵和品牌的契合，使游客对品牌的初步认知和深度认知相一致，甚至获得更大的惊喜。

CIS不仅包括对旅游景区品牌的外显符号的设计，以满足游客对品牌的初步视觉认知，更涵盖了对旅游景区经营理念、运作和行为方式等经营内涵的设计，这既有利于创建优秀的企业文化、提高企业凝聚力、增强产品的竞争力、强化企业对环境的适应能力，又有利于企业吸引优秀人才、增强股东的投资信心、稳定合作关系、赢得消费者的认同等。旅游景区形象识别系统包含以下三个方面的内容。

（一）理念识别（Mind Identity，MI）

理念识别是旅游景区形象识别系统的核心和精神所在，是得到社会普遍认同的、体现景区自身个性特征的、为促进并保持景区正常运作及长远发展而构建的、反映整个景区明确的经营意识的价值体系。理念识别主要包括两个方面的内容：旅游景区经营存在的意义（即经营使命）和旅游景区的经营理念。

经营使命是指旅游景区依据什么样的使命开展各种经营活动，这种使命既包含了旅游景区出于利润和生存目的而进行的经营，也包含旅游景区出于社会责任目的而进行经营的经营。例如，旅游景区要成为服务最好的旅游景区，或成为游客的最佳休闲乐园等，这种社会责任对社会、游客和旅游景区来说是"三赢"。经营理念是旅游景区经营者对公众和内部员工的宣言，它向公众和内部员工表明旅游景区应该如何去做，让公众和内部员工都能够真正了解旅游景区经营者的价值观，从而产生品牌认同感。经营理念包含经营方向、经营思想、经营原则和经营态度等。

（二）行为识别（Behaviour Identity，BI）

行为识别是指在旅游景区经营理念的指导下形成的一系列行为规范，是旅游景区企业形象识别系统中的动态系统。行为识别既是旅游景区经营理念的直接反映，是强化理念识别的一种手段，又是外界认识旅游景区的一个重要方面，是形成旅游景区形象的关键之一。

1. 旅游景区行为识别系统的构成

旅游景区行为识别设计的涉及面非常广，大到旅游景区的重大决策，小到员工的服务态度或礼仪规范，它既包括旅游景区本身作为一个企业参与市场运作的经营行为规范，也包括旅游景区内部员工（可以是旅游景区全体员工参与的集体行动，也可以是个别员工的某一项活动）的经营行为。总体来说，旅游景区行为识别系统基本上由两大部分构成：一是旅游景区内部识别系统，包括管理规范、行为规范、干部教育、员工教育与培训、工作环境、生产设备、福利制度等。二是旅游景区外部识别系统，包括市场调查、产品规划、服务水平、广告活动、公共关系、促销活动、文化性活动等。

2. 旅游景区识别系统的特点

一个成功的旅游景区识别系统，必须具备统一性和独特性的双重特点。统一性是指旅游景区的一切行为都要与旅游景区的理念识别保持高度的一致性，同时旅游景区的一切行为都应当做到上下一致，全体员工以及旅游景区各部门所开展的一切活动都要围绕一个中心，即为塑造旅游景区的良好形象服务。独特性是指旅游景区行为识别系统的差异性，即在理念识别的指导下，旅游景区的行为识别体现出与其他旅游景区不同的个性，而这种独特的个性造就了鲜明的旅游景区形象，并成为社会公众识别旅游景区的印象基础。

3. 旅游景区行为的规范

旅游景区在建设行为识别系统时，可以从静态和动态两个方面来规范旅游景区的行为。

静态方面主要是各类制度的制定和完善。旅游景区应在内部进行合理的规章制度的建立、行为规范的认定、组织结构的完善、人员专业化素质的限定等，使企业和员工有规可循、赏罚有据。在统一的行为准则和旅游景区制度管理规范制约下的员工，在其工作实践中表现出来的行为特征，才能具有一致性和统一性。

动态方面主要强调员工培训和行为监控。员工是将旅游景区形象传递给在外界的重要媒体，如果员工的素质不高，将直接损害旅游景区形象。因此，加强对员工的组织管理和教育培训，提高员工的素质，使每位员工都能认识到自己的一言一行与旅游景区整体形象息息相关，是建设旅游景区行为识别系统非常重要的工作。只有通过长期的培训和严格的监控管理，才能使旅游景区在提供优质服务和优秀产品上形成一种工作风气和一种行为习惯，才能完善旅游景区行为识别系统。

（三）视觉识别（Visual Identity，VI）

视觉识别是旅游景区运用系统的、统一的视觉符号系统，对外传达旅游景区的经营理念与情报信息，它是旅游景区企业形象识别系统中最具有传播力和感染力的要素。视觉识别能够使理念识别和行为识别具体化、视觉化。理念识别是视觉识别的精神内涵，视觉识别是理念识别的外在表现。没有精神理念，视觉传达只能是简单的装饰品。没有视觉识别，理念识别也无法有效地表达和传递。旅游景区视觉识别系统项目最多，层面最广，效果最直接。

1. 旅游景区视觉识别系统的构成

视觉识别系统包括基本要素系统和应用要素系统两大类。基本要素系统包括企业名称、旅游景区标志、标准字、标准色、象征图案、宣传口号等。应用要素系统包括产品造型、办公用品、企业环境、交通工具、服装服饰、广告媒体、招牌、包装系统、公务礼品、旅游小商品、陈列展示及印刷出版物等。

2. 旅游景区标志的设计

旅游景区标志是旅游景区视觉形象的核心部分，它是通过造型简单、意义明确、统一标准的视觉符号，将经营理念、企业文化、经营内容、企业规模、产品特性等要素传递给社会公众，使之识别和认同企业的图案和文字。

旅游景区标志的设计不仅仅是一个图案或文字的设计，而是要创造出一个具有商业价值的符号，把抽象概念准确地转化为视觉形象并兼有艺术欣赏价值。

旅游景区在进行标志设计时，首先，应该考虑注入旅游景区的深刻思想与理念内涵，可运用象征、联想、借喻的手法进行构思，将旅游景区独特的经营理念和精神文化采用抽象化的图形或符号具体地表达出来。其次，可以考虑以旅游景区资源产品的外观造型为题材进行构思，这种方法具有形象直观、易认易记的优势，旅游资源特点较强且具有广泛认知度，甚至可以垄断公众认知的旅游景区也可使用此法进行设计。最后，还可以考虑从旅游景区名称或品牌名称的角度切入，进行旅游景区标志的设计，即名称标志，它可以是单独的文字，也可以是文字和标志性图案的结合。

行业广角

灵山胜境的品牌标志设计及释义

灵山胜境的品牌标志由"佛手拈花"、圆形背光图案和"灵山胜境"文字组合而成，承载着丰富的内涵、精深的寓意，以其独特的视觉形象，成为表现灵山特有使命和灵山特色文化的标志符号，如图4-2-2所示。

"佛手拈花"这一独特的图案构成了灵山品牌标志的视觉核心。"佛手拈花"源自佛陀在灵山胜会上拈花示众的公案，它表达了佛教崇尚自性自悟、直指人心的最高智慧。旅游景区期望通过"佛手拈花"表现的精微而深远的意蕴，表达灵山致力于"传播知识、启迪智慧、净化心灵、觉悟人生、和谐社会"的使命所在。

"莲花"清净而不染，在佛教中象征着清净、圣洁与吉祥。灵山胜境品牌标志中的莲花，既是佛教圣洁之物的标记，也传达着灵山对众生心灵净化、圣洁吉祥的美好祈愿。

图4-2-2 灵山胜境品牌标志

圆形寓意圆融无碍，圆满无缺。以圆形图案整合"佛手拈花"，体现了以圆融、圆满为境界的灵山文化特色和灵山事业蕴含着的服务游客、圆融社会等种种善缘。灵山胜境融合着传统文化与现代艺术的精髓，将使灵山胜境成为众生心目中收获愉悦、和乐、圆满的祈福胜地。

黄色是中国佛教文化的象征色。灵山胜境品牌标志以黄色作为标准色，采用赭石等色系作为辅助色。从视觉效果而言，黄色近似金色，给人以庄严、光明、亲切、柔和的感觉，富有生命力的活力和大智慧，辅助色系则偏向凝重和大气。色彩的完美统一，体现了灵山胜境深厚的文化底蕴，以及庄重、博大的思想意境。

(资料来源：《灵山品牌标志》，灵山网 http//www.chinalingshan.com/jtzx/cultures/Brand/index.aspx)

4.2.3 任务训练

实训名称：对所在地区附近的旅游景区进行品牌设计。
实训目的：通过任务训练，学生更好地理解和掌握旅游景区品牌设计的基本理论。
实施步骤：分小组，分工合作，完成以下工作。
(1) 熟悉本项目所学的旅游景区品牌设计基本理论。
(2) 通过网络查找，收集本实训的相关资料。
(3) 选择一个所在地区附近的旅游景区，进行品牌相关设计。小组分析和讨论，并形成书面报告上交。
(4) 以小组为单位在课堂上进行简要陈述和答辩。

4.2.4 通关游戏

一、知识关

1. 旅游景区形象识别系统由三部分内容构成，即_____、_____、_____。
2. 旅游景区品牌定位是品牌设计的_____。
3. 旅游景区品牌设计中理念识别主要包括（　　）。

A. 经营存在的意义　　B. 经营理念　　C. 经营活动　　D. 内部和外部识别系统

4. 名词解释：CIS 设计

二、能力关

谈谈你对旅游景区品牌设计的认识。

4.2.5　总结评价

1. 总结回顾

旅游景区品牌定位是品牌设计的前提。旅游景区品牌包括：对支持品牌的旅游景区经营理念、经营态度和行为等的设计，对支持品牌的产品和服务设计，对各类外显符号如名称、标志、色彩、字体等的整体形象设计。

2. 自评和小组互评

请根据项目任务的学习目标和完成情况，按照表 4-2-1 来完成自评和小组互评。

表 4-2-1　评价考核表

考核项目	考核要求	是否做到	改进措施
旅游景区品牌设计	了解旅游景区品牌的设计定位	□是 □否	
	掌握旅游景区 CIS 设计内容	□是 □否	
	能够进行团队合作完成设计任务	□是 □否	
总体评价	检查任务完成情况	完成度 1~5	
	评价任务完成过程的表现	评分 1~5	
	团队合作程度	评分 1~5	

任务 4.3　旅游景区品牌传播

知识目标

1. 了解旅游景区品牌的传播渠道。
2. 了解旅游景区危机管理的类型。
3. 理解旅游景区品牌延伸的意义和方法。

技能目标

1. 能够树立现代旅游景区服务意识。
2. 能够对旅游景区进行节事活动的分析与策划。

4.3.1 任务导入

景区广告：植入时代的来临

《非诚勿扰》成全了2009年的北海道，《海角七号》热播后，屏东恒春一夕成名，《杜拉拉升职记》让白领们知晓，度假就去泰国芭提雅……

近年来，旅游产业的植入式广告异军突起，特别是在影视作品中，越来越多的旅游景区和旅游产品随之深入人心。正如美国全球品牌内容营销协会分会主席辛迪·克来普斯所说，"我们正从一个营销沟通的打扰时代进入一个植入的时代"。

我国早期旅游宣传和旅游景区营销的方式比较单一，多采取比较传统的方式，比如拍摄风光宣传片和举行旅游推介会等。近几年市场上的影视作品中，植入式广告层出不穷，可以说打破了传统手段，融入了市场要素，呈现出由广告风光片到故事性宣传片、由简单硬广到事件性广告营销模式的趋势。《卧虎藏龙》让安吉大竹海声名远扬，《蜗居》《无极限》等影视剧部分精彩镜头取自上海枫泾古镇，安徽泾县借《叶挺将军》的热播推出红色旅游纪念品，在茂林、云岭旅游景区恢复"新四军餐"，从深度和广度上进一步延伸产业链，凸显旅游发展效益。影视动漫网游《江山》和著名旅游胜地江山市建立了战略合作关系，以"游江山胜景，玩江山网游"为口号，运用现代化的制作手段，将实景山水打造成玩家能够驰骋的疆场……

植入广告讲求"功夫在诗外"，以"润物细无声"的方式，巧妙地将旅游景区广告融入节目中，让观众在不知不觉中接受旅游景区信息。但应避免将情景、道具、场景无关的广告生硬地植入节目中，避免以追求品牌出现的频次而忽略观众注意力的"抗体"，而造成观众心理上的反感，对旅游品牌形成负面影响。

据携程旅行网的调查显示，83%的游客会因为一部喜欢的影视作品而去其拍摄地旅游，91%的游客认为，相比一些商品在影视剧中的植入广告及单纯的旅游宣传片，旅游目的地通过作为拍摄外景地在影视作品中宣传，更能让观众和游客接受。可以说，植入式广告成功的标志之一就是广告的隐蔽性。观众看不出广告的痕迹，但却乐意接受产品的品牌诉求，从而有效地实现植入式广告的"软着陆"。

在植入式营销中，可以说旅游景区具有天然优势：从早期的《庐山恋》和《大红灯笼高高挂》，到近年的《天下无贼》和《可可西里》等，直到最近的《非诚勿扰Ⅱ》对慕田峪长城旅游景区进行的植入性营销，都非常成功。影视和旅游景区的捆绑，很难说是景区成就了电影，还是电影造就了景区。

〔资料来源：汝乃尔．景区广告：植入时代的来临［N］．中国旅游报，2011-01-24(6)，有删减〕

任务思考：

1. 你认为植入式广告对旅游景区品牌的建立与传播有哪些影响？

2. 在你的记忆中，你对哪些旅游景区品牌有印象？请说出你对这些品牌的所有认知，并说明你是通过什么渠道获得这些知识的。

4.3.2 知识储备

一、旅游景区品牌传播

品牌传播是将旅游景区的品牌形象推广到旅游销售渠道和游客中，使游客接触、感知、认同旅游景区的品牌价值并最终激发旅游行为的过程。品牌传播直接关系到旅游景区的品牌理念能否被游客识别和接受。旅游景区品牌传播的方式有广告、公共关系、直销、促销、互联网等，如表 4-3-1 所示。

表 4-3-1 旅游景区品牌传播的方式

传播方式	特点与要求	具 体 途 径
广告	花费高、要新奇有创意，具有亲和力	①重点客源地报纸、旅游休闲杂志上刊登宣传材料； ②有选择地在相关广播电视上播放宣传材料； ③重点客源地的交通要道竖立大幅广告、灯箱广告
公共关系	费用低，可信度高，需要长期培育	①宣传性公关：通过传媒，采用新闻稿、调查等方式传播品牌信息； ②社会性公关：参加公益活动、重大社会活动，支持福利事业； ③危机性公关：针对旅游景区品牌危机举行宣传与挽救活动
直销	目标明确、真诚沟通，重视游客的反馈	①与地方政府、其他旅游景区合作参加各种旅游交易会、推介会； ②对重点地区的旅行社、党政机关、工会、学校、大中型企业、社会团体登门拜访； ③对重点客户直接电话销售或发送电子邮件
促销	有新意，重品质，形式多样化，激发游客的兴趣	①赠送免费礼品、海报、宣传册等； ②开展优惠促销：打折卡、贵宾卡、有奖销售等活动； ③举办形式多样的旅游节庆活动与主题宣传活动； ④邀请名人担任形象大使
互联网	快捷高效、方便查询，资料翔实，真实可信	①建立旅游景区官方旅游网站，在国内门户网站和各大旅游专业网站、热点旅游论坛上发布旅游景区信息； ②重视搜索引擎查询，逐步发展旅游电子商务和网上预订功能

二、旅游景区的节事活动

（一）旅游景区节事活动的内涵

西方学者在事件及事件旅游的研究中，常常把节日（Festival）和特殊事件（Special svent）、盛事（Mega-event）等合在一起作为一个整体，在英文中简称为 FSE（Festivals & Special Events），中文译为"节日和特殊事件"，简称"节事"。

旅游景区节事活动是旅游景区经营者依托旅游景区内现有的资源、设备和服务，对节事资源进行精心策划、包装而产生的一种旅游景区事业性资源产品，它与旅游景区场地的固定吸引物不同，它是一种非固定的动态吸引物——事物吸引物。旅游景区节事活动也可以理解为旅游景区以节日和特殊事件为依托，吸引游客关注和消费的一种旅游品牌传播活动，它包含了对节庆、特殊事件及各类有意义的旅游活动的调研、策划、推广、实施及组织和管理。

（二）旅游景区节事活动的意义

节事活动既是一种旅游资源，又是一种品牌传播活动，因此，它具有双重属性，其意义可以从多个角度来探究。

1. 树立旅游景区形象，迅速提升旅游景区知名度

旅游景区节事活动是一个被精心策划、包装、推广的旅游产品，它的诞生经历了市场调研、市场细分、形象定位、公关推广等阶段。在这些过程中，旅游景区经营者要提炼活动主题、设计活动口号和活动标志等，同时要广泛借助广播、电视、报纸、期刊、通讯社、互联网等新闻媒体，通过各种公关方式增加节事活动信息的覆盖面，加深公众对目的地旅游景区的了解，提升旅游景区节事活动的吸引力，达到在节事活动期间吸引和集聚大量游客的目的。因此，节事活动的策划、推广和实施过程就是目的地旅游景区形象的塑造和知名度提升的过程。成功的节事活动的主题或口号，甚至能成为旅游景区形象的代名词，成为公众口碑相传的语言载体。

2. 整合旅游景区静态资源，开发旅游景区新产品，创造新卖点

旅游景区吸引物有场所吸引物和事件吸引物之分。旅游景区固有的景观资源等属于场所吸引物，也称静态吸引物。而旅游景区举办的节事活动，则属于事件吸引物的范畴，也称动态吸引物。作为动态吸引物的节事活动搭建了一个整合资源的大舞台，在这个舞台上，有旅游景区的服务资源、设备资源、自然景观资源、人造景观资源、人力资源、资金资本，甚至旅游景区其他的相关社会资源。旅游景区经营者通过优化资源组合，在合理整合它们的基础上打造出节事旅游产品，创造节事旅游的核心卖点和宣传点，从而实现旅游景区新产品的开发、旅游景区市场的拓展。

3. 削弱季节差异，平衡旅游景区淡旺季销售量

旅游业具有明显的季节性特征。旅游景区作为旅游业的重要组成部分，因其所处地理位置及资源特色等的不同，明显存在淡季和旺季的销售差别。以北方滑雪场为例，冬季是绝佳的销售旺季，而夏季来临时，游客则更倾向于滨海游、春城避暑游等，滑雪场几乎空无一人。而节事活动受上述因素的限制较少，旅游景区可以在恰当的时间通过精心策划，依托节事活动打造旅游景区新形象、推出新卖点，利用节事活动积聚大量游客，从而在一定程度上缓解淡季和旺季的落差，平衡旅游景区销售的时间分布。例如，对于黄山旅游景区而言，夏季游客较多，冬季是明显的淡季。黄山的"黄山国际旅游节"吸引了大量的中外节事游客，正好缓解了黄山冬季旅游市场的冷淡，同时又丰富了黄山旅游景区的旅游产品，开拓了更广泛的旅游市场。

（三）旅游景区节事活动的类型

1. 以自然景观展示为主题的节事活动

这类节事活动是指旅游景区依托富有特色的、能体现旅游景区形象的自然旅游资源开展

的节事活动,如中国国际钱塘江观潮节等。这类节事活动一般要求旅游景区拥有较有特色的或知名度、美誉度较高的自然景观资源。旅游景区在进行这类主题节事活动的同时,还可综合展示旅游景区其他风貌,如民俗风情表演展、旅游景区特色餐饮展示等,充分发挥"搭车"效应。

2. 以宗教仪式或庆典为主题的节事活动

这类节事活动要求旅游景区要有较有特色的宗教旅游资源或深厚的宗教文化底蕴。例如,福建湄洲岛的"妈祖"文化在国内外均有较高的认同度,适宜在湄洲岛旅游景区举办"妈祖文化旅游节"等活动。再如泰山脚下的岱庙,供奉着泰山神——东岳大帝,传说夏历三月二十八日为泰山神生日,历代帝王多于这天在岱庙举行封禅大典。帝王的庆典活动、民众的朝山进香活动等,在岱庙一带形成了以贸易活动和娱乐活动为主要内容的东岳庙会。根据这样的宗教庆典资源,泰山旅游景区打造了"泰山庙会"节事旅游。

3. 以文化艺术为主题的节事活动

这类节事活动是指旅游景区经营者依托当地的历史文化、地域文化、名人文化、典型艺术或文化艺术事件等展开策划的节事活动。例如,厦门鼓浪屿,岛上几乎家家户户拥有钢琴或其他乐器,岛上居民常以家庭的方式在休息日举办自娱自乐的家庭音乐会,鼓浪屿因此成为钢琴之岛、音乐之岛。鼓浪屿非常合适开展以音乐文化或钢琴文化为主题的节事旅游活动。其中,"鼓浪屿国际钢琴艺术节""鼓浪屿家庭文化艺术节"是非常成功的旅游景区文化艺术节事活动。

4. 以体育比赛为主题的节事活动

这类节事活动要求旅游景区要有一定的适合开发体育赛事的资源,如山东泰山可以开发登山比赛、杭州西湖可以利用西湖开展龙舟比赛等。

5. 以地方特色物产展销为主题的节事活动

这类节事活动又称物产节事活动,主要依托地方特色商品和著名土特产品的展示、交流而开展。例如,福建武夷山是中国乌龙茶的故乡,当地武夷岩茶历史悠久,有"中国茶"之称,其中尤以"大红袍"最为名贵,被誉为"茶中之王"。武夷山依托"武夷岩茶"这个特色地方产品,举办了以"世界遗产地,万古山水茶"为主题的武夷山茶文化节。再如,因电影《铁道游击队》而闻名全国的微山湖旅游景区是全国最大的淡水鱼产地和纯天然绿色食品基地,旅游景区还拥有亚洲最大的天然荷花池,其中尤以红荷著名,莲子、莲蓬、菱角及其他各类湖产资源也相当丰富。每年七八月,荷花开遍湖中,蔚为壮观,且此时恰逢捕鱼季节,因此,一年一度的荷花会既可欣赏荷花、吃莲蓬、尝菱角,又能品尝时令湖鲜,是物产节事旅游的好去处。

(四)旅游景区节事活动的策划

1. 环境分析

旅游景区节事活动环境分析包括旅游景区内部环境分析和旅游景区外部市场环境分析。

(1)旅游景区内部环境分析。旅游景区举办节事活动会涉及旅游景区内部资源的整合。旅游景区内部资源包括旅游资源、基础设施、经营管理和服务、资金等。

首先分析旅游景区的旅游资源。旅游景区旅游资源的分析可以考虑以下问题:旅游景区旅游资源的丰富程度如何？它们作为节事活动的依托，可整合性如何？以某林艺园举办生态果蔬节为例，若该林艺园内既有生态瓜果区，又有生态草叶区，还有生态花卉区和天然生态区，那么这些旅游资源都可以整合在一起。游客可以在湖区的休闲湖畔品尝或动手制作生态果蔬，可以在湖区垂钓并现钓现烹新鲜的湖产鱼类，还可以观赏生态花卉并模仿制作花卉菜肴。该林艺园的旅游资源整合度较高，整合后的产品较符合节事活动的主题。在分析旅游景区旅游资源丰富程度的同时，还要考虑旅游资源的特色程度或现有知名度。有些旅游景区资源虽然丰富，但是和其他旅游景区同质性高，无自身特色，且在一定区域范围内知名度也较小，那么这类旅游资源就不宜作为节事活动的依托。

其次，分析旅游景区的基础设施。旅游景区的基础设施包括旅游景区交通设施、停车设施、旅游景区内标志卫生设施、环保设施、安全设施等。旅游景区在节事活动期间会汇聚大量的游客和车辆，基础设施若无法保障，节事活动便会存在很多障碍和隐患，甚至会增加危机事件的可能性。对于旅游景区基础设施的分析，我们可以从以下几个问题切入：旅游景区所在地点是否便于潜在参加者到达；旅游景区是否有足够的游客停车位，旅游景区是否有候补备用停车场；旅游景区内的环境装饰是否洁净舒适；节事活动的物流保障是否到位；节事活动参加者的安全保障设施是否完善、到位；游客过多时是否有补充空间提供；旅游景区的通信设备、监控设备是否完善到位。

再次，分析旅游景区的经营管理和服务。节事活动是综合性的整合营销活动，它要求旅游景区有良好的经营管理、组织和服务水平，有能力整合各方资源和人力、物力、财力，有能力组织协调节事活动中的各个利益者，同时要求旅游景区工作人员有很强的现场管理能力，以保障节事活动的顺利实施。

最后，分析旅游景区的资金。旅游景区经营管理者要分析节事活动是利用自有资金还是争取赞助。有效的赞助是旅游景区节事活动获得足够资金和协作运行的基本途径。赞助可以是直接的现金，还可以是非现金的服务或产品。

（2）旅游景区外部市场环境分析。旅游景区的市场地位和竞争能力对其节事活动的举办起着举足轻重的作用。在竞争市场中，若旅游景区的核心竞争力强，则其市场地位往往较高，在行业内拥有一定的影响力。在消费市场也通常具有较高的知名度和美誉度。对于这样的旅游景区，其节事活动的影响力和组织力都较大，即便遇上相同时间内其他弱小旅游景区举办同样的节事活动，它也能较有效地聚集公众、吸引媒体，达到节事活动公关和营销的目的。而市场地位低、竞争力弱的旅游景区，则应避免和大旅游景区的节事活动发生时间、内容或形式等方面的冲突，力求寻找具有创意或符合自己旅游景区资源特色和定位的节事活动题材和主题，剑走偏锋，出奇制胜。

2. 目标受众分析

目标受众就是旅游景区节事活动要覆盖的游客范围，这是旅游景区在市场细分的基础上选择的目标市场。它可能是全国性的，也可能是地方甚至区域性的。

对于目标受众的分析，旅游景区可以从以下几个问题入手：旅游景区节事活动的参加者是谁，他们的需要是什么，他们为什么有这样的需要，他们购买和消费的模式是怎样的，他们对节事活动的认知有多少，他们是否有参加类似节事活动的经验，他们在哪里，旅游景区营销人员应如何找到他们并将节事活动信息传递到他们手中，他们最喜欢什么样的产品、什么样的促销方式及什么样的价格。在对目标受众的分析中,研究目标受众的真正需求是非常关键的。游客的职业、性格、家庭、宗教等各不相同,他们对需求的表达也各具形式。有的游客会热情地告知参加旅游景区节事活动的原因及期望的价格;有的游客则需要旅游景区自己下功夫了解,游客没有告知的义务和责任;有的游客虽然愿意和旅游景区营销人员沟通,但不愿意泄露真正的购买目的;有的游客虽然很热情,但没有正确表达自己的能力。因此,旅游景区营销人员必须通过问卷调查、电话咨询或其他方式去了解游客的真正需求,分析细分市场的支付能力,研究游客支付不同价位门票的能力和意愿,并由此影响节事活动本身的策划,同时要能够有效地阐释节事活动是如何满足游客需求及游客能以何种方式从中受益等。

3. 节事活动的营销定位

旅游景区进行节事活动品牌传播,要考虑节事活动和旅游景区品牌的一致性问题,即节事活动的营销定位要以旅游景区的主体形象为中心,要和旅游景区的品牌形象定位相一致。

(1) 题材的选择。我国历史文化深厚、特色物产丰富,节事资源十分丰富,节事活动的题材也多种多样。旅游景区选择节事活动题材的基础原则是特色性、一致性,即题材的选择要富有特色和旅游创新性,并能和旅游景区主题形象保持一致,能反映旅游景区的文化内涵和文化底蕴,使参加者通过节事活动能够牢牢记住旅游景区品牌形象和特色文化。例如,福建自然与文化双遗产地武夷山旅游景区,碧水丹山,题材丰富,既有山的题材,也有水的题材。旅游景区的"茶文化节""茶王赛"等活动都和武夷山厚重悠久的茶文化相符,这些节事活动以武夷山茶文化品牌为依托,以茶为主要形象线索,将武夷山的山、水、人串在一起,突出了武夷山好山、好水、好茶的形象,给参加节事活动者留下了难忘的印象。

(2) 主题口号的设计。节事活动的主题口号是节事活动主题思想和主要形象的文字载体,是游客认识、感知、记住旅游景区节事活动的手段和方法。成功的主题口号应具备以下特征:紧扣节事活动,主题鲜明。如"第七届中国武夷山大红袍茶文化节"的口号:"游武夷山,喝大红袍",语言简练且朗朗上口,符合时代的主流和趋势。如苏州寒山寺除夕听钟声活动的口号:"姑苏城外寒山寺,除夕钟声入我心",将现代和唐代的风格相结合,引导人们感怀古风,享受休闲宁静的心理趋向。如2006年广西桂林五排河漂流部落旅游区举办的"中国大众漂流节"的口号:"漂流不能没有你"和"2006,我们漂流",富有激情,蓬勃向上。

4. 节事活动的传播和推广

旅游景区节事活动要覆盖目标受众,就必须通过一定的传播和推广方式将信息传递给目标受众。

(1) 公关+新闻。在适当的时间地点举办公关活动和营业推广活动,争取利用广播电台、电视台的现场报道及报纸新闻报道等扩大覆盖面,加强影响力。

(2) 广告+人员。利用电视广告、报纸杂志广告或网络广告,同时配合销售人员发送的宣传单页,对节事活动信息进行传播和推广。

(3) 整合传播。整合传播是把品牌等与旅游景区的所有接触点作为信息传输渠道,以直接影响游客的购买行为为目标,从游客出发,运用所有手段进行有力传播的过程,是一种全方位、多样式的传播。整合传播要求旅游景区站在较为宏观的角度,借助一切能建立游客信任和提高景区信誉度、美誉度的方式，综合运用多重手段进行传播和推广，全方位刺激游客的各种感官和体验，力求达到最好最快的传播效果。

5. 节事活动的设计

旅游景区节事活动的设计类似于有型产品的设计和构思。有形产品设计和构思的成功与否，将直接影响产品的外观、内涵及游客的感受。同样，旅游景区节事活动的设计，既要有整体和细节并重的概念，还要注意层次分明有落差性，内容丰富有差异性，头尾完整有延展性。

旅游节庆策划的原则

（1）标志性活动的设计。旅游景区设计的节事活动，可以是一段时间内的系列活动，也可以是一天内多个活动并行。但无论是哪种情况，都必须有一个最重要、最能体现活动主题和旅游景区形象并富有强大号召力和影响力的活动，这就是标志性活动。标志性活动是旅游景区整个节事活动营销的重点内容，从活动前期的策划推广，包装宣传，到活动的开展，一切运作均应以标志性活动为核心点，其他活动为助推点，使二者相辅相成，共同打造节事活动的吸引力。

首先，标志性活动的设计必须紧扣主题，要使标志性活动变成最能体现旅游景区传播宗旨的活动，成为旅游景区永久性的识别标志。比如荷花是济南的市花，山东省济南市大明湖公园就举办荷花节，其中的"荷花仙子"巡游活动展示了荷花的象征美，抒发了荷花的清雅文韵，激发了市民爱花、爱家、爱市的情怀，作为荷花节的标志性活动，成为大明湖荷花的标志。其次，标志性活动的设计应该考虑眼球刺激性和体验感受性的活动元素，旨在给游客带来刺激和体验，树立活动的品牌形象。例如，昆明大观园在2006年举办"第2届大观园荷花节"时，通过征集市民方案，最终确定了全市选拔采莲女、儿童画荷花比赛等富有参与性和体验性的活动。最后，标志性活动的设计必须考虑覆盖面和影响力，要一炮打响，要成为旅游景区节事活动的开门红。

（2）系列活动的设计。许多旅游景区的节事活动并不是一个单独的活动，也不是一天两天的活动，而是有阶段性的，由系列活动组合而成的。其中，标志性活动起领头羊的作用，其余活动相辅相成。旅游景区在设计系列活动时，应注意各个活动之间应具有连贯性、一致性，相互补充，相互协调，使主题更加突出、鲜明，避免形成混乱、自相矛盾的形象。

（3）节事活动的时空布局。从时间分布上看，节事活动是可以一年不断的，旅游景区在旺季可以集中经营旅游景区的游览业务，而在淡季则应择时推出系列的节事活动，以平衡旅游景区的客流分布和营业收入分布。尤其是在淡季和旺季交接时，成功推出大覆盖和影响力的节事活动，对于即将到来的旅游旺季是一个绝佳的促销和宣传。从空间宣传上来看，旅游景区既可以通过巡游、巡展等方式走出旅游景区进行活动空间拓展，也可以通过在旅游景区现有景观资源处布局活动体验要素，加深游客对旅游景区资源的美好印象。尤其是旅游景区设计的新景点，可以选择角度切入节事活动的空间选择方案中，从而把节事活动和旅游促销融为一体。

三、旅游景区的危机管理

我们把那些事关组织或个人生死存亡的突变（突发性事件）称为危机。旅游景区危机是指某些事情或事件，致使旅游景区处于一种不稳定状态，甚至危及旅游景区经营目标的实现。危机管理即对危机进行管理，以防止和回避危机，使组织或个人在危机中得以生存下来，并将危机造成的损害降低到最低限度。当今世界，危机已经成为一种常态。旅游业是一个极其脆弱的行业，旅游景区也是如此，不仅战争、瘟疫、天灾、人祸、政治动乱、恐怖活动、刑事犯罪等危机是它的天敌，人为因素引起的其他形式的潜在危机也大量存在并无时无刻不在威胁着脆弱的旅游景区。因此，旅游景区的经营管理者要有风险意识，在指定发展战略和管理策略时，要有处理突发事件的心理准备和能力，即实施危机管理、维护品牌形象。

（一）旅游景区危机的类型

1. 战略危机

战略是贯穿于一个企业在一定历史时期内的决策或经营活动中的指导思想，以及在这种指导思想下做出的关系到全局发展的重大策划。没有这种全局战略，旅游景区就会陷入懒散、怠慢甚至混乱之中。一旦旅游景区制定的发展战略不适应旅游景区自身的实际情况及其面临的内外动态环境，则旅游景区的进一步生存和发展必将受到威胁。

旅游景区的战略危机体现在以下方面：旅游景区没有制定发展战略或制定的发展战略不完善；旅游景区制定的发展战略目标不明晰；旅游景区有几个发展战略，且相互之间充满了矛盾，从而导致战略混乱；旅游景区发展战略滞后于旅游景区内外环境的发展，如不进行战略调整，则不利于旅游景区的进一步发展，甚至会影响旅游景区的生存。例如，曾经辉煌一时的广州飞龙世界游乐城，短短4年便夭折。广州飞龙世界游乐城是由有"东南亚蛇王"之称、出身于蛇医世家的港商钱飞龙先生创办的，是一座以蛇文化为主题、民俗文化为背景的大型主题公园。按照广州飞龙世界游乐城的创意，旅游景区的建设必须体现蛇文化及其融合的民俗文化，但其首期的12个旅游景区中，有花果山水帘洞、飞龙大剧院、儿童乐园等6个旅游景区与蛇文化无关，而且这些离题旅游景区规模宏大，造价昂贵。第二期工程除赛蛇馆、恐龙山庄外，其他大部分旅游景区如保龄球馆、赛车场、坦克大战场、大象乐园、野生动物养殖场、海豚表演池等，不但超越主题，而且与邻近的飞图梦幻影城（后易主为森美旅游反斗乐园）重复。广州飞龙世界游乐城在背离主题的歪道上越走越远，经营每况愈下，陷入了战略混乱的危机，最终只得关门。

2. 资源（产品）危机

旅游资源（产品）受到人为因素破坏，旅游品位降低，如不制止，危机会继续恶化，最终危机爆发，企业破产，旅游景区走向死亡。例如，张家界武陵源自然风光独特秀丽，1992年被联合国列为世界自然遗产，成为国内外旅游热点，但该旅游景区在开发过程中滥建食宿娱购设施，至1997年，充斥旅游景区的建筑面积达36万 m^2，著名景点锣鼓塔成为一座"宾馆城"。

旅游景区产品重复建设，特色不鲜明，经济效益低。例如，20世纪90年代初，深圳的"锦绣中华""民俗文化村""世界之窗"成功实现了三级跳，开创了我国人造景观的先河，一时间，广东沿海地区的人造景观一哄而起，广州的"世界大观"1996年建成开业，"华夏奇观""航天奇观""中华百绝"破土动工，广州增城的"华夏春秋""风情大世界"着手筹建，珠海"圆明新园"，阳江"宋城"，潮州"美人城"快速跟上，其结果或是胎死腹中，或是半途夭折，建成开业者亦经济效益低下，惨淡经营，难以为继。

3. 旅游景区形象和品牌危机

（1）旅游景区形象不鲜明或形象重叠。例如，广州白云山风景名胜区中的"羊城八景"，包括宋代的蒲涧濂泉，元代的白云晚望，明代的粤绣松涛，清代的镇海层楼，1963年的白云松涛，1986年的云山锦绣，以及新世纪的云山叠翠等，但到底白云山旅游景区的总体形象是什么，其与周边的同类旅游景区有何差异还不是很清晰，这些会危及旅游景区的进一步升级和发展。

（2）旅游景区形象差。由于没有进行形象策划或形象定位简单粗糙，因此旅游景区主题不突出，个性不鲜明，服务设施以至整个城市的文化氛围难以为旅游景区的形象塑造服务。例如，广州从化温泉水质一流，生态优雅，开发悠久，位置优越，曾经是广东乃至我国温泉旅游度假开发的一面旗帜。然而近10年来，由于其不注意形象和品牌工程的建设，导致其主题混乱，形象不佳，"从化温泉"金字招牌日趋暗淡。

4. 旅游景区服务质量危机

旅游景区服务质量是旅游景区质量评价的一个重要内容，它直接影响游客的旅游体验，关系到游客对旅游景区的评价，从而产生"口碑"效应，影响旅游景区的发展。例如，珠海御温泉度假区的资源等级、规模和市场区位并不优秀，但通过创立优质、特色的服务文化，使得旅游景区的资源和产品不断增值，并形成了良好的口碑和品牌，旅游景区发展良好。

5. 突发事件危机

海啸、瘟疫、火山、泥石流、热带风暴等自然灾害，以及军事入侵、国际经贸摩擦、恐怖活动、旅游景区本身管理不善等人为灾害，均会给依赖性、关联性和脆弱性极强的旅游业带来重创。例如，2003年我国突发的"非典"给社会经济尤其是旅游业造成了重大影响，国内外游客和旅游收入锐减，旅游业陷入困境，而"非典"过后，游客数量激增，部分旅游区甚至出现了超负荷运作。又如，完全依赖于美国单一客源市场的著名旅游胜地海地，由于"9·11"事件导致其旅游业乃至整个社会经济顷刻陷入了全面崩溃的危险境地。

行业广角

2008年冰雪灾害与南岳衡山

2008年1月10日至2月初，中国南方大部分地区出现了中华人民共和国成立以来罕见的持续低温极端天气，造成大面积雨雪冰冻灾害。其范围之广，强度之大，持续时间之长均为历史同期所罕见。持续的冰雪灾害使得中国旅游业的发展在短期内受到较大影响，处于重灾区的南岳衡山也不例外。

持续的冰冻灾害对南岳衡山造成了非常明显的影响。一是对旅游景区资源环境及接待设施的影响。南岳的雾凇、冰挂本是南岳冬季旅游的一大特色，但极端的冰雪天气却给南岳带来了极大的破坏。据统计，冰灾给南岳造成的直接经济损失达3亿元，南岳珍贵树木受损面积达$215km^2$，经济林受损面积达$30km^2$，古树名木受损数量达240多株。旅游景区的通信设施和基础设施也受到了相应的损坏。二是对客源市场社会公众心理的影响。由于冰雪还对南岳衡山旅游资源环境和内外旅游交通接待设施造成了极大的破坏，因此，导致旅游目的地的可进入性和旅游资源的吸引力降低，进而影响了旅游需求的产生。此外，旅途中的安全问题也是影响旅游活动的重要因素之一，安全性直接影响了游客的旅游体验和旅游愿望，根据南岳旅游局的抽样调查，70%的游客认为冰雪灾害对南岳旅游景区造成了影响，50%的游客认为影响是比较大的。

〔资料来源 刘天曌，杨载田，谭玲. 从南方冰灾透视旅游景区危机管理——以南岳衡山为例 [J]. 经济研究导刊，2011 (15)：175 –176.〕

分析提示：

企业危机具有普遍性、突发性、紧迫性、危害性、双重性的特点，作为特殊企业的旅游景区，也同样具有这些特点。因此，旅游景区的经营管理者要有风险意识，在制定发展战略和管理策略时，要有处理突发事件的心理准备和能力，即实施危机管理。

（二）旅游景区危机的应对

1. 危机的预防

防患于未然是危机管理的最主要部分，危机一旦爆发，就会像病毒一样迅速蔓延，做好旅游景区的危机预防工作，是降低危机影响的有效手段。旅游景区管理部门应事先制定一个具体的、有针对性的、可操作性强的危机预防方案。

（1）增强危机意识。旅游景区管理机构和管理者要树立"凡事预则立，不预则废"的意识，充分认识加强危机管理的重要性和必要性，提高危机敏感度。旅游景区危机前兆主要表现在：在市场环境方面，服务质量投诉增多，产品价格非理性变化，新的竞争对手加入，国家调整旅游产业政策等；在内部管理方面，信息沟通渠道堵塞，人际关系紧张，人才流失，亏损增加，过度负债，技术设备更新缓慢等；在产品促销方面，缺乏整体战，新产品开发缓慢，促销费用不足等。旅游景区要从危机前兆中透视企业存在的危机，并引起高度重视，预先制订科学而周密的危机应变计划。

（2）设立旅游危机基金。旅游景区在危机发生期间，要进行紧急救助活动。危机过后，还要进行额外的促销、沟通活动来重振旅游经济。因此，旅游景区应提前设立旅游危机基金，并预先规定危机基金的使用许可，简化决策程序，从而快速灵活地应对紧急情况。

（3）建立危机预警系统。旅游景区应组建立危机管理小组，一般由景区最高决策人担任小组负责人。危机管理小组应建立工作制度，定期分析、研究旅游景区可能发生的危机，并结合旅游景区自身特点有针对性地开展模拟危机处理。

2. 危机的应急处理

危机发生开始阶段的处理至关重要。任何一个不谨慎的反应都有可能使旅游景区陷入更大的危机，而有效的危机应急处理则可以帮助旅游景区更快地从危机中恢复。

（1）重视沟通。政府、企业、行会、旅游景区之间应保持较高频度的信息交流沟通，了解旅游地的发展现状及各项活动的进展情况，旅游景区管理部门要设立新闻及沟通部门，任命危机问题的发言人，主要负责与媒体进行交往，与游客进行沟通。

（2）帮助受害者。旅游景区在危机发生时应展现人性化的一面，迅速采取措施对受害者进行救助，对已经与旅行社签订合同但尚未进入旅游景区的游客，劝其取消行程或调整旅期。

（3）注重资料的收集。旅游景区管理部门应该主动了解关于危机的第一手资料，并尽快向危机发生地派出自己的调查队伍，以了解危机期间的客源情况、旅游动机，以及当地媒体报道的主要方向、消息来源、对旅游景区形象的影响等，然后迅速将这些信息反馈给宣传部门。

（4）采取措施减轻灾难造成的损失。旅游景区应直接与合作伙伴进行沟通，突出安全信息，降低价格，在安全的前提下组织周边地区的游客前来游览，以减少旅游损失。

3. 危机后的恢复重建

危机后，旅游景区应科学总结，重塑形象，变危为机。危机总结是指对危机的表现形式，危机出现的原因，危机处理的方法和措施进行总结。危机总结有利于旅游景区更加有效地管理危机。

（1）加强旅游形象建设。危机后，旅游景区尤其要积极向新闻界传递旅游景区复苏的信息。

（2）开展灵活多样的促销活动，及时启动市场促销。

（3）不断修订危机管理战略计划。修订危机管理战略计划的目的是提高旅游景区未来的安全性。旅游景区应根据危机管理战略计划实施的效果和形势的变化，定期对危机管理战略计划进行回顾和总结，对安全程序进行评估。同时关注新的信息和组织的变化，加强与其他受危机影响的旅游景区的合作，对危机管理战略计划进行持续实时的更新。

行业广角

《爱，在四川》微电影展示大爱汶川

2012年5月11日，汶川地震4周年前夕，由四川省旅游局与《中国国家旅游》杂志联合出品的，以"纪念汶川地震，展示汶川4年巨变，感恩全球大爱"为主题的四川旅游系列微电影——《爱，在四川》第四部"汶川篇"，在网络正式上映。

该部微电影由真人真事改编，讲述重建巨变。剧中的餐馆老板王叔、羌文化保护志愿者张姐、导游阿玲、大学生陈凡、邮递员小路，都在地震中失去了自己生命中最珍贵的东西——房屋、亲人、肢体、原有的生活。但在灾后重建中，他们重新找到了自己失去的东西……影片以汶川地震前后时间轴为主线，通过几位身份各异的主人公震后4年里的生活、情感方面发生的变化，以及周围环境的变化，真实反映了汶川在灾后重建中发生的翻天覆地的改变。曾经的废墟，在全国各兄弟省市的援建下崛起了一座座新城。曾经破碎的家庭，在社会各界人士的爱心帮助下获得了新生。曾经受伤的心灵，在时间的流逝中逐渐抚平并充满感恩。该片主要取景于汶川、北川两地，涉及汶川县水磨古镇、映秀漩口中学遗址、东门寨羌人谷、北川新县城、北川中学、九皇山旅游景区、北川老县城地震遗址等。在影片中，观众将看到两地在全国各兄弟省市的无私援建下崛起的座座新城，看到在各界爱心汇集下涅槃重生的、更加美丽的新汶川、新北川。

《爱，在四川》作为一个以爱为主题的系列微电影，"汶川篇"是之前的"美食篇""熊猫篇"及"温江追梦篇"的延续，更是升华。"汶川篇"的爱不仅包含了亲情、友情、爱情，更包含了全球大爱、无私援助的爱心和对这份爱的感恩之情。在策划拍摄关于纪念"5·12"汶川大地震题材微电影的时候，策划者最想表达的不是天灾给人们带来的创伤，不是地震导致的家破人亡，不是救援的艰难险阻，而是地震4年以后，当地人的每一张笑脸，他们现在幸福的生活环境。这部片子的最大意义源于汶川人民最大的希望，即以微电影为一个载体，把他们最大的诉求传递出去——汶川很好，北川很好，当地的百姓欢迎人们去旅游。该微电影在YouTube、Facebook、Twitter等国外重要的视频、社交网站上映。在国内，该微电影则由优酷网主页进行首推，优酷旅游频道、爱奇艺网进行主推，第一旅游网、乐途旅游网、凤凰网、央视网、中青网等大型门户网站还设立专区进行推荐。同时，优酷、土豆、爱奇艺、56网、酷6网、新浪视频、搜狐视频、腾讯视频、凤凰视频、爱西柚网、爆米花网、激动网等12个国内主流视频网站均会同步上线。

（资料来源：《爱，在四川》微电影展示大爱汶川，人民网 http：//expo. people. com. cn/GB/17883408. html，2012-05-14，有删减）

四、旅游景区品牌延伸

（一）品牌延伸的概念和意义

品牌延伸（Brand Extensions）是指企业将某一个知名品牌或某一个具有市场影响力的成功品牌扩展到与知名品牌或原产品不尽相同的产品上，以凭借现有成功品牌推出新产品的过程。旅游景区通过品牌延伸，可以将新的旅游资源或景点产品和服务迅速地、顺利地打入市场。

品牌延伸并非只是简单借用表面上已经存在的品牌名称，而是对整个品牌资产的策略性使用。当一个企业的品牌在市场上取得成功以后，该品牌就具有了市场影响力，就会给企业创造超值利润。随着企业的发展，企业在推出新产品时，自然要利用该品牌的市场影响力，品牌延伸就成为自然的选择。这样不仅可以省去许多新品牌推出的费用和各种投入，还可以借助已有品牌的市场影响力，将人们对品牌的认识和评价扩展到品牌所要涵盖的新产品上。品牌延伸从表面上看是扩展了新产品或产品组合，但从品牌内涵角度来看，品牌延伸还包含了对品牌情感诉求内容的扩展。如果新产品无助于品牌情感诉求内容的丰富，而是降低或减弱了情感诉求的内容，该品牌延伸就会产生危机。

（二）品牌延伸的途径

品牌延伸的切入可以从旅游的食、住、行、游、购、娱六个方面进行考虑，实力强且资金雄厚的旅游景区，还可以将品牌多元化延伸至旅游之外的其他行业。一般的品牌延伸趋势的顺序是：先延伸同类旅游产品或服务，其次延伸至其他类型的旅游产品和服务；再次可延伸至旅游产业中的其他行业，如交通业、饭店业或旅行社业；最后才考虑延伸至旅游产业之外的其他行业。例如，东方明珠电视塔是上海3家5A级旅游景区之一，该旅游景区早早摆脱了依靠单一观光门票收入的初级阶段，现在已经发展成为集都市观光、时尚餐饮、购物娱乐、城市历史展示、浦江游览、文化演出等多功能于一体的综合旅游休闲玻璃观光廊，如今这个全球唯一的360度环形悬空玻璃观光廊已经成为上海高塔旅游的一大卖点。同时，东方明珠电视塔还先后开设了"老上海风情街""上海特色食品总汇"两大特色购物区，以及巧克力吧、上海风情礼品店、可口可乐体验店等，延长了游客停留消费的时间，提升了游客满意度。

品牌延伸从某种意义上来说是"只许成功，不许失败"，失败的品牌延伸不仅无法把新产品推向市场，同时也会使原有品牌受到影响甚至毁于一旦。因此，旅游景区在品牌延伸上必须慎重决策，进行周密的市场调研和新产品分析，以确保品牌延伸方案的万无一失。

行业广角

迪士尼如何从米老鼠身上赚真金白银

2015年5月20日，全球最大的迪士尼零售旗舰店在上海开张，店内大量的迪士尼商品让人沉浸在童话世界中，而在这些以故事和迪士尼人物为商品分类的布局背后，是迪士尼以"内容为王"，打造一系列深入人心的人物后进行大量科学的虚拟人物管理，继而开发出更多的延伸品牌，拉动大量消费者需求。通常在迪士尼主题乐园，超过50%的收益并非来自门票，而是来自延伸品消费。

1. 内容为王

在上海迪士尼零售旗舰店内，有一款限量版米老鼠玩偶，售价240元，应该不算便宜，却已有大量客户打算在开业第一天抢购。为什么客户愿意花数百元去买一个玩偶？迪士尼的观点是，因为内心的认同感。记者曾经在美国的迪士尼D23大会上看到，从孩童到老人都非常积极参与迪士尼活动，他们都是粉丝，从内心认同这些根本不存在的虚拟人物，因此，他们愿意花钱。要做到这一点，首先要有优质内容。迪士尼对于剧本和制作具有苛刻的标准，有时候一个剧本要修改几十次，上百次，甚至还有最后被"枪毙"的风险。有了好的内容，接下来迪士尼会有一群所谓"幻想工程师"进行天马行空的幻想，这些幻想加上故事剧本形成雏形后，就会交给科技部门以高科技手段实现。当然，其中或许有一些无法实现，但能够实现的效果已经足够酷炫。随后，迪士尼有一批顶尖动画师，他们会为了一个皮毛效果就耗时数月进行打造。记得《冰雪奇缘》里的一朵朵雪花吗？这些都是投入重金和专业人士心血制作的。此外，迪士尼的音乐制作团队也很强大，不要小看动画片的歌曲，迪士尼的电影歌曲《Let It Go》拿到了奥斯卡奖。有了如此精良的内容，于是米老鼠、唐老鸭、高菲狗、白雪公主、人鱼公主、灰姑娘、大白、美国队长、钢铁侠、绿巨人等人物和故事就被观众高度认可。这个内心认可度至关重要，因为这是人们随后愿意花钱的源头。

2. 产业链开发

迪士尼不仅仅有动画片，其实还有大量真人电影，比如著名的《加勒比海盗》系列影片。这些内容打造了大量的虚拟角色和歌曲及电影场景，于是迪士尼的营业模式开始了。迪士尼的第一个盈利点当然是票房，如《复仇者联盟2》数以千计的票房收益。随后，因为这些人物被人们从心里认可，甚至有些粉丝会认为它们真的存在或想要成为角色那样的人物，于是迪士尼就可以开发各类消费品。这个消费品产业链接包括服饰、文具、玩具、摆设、出版物、音乐剧、教育等。"我们会把迪士尼人物根据不同的消费群体进行细分，比如Q版的米奇系列，宝宝形象的米老鼠、唐老鸭，甚至是怪兽大学里面的毛怪也有婴儿般的可爱形象，根据这些Q版的人物所生产的婴儿服饰、日用品就属于婴童产品线。然后是少年儿童阶层的细分市场，因为相比婴童时代，孩子的性别有所差异化，于是就分为女孩系列和男孩系列。女孩系列主要是根据主人物进行产品开发，比如白雪公主、灰姑娘、长发公主等，用这些形象设计文具、衣服、饰品、食品等。而男孩系列则根据汽车总动员这类卡通形象开发诸多男生喜欢的汽车玩具。"迪士尼内部资深人士透露，不要以为迪士尼只有孩子的消费品，很多成年人甚至中老年人都很喜欢他们的产品。公主系列同时也会吸引到成年女性，而有些公主人物系列或米老鼠系列的家居用品则是妈妈甚至奶奶所喜欢的。当然，成年男性市场也逃不过迪士尼的商业版图，迪士尼收购漫威后，《复仇者联盟》系列人物绿巨人、钢铁侠、雷神、美国队长等绝对是成年男性喜欢的虚拟人物，根据这些人物所开发的服饰、摆设等消费品成为男人们购物篮中的商品。中老年人会因怀念自己孩童时代的经典人物而购买很多纪念章，这一点在中国市场还不明显，但在美国，太多老年人愿意花钱购买这些商品了。

3. 培育儿童粉丝

"商品开发之后就是电影人物继续掘金了。电影会下档，但是音乐剧可以一直演，《狮子王》《歌舞青春》这类具有精良音乐制作的作品就被打造成音乐剧在全球持续吸金，永无下档期限。当然同理的还有冰舞迪士尼，让上述人物穿上溜冰鞋，就可打造一台迪士尼冰舞演出，迪士尼可以授权给相关专业演出团队，坐着收钱。"专业人士补充道，其实主题公园仅仅是上述如此多产业链中的一个环节，属于旅游板块。迪士尼有主题乐园和邮轮，原理一样，是将那些虚拟人物场景打造成实景，形成主题乐园，乐园有门票、餐饮和消费品收益，乐园的过半收益来自餐饮、商品等二次消费。"很多人都只关注乐园，其实乐园仅仅是一个环节，迪士尼的商业涉及电影、消费品、旅游、酒店、出版物、舞台演出等太多领域了。"

〔资料来源：乐琰. 迪士尼如何从米老鼠身上赚真金白银［N］. 第一财经日报，2015-05-20（9）. 有删减〕

4.3.3 任务训练

实训名称：对所在地区附近的旅游景区进行节事活动的分析与策划。

实训目的：通过任务训练，学生更好地理解和掌握旅游景区品牌传播的基本理论。

实施步骤：分小组，分工合作，完成以下工作。

（1）熟悉本项目所学的旅游景区品牌传播基本理论。

（2）通过网络查找，收集本实训的相关资料。

（3）选择一个所在地区附近的旅游景区，进行节事活动分析与策划。小组分析和讨论，并形成报告上交。

(4) 以小组为单位在课堂上进行简要陈述和答辩。

4.3.4 通关游戏

一、知识关

1. 旅游景区品牌传播的方式有_____、_____、_____、_____、_____等。
2. 旅游景区节事活动的类型主要有（   ）。
   A. 自然景观展示　　　　B. 宗教仪式或庆典　　　C. 文化艺术
   D. 体育比赛　　　　　　E. 特产展销
3. 旅游景区危机的主要类型有（   ）。
   A. 战略危机　　　　　　B. 产品危机　　　　　　C. 品牌危机
   D. 服务质量危机　　　　E. 突发事件危机
4. 名词解释：节事活动

二、能力关

选定一个旅游景区的节事活动，从旅游景区环境分析、节事活动目标受众分析入手，说明该活动的合理性，并分析该节事活动传播和推广策略。

4.3.5 总结评价

1. 总结回顾

品牌传播是将旅游景区的品牌形象推广到旅游销售渠道和游客中，使游客接触、感知、认同旅游景区的品牌价值并最终激发识别和接受。旅游景区品牌的传播方式有广告、公共关系、直销、促销、互联网等。

节事活动既是一种旅游资源，又是一种品牌传播活动。旅游景区节事活动的类型主要有以自然景观展示为主题的节事活动、以宗教仪式或庆典为主题的节事活动、以文化艺术为主题的节事活动、以体育比赛为主题的节事活动、以地方特色物产展销为主题的节事活动等。

旅游景区危机是指某些事情或事件，致使旅游景区处于一种不稳定状态，甚至危机旅游景区经营目标的实现。旅游景区危机的类型包括战略危机、旅游资源（产品）危机、旅游景区形象和品牌危机、服务质量危机、突发事件危机等。

旅游景区通过品牌延伸，可将新的旅游资源或景点产品和服务迅速地、顺利地打入市场。

2. 自评与小组互评

请根据项目任务的学习目标和完成情况，按照表4－3－2来完成自评和小组互评。

表 4-3-2　评价考核表

考核项目	考核要求	是否做到	改进措施
旅游景区品牌传播	了解旅游景区品牌的传播渠道	□是 □否	
	掌握旅游节事活动策划的方法	□是 □否	
	理解旅游景区品牌延伸的意义和方法	□是 □否	
	能够进行团队合作完成设计任务	□是 □否	
总体评价	检查任务完成情况	完成度 1~5	
	评价任务完成过程的表现	评分 1~5	
	团队合作程度	评分 1~5	

任务 4.4　旅游景区项目策划

知识目标

1. 了解旅游项目的定义、分类。
2. 理解旅游项目设计的原则，了解旅游项目选择与价格制定的原则和方法。
3. 掌握旅游项目设计的影响因素和一般程序。

技能目标

能够分析不同类型旅游景区项目设计案例。

4.4.1　任务导入

"刘三姐"盘活桂林山水

1961 年，电影《刘三姐》诞生了。影片中秀美的桂林山水、迷人的刘三姐、动听的山歌迅速风靡了全国及整个东南亚。小学《语文》课文《桂林山水》又使"桂林山水甲天下"的概念深入人心。很快，桂林成为全国最早的几个旅游热点城市之一，桂林阳朔也成为国内外游客热捧的旅游景区之一。但是，从 20 世纪 90 年中期以来，全国新的旅游景区不断出现，加之游客消费需求的变化，桂林旅游业发展进入了一个"低谷"期。

1997 年，广西壮族自治区文化厅开始筹划制作一个把广西的民族文化同广西旅游结合起来的项目。文化厅把这件事情交给了梅帅元（现任桂林广维文华旅游文化产业有限公司总经理）负责，并为此成立了广西文华艺术有限责任公司。任何一个项目的运作，起初都只是一个概念。"锦绣漓江·刘三姐歌圩"是最初的策划思路。为此，梅帅元找到中国著名导演张艺谋。"老谋子"对此很感兴趣，觉得"是个事情"，并于 1998 年年底带了班子在桂林选点。最后选择了漓江与田家河的交汇处作为刘三姐歌圩，而此处正是当年电影《刘三姐》的主要拍摄之地。项目的第二步就是找资金。一开始将眼光放在海外，对外招商引资，曾有两家香港公司有意向，但最终没有谈成，后来香港创维集团介入，也没有成功。项目濒临流产。

2001年5月，该项目被介绍给广西维尼纶集团有限公司（简称广维），这是广西河池的一家化工化纤企业。一个旅游项目被介绍到一家化工化纤企业颇有意味。广维董事会仅用一个月便做出投资决定，并于6月先将3000万元资金打入项目账户。之后，广维才派代表前去洽谈项目合作事宜。2003年3月20日，大型桂林山水实景演出《印象·刘三姐》终于正式公演，在国内外引起轰动。该项目实际投入资金近1亿人民币，其中演出部分投入6000万元。该项目的成功使广维集团找到了新的经济增长点，更重要的是桂林旅游业也因为该项目焕发出新的活力，带动了桂林旅游业的全面发展。该项目平均延长游客停留时间0.48天，吸纳当地居民600余名在晚上演出，人均增加收入600余元。

（资料来源：根据网络有关资料整理 http://www.xue63.com/ddwk/41270/412701373.html）

任务思考：
此案例对旅游景区项目的设计有何借鉴作用呢？

4.4.2 知识储备

一、旅游景区项目设计

要想对旅游景区项目设计有较为系统的理解，首先应当明确什么是旅游项目，它如何进行分类，并通过辨析与之相关的概念，而对旅游项目设计的背景知识加深了解。

（一）旅游项目的定义和分类

1. 旅游项目定义

旅游规划和开发中常常使用旅游项目（Tourism Project）这个词。关于其定义，在我国学者中有代表性的可分为资源组合说、吸引物说、体验说、旅游休闲活动说等。现列举其中几位的观点如下：黄郁成认为，旅游项目是指旅游开发者为了达到特定的旅游发展目标而临时调集到一起的资源组合，是由各种现实的和潜在的旅游资源转化而来的，能真正创造价值和财富的旅游资源。马勇等认为，旅游项目是借助于旅游地的旅游资源开发出的以游客和旅游地居民为吸引对象，提供休闲消遣服务，具有持续旅游吸引力，以实现经济、社会、生态环境效益为目标的旅游吸引物。吴宝昌认为，旅游项目是指整合一定的旅游资源形成的，具有一个主题，以游客和旅游地居民为吸引对象，以经济效益、社会效益、环境效益为目标的旅游吸引力单元。而"体验说"则认为，旅游项目是提供给游客合适的旅游体验，并以此为核心内容进行运作的综合体。郑治伟将旅游项目定义为：在一定时间范围内在一定的预算范围内，为旅游活动或以促进旅游目标实现而投资建设的项目。

尽管上面各定义对旅游项目的表述存在着或"资源组合"或"吸引物"或"体验"或"旅游活动"的差异，但是总结它们的共同点就可以明确，旅游项目是具有足够吸引力、游客可以身临其境感受或参与的、经过系统管理和经营并能创造价值的资源集合体。

从定义上看，我国旅游规划中所指的旅游项目大都是广义的概念，外延很大，涉及旅游方方面面，贯穿于旅游的整个过程。主要包括：旅游景区景点项目、饭店建设项目、游乐设施项目、旅游商品开发项目、旅游交通建设项目、旅游培训教育基地项目等。通常理解的旅游项目是其狭义的定义，主要是那些旅游景区景点中实际存在的、可以触摸和感觉的设施和活动，它是经过人为改造和设计，将资源独特魅力更突显出来的一种形式。

将上述广义的定义界定在旅游景区范围内就是本章中的研究对象——旅游景区旅游项目设计和管理，它偏重于旅游景区内部资源、旅游活动的整合设计，注重体验提供和创造旅游景区的综合效益。

2. 旅游项目的分类

旅游项目常见的分类方式有环境分类法和社会内容分类法。前者主要是指以项目所依托的环境为分类标准，如按照自然环境标准可以分为海岸旅游项目、山岳旅游项目等，按人居环境分类则可分为乡村旅游项目、都市旅游项目等。后者主要是按旅游通常所涵盖的社会内容进行分类，一般有自然生态旅游项目、历史旅游项目、文化旅游项目、探险旅游项目和科技旅游项目等。而限定在旅游景区内，狭义的旅游项目可以按旅游活动的共同要素进行分类，主要分为交通旅游项目、观光游览旅游项目、娱乐旅游项目、特色商品项目和休憩旅游项目。

3. 旅游项目相关概念辨析

（1）旅游项目与旅游产品。旅游项目与狭义的旅游产品概念有交集。旅游项目是构成旅游产品的基本要素，是具体的，可以真切感受的，而旅游产品相对比较抽象。旅游项目整体的吸引力组成了旅游产品，为游客提供物质和精神享受。

（2）旅游项目与娱乐项目。这是整体与部分的关系。

（3）旅游项目与旅游资源。旅游项目依托旅游资源，旅游资源现实化后成为旅游项目。旅游项目将旅游资源的经济潜力开发出来，而旅游资源经过人为设计组合而成为旅游项目。旅游项目可以被复制，但旅游资源不可以被复制。

（二）旅游项目设计的目的、内容和原则

1988年美国学者冈恩曾说："尽管旅游系统中各要素都有各自的重要作用，但唯有吸引物才构成其中的驱动力（Drive Power）。吸引物不仅是指区域中那些能够为游客提供可看或可做事物的地方，而且为游客提供了为什么要出游的磁引力（Magnetism）。"结合上述旅游项目的定义来看，冈恩所讲的驱动力和磁引力完全可能在一个设计完整的旅游项目中体现出来，这就是旅游项目承担了一项重要的使命——成为旅游景区可持续发展的源动力和吸引核心，这也是旅游景区旅游项目设计的出发点和最终目的。

1. 旅游项目的设计目的

设计是将构思有形化的过程，它的目的是使项目成为旅游景区发展和取得竞争优势的支撑性条件，但项目设计更为细化的目的主要表现在：

（1）给那些将构想变为有形现实的人提供指导，如建筑施工方、园艺师等。

（2）保证资源的最优化配置和合理使用，包括旅游景区内部人力、物力、财力等资源。

（3）将抽象的旅游景区理念转变为吸引游客的有形实物或活动。

（4）设计直观展示项目的建成效果，这在规划许可和说服潜在投资者方面将发挥作用。

2. 旅游项目的设计内容

旅游景区系统中的旅游项目贯穿了旅游景区的全部吸引脉络，在功能分区的基础上，集成了旅游景区一切有价值的资源，所以设计的内容是繁杂的。总的来说，旅游项目的设计内容包括如下：

（1）起名定位。这是进行设计的基调控制，明确项目的性质、风格、主体和功能。这项基础性工作的完成将对游客形成感知的最初吸引力，也为工作人员描述了项目想要展示的文化氛围等基本信息。

（2）创意产品。旅游项目是一个综合的产品体系，个体产品可以是节庆活动、特色建筑群、情景展示，也可以是游乐设施等。用统一的创意将这些个体产品整合在一起，体现在细节处就是外观、形状、材料等的一致或相关，从而吸引游客眼球，形成卖点。

（3）空间安排。旅游项目实施的空间，就是其地理位置和占地面积，它一定程度上决定了资源的利用和项目的体量。在设计中要综合产品的要求，确定项目具体的地理区位，各建筑物的位置、距离，开放空间布局和大小等内容。

（4）管理方略。旅游项目在设计中应考虑到在一个持续性发展的过程中怎样更新项目的吸引力元素，怎样与旅游景区的长期发展契合，这需要在市场环境下科学地进行项目管理、工程管理、日常管理、服务质量管理等。设计图纸和文本应贯穿这种思路，为管理提供便利。

3. 旅游项目的设计原则

为了提供给游客全方位的旅游感受，旅游项目在设计之初就要遵循一些基本的原则。

（1）独特差异性。通常将旅游项目的核心设计理念概括为："人无我有""人有我新""人新我特"。这表明旅游项目必须有独特性、创新性，体现差异性。个性化的旅游项目可以满足目标市场的需求，也是推动现代旅游景区发展的不竭动力。全球最著名的主题公园迪士尼，就是依靠每年旅游项目30%的更新率不断为游客制造惊喜而获得了长期的青睐。总的来讲，旅游景区旅游项目可以从以下三个途径实现独特差异性。

①突出旅游景区主题，将主题的核心点融入设计思路中，体现鲜明特色。

②注入文化内涵，地区文脉的挖掘和提炼将延续旅游项目的生命力。设计的文化性应该见之于项目的内容、形式和实施过程的细节，而不能只停留于泛泛而论。

③塑造品牌。旅游项目集合成的旅游产品表现出很强的品牌导向性，项目设计就更应该为游客营造一种精神境界和心理享受的氛围以完成旅游品牌的塑造。

（2）市场适应性。现代旅游的发展依靠准确把握目标客源市场的需求而取得，游客的旅游取向很大程度上作用于旅游景区项目的设计方向。项目在设计时应该相适而动，并根据旅游景区市场定位和客源地选择提出相适应的项目设计方案。这就要求从客观的市场调查出发，以真实的信息作为设计的参考。

（3）持续的发展性。在做旅游景区总体规划时，往往有发展的长期展望，而项目的设计和实施经常是前期工作的重点。为了保证利益的一贯性，项目的构想应该与旅游景区长远发展的方向保持一致，而且在设计中应该保持灵动性，为项目本身的长远发展铺路，留有必要的余地。除此之外,项目持续发展原则还体现在设计理念的形成必须是兼顾经济、社会和文化三大效益,从而获得持续发展的可能性,这也是项目生命力延续的关键所在。

(4)真实体验性。纵览旅游项目发展过程可见,现在国际上较为流行的探险旅游项目,如表4-4-1所示,为游客提供了较为震撼和神奇的感受。探险类项目因为符合了游客挑战自我潜力的需求,营造出了真实可感的氛围而使游客获得了激发能量的体验空间。这就对旅游项目的设计提出了新的要求,游客需求的发展将倾向于真实的感受,体验旅游景区营造的、超乎现实生活但却可以亲历的旅游项目。

表4-4-1 全球最具特色的探险旅游项目

国别	项 目
中国	沿长江划筏顺流而下
澳洲	沙漠上骑骆驼走400km
秘鲁	乘小船到亚马孙盆地探险
不丹	畅游山地王国的古代村落
蒙古	与游牧民一起打猎
法属波利尼西亚	穿梭浪漫的岛屿
印度尼西亚	在热带森林里寻找失踪部族
新西兰	前往南岛多个全球最优美的捕蝶区以及20条偏僻溪流
墨西哥	在拥有全球最大水底洞的诺霍那茨乐园潜水
俄罗斯	在莫斯科郊外的星际城市太空人训练营接受胆量训练

注:引自《光明日报》,美国《国家地理杂志》的编辑和调查员,花了半年时间到世界各地亲身尝试最惊险的活动,选出了全球精彩探险旅游项目,这里只选取部分内容。

(三)旅游项目设计的一般程序

旅游项目设计是一个有特定过程的有序思维体系,辅之以实际的操作,从而为项目的可行性奠定基础。旅游景区旅游项目设计的一般程序如下:

1. 形成项目的初步构想

旅游景区在建成之初或者面临产品升级时,往往需要设计旅游项目,当旅游景区管理方确定旅游景区有建设旅游项目的必要时,就需要先整合资源,寻找旅游项目的规划设计人员及市场调查人员,征询专家的初步意见,对旅游景区项目建设前景进行初步的感性评估,形成粗线条的构想。

2. 调查项目的相关信息

这是设计的调查阶段,以获得完全、真实的信息支持为目的,整理出来的有价值的信息将对形成旅游项目的专门化设计提供帮助。

(1)旅游景区的资源现状。旅游景区对本身资源所具有的优势应该有一个盘点,在进行调查时就应该将重点放在这些特色资源上,了解它们的分布及与旅游景区发展主题的关联点，以此确定旅游项目的发展基调和可用的资源。

（2）客源市场信息。旅游景区发展需要明确客源市场所在，对市场的把握也应该准确，这样才能在项目设计中针对市场需求注入吸引力因素，也能确定旅游景区究竟能为需要争取的客源市场提供些什么，以便做好针对性营销。若旅游景区关于这方面的信息尚未建立，那么在项目设计推出时就要先做系统的市场调查工作，对市场特征进行摸底，了解游客自身的一些信息，如职业、年龄、喜好等，以及市场构成信息和潜在客源的消费偏好等。之后，需要进一步了解目标市场对旅游景区服务和设施的具体细节要求，这在项目设计中将成为最根本的吸引点。

（3）旅游景区外部环境。这是指旅游景区所在区域的文化、历史、自然等相关资源的富集度，明确旅游项目的替代性和竞争度究竟有多大。另外，这也是对项目发展的社会、经济和人文环境条件的考量，以获得对项目外部发展支持条件的准确把握。

（4）相似旅游景区旅游项目的有关信息。资源不可复制，但旅游景区发展总有相似的支持条件，特别是参考同类型成功旅游景区的项目先例，将有助于本旅游景区项目的设计。但必须明确，项目虽然可以复制，但只有"引领时尚"的做法才能获得丰厚的回报。了解相关信息是为了更好地创新，而不是盲目地跟从，实现"人有我新，人新我特"，站在巨人的肩膀上才能获得更强的特色吸引力。

以上4方面信息的获得必须经过整理和无数次的重新利用。为了应对复杂的工作，需要形成一个处理体系，对多次获得的信息建立起旅游景区信息系统，以便为今后的设计和管理工作提供便利。在设计项目时，这个系统被称为"旅游项目设计信息支持系统"，它对项目设计的贡献如图4－4－1所示。

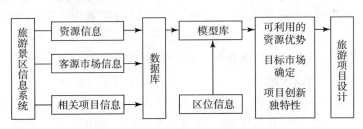

图4－4－1　旅游项目设计信息支持系统

3. 创意设计成型阶段

根据以上的信息集合，就可以进入项目设计的实质阶段，可以将创意形成的过程分为以下5个步骤。

（1）项目概念整合。这是对适宜目标市场和旅游景区资源的项目理念进行呈现，主要是陈述诸如"项目应该具有……让游客感受到……"等这种具有特征描述的句子。特征点立足于需求方的要求，力求创新，从中可以得到项目名称和主题的最初灵感，这是确定创意基调的关键一步。

（2）明确项目功能。这个环节需要明确旅游项目能为游客提供什么，是美景资源的富集，还是人文内涵的升级享受，是跨越时空的挑战体验，还是放松身心的现代娱乐。只有明确了这些，才能在设计细节时将项目需要的特征整合其中，实现供给与旅游需求特征的统一。

（3）赋予内涵。这是项目实现吸引力突破的重要一步，要赋予游客感兴趣的异地文化内涵、景致差异或全新的放松体验，关键点是与设计的实物表现结合，形成可触摸和感受的经历空间。从全局观看项目管理的各种要素，挖掘具有吸引潜力的人文、民俗、历史等现象，经过甄选和新的组合方式再次加工，使项目设计具有较长的生命力。但不是说将越玄、越深的文化强加给项目就能获得所谓的文脉，任何内涵的赋予必须与目标市场需求相匹配，如果缺少真正打动人心的核心理念，设计也将会使旅游景区沦为泛泛之辈。

（4）选址论证。选址既是一门科学，又是一门艺术。宏观上看，在什么位置开发旅游项目既关系到整个旅游景区的合理布局，也关系到旅游景区能否综合协调发展。微观上看，则不仅影响项目的建设投资和速度，而且还影响项目建成后的经营成本、利润和服务质量，以及游客的游览条件等。要在旅游景区整体规划中考虑选址，同时也要配合旅游景区内部设计旅游线路的便利，并且要兼顾到旅游景区资源利用和节省成本。

（5）形象设计。完成项目核心内涵和布局设计后，就需要将项目以一个整体的形象向市场推出，这个形象的设计必须有助于记忆和推广。必要时可以引入企业形象识别系统战略，以理念识别、行为识别、视觉识别形成体系，强化宣传力度，使之与游客充分贴近。

4. 项目设计再完善

在项目设计的过程完成后，设计者要不断地与管理者沟通想法，要从旅游景区运营的实际出发，既考虑技术的可能性与先进性，又要注重成本控制和经济效益、竞争能力和制造的难易程度，对项目进行不断修改，使设计更加完善、合理，更有效率。

5. 策划书的撰写

在与旅游景区管理层沟通后，就可以着手编写项目策划书。项目策划书主要有以下几项：

（1）封面。主要包括设计的组办单位、设计组人员、日期、编号。

（2）序文。阐述此次设计的目的、主要构想、设计的主体层次等。

（3）目录。指策划书内部的层次安排，给阅读人以清楚的全貌。

（4）内容。指设计创意的具体内容。描述力求清楚，数字要准确无误，运用科学方法，层次清晰。

（5）预算。为了更好地指导项目活动的开展，需要把项目预算作为一部分在策划书中体现出来。

（6）项目进度表。包括设计实施的时间安排和项目活动进展的时间安排，时间要留有余地，具有后续操作性。

（7）附录。项目设计中所运用的相关参考资料要放在附录部分，以便查阅。

编写项目策划书要注意以下几点：

①文字简明扼要；

②逻辑性强，时序合理；

③主题鲜明；

④运用图表、照片、模型来增强项目主要的主体效果；

⑤有可操作性。

（四）旅游项目设计的方法体系

在项目设计的过程中需要用不同的方法来推进项目设计程序的完成，特别是创意的成型是有很多方法可以遵循的。通过对旅游项目设计中一些常用方法进行整理，得出3个不同角度的适用方法，从而形成备用的方法体系。

1. 激发设计人员的思路

从这一角度出发涉及的方法是比较多的，有代表性的是头脑风暴法、德尔菲法、经验分析法、拍脑瓜法、逆向思维法等。

（1）头脑风暴法。该方法由奥斯本在1953年丰富和理论化，主要是进行策划时由主设计人员说明主题，提供必要的相关信息，创造一个自由的空间，让其他设计人员充分表达自己的想法，在讨论中大家不断提议，从而创造了一个很好的氛围，激发设计人员的兴奋点，很好地挖掘了个人的潜在智慧。这个方法实施时容易产生天马行空的思维偏离，所以需要明确项目主题，得出优秀的设计方案。

（2）德尔菲法。在20世纪60年代，美国兰德公司首创和使用了这种特殊的策划方法。由于被询问的专家们互相不见面，所以它也被称为"背靠背法"。通过咨询专家们的意见，可以得到比较权威的专业知识和市场把握，也能为设计人员提供一种全新的思路，拓宽项目的主题理解，但它的主观性较大，容易偏离旅游景区实际，影响项目设计的准确性。

（3）经验分析法。顾名思义，该方法就是指借鉴已有的旅游景区项目设计创意，分析手头所做的旅游项目，通过将资深专家对资源和市场的认识进行移植使用，设计人员不再凭空想象，在思路陷入困境时可以借此峰回路转，而且应用经验也可以节省一些人力的付出。使用该方法时应注意不脱离旅游景区实际。

（4）拍脑瓜法。对于具有渊博专业知识的设计人员，在充分了解项目背景信息后，打开想象的大门，形成意境，项目创意会在不经意间从头脑中跳跃出来。这种方法需要设计人员有一定的项目策划功底，这也有助于带动设计团队的思维活跃。

（5）逆向思维法。此方法是用不同于一般思维习惯的逆向方式进行思考，从而形成新的创意。换一个角度想问题，可能会柳暗花明。如现在流行的城市野生动物园格式，它改变了原来将动物放置笼中的作法，将人置于一个流动的"笼"中形成观赏浏览过程。这种思维的转换使游客获得了从动物角度想问题的理念传递。

2. 倚重游客的需求趋势

（1）问讯法。此方法是直接询问游客对旅游项目的想法和需求，从而有针对性地进行项目设计。它的优点是能获得准确的一手信息，但这些信息必须经过设计人员分析，才能转化为设计可用的专业化信息。

（2）灰色系统法。灰色代表了白色和黑色的中间地带，即一部分信息已知而另一部分信息未知。这是利用一些已知的行为结果推断产生该行为的原因或未来模糊的不确定性行为的方法。这种方法用在旅游项目设计上就是通过对现有游客的行为模式分析，推导出未来可能拥有客源市场并获得成功的旅游项目形式。游客的行为模式折射出了游客的需求，利用此方法可以把握游客在旅游中的真实要求。

（3）时空搜索法。从吸引游客的角度出发，现今旅游项目设计在时间轴上有两大趋势，复古潮流和高科技的发展思想。而在空间上，利用移动规律反映差异性也可以吸引游客，所以，可以从空间轴和时间轴两个向量上搜寻与本地区位、市场及资源条件的最佳交叉点，借此打开项目设计的思路。

3. 突出资源的整合性

（1）嫁接法。在项目的设计中，旅游的关联性应用就是将其他学科所形成的一些流行理念融入项目创意。如文学、艺术、地理、建筑等学科的内容赋予在项目的内涵中可以增强旅游景区吸引力，同时也丰富了游客的旅游体验。例如，四川雅安的碧峰峡旅游景区，紧紧抓住"雅女""雅雨"和"雅鱼"的人文地理背景，将女婿文化植入旅游景区，取得了良好的效果。

（2）典型集中。将具有特色和资源分散的各种项目，按一定线路和主题进行集合，使吸引范围变大，改变项目组成结构，从而形成创新性的旅游项目产品。如在众多茶艺旅游景区内出现同质化的养生主题，品茗之余就没了新意，就将流行的洗浴文化与之整合一起，出现"茶浴"这样的新项目，就使"养生"这个概念内涵更加丰富了，吸引力也更强了。

（五）影响旅游项目设计的因素

1. 设计人员对主题的理解

旅游项目以主题挖掘为契机，如果设计人员对主题理解产生偏差或深度不够，那么项目对旅游景区发展所起的作用就可能不会发挥到最大。主题的把握贯穿项目设计直至实施的全过程，关系到项目设计后续工作的开展。

2. 与旅游景区管理方的有效协调

设计人员对旅游项目吸引效果的设想往往比较理想化，缺乏对旅游景区存在的某些体制限制或社会关系的认识，使得项目流于形式而难以实施。这就需要与旅游景区管理方充分协商，了解关于开发投资商的一些信息，从而充分利用旅游景区可实施的各种途径，完善项目的设计。

3. 信息收集的全面性

信息收集为项目提供了最原始的、相关联的信息单元。信息集合将决定项目的设计方向，全面的信息收集将会使项目设计从容地进行，这主要来自市场的完善度、资源普查的权威性和对现有及潜在竞争者替代性和补充性的度量。

4. 资源赋存状况

资源是项目设计的基础凭借，它提供了背景氛围的支持，这一点影响因素是客观存在的，它会在素材上限制旅游项目。提出该影响因素的目的，就是想指明对于自然景观类的旅游景区可能不会为人力所改变，但作为人造旅游景区项目的设计，就应该尽可能全面地丰富资源的组合，如深圳华侨城的主题公园，正是将城市的开放性和大的人口流动量作为珍贵的资源加以利用，从而奠定了成功的基础。

（六）我国旅游项目设计的发展趋势

据旅游界权威人士预测，旅游项目在21世纪最受欢迎的有上山、下乡、飞天、入海、观文化、走沙漠、有森林、有工厂等。旅游项目构成了旅游景区的核心吸引力。我国旅游业的现状是随着旅游消费由卖方市场向买方市场转变，变动的消费需求、激烈的市场竞争、新兴的后起之秀、朝阳的旅游产业，都迫使我国旅游景区振兴和重生，通过项目设计进行升级换代，要求旅游项目也随着旅游消费的变化而经历一个快速拉升的阶段。

1. 文化旅游项目前景独具

文化是旅游景区的灵魂和核心，是营造特色的基础。旅游项目的升级换代正是通过对旅游景区文化这一核心"芯片"的深度挖掘、系统整合、主题提炼、动态展示、全国营造来推动旅游景区的新生和发展。这使得文化旅游项目在旅游项目中占有重要的地位，各地推出诸多历史遗址游、名人故居游、文化名城游、民俗风情游、民间艺术游、革命圣地游、宗教旅游等文化旅游项目，大大增强了旅游景区旅游业的文化内涵。

2. 崇尚自然，返璞归真

自然能带给人类最原始的感动。现代社会的发展使我们很久未能亲近自然，产生了很多心灵的困扰，生活空间也越来越小，于是促使人们在休闲旅游时追求自然体验。旅游项目必将适应这种需求而设计出观光休闲、乡村旅游、森林旅游等形式，推动自然旅游的发展。

3. 呼唤特种旅游的发展

特种旅游是指具有一定的创意性，通过专业人士的指导和相关器材的辅助，采用人力运作，借助徒步、狩猎、登山、驼队、自行车、汽车等形式，去发现自然，探索自然，并最终征服自然的探险性旅游活动。游客喜好参与性强的旅游项目，特种旅游就是让游客从传统观光、被动的接受中走出来，积极地参与旅游活动，彰显个性。中国特种旅游开展的时间虽然不长，但已显示出强大的生命力，成为中国旅游业中蓬勃发展的新的增长点。

如何打造四季全时旅游引爆性项目

二、旅游项目选择与价格制定

（一）旅游项目的针对性选择

旅游项目设计完成后，要经过旅游景区管理开发方的甄选，才能进入实际建设和盈利阶段，成为吸引游客完成旅游体验的实体。从管理方角度看，被选定的项目应该促进旅游景区整体的发展，应该能为旅游景区带来可观的经济收入。另外，在项目确定后，由于资金等现实条件的限制，需要再次对选定的项目按旅游景区规划的时间进度表决定先期建设项目和后期建设项目，以优化配置资源，达到旅游景区发展进程中各阶段性的目标。

1. 分析与旅游景区系统的贴合度

旅游项目首先应该与旅游景区整体发展状况相适应，贴合旅游景区系统的现状。立足旅游景区系统，进行项目选择时应主要从以下几个方面考虑。

（1）资源配置关联性。项目应对旅游景区所具有的资源进行有效整合和良好配置，如果只是将资源简单捆绑则缺乏巧妙的关联，或以破坏自然和人文资源项目原貌为代价，那么这个项目就没有建设的价值。要考虑项目是否将旅游景区内分布不均的各种资源进行了关联，以此形成了具有吸引力的旅游路线，仔细评价项目是否充分展示了资源所具有的潜在吸引力，如此组合是否最优，关联度能否呈现更好的状态，并据此选出所需的旅游项目。

（2）主题理念的表达。选择的旅游项目应该做到主题突出，与旅游景区的理念诉求相吻合，而且能够循着项目设计所设想的旅游方式向游客传达旅游景区的产品价值。如深圳欢乐谷内的各项娱乐设施，虽然形式和内容各异，但都能给游客带来一个统一的感受——开心，这正是旅游景区要传递给游客的产品价值。需要说明的是，不同时期、不同社会学特征的游客对旅游产品价值的偏好是有差异的。目前，最受欢迎的主题排名是教育展览、珍禽异兽、植物园林、原野丛林、外国文化、历史陈列、河流历险、生活娱乐、水上公园、动物表演与花卉展览。项目设计的一亭一廊、一瓦一木，都是体现主题的细节之处，在选择时应着重把握。

（3）市场特征的迎合。现代旅游项目随目标市场的需求而更新，所选的项目必须适应旅游景区特定的客源群，与消费者的自身特征和消费特征相契合。项目在设计时会考虑到游客的需求，但是管理方应该对旅游景区现有的一级目标市场和潜在客源群有明确的了解，比照项目吸引力具有的范围限定，评估项目是否真的能实现这种吸引力，明确项目是否适合本旅游景区。

（4）旅游景区项目的布局。项目设计会对选址进行确定，管理方应从旅游景区全局入手，考虑各功能区设置的旅游项目是否有利于吸引力单元的形成，从而科学地制造游客游览的兴奋点，做到移步换景。还要考虑旅游景区吸引力的动态平衡，能否有效地分流强吸引力地区的客流。

（5）节约运营成本。有些项目设计得很出色，但是需要一些尖端技术的支持，如果旅游景区引进有困难或者权衡利弊后觉得没有足够的必要性，说明这些项目就缺乏对运营成本的考虑。旅游景区应该选择那些对人力、能源等进行细节设计，并且有节能意识的项目方案，它能使旅游景区在项目建设和经营中真正获得利益。

2. 旅游项目选择

（1）定性预测进行项目选择：

① 专家判断：主观性较大，建议在使用时应该采用背靠背的德尔菲法，同时吸纳不同级别管理人员的意见。因为仅仅简单地根据某人的专业经验和自身感受得出结论，往往会有失偏颇，产生错误的判断。

② 样本调查：针对项目的设计思路，使用市场调查中的"联想法"等，为调查受众描述项目所营造的意境，得到关于项目的不同感受，然后汇总。或者将设计主题和具体内涵以问卷形式展示，在样本范围内调查，得出关于项目的感性认识，从中分析项目的市场前景。

③ 类似项目的比较：在待建旅游项目的区域外，往往已经建有同类的、不构成直接竞争的旅游项目，以这些已建项目为参照物进行适当比较修正，就可以得到待建客源量参考值。而在区域内已建成的类似项目，很可能构成直接竞争。因此，应比较竞争力，分析优劣势。如果优势明显，则可以在总客源量不变或稍增的背景下，两者按竞争力瓜分。比较得到预测客源量如果低于旅游景区预期，那么就舍弃该项目。

④ 客源趋势递增预测：根据历史资料和开发后可能增长的幅度预测旅游客源市场的规模，一般可用下列公式计算：$Q_i = \alpha(1+\beta)$。式中，Q_i 为第 i 年的客源人规模，α 为预测基年值，β 为年增长率。判断出 β 值就能预测客源人数。β 值随着客源人数基数的增加而逐渐减小，并稳定在一个区间。在旅游景区发展中，对旅游接待人数的预测常用此法，在旅游项

目的客源规模预测中也可以借鉴此法。

（2）定量预测进行项目选择：

① 分两步得出结论：第一步，进行旅游景区客源总量的预测。趋势外推模型是最为常用的预测方法。它根据旅游景区某些程度上经常表现出来的规律，将过去的市场数值，通过图解法或移动平均或最小平方法，求得未来的发展趋势。因为相对来讲最小平方法的精度最高，所以将"最小平方法"着重介绍一下。

假设长期趋势的方程为 $y=f(x)$，则各点至 $y=f(x)$ 的垂直距离总和应最小。这时的 $y=f(x)$ 方程才最能代表该预测趋势。这种使偏差平方和变为最小的数学方法就是"最小平方法"。如果最小平方法所研究对象的历史数据逐步增长量基本相同，则可选用直线方程：$Y_t=a+bx$。式中，Y_t 为预测值，a、b 为求解参数，x 为时间序列。用"最小平方法"配合直线方程求解 a、b，方程式为：$\sum y=na+b\sum x$ $\sum xy=a\sum x+b\sum x^2$。通过解二元二次方程，得到参数 a、b，从而建立 $Y_t=a+bx$ 的直线方程预测模型。

这种方法的缺点是拟合程度不高而且没有上限，因此，引入一个较为合理和精确的方法——逻辑推理曲线趋势预测法。逻辑推理曲线又称罗吉斯曲线（Logistic Curve），它被广泛用于描述和预测某项事业的发展趋势。预测模型是 $1/y=k+ab^x$。它形成的曲线轨迹是初级运行轨迹平缓，以后加速增加，达到一定程度后，成长率渐趋缓慢，终至平坦，达到最高极限的渐近线。这一过程与旅游项目的发展很相似。模型中，k 表示渐近线上限，b 为相连一次差的比率，a 为 $x=0$ 时，与渐近线之差，x 为时间序列，y 为预测值。

第二步，对项目所占客源比例进行分析。使用 SWOT 分析法（自我诊断分析法），将项目在客源市场方面的优势、劣势、发展机会和面临的威胁等列出来，然后将其简化为影响因子，对这些因子进行加权测算，优势和发展机会是正值，劣势和威胁是负值，从而按分值高低确定项目可望在总客源量中分得的份额。最后，根据经过两步计算得出结果进行项目的选择。现在国际上流行的著名统计软件分析包——社会科学统计软件包（SPSS）可帮助定量运算。

② 相关关系预测：当缺乏完整连贯的历史资料时则引入回归模型进行预测。因为它考虑了其他相关因素的影响，可靠性更强一些。这里介绍一元回归模型预测法。它是确立在一个自变量和一个因变量之间具有显著相关关系基础上的，配合回归线进行预测的方法。

按项目发展的相关变量（如游客收入、文化水平、年龄、游客人数等）之间的关系，建立回归模型如下：$Y=a+bx$。

如果相关系数 r 大于等于 0.05，这样就可以用最小平方法配合回归线，解得 a、b，从而得到模型，进而预测。可见，因子的数量显著影响调查和计算的工作量，因此，对因子应按以下原则进行优选，相关因子与预测因子间的相关度越高越好，相关因子间相关度越低越好。

3. 旅游项目的优先选择方法

项目确定后，旅游景区管理方还需要根据自身条件，将项目置于不同的发展阶段，实现对资源的合理化使用和确定先期的经营目标。

（1）以取得经济收益为目的。测算公式为：收益指标＝内部资金回收率÷市场长期利率。比值大者优先建设。

（2）以换汇为目的。测算公式为：换汇指标＝（外汇收入－外汇支出）÷国内货币支出。比值大者优先建设。

（3）以提高就业率为目的。测算公式为：内部就业率指标＝旅游景区工人工资总额÷全部支出工资总额。比值大者优先建设。

（4）以地区间平衡发展为目的。测算公式为：平衡发展指标＝（旅游地内年均家庭收入÷全国平均家庭收入）×（该地区雇员工资÷总支付工资）×该地区采购产品成本－工资总额。所得结果值大者优先建设。

（二）旅游项目价格制定体系

旅游项目管理中很重要的一个环节就是在项目进入营运状态之前，明确目标市场能接受的、经营者能收回成本的且享有盈余的价格水平。此后的关键是寻求两者的平衡点。各旅游项目价格制定，关系到对设计人员智慧结晶的尊重，也关系到旅游景区设置游憩门槛的考虑，而且也会影响旅游景区的整体氛围。

1. 价格制定原则

（1）体现价值原则。项目具有综合性，其资源是否稀缺、是否有特色、是否引人入胜，服务设施是否先进、舒适、方便，服务质量是否令人满意等，都是决定其价格的重要因素。另外，旅游景区为项目提供了发展的氛围，它体现在旅游景区品位高低、交通便利程度、管理水平高低、卫生状况优劣、知名度大小等因素都成为项目价格形成的价值基础。所有这些方面综合之后便成为项目的无形价值，应该在价格制定时有所体现。

（2）市场至上原则。不同的旅游项目对游客呈现的效用是不同的。从游客角度讲，这不仅包括身体的放松，更重要的是精神上的愉悦和文化价值的提升。任何一个旅游项目，游客都能根据自身的价值观念和消费经验形成一个理解价值，如果制定的价格超过这一理解价值所反映的价格，就会遏制需求，反之，则会刺激需求。因为这多来源于不同游客自身的心理感受，所以在制定价格时，需要分析客源市场的收入、文化层次、旅游心理等需求能力因素，结合项目自身赋予的价值综合定价。

（3）稳中有变原则。旅游项目是在旅游景区日常运营的重要一环，不可避免地受到旅游景区发展季节性和阶段性的影响，这些变动的因素需要项目在价格制定时呈现差价，以调节旅游景区的整体收益。在旺季时价格走高，而淡季则相反。在项目运营的不同时期，根据营销目的，适当调整价格。旅游项目在积极适应这些变化时，也需要把握一个相对稳定的前提，这就是说旅游项目应该在一个长的时期内保持一种连贯的动态规律稳定，不应出现随经营收益的变化而盲目变动价格的现象，频繁地调价会降低旅游景区的美誉度，引起游客的反感情绪。

（4）利益兼顾原则。旅游景区项目的收益需要分配给多个利益主体，主要涉及投资商的投入回报、管理者的管理付出、社会利益的维护等，这里容易被忽视的是社会利益的维护。总之应从环境适应性考虑，做到和谐发展。如生活污水处理、环境监测设施的利益、自然生态的保护及环境卫生的维护等应计入成本，并在旅游项目价格中体现出来。

2. 旅游项目效益评估

在对旅游项目定价时，需要考虑到项目效益评估所得结论，因为它往往是以假设项目的定价为前提进行投资效益的分析。通常是预先设置高、中、低三个水平的价格进行计算，如果计算结果表明投资不能在预期期限内收回，则要适当抬高项目的定价或更改其他因素再进行计算。这样反复几次后，直到得到投资商认可的结论。这种从投资商出发，经过效益评估得到的价格只是确定了一个范围，可作为价格制定时最基本的参考，而不能简单地作为最终的价格。这里介绍常在项目评价中使用的3个参考值。

（1）投资回报率。指以原始资本投入的百分比来表示项目平均年利润的比率。其公式为：投资回报率＝项目平均年利润÷项目投资×100%。

（2）投资回收期。指原始资本投入的年限。投资回收期应该小于或等于所投资的旅游景区产品的生命周期。投资回收期未考虑到原始资本可能随时间流失出现贬值或增值的问题。其公式为：投资回收期＝项目投资÷项目平均年利润。

（3）贴现现金流量（净现值）。投资项目投入使用后的净现金流量，按资本成本或企业要求达到的报酬率折算为现值，减去初始投资以后的余额，叫净现值。净现值的决策规则是：在只有一个备选方案的采纳与否决策中，净现值为正者则采纳，在多个备选方案的相斥选择决策中，应选用净现值是正值中的最大者。

3. 旅游项目通行的定价方法

（1）单体旅游景区旅游项目的定价方法：

① 住宿项目。这常见于旅游度假型景区内，定价主要是指对房价进行确定。这里介绍郝伯特公式计价法。这种计价方式根据计划的营业量、固定费用及项目所需达到的合理投资效益率，决定每天每间客房的平均房价。分为四个步骤：

第一步：计算每年需要的还本付息营业额；

第二步：计算每年总营业额；

第三步：计算客房年营业额；

第四步：计算客房日房价。

客房日房价＝客房年营业额÷饭店客房总间数×平均出租率÷365天

② 餐饮项目。综合类旅游景区内一般都设有餐饮服务，由于饮食店的经营方法不一，品种繁多，地方风味各具特色，项目所具有的规模有大小不等，这使得饮食项目的定价很难统一。我国根据按质分等论价的原则，结合餐厅平均营业额、费用水平和服务等级等具体情况，实行毛利率定额管理。其定价方法是：

成本加成率＝毛利率÷原材料配置定额成本

销售价格＝原材料配置定额×（1＋成本加成率）

一般按盘份计价的菜点和零售食品的定价多采用此法。

③ 商品项目。商品的多种类型、进销差价、地区差价等决定了其难有统一的定价方式。对于一般的旅游商品，可按物美价廉、薄利多销的原则，参考当地市场零售价格制定价格，不能为眼前利益任意定价。具有特殊意义的旅游商品，可按游客的购买欲望和支付能力定价。现代书法或金石篆刻商品，总的原则就是随行就市，可参照国际市场价格水平，由鉴赏家灵活定价。

④ 文化艺术项目。戏剧、音乐会、大型演出等项目的定价，通常是按"分等论价"的原则，考虑5个因素：艺术表演团的艺术质量，演出水平；游客对演出形式、演员等的喜好

程度；所在地点和舞台的设备条件；不同演出时间；统一演出场次的不同座席。根据差别考虑定价。

（2）整合类旅游景区旅游项目的定价方法。现代旅游景区采用"一票制"，就是将旅游景区内所建的项目资源进行整合而统一定价。这种方式多见于我国各旅游景区，定价方法常见的有 3 种：

① 理论成本价格计算法。计算公式为：$P = K \times S \div D$。式中，P 为单人价格，S 为维持旅游景区管理所需的自筹费用，$S = A + B + C$（A 为活劳动消耗，B 为修购基金，C 为养护费用），D 为游览人数，K 为调节系数（由国家政策、游览价值和自然、文化价值等决定）。

② 基准门票价格计算法。计算公式为：分类门票价格 = 基础价格 × (1 + 各类差价系数)。

差价系数是根据已形成的门票价格，根据新建项目的价值规律和供求规律，兼顾社会、环境、经济效益设计的最高加成系数。

③ 差别系数计算法。以已形成的门票价格为基准，结合目标市场的经济承受能力和新项目的特征确定差别系数。比如以项目中的文物保护级别为参照，省和国家级加成系数为 20% 左右；以知名程度为参照，知名度高的加成系数为 10% 左右；以季节时令为参照，旺季加成系数为 20% 左右。

（3）旅游项目常用的定价策略：

① 通行价格定价法：同类项目的经营者经过协调，采用通行价格，消除对差别定价的反感，促进旅游景区从价格竞争中求得发展。这有助于谋求共同发展，稳定地获取合理的利润。

② 区分需求定价法：细分市场后，不同的市场表现出不同的需求强度，所以制定价格时需要区别对待不同的游客、不同的地点、不同的时间。另外，分割市场和控制市场所需要的费用不能超过采用区分需求定价法所能增加的营业额。

③ 理解价格定价法：旅游景区运用精英组合中的那些非价格因素影响游客，形成游客心目中对旅游项目价值的印象，根据统一的价值观念制定相应的价格。

④ 以竞争为中心的定价法：以具有与项目相似级别吸引力的价格为定价依据。具体做法主要有：率先定价，一般可以获得加大收益；随行就市，市场价格反映了行业的集体智慧，容易获得理想的收益率；追随成功项目的定价，制定大致相仿的价格。

⑤ 撇油定价法：在旅游景区创新型项目推出时往往采用此法。由于项目填补了地区旅游景区吸引力的空白，所以定以高价，一次从购买力较强的游客那里取得高额利润，并在短期内收回投资。这有助于给游客以高端项目的印象，但也会很快吸引竞争者进入，所以这是一种短期方法。

4. 旅游项目价格的管理设想

我国在旅游项目价格制定标准方面研究的缺失，使得在实际操作中出现了种种偏差。近年来，旅游景区过分倚重门票价格，内在吸引力提升不足，造成与游客的支付力脱节，这正好反映出旅游景区内部价格机制管理缺乏全景式的管理理念。管理方若按下列设想管理每一个旅游景区内的项目价格，那么将有助于对旅游景区的价格体系进行更新。

（1）价格变动要有周全考虑。项目价格制定"稳中有变"的原则要求价格在必要时进行变动，但由于项目价格调整将会影响到旅游景区内外部系统的联合反应，所以不能只从经济方面考虑，而要遵循必要的标准。比如，设立差价的幅度可视旅游景区的特点，一般控制在15%~20%，每次调价幅度一般不应超过20%，而且至少有3个月的预报期，这将有时间收集来自各关联系统的反应，从而作出价格决策。

（2）建立价格监督机制。在项目价格上调时，很多旅游景区管理方打着"为环境保护出力"的旗号，而实际上却将收入用在其他方面，并未纳入环境保护项目中，这有碍于旅游景区的长期发展。旅游景区应设立专门部门，设立环境基金，专款专用，有助于提高旅游景区的社会认可度。

（3）灵活调控项目价格。从游客的需求出发，为游客提供更多的旅游便利和选择余地，不同时间段、项目的不同游览段应制定差异化的收费标准。如巴黎卢浮宫每天下午3点后，门票价格减半。

三、不同类型旅游景区项目设计的案例研究

在本节中选取近年来较为热点的旅游景区项目类型，通过对共性特征的总结和实际案例的分析，深化对项目设计和旅游景区整体发展的理解。

（一）生态自然旅游景区项目设计

这主要指对以自然资源构成为主的旅游景区进行设计。由于近年来对该类旅游景区的开发往往整合了生态发展观，所以将其作为一类分析。生态自然旅游景区的设计主要包括乡村类、滨海类、森林类、草原类、湿地类、荒漠类等。考虑到典型性，这里选取森林景观的案例进行分析。

内蒙古达尔滨湖国家森林公园项目设计

达尔滨湖国家森林公园位于内蒙古自治区呼尔贝尔市鄂伦春族自治旗境内，诺敏河与毕拉河流域中上游，大兴安岭东麓南坡。根据公园的自然地理条件、社会经济状况和旅游资源特征，确定了其以保存较好的自然生态景观、特有的鄂伦春民族风情为背景，以秀美壮观的火山地貌、湖泊、河流、原始次生林景观为特色，集文化娱乐、游览观景、自然保护和科研活动为一体的多功能综合性生态型国家级森林公园。其项目设置如表4-4-2所示。

表4-4-2　达尔滨湖国家森林公园各生态旅游区的功能与建设项目

旅游景区名称	面积/km²	区域功能	建设项目
诺敏镇	393	管理中心、文化娱乐、科普教育	游客中心、自然博物馆、文化活动广场、民族村、公园管理服务中心、土特产商品街
神指峡旅游景区	3905	观光游览、休闲度假、娱乐垂钓	气步枪靶场、鱼文化系列项目、鄂伦春族和蒙古族风情园、神指峡溜索

续表

旅游景区名称	面积/km²	区域功能	建设项目
达尔滨湖旅游景区	4371	观光游览、避暑、科考	水上运动中心、开湖节庆、度假村
四方山旅游景区	1517	观光、科考、登山	四方山观景亭
诺敏河旅游景区	2745	漂流、游泳、观光游览	河滨烧烤场、农业园、滑雪场、露营区、简易飞机场、双江接待站

案例分析：

对于森林资源的旅游项目设计抓住了该类型资源的优势，分区和项目设计考虑也很完全，也体现了一些特色，如溜索等。但是，不足之处是对森林项目本身的资源挖掘还不够，而且现有项目设计可能会超出旅游景区的建设能力，如滑雪场和简易飞机场等项目。旅游景区应该进行项目的针对性选择，以求效益最大化。

（二）历史城镇项目设计

历史城镇类型项目设计的共性特征：
(1) 资源。文化内涵丰富，文脉挖掘点多。
(2) 主题。穿越历史，体验原初生活，体会人文魅力。
(3) 市场。中、高端旅游市场，主要面向文化程度高的游客。
(4) 关注。商业氛围不可太浓。

周庄古镇区旅游项目设计

周庄是一个风景秀美、历史悠久并拥有深厚文化底蕴的江南水乡名镇，具有"镇为泽国，四面环水，港汊分歧，湖河联络，咫尺往来，皆须舟楫"的自然风光，又有西晋文学家张翰、唐代诗人刘禹锡和陆龟蒙寓居的南湖园、与古镇同龄共存的江南名刹全福寺和澄虚道院。厚实的文化积淀形成了周庄清雅悠远的乡俗风情，体现在饮食文化上有三味圆、万三蹄、万三糕、腌菜花等。利用现有的资源设计的旅游项目被称为"周庄八景"，即全福晓钟（全福寺内）、指归春望（全福寺指归阁）、南湖秋月（"名人遗踪"主题游览区的临水长廊，尽览月下美景）、钵亭夕照（古典园林小品）、巷里别趣（传统庭院空间）、艺苑茶香（民间曲艺表演专场）、名人遗踪（历史文人纪念堂）、节日推出相应的大型文艺活动和"摇快船""划灯船"等，平时宜保持周庄的宁静祥和，在茶楼结合"阿婆茶""吃讲茶"等民风，定时定点举办曲艺表演，如桥头弹唱、月下抚琴、茶室丝竹、船头渔歌等。

案例分析：

本案例对古镇的风貌把握得比较好，特色也较为突出，表现在"周庄八景"的名称很富有古镇文化意味，传统节日中活动也很有中国古典的味道。值得一提的事，项目设计尤其注重对周庄宁静氛围的保存,这是古镇最为珍贵的一笔资源,应该有更多的项目一起配合。另外,项目设计中单纯呈现的内容比较多,多形式的内涵挖掘和参与性项目还很欠缺,比如周庄的各种名吃,游客满足于品尝,还应该设计更为互动的活动以提升体验层次。

(三) 主题公园项目设计

主题公园类型项目设计的共性特征:
(1) 资源。人为营造,有一定文化赋予。
(2) 主题。创新性很强,重参与和体验。
(3) 市场。目标市场细分化,需要针对性强。
(4) 关注。防止重复和低水平建造。

吴桥杂技大世界项目再设计

杂技是中国国粹的一个类别,在世界上享有盛誉。吴桥是中国杂技艺术的发祥地,对世界杂技艺术发展作出了重要的贡献。因此,对吴桥来说,杂技作为开发旅游的资源,具有突出的垄断地位。杂技具有独特魅力,既是普通百姓喜闻乐见的大众艺术,又能够满足高层次"人体美与力"的欣赏需求,以杂技艺术为基础的旅游产品市场面很广。再有,吴桥杂技艺术名气很大,中国吴桥杂技艺术节的连续举办,通过媒体、艺术团体和观众,已经把杂技艺术和吴桥一起推向全国,推向世界。

在杂技发祥地建造的国内第一个杂技艺术大世界主题公园经过10年的经营,在国内已经有了一定的知名度,但是它并未获得预期的成效。为了提升旅游景区吸引力,进行的项目再设计主要有:

(1) 修建杂技艺术表演场所,创造自己的品牌演出,同时也作为国内外杂技艺术巡回演出的场所,条件成熟时,定期举办国内和国际杂技比赛和擂台赛。

(2) 建造杂技艺术博物馆,设立杂技艺术研究机构,建立国家级杂技艺术研究机构——中国杂技研究院,以杂技博物馆为基地,创办吴桥杂技的杂志,积极参加并拓展与国内外同行进行交流的渠道。

(3) 建立杂技艺术人才培训基地。

(4) 修建独特的服务设施,其中包括独特的住宿设施,在园内附近建立杂技饭店(或称"奇妙饭店"),饭店规模不要太大,但在建设造型、住宿设备、功能及室内外装潢、服务方式和服务人员等方面体现杂技和相关艺术的奇妙体验,不需要豪华或舒适,但一定要奇特,要做到别的地方没有甚至连想也不敢想。

(5) 独特的餐饮设施,在园内建立具有特许经营权的杂技餐厅,在建筑形式、设备设施、服务方式、餐饮及菜肴品种等方面,都能够使游客体验到杂技的神奇。

(6) 独特的娱乐设施,除表演之外,充分利用关于国内外杂技艺术题材的影视作品,开辟专门放映这些影视作品的小剧场,连续不断地放映、展示。

(7) 设计特定的吉祥物并引进国际上著名的杂技团体或魔术师表演,造成新的轰动效应,争取国际杂技艺术节在吴桥举办。

案例分析：

可以看出该案例中主题公园的主题表现很出色。通过特殊的建筑和活动设计、独特的购物设施和纪念品等，充分展示了杂技艺术丰富多彩的独特魅力和想象力。但对于主题公园参与性活动却设计不多，主题公园应该给予游客丰富的全方位的体验，这在类似旅游景区项目设计中应该是吸引力的核心点。

（四）旅游度假区项目设计

旅游度假区类型项目设计的共性特征：
(1) 资源。自然环境良好并可进行人工建筑的构建，整合多种资源。
(2) 主题。休闲、康体。
(3) 市场。特定游客群，一般为高端收入者。
(4) 关注。向高层次发展，特色化应突出。

关岛度假区的项目设计

在美国离我国台湾省最近的关岛度假区设置如下项目：吉普车探险，在山区乘吉普车探险颇有市场，可以享受因颠簸难行而冒险的畅快；午餐是烤肉；沙煲夜总会、海上漫游（Star Stripes）；高空弹跳，"自杀式"降落，绝处逢生；ABC俱乐部，海上三轮车、摩托车、拖拽伞等；潜水、民俗舞蹈、冲浪、实弹射击等。

案例分析：

国外度假区的经典项目设计，吸引全世界的客源，走的是高端路线，项目设计大胆、新颖、独特，这给国内旅游度假区的发展提供了参考，可以借鉴项目设计的思路，更好地发挥其度假功能，从而走出度假区现在的发展误区。

（五）特殊民族文化旅游景区项目设计

特殊民族文化类型项目设计的共性特征：
(1) 资源。文化特色浓，差异化大，吸引力强。
(2) 主题。体验民族风情，尊重多元文化。
(3) 市场。适合大部分游客，市场区分度不很大。
(4) 关注。民族文化的保护和深层次挖掘。

丽江纳西东巴文化旅游项目设计

纳西东巴文化是极具代表性的一种民族文化，是公认的人类文化史上的奇葩，也是一项宝贵的人文旅游资源，是居住在我国西南金沙江上游地带的纳西族（其中以云南西北丽江市最集中）所创。已有近千年历史的东巴文化，包括被誉为"目前世界上唯一保留完整的活象形文字"的东巴象形文字、"纳西古代社会百科全书"的东巴经文典籍、"用象形文字书写的世界最早的舞谱"的东巴舞谱及渗透于纳西社会生活各方面的宗教文化思想、仪式，各类法器绘画、面偶、泥偶等，无一不是中华民族艺术之瑰宝。

另外，纳西民间风味饮食很独特，如丽江粑粑、纳西火锅、鸡豆凉粉、糯米血肠、拉市鱼、吹猪肝等，类型丰富多彩且可口宜人。纳西服饰也古朴素雅，特点是宽腰大袖，前幅短后幅长，衣服多有蓝、白、黑三色，在领、袖、襟等处绣花，优雅朴素而美观大方。纳西族的民间文艺则具有诗歌、音乐、舞蹈三位一体的突出特点。

在旅游项目设计时，以东巴文化、丽江古城、摩梭风情为主调，辅之以独具特色的玉龙雪山、泸沽湖、金沙江等自然景色，而且要科学地评估旅游项目开发对文化生态系统平衡的影响。具体项目如下：

(1) 恢复重建古城内具有"丽江文化大观园""丽江的紫禁城"美誉的重要建筑——"木府"，不断充实文化内涵和大力开展一系列民族特色的文化活动。

(2) 自20世纪80年代末声名鹊起的纳西古乐，经过政府的大力扶持和一批民间人士的不懈努力，形成了代表丽江特色文化的优势产业，较为突出的是宣科先生创办的"大研古乐队"。

(3) 为了旅游景区的可持续发展，在稳定开发玉龙雪山和加强古城保护的基础上，进一步加大丽江第二景区——老君山的规划和开发力度。

(4) 设立东巴文化研究中心。在中国社会科学院东巴文化研究室、丽江东巴文化研究所的基础上建成省级乃至国家级的东巴文化研究中心。

(5) 建立民族饮食文化街，恢复东巴经书中涉及的食谱，大力发掘纳西民间小吃，认真发扬、整理、复制明代木土司招待宾客的80多道名菜。

案例分析：

该旅游项目设计突出点是对东巴文化旅游项目的开发考虑到了社会影响的评价、文化景观的评价及游客对当地传统文化影响的评价，文化的发掘也要求原汁原味，不断提升品位，这对该类项目的设计提升了一个正确的方向。我国有多元的民族文化构成，它的异彩纷呈满足了游客的猎奇心理，少数民族聚居区既是这些文化产生的厚土，也是游客最想进入的地方，但游客也带来了不同的文化，使民族传统文化在不同程度上发生着变异。所以，寻求一个发展的平衡点和使民族文化源远流长是本类型旅游开发的基准点。

4.4.3 任务训练

实训名称： 对所在地区附近的旅游景区进行旅游项目策划。

实训目的： 通过任务训练，学生更好地理解和掌握旅游景区项目策划的基本理论。

实施步骤： 分小组，分工合作，完成以下工作。

(1) 熟悉本项目所学的旅游景区项目策划的基本理论。

(2) 通过网络查找，收集本实训的相关资料。

(3) 选择一个所在地区附近的旅游景区，进行旅游项目相关设计。

(4) 小组分析和讨论，并形成书面报告上交。

(5) 以小组为单位在课堂上进行简要陈述和答辩。

4.4.4 通关游戏

一、知识关

1. 旅游项目常见的分类方式有_____和_____。
2. 旅游项目的设计原则有_____、_____、_____、_____。
3. 影响旅游项目设计的因素有（   ）。
   A. 设计人员对主题的理解   B. 与旅游景区管理方的有效协调
   C. 信息收集的全面性   D. 资源赋存状况
4. 名词解释：旅游项目

二、能力关

草堂寺旅游景区的项目设计（部分）

① "净苑"，品茶静心。"净苑"的设计主旨是为来草堂寺静修的世人营造环境。在单人单间的净苑里，香客可以静思、品茶、参禅，平复心里的苦闷，用佛法理解世事。选址在罗什译经区菜园附近的寺院内专设此苑。经营理念：传播现代文明，传播佛教文明，不断认识自我，不断给心灵充电。进入净苑，净手净面，然后在房间内自取茶具和经书。在属于自己的房中有笔墨纸砚，房中无卧具，只有桌椅。远离游览主干道，因此，很宁静。开窗可见浓密树林，是独具特色的修身养性之所。

② 建立"素斋养生堂"。现代人越来越重视自己的健康状况，"关注健康，寻找健康"已成为一种消费主流。很多现代病都与不良的饮食习惯有关，而佛家的斋饭及饮食理念非常有益于身体健康，推广价值很大。选址在寺前区罗什译经区内东北角。经营理念：树立与推广"人吃得健康才会活得健康，人人活得健康才有社会健康，各地社会健康才有人间祥和"的理念。尽力推广素食生活，使人身心灵恢自然状态，重过符合自然之道而又幸福的生活。经营方式：借鉴国内外先进素食院的经营方式，并争取与这些企业合作，建设符合国际要求、高标准的素食苑，如香港的"功德林素食馆"、台湾的"慈香庭素食苑"等。

③ 开发佛教音乐。佛教音乐具有很强的生命力。佛乐由两千年前的释迦牟尼时代开始，在三国时期由印度转入中国。佛乐对佛教的传播，传统文化的弘扬，文化发展的促进，都起到了积极的推动作用。佛教音乐有着极其丰富的内涵。佛乐清凉，风格淳朴，利于听者身心健康。佛乐来自自然，回归自然，启迪智慧，给人觉悟。地址在寺前区罗什译经区素斋养生堂的旁边。经营理念：弘扬佛教音乐，愉悦身心。经营方式：建设一个可容纳150人左右的高等级音乐厅——梵乐轩，要求内部设施豪华考究，外部古朴典雅；成立佛乐团、歌咏队，可根据客流每晚或定期举行演出活动；开发佛教音像制品。

④ 建立佛寺佛教手姿阁，并有专门的僧人教授"佛手印"。在所见的佛像中，都有风格迥异的手姿，而不同的手姿又有不同的含义，比如有"说法印""智举印""施无畏印""施愿印""禅定印""陀定印""结跌印"等，阁内有专门的师傅讲授这些手印的含义及教授这些手印，是参与性较强的项目，而且比较新颖，适于开发。选址：在寺前丛林区内西面中段。

（案例来源：王瑜《草堂寺旅游景区扩建项目可行性研究报告》，有删减）

案例思考：
1. 以此案例为基础，思考旅游项目设计的一般原则是什么？
2. 查阅草堂寺相关资料，运用本章相关知识给项目提出改进意见。

4.4.5 总结评价

1. 总结回顾

旅游项目是资源与市场复合后的选择，自然、人文旅游资源丰富的地方，开发旅游项目具有优势，同时强大的旅游客源市场需求也是旅游项目的重要保障。本项目任务从旅游项目设计的原则、一般程序、方法和发展趋势进行分析，对旅游项目的针对性选择和价格制定问题做初步探讨。旅游项目的设计和管理必须与实践紧密相连，所以选取了实际规划中的案例作为深化理论研究的材料，对典型旅游景区项目设计的案例进行了分析，帮助学习者更好地理解并应用于实践。

2. 自评和小组互评

请根据项目任务的学习目标和完成情况，按照表4－4－3来完成自评和小组互评。

表4－4－3 评价考核表

考核项目	考核要求	是否做到	改进措施
旅游景区项目策划	了解旅游景区项目的定义、分类，理解项目设计的原则	□是 □否	
	掌握旅游景区项目设计的影响因素和一般程序	□是 □否	
	了解旅游景区项目选择与价格制定原则和方法	□是 □否	
	理解不同类型旅游景区项目设计的案例	□是 □否	
	能够进行团队合作完成设计任务	□是 □否	
总体评价	检查任务完成情况	完成度1~5	
	评价任务完成过程的表现	评分1~5	
	团队合作程度	评分1~5	

参 考 文 献

[1] 王瑜. 旅游景区服务与管理 [M]. 3 版. 大连：东北财经大学出版社，2015.
[2] 刘长英. 旅游景区服务与管理 [M]. 北京：清华大学出版社，2014.
[3] 陈才，周丽. 旅游景区管理 [M]. 北京：中国旅游出版社，2013.
[4] 姜若愚. 旅游景区服务与管理 [M]. 3 版. 大连：东北财经大学出版社，2011.
[5] 王瑜. 旅游景区管理实训教程 [M]. 北京：机械工业出版社，2009.
[6] 卢晓. 旅游景区服务与管理 [M]. 北京：清华大学出版社，2009.
[7] 吴贵明，王瑜. 旅游景区安全案例分析 [M]. 上海：上海财经大学出版社，2008.
[8] 邹统钎. 旅游景区开发与管理 [M]. 2 版. 北京：清华大学出版社，2008.
[9] 周国忠. 旅游景区服务与管理实务 [M] 南京：东南大学出版社，2007.
[10] 郭亚军. 旅游景区管理 [M]. 北京：高等教育出版社，2006.
[11] 王昆欣. 旅游景区服务与管理 [M]. 北京：旅游教育出版社，2006.
[12] 方小燕. 旅游景区服务 [M]. 上海：复旦大学出版社，2011.
[13] 邹统钎，吴丽云. 旅游景区服务质量管理 [M]. 南京：南京师范大学出版社，2013.
[14] 阚如良，邓念梅. 新编旅游景区管理 [M]. 天津：南开大学出版社，2008.
[15] 杨正泰. 旅游景点景区开发与管理 [M]. 福州：福建人民出版社，2003.
[16] 马勇，李玺. 旅游景区管理 [M]. 北京：中国旅游出版社，2006.
[17] 杨桂华. 旅游景区管理 [M]. 北京：科学出版社，2006.
[18] 周玲强. 旅游景区经营管理 [M]. 杭州：浙江大学出版社，2006.
[19] 宋玉蓉，姜锐. 旅游景区管理与实务 [M]. 北京：中国人民大学出版社，2006.
[20] 菲利普·科特勒. 市场营销 [M]. 俞利军，译. 北京：华夏出版社，2003.
[21] 陈云川，鄢赫. 饭店前厅客房服务与管理 [M]. 北京：机械工业出版社，2008.
[22] 孙厚琴. 旅游客户关系管理 [M]. 上海：立信会计出版社，2008.
[23] 王大悟，刘耿大. 酒店管理180个案例品析 [M]. 北京：中国旅游出版社，2008.
[24] 陈玉英. 旅游景区经营与管理 [M]. 北京：北京大学出版社，2014.